Barbara Schnyder-Seidel schildert den Aufbruch Goethes zur dritten Reise in die Schweiz vom Jahre 1797 wie folgt: »Goethe, nun 48 Jahre und jenseits der Lebensmitte, wird von Zeitgenossen erbarmungslos geschildert als: ›dicklich... er frißt entsetzlich... die Züge verschwommen, die Beine eher kurz, zwar mit äußerster Sorgfalt gekleidet‹. Da ist vom Geist, der den Körper baut, nicht mehr viel. Wir sind das Bild des jungen Mannes, ähnlich dem Apoll von Belvedere gewohnt. Doch alternd wird er auch im Aussehen wieder zum Olympier werden. Anfang August reist er mit den Seinigen nach Frankfurt, um sie seiner Mutter vorzustellen. Die Seinigen: Christiane Vulpius und Söhnchen August, von Frau Aja großherzig und vorbehaltlos aufgenommen. Seit neun Jahren dauerte die Gemeinschaft ohne Trauschein, der Freundeskreis mißbilligte, der Hof in Weimar entsetzte sich, man demütigte die Freundin. Christiane fuhr dann mit dem Kleinen nach Weimar zurück, und Goethe trat etwas später seine Reise an, keine Frau in seinem Leben hat zärtlichere, so recht auf Du-und-Du stehende Briefe erhalten. Er ist eifersüchtig: ›Denke meiner und mache nicht zu viel Äugelchen. Am besten wäre es, du machtest gar keine, denn es ist mir auch auf der ganzen Reise noch kein einziges vorgekommen.‹« Barbara Schnyder-Seidel verfolgt den Weg Goethes in der Schweiz und berichtet, was von dem, das Goethe damals sah, heute noch erhalten ist. Sie gibt in einem ausführlichen Register genauen Aufschluß über die Personen, die Goethe auf seiner dritten Schweizer Reise getroffen hat, und über die Orte, in denen er verweilte.

insel taschenbuch 375

Schnyder-Seidel

Goethes letzte Schweizer Reise

GOETHES LETZTE SCHWEIZER REISE

DARGESTELLT VON

BARBARA SCHNYDER-SEIDEL

MIT ZEITGENÖSSISCHEN ILLUSTRATIONEN

INSEL

insel taschenbuch 375
Erstausgabe
Erste Auflage 1980

Vertrieb durch den Suhrkamp Taschenbuch Verlag
Typografie: Max Bartholl
Umschlag nach Entwürfen von Willy Fleckhaus
Satz: O. Gutfreund, Darmstadt
Druck: Nomos Verlagsgesellschaft, Baden-Baden
Printed in Germany

GOETHES LETZTE REISE IN DIE SCHWEIZ

»Ich bin die beiden Male nur wie ein Vogel durch, und sehne mich immer wieder hin.«
(Goethe an Knebel 1780)

*

»Ebenso willkommen ist aber auch der Dichter oder Redner, der durch Beschreibung in eine Gegend uns versetzt, er mag nun unsere Erinnerung wieder beleben, oder unsere Phantasie aufregen; ja, wir erfreuen uns sogar mit dem Buch in der Hand eine wohlbeschriebene Gegend zu durchlaufen; unserer Bequemlichkeit wird nachgeholfen, unsere Aufmerksamkeit wieder erregt, und wir vollbringen unsere Reise in Begleitung eines unterhaltenden und unterrichtenden Gesellschafters.«
(Goethe, Schaffhausen 18. September 1797)

I

DIE SCHWEIZ ZUR ZEIT VON GOETHES REISEN

»Frei wären die Schweizer? Frei diese wohlhabenden Bürger in den verschlossenen Städten? Frei diese armen Teufel an ihren Klippen und Felsen? Was man dem Menschen nicht alles weismachen kann! Besonders wenn man so ein altes Märchen in Spiritus aufbewahrt. Sie machten sich einmal von einem Tyrannen los und konnten sich in einem Augenblick frei denken; nun erschuf ihnen die liebe Sonne aus dem Aas des Unterdrückers einen Schwarm kleiner Tyrannen durch eine sonderbare Wiedergeburt; nun erzählen sie das alte Märchen immer fort, man hört bis zum Überdruß: sie hätten sich einmal frei gemacht und wären frei geblieben; und nun sitzen sie hinter ihren Mauern, eingefangen von ihren Gewohnheiten und Gesetzen, ihren Fraubasereien und Philistereien, und da draußen auf den Felsen ist's auch wohl der Mühe wert von Freiheit zu reden, wenn man das halbe Jahr vom Schnee wie ein Murmeltier gefangen gehalten wird.«

Gedacht als Fragment von den geplanten *Werthers Reisen – bis zum Herankommen seiner Leiden,* später als *Erste Abteilung der Briefe aus der Schweiz* herausgegeben, kränkte der Text seither die patriotischen Schweizer. Diese harte Kritik von einem Ausländer, dazu noch von Goethe. Seine Verehrer begütigten mit Sturm und Drang (obschon die Fragmente, nach 1779 entworfen, erst 1796 endgültig redigiert wurden, also in reifen Jahren), die Gekränkten aber fanden, wer von den Verhältnissen im damaligen weimarischen Herzogtum gelesen habe, von der Härte, mit der die Untertanen traktiert wurden, von dem

Hunger und dem Elend dort, der könne wohl sagen: So schlimm war es hier denn doch nicht.

Aber darum, um Vergleiche, ging es nicht. Die Schweiz sollte Idealstaat sein. Ägidius Tschudi und Johannes Müller hatten ihre Geschichte geschrieben, die Geschichte von Freiheitskämpfen, von Ruhmestaten des treuherzigen Hirtenvolkes, und wie es mit Würde und Weisheit, Bescheidenheit und Gerechtigkeit regiert wurde von Männern, aus ihrer Mitte gewählt.

So war die Eidgenossenschaft im Laufe der Zeit zum vielfältigen, des Merkens würdigen Staatsgebilde geworden, und es traf sich, oder: es stimmte damit überein, daß der Boden, aus dem es gewachsen, genau so des Merkens würdig und vielfältig war. Zudem traf sich, daß nach der Mitte des 18. Jahrhunderts die Rousseauschen Ideen von Naturleben und Freiheit in urtümlicher Landschaft sich ausbreiteten. Man kam aus Deutschland, Frankreich und England, durchwanderte das Land, die Routen waren festgelegt, die Sehenswürdigkeiten bekannt, ein Wanderer folgte des andern Spuren, diese führten unweigerlich auch in die Urkantone, ins Gebirge. Hier wurde vorab die Größe der Landschaft empfunden, und die da schrieben und dichteten, ob sie arm waren oder reich, priesen, noch unbelastet von sozialen Gedanken, das genügsame Leben und die Herzenseinfalt dieses Hirtenvolkes, seine paradiesische Freiheit im Schutze der Berge.

Das Gedicht des jungen und noch unbekannten Hölderlin ›Kanton Schweiz‹ um 1791 gipfelt

»Könnte ich dein vergessen, o Land der göttlichen Freiheit
Froher wär ich, zu oft befällt die glühende Scham mich
Und der Kummer, gedenk ich dein, und der heiligen Kämpfer.«

*

Soweit das Idealbild der Schweiz im Glanze ihrer Vergangenheit. Daß sie aber zu jener Zeit längst nicht mehr das beste aller Länder war, die Eidgenossenschaft, sondern ein morsches Gebilde, die Kantone auf ihren Tagsatzungen sich kaum mehr einigen konnten, auf Eigennutz mehr denn auf Gemeinnutz bedacht waren, das alles wissen wir heute; man verschwieg es lange in den Geschichtsbüchern, man wußte es aber schon damals. Man wußte es sehr gut, und die Zensur wachte darüber, daß von der Unzufriedenheit nichts Gedrucktes nach außen drang. Goethes Exkurs, wenn er auch nicht in allem ins Schwarze traf, hätte folglich die Regierenden verärgert. Er konnte aber die Einsichtigen nicht erschrecken, es sei, sie wollten aus Vaterlandsliebe die Zustände nicht vor dem Ausland bloßgelegt wissen.

Der zornige Text hat Goethe offenbar dann keine Ruhe gelassen; um 1813, so lange danach, zog er seine Kritik zurück, er milderte sie, schränkte sie ein auf die kleinen Unzufriedenheiten über herrschende Sitten: »... habe ich diesen Gegensatz der schweizerischen löblichen Ordnung und gesetzlichen Beschränkung mit einem solchen im jugendlichen Wahn geforderten Naturleben zu schildern gesucht. Weil man aber alles... als didaktischen Tadel aufzunehmen pflegt, so waren die Schweizer deshalb sehr unwillig.«

1796 war der Text in den *Horen* erschienen – wer da unwillig war, wissen wir nicht, Zeugnisse hierzu fehlen; 1797 wurde er von Barbara Schultheß, dem Freihauptmann Escher in der Schipf zu Herrliberg und anderen Zürchern höchst willig empfangen; unwillig waren die Freunde Lavaters allenfalls über die gegen diesen gerichteten Xenien. Erst später und bis in unsere Zeit legte man den Finger auf den Text.

*

Sie war also ein vielfältiges Staatsgebilde, diese Eidgenossenschaft vom Ende des 18. Jahrhunderts. Schwerlich hat der junge Goethe 1775 sich schon eingehend mit ihrer politischen Struktur befaßt, sicher aber vier Jahre später als weimarischer Minister auf der Reise durch die Mehrzahl der Kantone der dreizehnörtigen Eidgenossenschaft. Genau aber mußte er Bescheid wissen, nachdem ihm 1797 Joh. Caspar Fäsi seinen *Versuch eines Handbuches der Schweizerischen Staatskunde* dediziert und er sich bedankt hatte für das »lehrreiche« Buch. Es enthält in der Tat vieles, wenn nicht alles über die damalige Eidgenossenschaft, von Zivilem, Militärischem und Kulturellem, von den Staatsgrundgesetzen, dem Buchstaben nach vorbildlich; von der Rangordnung der Kantone, ja, das gab es auch, und deren Regierungsform:

demokratisch in Uri, Unterwalden, Schwyz, Zug, Glarus und Appenzell

aristokratisch in den Freistaaten Bern, Luzern, Freiburg und Solothurn

aristo-demokratisch in Zürich, Basel, Schaffhausen, St. Gallen und Mühlhausen (1798 von der Schweiz getrennt)

monarchisch in der Abtei St. Gallen, Fürstentum Neuenburg mit der Grafschaft Vannendis (Vallengin) und den »eigentlich zur Schweiz gehörigen Bischof-Baslischen Landen«.

Zu lesen bei Fäsi war auch noch, daß einzelne oder mehrere Kantone der damaligen dreizehnörtigen Eidgenossenschaft auswärtige Vogteien besaßen – im Laufe der Jahrhunderte Klöstern, Adeligen abgekauft oder erobert – alle mit eigenen Verfassungs-Systemen, einige Freiheiten gewährend, aber eben doch Untertanenländer:

Aargau, Thurgau, die vier großen »italiänischen oder ennetbirgischen Vogteyen«, die drei kleineren »italiänischen Herrschaften«, alle vereint im heutigen Kanton Tessin, mit der seit 1439 Uri allein gehörenden Leventina (Livinental).[1]

Wenn 1797, während Kriegswirren schon Italien überzogen, Goethe dem Herzog von Weimar noch schrieb von der »unglaublichen Ruhe, in welcher die kleinen Kantone hinter ihren Felsen liegen«, berichtete der französische Gesandte Pichon zwei Jahre danach: »Die kleinen Kantone sind eine Wüstenei... die weniger mißhandelten Städte sind eingeladen worden, die

Kinder, die sich in dieser Wüstenei ohne Brot und ohne Eltern befinden, bei sich aufzunehmen.«

Das aber ist der Zeit von Goethes Reisen in die Schweiz weit vorgegriffen. 1775 und 1779 war ihm der Gedanke an Revolution noch Theorie in Feuerköpfen und verdächtig, 1797, als Frankreichs grausame Wirklichkeit in Weimar von ferne erlebt und vorüber. In der Schweiz stand sie bevor; abgesehen vom Krieg gegen eindringende Franzosen, von der Besetzung durch sie und Russen, abgesehen auch von den späteren Aufständen des Landvolkes, den Kleinkriegen zwischen Stadt und Land, spielte sich diese Revolution in vergleichsweise gesittetem Rahmen ab; es gab keinen wütenden Pöbel auf Barrikaden noch Blutgerichte, selbst die hitzigsten Reformer dachten nicht an Zerschlagen der Staatsform, allen ging es um die Wiederherstellung der alten Freiheiten und Rechte.

Es war gleichwohl ein langer Weg bis zur endgültigen Befriedung. Goethe aber, der unpolitische, sah klar die Situation von 1797, trotz der »unglaublichen Ruhe« schrieb er an den Geheimen Rat Voigt: »Die öffentlichen Angelegenheiten sehen in diesem Lande wunderlich aus. Da ein Teil der ganzen Masse schon völlig demokratisch regiert wird, so haben die Untertanen der mehr oder weniger aristokratischen Kantone schon ein Beispiel dessen, was jetzt der allgemeine Wunsch des Volks ist... Man will behaupten, daß mehrere Schweizer... gegen die Republik Partei gemacht... und man erwartet nunmehr, daß die Franzosen sich deshalb an die einzelnen, vielleicht ans Ganze halten möchten. Die Lage ist äußerst gefährlich, und es übersieht niemand, was daraus entstehen kann.«

GOETHES REISEN IN DIE SCHWEIZ

1775

Goethe war sechsundzwanzig, schon berühmt, als Dichter des *Götz* und vor allem des *Werther,* als die auch dichtenden und nicht ganz unberühmten Grafen Christian und Friedrich Leopold Stolberg mit dem Grafen von Haugwitz in Frankfurt eintrafen. Nach rasch geschlossener Freundschaft brach er mit ihnen auf zur Fußreise in die Schweiz. Aus Wanderlust ging er mit, was ist der junge Goethe gewandert, von Frankfurt aus, in Gesellschaft und noch mehr allein, respektable Strecken hat er zurückgelegt; aus Drang nach dem Süden ging er mit und als Prüfung seiner selbst. »Wenn ich, liebe Lili, dich nicht liebte«, und »Flieh ich, Lili, vor dir«. Flucht vor dem zwiespältigen Verlöbnis mit der schönen Lili Schönemann, vor der Liebe, nicht zum ersten, auch nicht zum letzten Mal.

Man trug Werther-Tracht, blauen Frack, gelbe Hose und halbhohe, robuste Stiefel, man gab sich frei und ungebunden, hatte Rousseau gelesen und Geßners *Idyllen.* Man zog ins Land von Hallers »Vergnügtem Alpen Volk«[1a], nach Zürich vorerst.

Später wird er über diese Unternehmungen seiner Zeit schreiben: »Wenn einer zu Fuße, ohne recht zu wissen, warum und wohin, in die Welt lief, so hieß dies eine Geniereise...« (D.u.W.), und 1797 von dem ihm in Schaffhausen begegneten jungen Schweden herablassend sagen: »Er ist auf einer sogenannten genialischen Fußreise.«

1779

brach Goethe auf zur zweiten Reise in die Schweiz, in seiner Obhut der zweiundzwanzigjährige Herzog Karl August, begleitet vom herzoglichen Kammerherrn und Freund von Wedel[2], Sekretär Philipp Seidel, dem Jäger Hermann und zwei Dienern.

In den seit der ersten Reise vergangenen Jahren lag: »Der Besuch in Weimar umschlang mich mit schönen Verhältnissen, und drängte mich unversehens auf einen neuen, glücklichen Lebensgang«.[3]

Zu dem neuen Lebensgang gehört anfangs eine Zeit des tollen Treibens mit dem Herzog, der Hetzjagden über die Felder

der Untertanen, der Streiche zum Schrecken der Bürger, eine Zeit der Liebeleien auf Dorffesten mit Miseln (Mamsell); dann die Ernennung zum Geheimen Rat des Conseil und zum nominellen Minister, zum Vorsitzenden der Wegebau-Kommission, auch der Kriegskommission – grausames Metier der Zwangsrekrutierungen –, endlich der Kommission für den Bergbau in Ilmenau, von der Herder sagte: »... Eine der lächerlichsten Genieperioden... Da war der Mensch gar nichts, der Stein alles«, dennoch erwachte der eigentliche Geologe erst später.

So erhöht von Ämtern kränkte er Minister, beherrschte er den Hof mit seinen Launen. Er muß nicht nur im Aussehen gewesen sein wie ein junger Apoll, trotz und neben seinen Un-Arten auch in seiner Ausstrahlung, er »lebt und regiert und wütet, und gibt Regenwetter und Sonnenschein, tour à tour comme vous savez, und macht uns glücklich, er mache was er will«, schrieb Wieland.

Mildernd auf den ungebärdigen Höfling wirkte Frau von Stein. Seit 1776 bestand die Beziehung zu der um sieben Jahre älteren, zarten, bis ins hohe Alter kränkelnden Frau und Mutter von mehreren Kindern. Zweihundert Jahre galt sie, genug ist über Goethes Liebe zu Frau von Stein geschrieben worden, als edelste Gestalt in seinem Leben, in seinem Werk ist zu erkennen: »Willst du genau erfahren was sich ziemt, so frage nur bei edlen Frauen an.« Nun aber im Zuge der alles neu überdenkenden Zeit, überdenken die Forscher-Psychologen neu auch dieses Gesittende und entdecken in der Hofdame Frau von Stein eine üble Macht; sie habe mit dem mildernden und gesittenden Einfluß nicht nur Goethes natürliches Wesen gehemmt, es auch nicht zur Entfaltung kommen lassen.

Große Werke waren nicht entstanden in den vier Jahren, *Iphigenie* lag in Prosa vor, am *Egmont* arbeitete er, auch 1779 auf den Bergwanderungen, jedoch »Aufmerksamkeit auf äußere Gegenstände, Anordnung und Leistung unserer geselligen Irrfahrt ließen wenig Produktivität aufkommen. Übriggeblieben ist davon, als Denkmal, die Wanderung von Genf auf den Gotthard.«[4]

Die Reise wurde unternommen, um den zweiundzwanzigjährigen Herzog dem höfischen Treiben und vielerlei Verwicklungen zu entziehen. Goethe hoffte, auf ihn – unter seinem und keinem anderen Einfluß – erzieherisch wirken zu können, und tatsächlich schrieb Wieland nach der Rückkehr im Januar 1780: »... könnt Ihr euch leicht vorstellen, daß der glückliche Ausgang dieser Reise, des Herzogs herrliches Wohlbefinden... bei männiglich einen großen Effekt gemacht und Goethe in ein sehr günstiges Licht gestellt hat...«

Für Goethe war es eine neue Art der Flucht, diesmal aus dem Alltag der Regierungsgeschäfte und des Hofes; überdies eine neue Selbstprüfung. Er spricht von der »Zitadelle«, die er in sich baue, in die er sich zurückziehe.

Hochgestimmt schreibt er zu Beginn der Reise seinen Eltern: »Ich habe alles, was ein Mensch verlangen kann, ein Leben, in dem ich mich täglich übe und täglich wachse und komme diesmal gesund, ohne Leidenschaft, ohne Verworrenheit... sondern wie ein von Gott Geliebter.«

II

AUFBRUCH ZUR DRITTEN REISE

Goethe, nun achtundvierzig Jahre und jenseits der Lebensmitte, wird von Zeitgenossen erbarmungslos geschildert als: »Dicklich … er frisset entsetzlich … die Züge verschwommen, die Beine eher kurz, … mit äußerster Sorgfalt gekleidet.« Da ist vom Geist, der den Körper baut, nicht mehr viel. Wir sind das Bild des schönen Mannes gewohnt, doch alternd wird er auch im Aussehen wieder zum Olympier werden.

Er selbst, seine Eitelkeit hat er nicht abgestritten, besaß Überlegenheit und Ironie genug, um in einem kurzen *Vorschlag zur Güte* 1825 zu schreiben: »Man hat einen Octavband herausgegeben: Goethe in den wohlwollenden Zeugnissen der Mitlebenden. Nun würde ich rathen, ein Gegenstück zu besorgen: Goethe in den mißwollenden Zeugnissen der Mitlebenden.«

Im Mai hatte er sich vorgesetzt, »so sicher als ein Mensch sich etwas vorsetzen kann«, nach Italien zu fahren. Anfang August reiste er nach Frankfurt, die Seinigen folgten auf dem Fuße, um seiner Mutter vorgestellt zu werden: Christiane Vulpius und Söhnchen August, von Frau Rat großherzig und vorbehaltlos aufgenommen. Seit neun Jahren dauerte die Gemeinschaft ohne Trauschein, der Freundeskreis, der Hof in Weimar mißbilligte, man entsetzte sich. An ihn, Goethe den Großen, wagte man sich nicht, man demütigte die Freundin, die kleine Vulpius, und es gehört mit in Goethes Sündenregister, wie er aus dem feudalen Karlsbad auf ihre Klagen zum Trost nichts als recht triviale und wenig hilfreiche Sprüche über kleinliche Menschen findet, aber nichts unternimmt, um ihre soziale Stellung zu festigen (bis er sich 1806 trauen läßt); andererseits machte er kurz vor der Abreise Ende Juli 1797, immer noch mit dem Gedanken spielend, nach Italien zu reisen, in Kriegs- und Gefahrenzonen, sein Testament und setzte »den mit meiner Freundin und vieljährigen Hausgenossin, Christiane Vulpius, erzeugten Sohn August« zum Universalerben ein, und ihr sollte zustehen der »Nießbrauch alles dessen was ich in hiesigen Landen zur Zeit meines Todes besitze«, auch des Hauses am Frauenplan, des Gartens am Sterne usw. usw.

Christiane fuhr dann mit dem Kleinen nach Weimar zurück, und er trat etwas später seine Reise an. Keine Frau in seinem Leben hat echter zärtliche, so recht auf Du-und-Du stehende Briefe erhalten; er ist eifersüchtig, immer noch nach den vielen Jahren des Zusammenlebens, »denke meiner und mache nicht zuviel Äugelgen, am besten wäre es du machtest gar keine, denn es ist auch mir auf der ganzen Reise noch kein einziges vorgekommen«. Er schreibt besorgt um den erkrankten Kleinen und wird erst getröstet, da bessere Nachrichten eintreffen, ganz und gar sehnsüchtiger Mann und besorgter Vater.

Ganz und gar Freund ist er in den Briefen an Johann Heinrich Meyer, er weiß ihn krank in Florenz und »war des besten Lebensgenusses unter Freunden und Nahverbundenen nicht froh, indes ich Sie einsam wußte«, und da er ihn genesen in Stäfa weiß, frohlockt er: »nun geht eine neue Epoche an in welcher alles eine bessere Gestalt gewinnen wird... und sind wir nur einmal erst wieder zusammen, so wollen wir fest aneinanderhalten und unsere Wege weiter zusammen gehen«.

Auf Italien wurde dann der politischen Entwicklung wegen verzichtet. Er reiste von Frankfurt über Heidelberg, Stuttgart, Tübingen, Schaffhausen nach Zürich und zu Meyer nach Stäfa. Lange hatte er den Freund entbehrt und schon 1786 in Rom von ihm geschrieben: »er spricht niemals mit mir, ohne daß ich alles aufschreiben möchte, was er sagt, so bestimmt, so richtig, die einzige wahre Linie beschreibend sind seine Worte«; später, auf dem Weg zu ihm nach Stäfa wird er schreiben: »da unsere Spiegel übereinander geschliffen sind«. Meyer war in Weimar Hausgenosse und einer der wenigen, die Goethes gesetzlosen Ehestand akzeptierten, der Christiane stets ritterlich begegnete; bemerkenswert dieser Großmut des Mannes aus dem puritanischen Zürich.

Die beiden Freunde fanden sich in Stäfa und bei Kunstbetrachtungen im gewohnten und wunderbaren Einvernehmen. Sie brachen am 22. September auf zu einer Fußreise in die kleinen Kantone, zum Vierwaldstättersee – »die großen Naturszenen, die ihn umgeben, muß ich mir, da wir so nahe sind, wieder zum Anschauen bringen«.

»Da ein geschickter Schreiber mich begleitete, so ist alles in Akten geheftet, wohl erhalten, was damals auffallend und bedeutend sein konnte.«

DER SCHREIBER

Johann Jakob Ludwig Geist (1776–1854), in Sachsen geboren, nun dreiundzwanzig, war seit 1795 in Goethes Dienst. Ihm diktierte er »durch frühes Diktieren begünstigt«, von Frankfurt an täglich seine Eindrücke; ihm oblag, in Akten zu heften, was seinem Herrn interessant schien, Zeitungen, Predigtauszüge, Verordnungen, Komödienzettel, Preiskurrenten; er hielt das Reisegepäck in Ordnung, verhandelte mit Kutschern, Gastwirten und Bettmägden, verwaltet das Geld, führte Buch über sämtliche Auslagen und Wechselkurse.

»Geist macht seine Sache im ganzen recht ordentlich«, schreibt Goethe an Christiane, sonst wird er nie erwähnt, er reist, für uns ohne Gesicht und Wesenszüge, mit Goethe bis Zürich, wandert mit von Stäfa zum Gotthard und zurück, fleißig aufschreibend mit zügiger Schrift.

Ungeklärt bleibt, wie dieses Diktieren vor sich ging. Manchmal, und der Leser wird es gewahr, wurde im nachhinein diktiert, besonders wo Goethe allein, sei's zu Gast, sei's spazieren ging; oder mit Meyer ›theoretisierte‹, da bleibt der Bericht summarisch, oft sogar ungenau. Alsbald aber liest sich der Text, als habe Geist mitwandernd die Stichworte aufgeschrieben. Solches Unternehmen wird verwunderlich, wo unwegsame Strecken begangen werden, wie hinan zur Haggenegg im Nebel, auf dem mißlichsten Weg der Wanderung, die Schöllenen nicht zu vergessen, kurzum überall, wo einer gut tat, auf Schritt und Tritt zu achten. Und doch sind da die Angaben genau, jeder Stieg, jede Brücke, jeder Gießbach, und sie stimmen, halten der Überprüfung an Ort und Stelle stand. Daß sie nachher und aus dem Gedächtnis aneinandergereiht wurden, scheint fast nicht denkbar, selbst wenn sie zu dritt abends beisammensaßen und jeder das Seine beitrug; vielmehr läßt sich vorstellen, daß da und dort stillstehend, verschnaufend, Bisheriges aufgezeichnet wurde.

Seit zwei Jahren nun war Ludwig Geist bei Goethe. Im Gegensatz zu früheren Schreibern besaß er einige Bildung, er sprach Latein und war botanisch interessiert, er spielte, wir werden ihn hören, recht gut Orgel, und er war im übrigen ein gewitzter junger Mann. Auf der Reise führte er sein eigenes Tagebuch, durchaus selbständig beobachtend. Als wolle er sich revanchieren dafür, daß Goethe ihn nie erwähnt, erwähnt er seinerseits seinen Herrn nicht.

Schiller spricht von ihm in seinen Briefen an Goethe: »In das Manuskript lassen Sie Ihren Spiritus nicht schreiben« (um an seiner Handschrift nicht den Autor erkennen zu lassen), und H. Voss schreibt: »Die Hussiten vor Naumburg von Kotzebue (Lacrymosa poeta Puppi) sind in Weimar aufgeführt ... Goethe saß derweil ruhig in seinem Zimmer. Seinen Geist (so heißt der Bediente) schickte er ins Theater und der arme Schelm mußte bei jedem Akt nach Hause laufen und das Gesehene erzählen.«

Er blieb bis 1804, zu einer Gestalt in des Dichters Leben ist er nicht geworden wie Philipp Seidel oder der treue Stadelmann. Er trat dann in den weimarischen Staatsdienst. Um 1824 taucht er in Goethes Tagebuch wieder auf: »Revisor Geist, einige Monstrose Maiskolben bringend«, auch später liefert er ihm diese und jene botanische Rarität, schreibt er von seinen Beobachtungen.

*

Ein »Wegeweiser« war dabei von Stäfa an, er hat weder Name noch Herkunft, wird hauptsächlich Träger gewesen sein und ist ins Bild der Wanderung einzubeziehen. Am Morgen packte er vermutlich die drei Reisebündel auf sein Reff und trottete voran, wartete, wenn die gelehrten Herren stehenblieben, und sie blieben oft stehen, beschauten die Gegend, Gestein und dies und das, debattierten, Eile hatten sie keine, dafür der Träger seine Langeweile.

1775 hat Goethe am Gotthard einen Träger gezeichnet, am Wegrand hockend. Er spricht auch »vom refftragenden Boten«, doch mochte es sich um den *offiziellen* Boten handeln; den Luxus eines privaten Trägers leisteten sich die genialischen Reisenden schwerlich.

DIE AUFZEICHNUNGEN VON DER DRITTEN REISE

Nüchtern, sachlich sind die Berichte. Da ist nichts vom *Exaltierten* der Tagebücher 1775, vom Dichter, der 1779 in der wechselnden Landschaft das Einssein mit den Kräften der Natur ahnt. Er schreibt diesmal, und er hat es sich so vorgenommen, unpersönlich, mit »kritischem Realism«, gibt selten ein Urteil ab, und wenn er »ein paar poetische Stoffe« schon gewahr geworden, wird er sie »aufbewahren in einem feinen Herzen«. Der Ausdruck ist nicht neu, er hat ihn früher gebraucht, auf der italienischen Reise nimmt er mit einem »feinen Auge« auf. Nicht mit den beiden Augen, mit denen er zeichnet, beschreibt, mit einem dritten Auge, hinwiederum nicht mit dem östlich mystischen; mit dem Auge der Seele wird aufgenommen und dann »kann man niemals im ersten Augenblick wissen, was sich aus der rohen Erfahrung in der Folgezeit noch als wahrer Gehalt aussondert«.

*

Auffallend ist, wie nach den ausführlichen Beschreibungen des Gesehenen und Erlebten auf der Reise von Frankfurt über Heidelberg, Stuttgart, Tübingen, durch das »brave und wohlbebaute Schwaben« und bis Zürich, wie danach die Diktate gedrängt werden, oft nur auf Stichworte sich beschränken. Von Frankfurt bis Zürich reiste er in vierundzwanzig Tagen – mit Unterbrechungen – allein mit Ludwig Geist, dreiundsechzig Druckseiten sind das Ergebnis; die elftägige Fußreise von Stäfa zum Gotthard-Hospiz und zurück ergab deren fünfzehn.

Es ist, als ob die beiden Freunde, endlich sich wiedergefunden, soviel zu bereden hatten über Kunst, Dichtung und den Plan für die *Propyläen,* als ob sie so sehr vertieft ins Gespräch waren, daß er, um nur ja den Faden nicht zu verlieren, bloß kurze Beobachtungen hinwarf, in der Absicht, sie später auszuarbeiten.

Wie immer, was Goethe gesehen und beschrieben hat auf eben dem Weg zum Gotthard, das ist von beinahe verwirrender Vielfalt, Zeugnis für sein weitausfächerndes Interesse, seinen Blick für das Wesentliche.

Die Aufzeichnungen in Eckermanns und in den späteren Ausgaben

In den *Annalen 1797* schreibt Goethe: »Da hieraus mit schicklicher Redaction ein ganz unterhaltendes Bändchen sich bilden ließe...«

1823 übergab Goethe Eckermann die drei Hefte von seiner Reise über Frankfurt und Stuttgart nach der Schweiz zum Lesen und Vorschlagen, wie daraus ein Ganzes zu machen wäre. »Sie werden sehen«, sagte er, »es ist alles nur so hingeschrieben wie es der Augenblick gab; an einen Plan und eine künstlerische Rundung ist dabei nicht gedacht, es ist, als wenn man einen Eimer Wasser ausgießt.«

Der letztwilligen Bestimmung von Januar 1831 wurde ein Codizill angefügt, unter anderem diese Aufzeichnungen betreffend, unterschrieben von JWvGoethe und Dr. Eckermann: »Ich ernenne ihn [Eckermann] deshalb zum Herausgeber vorgemeldeter Werke.«

Im Original waren die Aufzeichnungen von Ludwig Geist geschrieben, von Goethe eigenhändig ergänzt, von Meyer mit Bleistiftanmerkungen versehen; Sekretär Johann John hatte von 1823–26 Abschriften angefertigt.

Von Oktober bis Dezember 1832 hat Eckermann an den Berichten gearbeitet und sie mit Goethes Briefen an wichtige Leute (also keinen von jenen an Christiane Vulpius) zum Ganzen gefügt; danach spitzte Riemer, als literarischer Beirat, seine Feder, auch Kanzler von Müller, als Testamentsvollstrecker, ließ sich Redaktionsarbeiten nicht nehmen.

Die so bearbeitete Reise in die Schweiz wurde aufgenommen in alle Goethe-Ausgaben, bis jene von Großherzogin Sophie von Sachsen in Auftrag gegebene in Angriff genommen wurde. Bernhard Suphan, Direktor des Goethe-Archivs, verglich mit den Originalen und machte sich mit einem Fünfer-Kollegium an eine Neubearbeitung. Man wollte einerseits den »Henkelkrug«, den Eckermann geschaffen hatte, um Goethes »mit dem Eimer ausgegossenes Wasser« einzufangen, nicht zerstören, fühlte sich anderseits verpflichtet, den Urtext herauszubringen, »sogar das beim Dictieren Mißrathene hatte unter Umständen Anspruch, im Text erhalten« zu bleiben, ohne Eckermanns Versuche, das »Gebrechen« zu heilen.

Man ist behutsam vorgegangen, hat vielenorts Eckermanns Ergänzungen als angebracht und nützlich gelassen, man ist auch der Gewissensfrage nicht ausgewichen, ob das Codizill als letztwillige Bestimmung zu respektieren sei für alle Zeiten, und man hat sich beruhigt mit dem juristischen Ausweg der Verjährung.

Die Reiseberichte 1797 in der Bearbeitung von Bernhard

Suphan und seinen Mitarbeitern[5] sind für alle späteren Goethe-Ausgaben verbindlich geblieben; geändert, das heißt auf den neuesten Stand gebracht, wurden seither Rechtschreibung und Ortsnamen.

Eckermanns Arbeit

Er hat sich's nicht leicht gemacht, viel, sehr viel Mühe hat er auf sich genommen, er hat liebevoll ergänzt, immer wieder, überall. Da bei jener Reise gewiß für Goethe am bedeutsamsten war *Von Stäfa auf den Gotthard und zurück,* ist gleich zu Beginn dieser Arbeit zu erkennen (Eckermanns Ergänzungen sind kursiv gedruckt): »Um acht von Stäfa zu Schiffe, *um nach Richterswil hinüberzufahren. Der* Glanz der Wolken über dem Ende des Sees, *sowie ein* Sonnenblick auf Richterschwyl und den nächsten Höhen *gewährte einen erfreulichen Anblick.* In der Mitte des Sees *hinaufwärts blickend, die kleine Insel* Ufenau auf der Wasserfläche.« Die Wanderung geht weiter über Einsiedeln, Schwyz und »*In* Altdorf *angelangt,* logierten wir im Schwarzen Löwen bei *Herrn* Franz Maria Arnold.« Goethe nennt den Namen des Wirtes erst tags danach beim Abschied, ohne das devote »Herr«.

Beispiel fügt sich an Beispiel, wie der gute Eckermann Skizziertes zum ordentlichen Satzgebilde ergänzt. Wie er anderseits gestrichen hat, wo es seiner Ansicht nach ums Verfeinern ging: ein »Schlitten mit Käse durch den Schmutz fahrend«, darf nur als »Ein Schlitten mit Käsen ging vorbei« bleiben, auch »Mist für ein Rittergut auf dem Weg zerstreut und verderbt« ist für Goethe zu unfein, weg muß er und so noch anderes mehr.

Glaubte Eckermann (oder Riemer oder Kanzler von Müller?) mit derlei Bearbeitung »die schickliche Redaction«, gar die künstlerische Rundung zu geben? Freilich, Eckermann durfte sich zu all dem berechtigt fühlen: Goethe hatte ihm öfters Konzipiertes zum Ausarbeiten überlassen – es erinnert an die Werkstätten der großen Maler –, dieweil er selbst sich schon an neue Entwürfe machte. Er vertraute Eckermanns Redaktion und billigte sie dann auch.

WIE GOETHE BIS ZÜRICH REISTE

Reisemöglichkeiten gab es mehrere: man konnte auf Feudalherren-Art mit eigener Karosse, eigenem Gesinde und Pferden von Ort zu Ort ziehen, konnte bei jeder Poststation Kutschen, Vier- oder Zweispänner mit oder ohne Beiwagen mieten oder eine Chaise, und wenn nicht die eigene Kutsche, doch den eigenen Kutscher mitnehmen, man konnte aber auch Kutscher mieten mit den Pferden.

Goethe fuhr von Frankfurt bis Zürich im kleinsten, billigsten Gefährt, zweiplätzig, in einer Miet-Chaise, was brauchte er mehr für sich und seinen Schreiber. Er stellte bei Reisebeginn einen Voranschlag der Kosten auf, trug auch ein »wie sie eingesetzt und bezahlt worden«, da und dort etwas höher als der Voranschlag, einmal »weil die Chaise besonders gut war«. Die Berechnung galt zwar nur für die Strecke bis Stuttgart, schwerlich unterscheidet sie sich von jener in der Schweiz, von Thayngen bis Zürich.

Von Poststation zu Poststation, von Pferdewechsel zu Pferdewechsel, durchschnittlich alle 15 Kilometer, betrug die Reisegeschwindigkeit zehn Kilometer die Stunde, ständiger Trab vorausgesetzt. Von Tübingen bis Tuttlingen konnten von morgens vier bis abends halb neun nur rund einundachtzig Kilometer zurückgelegt werden, über Schwabens Hügel den Schömberg hinan war »starker Stieg, den vor einigen Jahren ein Postwagen hinunter gerutscht ist«.

Zehn Kilometer die Stunde auf mehr oder weniger holprigen, oft genug auch verschlammten Straßen, in Wagen, deren Federung im 18. Jahrhundert noch dürftig war, alle anderthalb Stunden Pferdewechsel, bei großem Andrang das Warten, vor

Steigungen das Vorspannen des Zugpferdes, ein geduldiges Reisen fürwahr.

In Tübingen hat offenbar Goethes Gastgeber, der Verleger Cotta, einen Postillon empfohlen, er reiste mit bis Zürich, wurde von dort zurückgeschickt mit einem Brief: »... Mit Herrn Kolb bin ich recht wohl zufrieden, er hat die Behaglichkeit und den Leichtsinn eines geborenen academischen Pferdephilisters, bessere Qualitäten kann man sich auf der Reise von einem Schwager nicht wünschen.«

In eben dem Voranschlag steht, neben den Kosten je Station für

1 Pferd	1 fl,	30 Kr
1 Chaise		45 Kr
Das Trinkgeld	1 fl	
Das Schmiergeld		24 Kr

und dieser letzte Posten bezog sich tatsächlich auf die Schmierung des Fahrzeuges einst, richtige Schmierung war wichtig.

Zum Anrüchigen kam das Wort: die Mietkutschen durften nur auf Hauptstraßen fahren, für die Nebenstraßen besaßen einheimische Post und Wirte von Bädern und Gasthäusern eine Art Regal. Wollte ein Reisender partout in *seiner* Kutsche über die Nebenstraße zum Ziel, gab er dem Postillon ein Extratrinkgeld; dann reklamierten die Monopolisten, und der sündige Postillon konnte gebüßt werden. Also wurde die ›Bestechung‹ auf den vorzuweisenden Quittungen zum Schmiergeld geschlagen.

Goethe ist auf jener Reise nur Hauptstraßen gefahren, das Schmiergeld blieb ehrenhaft.

Wie er gekleidet war

»Er ist mit dem feinsten Geschmack gekleidet«, stellt Jean Paul zu jener Zeit fest. Er selbst schreibt auf dieser Reise: »So werde ich immer gerne incognito reisen, das geringere Kleid vor dem besseren wählen.«

In Frankfurt wird eine Liste aufgestellt, was zurückzulassen, was mitzunehmen sei, Frack und Frackbinden, schwarzseidene Beinkleider sind dabei, Tag- und Nachthemden, Unterhosen und Unterstrümpfe, Schuhe, Putzzeug, Stiefel, eine Manchesterhose, eine große Reithose und eine graue Zeughose, auch eine »Serviette in Wagen«, Schokolade und Kanne mußten in den Mantelsack. Als Kopfbedeckung kommt nur eine Mütze vor, kein Paletot, kein Kälte- und Regenschutz, keine Jacken zu den drei Paar Hosen, ganz vollständig war die Liste offenbar nicht.

Bestimmt wurde in Stäfa erneut einiges zurückgelassen. In einem Brief an Carl von Knebel (4. Junius 1780) steht der Rat, für die Fußreise von Zürich zum Gotthard nur soviel mitzunehmen, was er auf vierzehn Tage brauche, sehr wenig, »denn unterwegs zieht man die alten Hemden und Strümpfe durchs Wasser und zieht sie den andern Morgen wieder an«.

Ein neues Bild: Goethe, sein Hemd, seine Strümpfe waschend; er hat dies vermutlich dem Schreiber überlassen.

III

VON TÜBINGEN NACH SCHAFFHAUSEN

In Tübingen wohnte Goethe bei dem Verleger J. C. Cotta, er blieb neun Tage. Die Elite der Stadt, der Universität scharte sich um ihn zu mannigfachsten Gesprächen; ein Aufsatz über Glasmalerei entstand.

Von da an blieben ähnliche Tage der Begegnungen aus. Gewiß, in Zürich und Stäfa werden Besuche gemacht und empfangen, Naturalienkabinette besichtigt, Näheres davon aber kaum aufgezeichnet. Die Reise gilt fortan dem Gedankenaustausch mit Meyer und den Naturerscheinungen.

Am 16. September, früh um vier, brechen Goethe und sein Begleiter aus Tübingen auf zum längsten Stück der Reise, abends halb neun kommen sie in Tuttlingen an. In Hechingen hat er die Pfarrkirche St. Jakob besichtigt und den neu-klassizistischen Bau als »sehr schön« empfunden, nicht ohne einen Seitenhieb auf die Pfaffen, »über die Klarheit in ihren eigenen Angelegenheiten und Dumpfheit, die sie verbreiten«.

Mit Ausnahme der Stiftskirche in Einsiedeln wird von da an kein größerer Sakralbau mehr erwähnt, auch Pfaffen nur beiläufig.

Anderntags um sieben, nach anfänglich starkem Morgennebel, öffnete sich auf den Hügelzügen über dem Donautal die Sicht nach dem Bodensee und den Bergen *Graubündens* (genau genommen verstecken die sich aber hinter der Bergkette über dem St. Galler Rheintal, dem Säntis, den Churfirsten und den Glarner Alpen). Später, nach dem Mittagessen in Engen, wird dann die »große Kette der Schweizer Gebirge« gesehen.

Mitte des Nachmittags wurde »Thayngen«[6], der erste

schweizerische Ort« erreicht, er war nicht ohne Halt zu durchfahren; Pferde wurden vorgespannt für den Anstieg zum Wippel, in Richtung Schaffhausen. Es gab denn auch viele Gasthäuser, Fachwerkbauten, manche stehen noch.

1797 legte das Dorf sich noch schmal lang, einer Eidechse gleich, über den Hügel und zwischen die Weinberge, die Kirche ragte am obern Ende auf. Ihr Turm, ein ehemaliger Wehrturm mit Schlüsselscharte und Schießluken ersetzt jenen der alten Kirche, der 1499 im Schwabenkrieg verbrannte. Von den Belagerern, die da brandschatzten und plünderten, Raubritter ihrer Zeit, ist einer unsterblich geworden; sechs Jahre danach, bei der Belagerung von Landshut, verlor er die rechte Hand und ließ sie durch eine eiserne Faust ersetzen: Götz von Berlichingen. Das war an dreihundert Jahre her und um die fünfundzwanzig Jahre, seit Goethe ihn zum Idealbild des treudeutschen Biedermannes emporgedichtet und seit man ihn an der munteren Pseudo-Rittertafel in Wetzlar *Goetz von Berlichingen der Redliche* getauft hatte.

Was war Goethe 1797 noch die Episode von Götzens Leben vor Thayngen, er kehrte ein bei »Müller, Gastwirt zum Adler« im großen Haus am Dorfeingang links. Das reichgeschmückte Wirtshausschild reichte an die vier Meter in die Gasse hinaus mit einst vergoldetem kaiserlichem Doppeladler.[7] Es ist noch zu sehen im Eingang zur Gemeindekanzlei im Haus unterhalb, denn der *Adler* ist nicht mehr Wirtshaus; eines mit gleichem Namen und neuer Bauart steht weiter unten rechts an der Straße.

Man stieg damals über eine doppelseitige Freitreppe mit schmiedeeisernem Geländer in die Gasträume, im Erdgeschoß die Stallungen. Goethe blieb lange genug, um den »guten Wein« zu kosten, für die Thayngener aber lang genug, um ihm in dem Haus ein Zimmer zu weihen. Früher im zweiten Stockwerk, hat man seine Täfel bei der Renovation ins erste Stockwerk verlegt, ein hübscher kleiner Raum mit Alkoven, ein Schlafzimmer – der Schlüssel befindet sich im Pfarrhaus nebenan – reizend anzuschauen: über und über bemalt mit Rokoko-Medaillons, Ansichten von Thayngen, dem Rheinfall, Burg Hohenklingen und Phantasie-Landschaften. An der verborgenen Tür in den einstigen Alkoven hat sich auf fünffrankenstückgroßem Knauf der Maler Hans Josef Vetter porträtiert.

Also beansprucht Thayngen eine Nacht Goethes, und doch kann bei bestem Willen auf keiner Reise mehr als ein kurzer Aufenthalt zugestanden werden. Mit diesem Anspruch aber steht Thayngen nicht allein, es sei vorweggenommen zu Beginn der Reise: wenn er in einem Gasthaus auch nur ein Glas Wein, einen Imbiß zu sich nahm, die Überlieferung hat eine Nacht daraus gemacht; und kurze Begegnungen wurden zu Freundschaften ausgearbeitet. Es spricht für Goethe, was immer und wieviel man gelesen hat von seinen Werken, er ist oberster und höchster Begriff der Dichter, seine Durchreise und Anwesenheit ein Gütezeichen. Es spricht aber auch ein wenig für dieses Land, an Musischem und Unsterblichem nicht reich, es bewahrt die Erinnerung, sein Hiersein ehrend für alle Zeiten.

*

Nach Imbiß und Vorspann des Pferdes fuhr die Chaise das Dorf hinunter bis zur heutigen Verzweigung zu Industrie- und neuen Siedlungen. Wir aber biegen rechts ab und fahren auf der alten Straße Richtung Schaffhausen bergan durch den Wald und oben durch die Mulde am Hügelhang hin, zwischen Feldern, Baumgruppen und Wald, und kein Haus ist zu sehen. Da läßt sich so recht denken, wie die Chaise rollte, die Pferde trabten, auf dem Bock der akademische Pferdephilister Kolb mit Traritrara. Sie rollten mit zehn Kilometern die Stunde, und bei solch beschaulichem Fahren ließ sich schon jeder Halm, jedes Gewächs, die Feldfrüchte, Baum und Strauch erkennen, und Goethe erkannte sie mit Namen und nach ihrer Beschaffenheit auf diesem und auf den späteren Wegen. Er wußte Bescheid über die Art des Anpflanzens, über was wußte er nicht Bescheid, mit was hat er sich nicht beschäftigt? Da nunmehr an dem Straßenrand Zuckerrüben wachsen für die Zuckerfabrik im Thurgauischen, erinnern sie an einen Eintrag im Tagebuch vom 7. Mai 1799: »Gegen 10 Uhr Prof. Göttling wegen des Zuckers aus Runkelrüben.«

Diese Wegstrecke im Grünen und zwischen Wäldern erscheint noch wie im Zeitlosen, und rechts der Steinbruch, auf der Karte von 1760 eingezeichnet, »Kalkstein mit einem muschligen Bruche, fast feuersteinartig«, von Goethe allerdings *nach* Herblingen gesehen.

Von dort an ist alles anders, und wie ein Kehrreim wird dieses »alles ist anders« durch das ganze Land und bis hinauf zum Gotthard wiederkehren für das seither Geschaffene, Massenhafte, als Häßliches der Natur angetan. Daß dieses Häßliche vom sozial besseren Menschenleben enthält, das bleibt zu bedenken, immer wieder.

Also ist von Herblingen an alles anders, es verdichten sich die Außenquartiere der Stadt, den »schmalen angenehmen Wiesengrund« füllen Industrie, viel Industrie und Geleiseanlagen. Irgend einmal wird zwischen Häusern der Munot – einst Unnot = ohne Not – sichtbar, als »Schloß« von Goethe noch frei und groß auf dem Hügel gesehen, die Feste, nach den Befestigungsgrundsätzen von Albrecht Dürer gebaut Anfang des 16. Jahrhunderts; Schaffhausen sah sich gern als das *schweizerische Nürnberg*.

Die Anlage des Munot blieb erhalten, sie wird gepflegt; zum Rhein hinunter ziehen sich die zwei auseinanderlaufenden Wehrgänge, zwischen ihnen klettern Reben den Berg hinan. An Sommerabenden wird im Burghof getanzt, und im Turm oben leuchten durch alle Jahreszeiten die Lichter aus den Stuben des Schloßwartes. Das Munotglöcklein bimmelt seit 1589 jeden Abend um neun, fünf Minuten lang über die Stadt hin, es bimmelte auch über Goethe hin, zu der Stunde war er wohl an der Table d'hôte in der *Krone*. Das Lied von dem Glöcklein, ein sehr trauriges Lied von verlorener Liebe, ist sozusagen des Schaffhausers Nationalhymne.

SCHAFFHAUSEN

Goethe wohnte 1775 mit den Grafen Stolberg und Haugwitz im *Schwert,* einem wohlrenommierten Gasthaus, Ecke Fronwagplatz/Schwertstraße (1889 abgerissen), 1779 und 1797 im noblen Gasthaus *Krone* an der Vordergasse, heute Möbel-Kaufhaus, eine Tafel erinnert an berühmte Gäste:

Montaigne war 1580 da, Goethe hat sich mit ihm und seinen Schriften immer wieder beschäftigt.

1814 Zar Alexander von Rußland, Goethe hat ihn nach der berühmten Begegnung mit Napoleon in Erfurt abends im Theater, später beim Einzug in Dresden gesehen, er als Statist der Weltgeschichte.

Marie-Louise, Kaiserin der Franzosen, Goethe hat sie als Gattin Napoleons I. 1812 in Karlsbad gekannt und Huldigungsgedichte für sie verfaßt.

Könige, Fürsten, Prinzen wohnten hier. Nach keinem wurde ein Zimmer benannt, nur ein Goethezimmer blieb bis zum Umbau, seine Stukkaturen holte man aus dem dritten Stock herunter und brachte sie im Treppenaufgang des Kaufhauses an, Pallas Athene ist unter den Figuren. Die Kupferstiche, die Wände jenes Zimmers zierend, »welche die Geschichte der traurigen Epoche Ludwigs XVI. darstellen«, sind verschollen.

*

An der Table d'hôte saßen Emigranten, stellvertretend für die vielen Flüchtlinge aus Frankreich und Deutschland, in einem Gasthaus wie der *Krone* sicher nicht ohne Habe. »Dame, Gräfin, Pfaffen«, katholische aus Schwaben vermutlich. Von ihnen und den anderen Durchreisenden wissen wir nichts,

Gästebücher wurden nicht geführt oder sind nicht mehr vorhanden. Nur Berühmtheiten hinterließen ihre Spuren, in Regierungsberichten mit einem Ehrentrunk, in Zeitungen. Für Goethes Incognito-Reise gab es weder Ehrentrunk noch Erwähnung im Lokalblatt.

Schlaglichter auf die Geschichte werfen »Condéische Offiziere«, zur Emigrantenarmee gehörend, die der Prinz von Condé 1792 in Koblenz gegründet, mit der er sich dem verbündeten Heer beim Einfall in Frankreich anschloß. Goethe begegnete dem Prinzen selbst nie, wohl aber seiner »entschiedenen Freundin« bei einem Abendessen in Mainz, der Fürstin Monaco, und er war bezaubert von ihr. Nicht lange nach jenem 19. September (am 17. Oktober wurde der Friede von Campoformio unterzeichnet) schloß sich der Prinz mit seinen Truppen den Russen an und kämpfte unter Suvarov gegen die napoleonischen Heere in der Schweiz. Durchaus möglich ist, daß diese Offiziere, von der Armee abgesprengt, weitere Geschehen und Befehle abwarteten; daß sie 1799 mit dem Prinzen und Suvarovs Truppen über den Gotthard kamen, ist Vermutung und nicht nachzuweisen.

Am zweiten Abend dann waren es »Makkaronische Uniformen«, ein in der Geschichte der Uniformen unbekannter Begriff, Goethe hat ihn geschaffen vom literarischen Mischmasch her. Sie haben ihm sichtlich nicht gefallen »... französischer edler Kavalleristen«, das *edle* klingt ominös, dazu das »fürchterliche Zeichen der drei schwarzen Lilien auf der weißen Armbinde«, Bourbonenlilien? Eine Art Freischärler?

In Schaffhausen, wie in Zürich, waren auch Gäste aus Italien kommend, die konnten nicht genug erzählen, wie teuer dort alles und wie schlimm die Lage sei. Goethe hörte begierig hin, ihm lag noch die Reise nach Italien mit Meyer im Sinn.

An dem ersten Abend in der *Krone* folgt ein Satz, den Ekkermann in seiner Ausgabe gestrichen und Suphan wiederaufgenommen hat, der einige Rätsel aufgibt: »Bemerkung eines gewissen stieren Blicks der Schweizer, besonders der Zürcher.« Stier blicken, nach dem heutigen Verständnis, vor sich hin starren, betrunken glotzen; das Wort, im 18. Jahrhundert aufgekommen, bedeutete vorerst: einem Stier gleich wild um sich blicken. An der Tafel war, nach Goethes Aufzeichnungen, als einziger Schweizer und Zürcher »Oberst Landolt«. Hat er beim Gespräch über Politik, die Revolution, die doch auch der Schweiz, den Landvögten zumal, zu schaffen machte, wild um sich geblickt?[8]

Am zweiten Abend saß an der Table d'hôte in der *Krone,* unbeachtet damals und bis heute, ein junger Reisender, von dem Goethe immerhin wenige Stunden zuvor geschrieben hatte: »im Zurückgehen [vom Rheinfall] legitimierte sich bei mir Denfeld, ein Schwede... Er ist auf einer sogenannten genialischen Fußreise begriffen«.

Der sich da legitimierte, war Carl von Dannfelt.

Der Zufall hat mich auf seine Spur gebracht an einem Abend bei Freunden in Küsnacht, ein Gespräch über Goethes Reisen in die Schweiz. Die Freundin sagte: mein Urgroßvater ist ihm begegnet, und so lernte ich ihn kennen, sein Bild, seine Lebensgeschichte und *seine* Geschichte von der Begegnung mit Goethe[9]

*

Schaffhausen mit seinen rund achthundert Häusern in seiner mittelalterlichen Anlage kommt in Goethes Aufzeichnungen recht hübsch und interessant zur Geltung, »es lag mit seiner Dächermasse links im Tal«. Als Ganzes und im Einzelnen nimmt er wahr und denkt sich das Seine:

Die Erker, ihre Vielzahl springt noch vor in die Gassen der Stadt, von der einfachsten bis zur ziervollsten Bauart, Wohlstandszeichen des Hauses.

Die Guckscharten, fast alarmiert ist er von ihnen, kubisch eingeschnitten in den Mauervorsprung, noch erhalten an der Bachstraße, an den Wohn- und Werkstatthäusern der Gerber.

Schaffhausen

Sie gaben und geben noch die Sicht frei, die Gasse neben dem längst zugedeckten Bach hinab zum Zunfthaus der Gerber, einem vor nicht langem renovierten, reichverzierten Frühbarockbau. Die Zünfter konnten beobachten, wer in die Gerberstube ging, ihre Frauen, ob die Männer und Söhne zum Schoppen einkehrten, ob und wie sie nach Hause kamen. Goethe sieht darin eine Art hinterlistiger Neugier, läßt sich aber versöhnen von den Bänken an den Häusern, Zeugen zutraulich nachbarlichen Zusammenseins an Sonntagen, an warmen Sommerabenden. Man erzählt sogar von einem Bürgermeister, der zuzeiten seinen Stuhl auf die Straße tragen ließ und da Audienzen erteilte, jeder konnte kommen und sein Anliegen vortragen.

»Viele Häuser haben bezeichnende Inschriften«, verwunderlich, daß sie ihm besonders auffallen, Hausnamen und Inschriften waren auch in andern Städten üblich, bis die Hausnummern eingeführt wurden. Oder – davon wird noch zu hören sein – war da in Schaffhausen des Guten zuviel?

Das Benediktinerkloster Allerheiligen, zu jener Zeit längst säkularisiert und Staatsbesitz, war recht vernachlässigt; daß er es und das romanische Münster nicht gesehen oder erwähnt, das ist zu verstehen. Aber hoch oben im Turm hing die Glocke, 1484 in Basel gegossen, mit der Inschrift: »Vivos voco, mortuos plango, fulgura frango«. Von Schiller als Motto zum »Lied von der Glocke« gesetzt mit »Die Lebenden ruf' ich, die Toten beklag' ich, Blitze zerbrech' ich«. Den Text hatte er in der *Krünitz'schen Encyclopädie* gefunden; er arbeitete derzeit an dem Gedicht. Daß Goethe nicht aufschaute zu dem Turm, davon nichts sagte, nichts an Schiller schrieb, das ist nicht zu verstehen; wußte er nichts davon, dachte er nicht daran, er und Schiller beredeten in jenen Jahren auch ihre Balladen.[10]

Im Hofraum, wo einst der Kapitelsaal war, steht nun die Glocke auf einem steinernen Sockel als *Schillerglocke*; alle die Besucher, die in der Schule das Glockenepos gelesen, auswendig lernen mußten, einzelne Verse als geläufige Zitate behielten, sie gehen rundum und buchstabieren die Inschrift.

*

Besondere Anerkennung findet die Rheinbrücke, »schön gezimmert... in der Mitte einige Sitze hinter denen die Öffnungen mit Glasfenstern zugeschlossen sind, damit man nicht im Zuge sitze«.

Es war die berühmte Brücke von Johann Ulrich Grubenmann, er stammte aus einer Familie von Zimmerleuten (manche sprechen bereits von Baumeistern) im appenzellischen Teufen. Seine Holzbrücken erregten das Staunen der Reisenden, durch deren Beschreibung sie Weltruhm erlangten. Der Brückenbogen in Schaffhausen besaß eine Spannweite von 119 m, ohne Kenntnis von statischen Berechnungen entworfen und gebaut. Zwei Jahre nach Goethes Besuch, beim Durchmarsch der Franzosen ging sie in Flammen auf, sie stand, 1758 gebaut, nur einundvierzig Jahre. Ihr Modell im Museum zu Allerheiligen ist als damalige Holzkonstruktion sehenswert.

*

Abschließend läßt Goethe die Stadt in die Weltliteratur eingehen mit dem Urteil: »Ich habe an derselben nichts geschmackloses und nichts abgeschmacktes bemerkt, weder an Häusern, Gärten, Menschen und Betragen.« Was soll das nun heißen, Schaffhausen mehr oder weniger abgewertet? Nein – rehabilitiert! In den Beschreibungen damaliger Reisender findet sich: »Von der Bauart der Stadt sag' ich Ihnen nichts, weil ich es nicht der Mühe werth achte, von einer so veralteten, häßlichen, geschmacklosen Reichsstadt viel Redens zu machen.«[11] Schlimmer noch, was Karl Spazier schreibt, wenn er auch freundlich beginnt: »Die Stadt Schaffhausen ist nicht so schlecht gebaut, als manche vorgegeben haben... Die Straßen sind reinlich und nicht eng, und man nimmt an allem gute Policey wahr. Aber die fatalen abgeschmackten Malereyen, Devisen und Denksprüche, womit fast alle Häuser ohne Ausnahme beklext sind, machen die Stadt zu einer wahren savoyardischen Laterna Magica. Man kann sich die elenden Fratzen, die man überall zu sehen bekommt, nicht erbärmlich genug vorstellen. Die Sucht nach Originalität... hat Böcken, Elephanten, Schafen und all dem lieben Vieh der edlen und unedlen Ordnung die seltsamsten Geschäfte aufgetragen, und unsre Büchertitel, so närrisch sie bisweilen sind, kömmen lange nicht an die Titel dieser Häuser...«[12]

Wahrlich, Schaffhausen muß eine ausnehmend bunte Stadt gewesen sein. Die Bemalung ist – leider? – größtenteils verschwunden, als für uns allerdings rühmliches Beispiel blieb, außer dem *Käfig* und dem *Goldenen Ochsen*, das *Haus zum Ritter* (Vordergasse 95) mit Fassadenmalereien von Tobias Stimmer, sie werden zu den bedeutendsten der deutschen Spätrenaissance gezählt.

Von der Bevölkerung, an der Goethe nichts Geschmackloses beobachtet hat, schreibt Spazier, daß sie, was Sprache, Tracht, Sitten betreffe, nichts Schweizerisches habe. »Dagegen trifft man viel verlaufenes Gesindel, Handwerksburschen, Weber und Dienstmädchen aus dem Reich hier an... In der Stadt sollen allein über fünfzig Mädchen in Stellung sein. Was das für bedenkliche Folgen hat in den Familien, in deren Schoß sie aufgenommen worden, läßt sich leicht erachten.«

So Spazier nebst anderen, und Goethe hat dann, was immer er gelesen oder gehört hat, die üblen Urteile für seine Zeit berichtigt.

*

In unserer Zeit nimmt Schaffhausen bei den Kunsthistorikern einen bedeutenden Platz ein. Der *Kunstführer durch die Schweiz* widmet der Stadt zehn dicht beschriebene Seiten, allen den wohlerhaltenen Häusern aus den vergangenen Jahrhunderten, den Brunnen und Kirchen. Beim Einfall der Franzosen 1799 wurde nichts zerstört, die Schaffhauser versuchten schon gar nicht, sich der Übermacht entgegenzustellen. Die Grubenmann-Brücke zündeten die Franzosen an, als sie den nachrückenden Österreichern aufs Zürcher Ufer auswichen.

Die Schaffhauser selbst, an denen vor zweihundert Jahren jener Karl Spazier nichts Schweizerisches sehen konnte, was »Sprache, Tracht, Sitten« betreffe, unterscheiden sich, besonders in den Landbezirken, von den westlichen Kantonen, dem Mittelland, heute noch in ihrem, dem Alemannischen nahen Dialekt, mit dem ›a‹ statt ›ei‹ (Sta = Stein, da wass-i nid = das weiß ich nicht), ihre Tracht tragen sie noch an Folklore-Tagen, in ihren Sitten passen sie sich der Industriezeit an. In ihrer Art mögen sie lebhafter, gesprächiger sein als Bewohner der Akkerbaugebiete, der Berge, ihr Wein ist spritzig, im übrigen ist man hier so *schweizerisch* wie in andern Kantonen.

IV

DER RHEINFALL

von Goethe auf allen Schweizerreisen besucht, gehörte zu seiner Zeit in jedes Reiseprogramm. Kaum ein Reisebuch, in dem er nicht beschrieben würde, besonders seit man nahe an ihn herangelangte auf einem Weg, 1761 angelegt, während der Amtszeit von Oberlandvogt Heinrich Escher im Schloß Laufen. Könige und Fürstlichkeiten, Naturforscher, Schriftsteller und genialische Reisende machten Umwege, das Naturwunder zu sehen. Sein Ruhm übertraf, so wurde behauptet, die Katarakte des Niagarastromes, und das hat sich in unserer Zeit der Charter-Flüge denn doch geändert.

*

1775 schrieb Goethe aus Schaffhausen: »Gehe jetzt aus den Rheinfall zu sehen« an Johanna Fahlmer in Frankfurt, 7. Juni 1775, er hat ihn dann auch gezeichnet, von der Höhe bei Neuhausen her gesehen, Schloß Laufen ragt schräg gegenüber wuchtig und einsam auf über Weinbergen, Schlößchen Wörth im Vordergrund in der Tiefe und sonst kaum ein Haus.

1779, zurückkehrend vom Gotthard, führte er Herzog Karl August und die übrige kleine Reisegesellschaft, von Konstanz kommend, zum Rheinfall. Lavater ließ sich's nicht nehmen, nach Schaffhausen zu reiten, im Haus des Junkers ImThurn zum Abschied auf Schweizerboden zu überraschen. »Es ist mit Lavater wie mit dem Rheinfall; man glaubt auch, man habe ihn nie so gesehen, wenn man ihn wiedersieht, er ist die Blüte der Menschheit, das Beste vom besten«, schrieb er Frau von Stein noch in der Hochblüte der Freundschaft zwischen den beiden Männern.

1797. »Den 18. September, früh um sechseinhalb ausgefahren« über die Grubenmann-Brücke und drüben am Hang empor, und auf Zürcher Boden »Nebel, der die Höhen einnahm«, mit ihm vermischt sich vom Rheinfall aufsteigender Wasserstaub, und Goethe dachte an Ossian »Fingal kommt wie eine feuchte Nebelsäule«[13] und »Liebe zum Nebel bei heftigen inneren Empfindungen«. Beides scheint bemerkenswert, sehr bemerkenswert als Ausbruch der Gefühle und als Abweichen vom Vorsatz des »kritischen Realism«; erstes und – abgesehen von den wenig späteren »Erregten Ideen« – einziges Mal auf dieser Reise, als sei er noch unterwegs zwischen zwei Welten und noch nicht ganz in der klassisch-antiken mit Meyer, noch halb in der nordischen Nebelwelt. »Unser Balladen Studium hat mich wieder auf diesen Dunst- und Nebelweg geführt«, schrieb er im Sommer zuvor an Schiller, und auf dem Weg zur Arbeit am Faust.

Diese Liebeserklärung an den Nebel gilt nicht nur der nordischen Dunstwelt, sie gilt *ihm* als Erscheinung, wie oft wird er ihn noch beschreiben, den Nebel, nie mehr als Gleichnis. Begrenzt auch wären die »heftigen inneren Empfindungen« nur dem Gedanken an Ossian zuzuschreiben, da ist nämlich nicht zu übersehen der aufsteigende Wasserstaub als Vorbote der großen Begegnung mit dem Rheinfall.

*

Oben über dem Flußtal fuhren sie auf der Straße nach Winterthur durch das Dörfchen Uhwiesen zwischen ansteigenden Weinbergen und Feldern. Unsere Straße bleibt unterhalb, die Verzweigung nach dem Rheinfall auch. Ein Fahrweg führte einst querüber und hinab zum Weg, in respektvoller Distanz am Schloß Laufen vorbei, dann hinunter zur hölzernen Brücke mit Galerie zur Schaubühne.

Man »steht auf Kalkfelsen vor sich die Gewalt des Wassersturzes...«. Goethe am Rheinfall, zeitlich und örtlich fern dem Bild von Tischbein *Goethe in der Campagna*, dort in nobel-gelassener Haltung vor großrömischer Landschaft, klassischer könnte es nicht sein; hier schier bedrängt zwischen Fels und Wasser, vom Gischt besprüht, den Mantel um sich gezogen, den Hut – war es ein Dreispitz, eine Reisemütze – in die Stirn gedrückt, in seinem Gesicht arbeiten die »Erregten Ideen« des Geistes-Imperator; in ihm, nur in ihm kann der Gedanke abends dann aufkommen, »daß man keinen Kampf mit diesem Ungeheuer bestehen« könne. Unserem Verständnis näher liegt der Satz, mit dem er sich gleichsam vom Rheinfall verabschiedet, »vielmehr fürchtet der Zuschauer, dem Übermaß zu unterliegen und erwartet als Mensch jeden Augenblick die Katastrophe«.

*

Einen Tag lang, vom Morgen bis zur Dämmerung, mit kurzen Unterbrechungen, hat er den Rheinfall umkreist, ihn geschaut von allen Seiten und aus der Höhe, vom Frühnebel verschleiert, vom Regenbogen überwölbt, von im Hintergrund steigender Sonne in Licht und Schatten geteilt. Im Mittagslicht und in der Abendsonne hat er ihn gesehen, die wechselnden Eindrücke ergründet, in Bildern und Vergleichen festgehalten, Bezüge zum Leben, zu Menschen, Schicksalen hergestellt.

Merkwürdig aber, sehr merkwürdig ist, er schreibt nicht ein Wort vom Donner des Wassers, dem Brüllen der stürzenden Elemente, was einstige Reisende und auch heutige betäubt, gar beängstigt. Er, der Augenmensch, er *schaut*.

Was er hört, ist Schiller: »Es wallet und siedet und brauset und zischt«, er wird ihm schreiben, der Vers hat sich legitimiert.[14] Wenige Monate zuvor hatten sie die *Taucherromanze* durchgesprochen, das Motiv ging auf Goethes Erzählung von einem kühnen sizilianischen Taucher zurück.

Er ist ungehalten über die Technik, die einstigen Hammerschmitte-Mühlen, sie begrenzen, stören den Ausblick; heute sind es die hochgemauerten Stauwehre. Später vergleicht er versöhnlicher die verschiedenen Wirkungen »vom Unbändig-

Der Rheinfall

sten rechts bis zum nützlich verwendeten links«, am Abend dann wird gar »selbst der kleine Abfall eines Mühlwassers interessant«.

Er ließ sich im Weidling hinüberrudern, neue Eindrücke von der Naturgewalt. Am andern Ufer ging er ins Haus, ins Schlößchen Wörth für ungefähr eine Stunde, fuhr dann zurück, inzwischen war es zehn geworden. Drüben trat er erneut auf die Bühne und an den Sturz heran, blieb bis gegen Mittag und stieg dann auf zur wartenden Chaise.

Auf der Rückfahrt über Uhwiesen, die Ebene, schon einst mit Dörfern und Höfen überstreut, erblickt er Mangold, und er, eben noch in Betrachtungen über höchste Dinge versunken, nimmt sich vor, Samen mitzunehmen und »künftigen Sommer unsern Wieland damit zu traktieren«, nun Freund und Gärtner.

»Um drei Uhr fuhr ich wieder nach dem Rheinfall«, diesmal durch die Stadt und rechtsufrig; dem Fluß entlang wird zum ersten Mal seine Stimme vernommen, »strömend über Felsbänke mit mehr oder weniger Rauschen«. Felsbänke sind nicht mehr zu sehen und »Weinberge und Gärten« nicht, die Straße aber folgt der alten Spur, die Katzensteig hinan nach Neuhausen. Oben lassen sich zwischen neueren Häusern und neueren Gärten für kurz die Kalkfelsen am Ufer gegenüber erkennen, später, wo das Flußtal in der Tiefe sich nach Osten wendet, zeigen sich *fast* wie einst die Weinberge, die Dörfer.

Der Blick auf den Rhein im Fall und seinem breiten grünen Lauf nach gibt sich noch groß und frei in Neuhausen, vom Hotel Bellevue aus: »Eine große, herrliche aber faßliche, in allen Teilen interessante aber begreifliche Naturszene.«

Wir, auf dem Rückweg, fahren nicht hinunter zur Stadt, vielmehr auf gleicher Höhe weiter in die Stockarbergstraße. Bei Nr. 125 stand das Gasthaus *Storchen,* von dessen Gartenlaube aus Goethe am 7. Juni 1775 die Kapelle zum Ölberg zeichnete mit zwei männlichen Gestalten am Ende des Wirtstisches, die Stolberge vermutlich, mit ihren runden Wertherhüten.

An der Stockarbergstraße stadtwärts und an der Steig finden sich hier und dort noch von den Landhäusern, die Goethe 1797 bei der Einfahrt in die Stadt entzückten, Spätgotik, Rokoko, Louis XVI.

1797 fuhr er zurück und hinunter an den Fluß, von dort zu Fuß durch die Mühlen den Weg zum Rheinfall. Er übersah, worüber andere Reisende seiner Zeit sich entsetzten, diesen Zugang durch schmutzige Werkstätten und -Anlagen; er umging noch einmal, nun in der Abendsonne, Schlößchen Wörth, fuhr noch einmal im Weidling näher an den Fall heran, hinüber zum *Fischez* (Bezeichnung für Fischfang) und hinauf zur Schaubühne. Wieder war ihm, er sehe das Schauspiel zum erstenmal.

Nicht genug, auf der Heimreise, spät am Nachmittag, ließ er bei Uhwiesen die Chaise weiterfahren und wanderte mit Meyer hinunter zum Fall, blieb dort, wir wissen nicht wie lange. Der Weg aber, linksufrig nach Schaffhausen, diesmal war er »böse«, vielleicht war das Wetter die Tage zuvor schlecht gewesen. Heute ist er betoniert.

*

Alle die Wege um den Rheinfall sind betoniert, alles komfortabel; für Fahrzeuge der Besucher, Autos und Cars, dehnen sich oberhalb vom Schloß Laufen Parkplätze aus, an schönen Sonntagen voll besetzt, es sollen über 4000 Besucher sein. Sie ziehen am alten Kirchlein, dem kleinen Friedhof vorbei und an der Gartenwirtschaft, die Jugendherberge ist nahebei, über den einstigen Schloßgraben, nun Wildschwein- und Rotwildgehege.

Am Torbogen des Schlosses, auf der Steintafel, wird neben Angaben über totale Höhe (21 m), Tiefe des Beckens (13 m), maximale Abflußmenge in der Sekunde (1080 l) auch sein Alter angegeben: 6000 Jahre. Noch bis zu Beginn unseres Jahrhunderts war das Alter unbestimmt, kein römischer Bericht erwähnt ihn, er war, wurde vermutet, noch gar nicht vorhanden. Es war aber, daß die Römer keinen Ovid nach Helvetien verbannten; er hätte in seine Klagen den unheimlichen Sturz in der Wildnis einbezogen. Die ersten Söldner, die nach Norden zogen, sahen in dem Naturgeschehen nichts als ein Verkehrshindernis, tunlichst zu umgehen. Sie suchten und fanden die Furt bei Rheinheim-Dangstetten nahe Zurzach.

Wenig unterhalb des Torbogens und dem Türmchen mit Souvenirstand und Kasse beginnt der Abstieg in bequemem Zickzack zum *Känzeli*, einmal unter einem Seitenarm des Wasserfalls durch zum *Fischez*. Eine bunte Menschenschlange, vom Bellevue in Neuhausen gesehen, windet sich auf und ab. Was die Empfindungen der Beschauer sind, bleibt unbekannt, lange läßt das Gedränge sie nicht stehen. Ob sie, was Goethe als »Unnachlassen der Kraft« sieht, wie der Bediente eines damaligen Reisenden fragen: »Hört denn dieser entsetzliche Sturz nie auf«, ob sie sagen, wie jener Franzose, den Goethe unter dem Tor zur *Krone* begegnete: »C'est assez joli, mais pas si joli que l'on me l'avait dit« (und Goethe dachte: »Ich möchte die Ideen des Mannes und seinen Maßstab kennen«), ob sie überwältigt sind; sie fixieren das Bild von allen Seiten auf den Film.

Sie lassen sich übersetzen zu einem der Felsen in der Mitte in motorgetriebenen Weidlingen, Goethe schienen diese Felsen »das wunderbarste Phänomen, da sie sich so lange erhalten«. Sie erklettern die Spitze über die leiterartige Treppe, der Fels vibriert im Ansturm der Wassermassen, gemütlich für Empfindsame ist es dort oben nicht, immerhin keine Heldentat, sich dahin zu begeben. 1779, am 6. Dezember, ist Goethe mit Herzog Karl August in zwei aneinandergebundenen Schiffen an den Felsen herangefahren, und sie kletterten, freilich bei niedrigem Wasserstand, wenige hatten es bisher getan, an ihm hoch bis zu einem Busch. Als Souvenir und Triumphzeichen brachen sie sich einen Zweig.

»Ich ging hinein, um ein Glas Wein zu trinken«, und es klingt, als brauchte er dieses Glas zur Erholung von allen den Eindrükken, es war gegen neun Uhr. Er ging über die Brücke in das Wasserschlößchen, er erkannte den Hausherrn von seinen früheren Besuchen, er hieß Geltzer; ein Geschlecht, das nicht mehr vertreten ist in Schaffhausen, wohl aber verstreut in der Welt.

Er ließ sich erzählen vom *Lachs*fang, und da fragt sich's, ob Geltzer nicht etwa vom Salmfang redete; von Basel bis Schaffhausen wird allenthalben Salm ausgeschrieben, in Salmenstuben gegessen, der ausgewachsene Fisch folglich, nicht der Jungfisch Lachs. Die Geschichte der Salmen ist freilich kompliziert, es soll deshalb nur von der landesüblichen Bezeichnung die Rede sein. Die Salme kamen rheinauf geschwommen, wenige vermochten den Fall zu überspringen, sie tummelten sich im ruhigen Gewässer unterhalb, auch hinter dem (noch zu sehenden) niedrigen Damm beim Schlößchen, verfingen sich in den Netzen. Seither versperren ihnen alle die Schleusen, die Staumauern der Elektrizitätswerke rheinauf den Weg; man legte zwar manchenorts Fischtreppen an, die Salme aber blieben mehr und mehr aus, Gewässerverschmutzung.

Er ließ sich auch erzählen von den Zolleinnahmen. Die Stadt überblickend hat er bemerkt, »sie ist wahrscheinlich durch die Hemmung der Schiffahrt durch den Rheinfall in dieser Gegend entstanden«. Unterhalb des Falles war der Umladeplatz beim Schlößchen Wörth. Oberhalb, unweit der neuen Rheinbrücke, steht noch der Salzhof von 1520 als Restaurant Schweizerhof, und der große Güterhof als Lagerhaus für Transitwaren von 1785–87. An beiden Stellen wurde verzollt, rheinauf von Basel und Deutschland, rheinab von Bayern und Tirol.

Wie das Wasserschlößchen im 18. Jahrhundert ausgesehen, zeigen alte Stiche, und wer da noch die Idylle erwartet, findet sich im Sommer selbst an Werktagen im Gewimmel von Autos und Cars und Touristen, die Weidlinge kreuzen ohne Unterlaß. Man tut gut daran, von der vorgebauten Veranda aus den Blick einzuengen, den Fall und nur den Wasserfall zu sehen, nicht aber die Betonklötze von Neuhausen.

Wo »die Wellen schäumend abströmen… die Bewegung verklingt… der Fluß im Fortfließen seine grüne Farbe« zeigt, da schäumt es auf dieser grünen Fläche fort, träge, in großen Klecksen und bis hinunter zur Biegung, Seifenschaum, in den Kläranlagen scheinbar getilgt, im Fall wiedergeboren.

V

VON SCHAFFHAUSEN NACH BÜLACH

Den 19. September

»Früh sechseinhalb aus Schaffhausen« unter leicht bewölktem Himmel. Vorerst, wie am Vortag, dem Rhein entlang, hinauf nach Neuhausen. Dort irgendwo erblickte Goethe den Baum, einen Apfelbaum, dicht umrankt von Efeu; rückschauend auf den selbstvergessenen Tag am Rheinfall, hinausschauend auf das weite Land und die ferne Kette der Schneeberge, mag ihm bedrängend das kleine Leben in Weimar, die Pflicht gegenüber Christiane eingefallen sein. Er konzipierte das Gedicht »Amynthas«

»Wenig Äpfel trägt er mir nur, der sonst so beladne
Sieh, der Efeu ist schuld, der ihn gewaltig umgibt«

und noch deutlicher spricht er von der Schlingpflanze

»Nahrung nimmt sie von mir, was ich bedürfte, genießt sie
Und so saugt sie das Mark, sauget die Seele mir aus«

Den Gedanken an gewaltsame Befreiung des Baumes vom »gefährlichen Gast« folgt

»Halt das Messer zurück! o Nikias! Schone den Armen
Der sich in liebender Lust willig gezwungen verzehrt!
Süß ist jede Verschwendung, o laßt mich der schönsten genießen!
Wer sich der Liebe vertraut, hält er sein Leben zu Rat?«

Da blitzt die Erinnerung auf an die »Merkwürdige Heilung eines schwerverwundeten Baumes«[15], mehr dem Wortlaut als dem Inhalt nach, sie erlischt, denn sachlich ist die diktierte pro-memoria-Notiz, oder wurde sie später eingefügt, »Der Baum und das Efeu Anlaß zur Elegie«. Dann fährt die Berichterstattung fort: »Schönes Fruchtfeld, Berge rechts und links«, die Ausläufer vom Klettgau rechts und jene des Weinlandes links. Im Vorbeifahren hätte er für kurz in der Tiefe die Türme der prachtvollen Klosterkirche von Rheinau sehen können; ach, daß er nur Hanf und Klee, Erdäpfel, Rüben, Bohnen, Möhren sieht; es wäre soviel schöner, von den Kostbarkeiten des Landes zu schreiben, selbst wenn sie ihm damals nicht gefielen, selbst wenn sie damals säkularisiert und vernachlässigt waren und erst in jüngster Zeit wieder in vollem Glanz erstanden sind.

Das eben genannte Gemüse erblickte er um Jestetten, noch in der sulzischen, heute baden-württembergischen Enklave, ein bäuerliches Dorf mit amtlichem Charakter; eine Untervogtei war dort eingerichtet. Von der Grenze wird nichts vermerkt. Wir aber müssen, bald nach den letzten Häusern von Neuhausen und wieder bei der Ausfahrt nach Lottstetten, unsere Pässe vorzeigen. Im vergangenen Krieg wurden Autos nicht durchgelassen und, mit dem Zug reisend, Türen verriegelt, Fenster durfte man nicht öffnen. So eingeschlossen schaute man mit sonderbarem Gefühl auf Menschen, in einem fremden und schrecklichen Reich lebend.

Um Goethes Straße zu folgen, muß nach Jestetten gegen Lottstetten gefahren werden, im Paß steht erst auf der Rückreise »Repassiret Lottstätten 26.X.1797 über Schaffhausen«; von dort durch ein waldiges Tälchen zum Grenzposten, kurz nachher nach *Rafz*, an Fachwerkbauten vorbei. Da wurde auch vor zweihundert Jahren gefahren, zum *Goldenen Kreuz*, an der Hausecke das ziervolle Wirtshausschild mit dem vergoldeten Kreuz, quer zur Straße stehend, langgestreckt mit einstigen Stallungen. Hier war Pferdewechsel (nach 14,8 km). Die Fahrgäste traten derweil durch die Haustür mit den geschnitzten Wappen und Figuren in die Gaststube. Ob Goethe vor dem Haus gestanden, auf und abgegangen ist: er vermerkt nur »Brot für Pferde«, in Schwaben hatten sie vergeblich welches verlangt; ob er in der Gaststube ein Glas von dem einst recht sauren, nunmehr gepflegten, leichten und bouquetreichen Wein der Gegend getrunken hat, er verheimlichte sonst derlei nicht. Die heutigen Besitzer des *Goldenen Kreuzes* beanspruchen aber nicht nur ein Glas Wein in ihrem Haus, sondern auch eine Nacht, wieder eine, ein Goethezimmer gibt es freilich nicht.

Nach Rafz, auf dem großen Feld mit »viel Hanf, zum erstenmal seit langer Zeit Flachs«, sind einst nach der Ernte die Herbstübungen der Zürcher Truppen abgehalten worden; nun sind da Baum- und Rosenkulturen, Mais, Zuckerrüben, viel Raps, *Lewat* in der dortigen Sprache. Wer im Frühsommer durchfährt, sieht die »Bienenweiden«, die gelben großen Blütenflächen, atmet ihren süßen Geruch.

Den großen Wald nach dem Rafzerfeld verzeichnet Goethe nicht, wohl dann jenen nach Eglisau, vor Bülach als »Eichenwald«; ein Mischwald nun, doch müssen es noch im 19. Jhdt. Eichen gewesen sein. Gottfried Keller dichtete von diesem und keinem andern Wald

»Arm in Arm und Kron an Krone
steht der Eichenwald verschlungen
Heut hat er bei guter Laune
mir sein altes Lied gesungen.«

Ausfahrend aus dem ersten Wald ging damals die Fahrstraße querfeldein und hinab nach Eglisau. Jene Holzbrücke über den Rhein, deren Reinlichkeit und Zierlichkeit Goethe gefiel, führte vom Gasthof *Hirschen* hinüber. Zugpferde wurden vorgespannt, die Straße stieg am andern Ufer steil empor. Am Brückeneingang befand sich im Wachtturm das »artige Kabinett«, in dem die beiden Mädchen von zwölf bis vierzehn Jahren, wohl ihren Vater vertretend, ernsthaft als Weggeldeinnehmerinnen amteten; sie haben im Paß eingetragen »basiert Eglisau, 18. Herbst (monat)«.

Manche Interpreten von Goethes Reisen wollen ihn als Gast

von Landvogt Landolt im Schloß Eglisau sehen, es stand unfern der Brücke. Die Reisenotizen sind aber zu genau, die Zeit zu knapp bemessen, um einen solchen Besuch weder auf der Hin- noch auf der Rückfahrt einzuschließen; er hätte zudem niemals unterlassen, von diesem merkwürdigen Schloß zu schreiben.

Die Zürcher hatten es im 15. Jhdt. erbaut, um die Straße von und nach Deutschland zu bewachen, zu beherrschen, kein Feudalschloß. Zu Landolts Zeit bestand es aus einem alten Turm, der übrige Teil war vernachlässigt. Landolt hatte den Turm mit Gemälden und Schlachtmalereien ausgemalt, er empfing gern Gäste, »ein sehr edler, offen und dabey ganz simpler und ungekünstelter Mann«.[16]

»Der kleine Affe, den Herr Landolt in seinem Gute hatte, ist gestorben; itzt hat er das Skelett von ihm in einer Kiste, welches eine Keule in der einen Hand hat, so daß er wie ein wilder Mann aussieht.« Dergleichen hätte Goethe bei seinem angeblichen Besuch im Schloß Eglisau gesehen und nirgends erwähnt?

Auf der Rückreise fünf Wochen später speiste Goethe im *Hirschen* mittags zwölf bis zwei, ein Pferd mußte ohnehin vorgespannt werden für den diesseitigen Anstieg. Der *Hirschen,* dicht am damaligen Rheinübergang, steht, von der heutigen Brücke die abfallende Straße hinuntergehend oder fahrend, am Ende der Häuserzeile mit Malereien an der Fassade zur Gasse und Fachwerk zum Rhein hin, dort schmal, entstellt durch moderne Anbauten.

Goethe saß oben am Fenster mit Blick zum Waldabhang gegenüber und auf den Rhein. Grün fließt er hin, für unsere Flußbegriffe recht breit, fließt wie er ihn gesehen hat, nicht ganz zwar. Der Rheinstau vom Kraftwerk Eglisau erhöht den Wasserspiegel, und anstelle der Rheinpromenade zogen Gärtchen hinunter zum Ufer.

Über die »schöne fruchtbare Fläche zwischen waldbewachsenen Bergen« und durch eben den einstigen Eichenwald fahrend, beginnt bald die Autobahn. Wir zweigen ab nach Bülach-Nord. Diese weithin gebreitete Wohn- und Industriesiedlung lag im 18. Jhdt. noch in der Ebene zwischen Hügeln als Stadt mit Ringmauern, Unter- und Obertor, einst *Pulacha* genannt. Als Goethe sie besuchte, dort Pferde gewechselt wurden, war sie Hauptort der Obervogtei Zürcher Unterland, Sitz des Bülacher Untervogtes.

Angebaut an Obertor und Reste der Stadtmauer steht noch das Gasthaus *Zum goldenen Kopf.* Ein Kopf ist im Wirtshausschild mit eigentümlichem Profil, der Name soll aber auf ein Weinmaß zurückgehen, 1 Kopf = 2 Maß = 3 Liter, ein *goldener* bedeutete ein besonders gutes Weinjahr. Nach dem Brand vor dreißig Jahren wiederaufgebaut, als Denkmal geschützt, wurde auch das Goethe-Säli wiederhergestellt – er selbst empfand es als »anmutig« – ein eleganter Gesellschaftsraum mit vierzehn Rokoko-Vedouten in die Wände eingelassen. An der Decke fliegen die neun Musen, begleitet von Merkur und Saturn, siebzehn Jahre vor seinem Besuch gemalt von dem Maler Christoph Kuhn; er nannte sich pompös Stöffi von Rieden und arbeitete um 1750. Seine Bilder blieben erhalten in Patrizierhäusern in und um Zürich, auch in Schloß Wülflingen, dem Sitz von Salomon Landolts Großvater, aus holländischen Diensten feudalherrlicher General.

Goethe blieb zweieinhalb Stunden; auf dieser Reise immer wieder Glasmalereien betrachtend, sah er welche, es mögen Wappenscheiben gewesen sein. Er beschreibt die Technik der Färbungen, erkennt Reparaturen. Die Scheiben waren von 1570, eine Glasmalerei, schon weit entfernt von der ursprünglichen Kunst der mittelalterlichen Glasbilder, der Figuren aus gefärbten Glasscherben, in Bleiruten gefaßt und nur Gesichter,

Bülach

Hände und Gewandfalten aufgemalt. Goethe aber rühmte die Malerei auf Glas, im 18. Jahrhundert wieder in Mode gekommen, und die »wackeren Künstler – wie derbständig und bürgerlich vornehm sie sich ihre Zeitgenossen und die Welt dachten«.

Besonders rühmte er eine Scheibe mit dem doppelten Wappen der Stadt Schaffhausen, über dem der kaiserliche Adler in einem Schilde steht, und der Zierate kein Ende. Es war eine Standesscheibe. Als damals zwischen Städten übliches Freundschaftsgeschenk ist sie in Schaffhausen 1511/12 eingetragen: »Item 4 fl. 1 ort Lux Zainer von Zürich umb ein fenster unserer statt wappen den von Bulach schankten in m. h. uf ir Trinckstuben.«[17]

Wo befanden sich die Scheiben, die Goethe betrachtet hat? Gewiß nicht als Stilbruch in dem Rokoko-Sälchen von 1762. Sie paßten eher im Gasthaus in einen nicht mehr in alter Form vorhandenen Raum, in dem die Bürger zusammenkamen, das Jahr- und Bußengericht der Obervogtei Bülach abgehalten wurde, Goethe hätte ihn besichtigt. Oder hat man ihn, wie manche Bülacher es haben möchten, ins Rathaus geführt, schon damals eine Sehenswürdigkeit, ein mächtiger Giebelbau. Daß sich dort eine Trinkstube befand, beweist im heutigen Ratsaal ein wuchtiges Buffet mit Zinnkannen, in der Ecke der Kachelofen; im Wappenfeld des Ofenkranzes der doppelköpfige Adler, Erinnerung an die Zeit der *Freien Reichsstadt Bülach*.

Die Scheiben sind verschwunden, man sucht sie umsonst »in aller Welt«. Niemand weiß, wurden sie verkauft oder während der Franzosenzeit entwendet, zerstört.

Bülach hat zwar den eindringenden Besetzern keinen Widerstand geleistet, sie vielmehr als Befreier begrüßt, erbittert über die Vormacht von Zürich, seinen Ratsherren, seinen Zünften. Aber das alte Regime kam wieder an die Macht, strafeshalber entzog es Bülach den Rang als Bezirkshauptort, und das dauerte, bis endlich Stadt und Kanton gleichberechtigt wurden, um 1830. Es war eine ernste Sache, dieser Strafentzug, aber sicher gab es Leute, die zu spotten hatten, denn über Bülach wurde von jeher gespottet.[18] In einem Reisebericht von einst stand: »Das Ungefällige seiner Häuser steht in vollkommenem Verhältnis zu seinen holprigen Straßen. Es ist, man weiß nicht aus welchem Grunde, das zürcherische Abdera.« Und die Stadt »steckt noch in den gleichen alten Ringmauern und Türmen wie vor dreihundert Jahren und ist also immer das gleiche Nest... in welchem noch nie einer auf einen grünen Zweig gekommen sei«.

GOETHE WAR IN SELDWYLA

denn die vorstehenden letzten Zeilen schrieb Gottfried Keller in der Einleitung zum ersten Band von *Die Leute von Seldwyla*, es lag »eine gute halbe Stunde von einem schiffbaren Fluß angepflanzt«, der Rhein, rüstig marschierend, ist in einer halben Stunde zu erreichen. »...aber schön ist sie gelegen mitten in großen Bergen, die nach der Mittagsseite offen sind, so daß wohl die Sonne herein kann, aber kein rauhes Lüftchen.« Was bei Goethe »schöne fruchtbare Ebene zwischen waldbewachsenen Bergen« ist, sind bei Keller »an den Bergen unabsehbare Waldungen... welche das Vermögen der Stadt ausmachen, daß die Gemeinde reich und die Bürgerschaft arm«.

In der Einleitung zum zweiten Band der *Leute von Seldwyla* steht: »Seit die erste Hälfte dieser Erzählungen erschien, streiten sich etwa sieben Städte im Schweizerlande herum, welche unter ihnen mit Seldwyla gemeint sei...« Die Bülacher stritten nicht, sie fühlten sich betupft, sie erkannten diesen und jenen und die Geschichten aus ihrer Stadt. Dieser Gottfried Keller, das wußte ein jeder, kam von Zürich hergewandert und durch Bülach nach Glattfelden zu seinen Verwandten, dort hörte er die Geschichten und alle Welt konnte sie nun lesen.

Aber Bülach war nicht nur Modell für Seldwyla, die Hügel und Täler sind die Landschaft des *Grünen Heinrich*, Glattfelden das sommerliche Dorf seines Jugend-Romans, seiner *Dichtung und Wahrheit*.

GOTTFRIED KELLER UND GOETHE

Im Gegensatz zu Goethes Werther-Tracht, blauer Rock aus feinem Tuch, alles fein und teuer, trägt der junge Heinrich das grüne Röcklein, aus Uniformstücken des verstorbenen Vaters geschneidert.

Als David Hess sein Charakterbild von Salomon Landolt – für Keller später mit Grundlage zu seiner Novelle *Der Landvogt von Greifensee* – verfaßte, wurde Gottfried Keller (1819) geboren; er war dreizehn, als er hörte, »Der große Goethe ist gestorben«, und: »der unbekannte Tote schritt fast durch alle Beschäftigungen und Anregungen und überall zog er angeknüpfte Fäden an sich«.

Dem Sechzehnjährigen brachte ein Trödler einen Stoß Bücher zur Ansicht, die Goethe-Ausgabe letzter Hand, und »es war mir zumute, als ob der große Schatten selbst über meine Schwelle getreten wäre, denn so wenige Jahre seit seinem Tode verflossen, so hatte sein Bild in der Vorstellung des jüngsten Geschlechtes bereits etwas Dämonisch-Göttliches angenommen«. Er las vierzig Tage und Nächte lang, »so hatte ich noch einmal diesen Himmel durchschweift und vieles doppelt gelesen und entdeckte einen neuen hellen Stern: Dichtung und Wahrheit«. Den Kauf der Bücher konnte der junge Heinrich sich nicht leisten, sie wurden abgeholt, »es war als ob eine Schar glänzender und singender Geister die Stuben verließen«.

Goethe wirkte fort in ihm; in den Jahren, da er sich noch zum Maler berufen glaubte, wollte er dem großen Beispiel folgen: »Goethe hatte ja viel und mit Liebe von landschaftlichen Sachen gesprochen, und durch diese Brücke glaubte ich ohne

Unbescheidenheit mich ein wenig mit seiner Welt zu verbinden.«

Er murrte gegen die Goethe-Philister

»Den mit trocknen Erbsen angefüllten Schädel
Taucht er jauchzend in des klaren Meeres Wellen,
Das man Goethe nennt; nun schauet achtsam,
Wie die Nähte platzen, wenn die Erbsen schwellen.«

In seinem Tagebuch spricht er aus, was manchen beschäftigt: »Ich weiß nicht, schmerzt es mich mehr, daß Goethe ein so großes Genie war, oder daß das große Genie einen solchen Privatcharakter oder vielmehr Privatnichtcharakter hatte«, und als Dichter, dem nichts geschenkt und wenig erspart blieb, gibt er zu: »Ich weiß nicht, hasse ich Goethe und mißgönne ihm seine Werke oder liebe ich ihn um seiner Werke willen und verzeihe ihm seine Fehler.«

VON BÜLACH NACH KLOTEN

Nun wie auf doppelter Spur, jene des hin- und heimwandernden Gottfried Keller mit den Augen suchend über den Hügeln, auf Feldwegen, mit dem Auto wohl genau auf Goethes Fahrweg, auf der alten Straße über Bachenbülach hin am Waldrand und drüben das Flugfeld von Kloten, der Flughafen Zürich. Goethe sah in der Gegend »nichts Charakteristisches«, man sagt denn auch den Zürcher Unterländern in ihrem Wesen nichts Charakteristisches nach. Ihm fiel ein, daß »der Mensch die Rede eigentlich für die höchste Handlung hält, so wie man vieles tun darf, was man nicht sagen soll«, er dachte erneut an sein Verhältnis mit Christiane und an die bevorstehende Begegnung mit der herben Freundin Bäbe Schulthess.

»Kloten«. Poststation und Pferdewechsel, und das schon zu Römerzeiten im damaligen Claudia, eine Abteilung Legionäre soll hier gelagert haben. Wenig außerhalb, gegen Bachenbülach findet sich ein ausgegrabener Gutshof, mit aller Perfektion hergerichtet. Goethe könnte nicht mehr schreiben, wie in Avenches und Chaire von den antiken Werken: »die Schweizer tractieren so etwas wie die Schweine«.[19] Jetzt ist Claudia – Kloten wieder wichtig als interkontinentaler Flughafen, als Lager der Legionen im Dienst der Luftfahrt.

Für Goethe war Kloten Stichwort: 1779 besuchte er mit Herzog Karl August den Kupferstecher Johann Heinrich Lips, Sohn des Barbiers, Lavaters Mitarbeiter bei der *Physiognomik*; in Rom wieder begegnet – er galt da schon als einer der besten Kupferstecher –, erhielt er später durch Goethe eine Anstellung in Weimar; fünf Jahre blieb er. Was hat er nicht alles illustriert von den berühmten Werken jener Zeit, die Almanache, Geschichten, Goethe- und Wieland-Ausgaben; Porträts stammen von ihm, auch eines von Goethe. 1794 kehrte er erkrankt in die Heimat zurück, ein berühmter und viel geehrter Mann. Die Ratsherren von Zürich beschenkten ihn mit dem Bürgerrecht der Stadt, das war viel in jener Zeit.

VON KLOTEN BIS ZÜRICH

bleibt Goethe stumm. Hat er gedöst, hat er den Brief an Meyer geschrieben, seine Ankunft meldend. Es gab auch auf dieser Strecke »nichts sonderlich Charakteristisches« zu beobachten, Wies- und Ackerland, unfernes Sumpfgebiet, Hügelzüge; die Holzbrücke über die Glatt in Glattbrugg, linksab das Dorf Seebach, rechtsab Oerlikon mit am Hügel aufragendem Kirchlein, auseinanderliegende Dörfer damals, heute eins im Verstädterten, überwuchert von Wohnblöcken, Industrie.

Die alte Straße verliert sich zum Milchbuck im Verkehrsgewimmel der neuen; sie zog sich von dort, noch im Ländlichen, auf seinerzeitigen Karten als »Straße von Schaffhausen« eingezeichnet, geblieben als Schaffhauserstraße, hinunter zum *Bekkenhof*, der großzügig herrschaftlichen Gutsanlage. Die beiden Herrenhäuser, vom Rokokostil beeinflußt, wichen einst als

Neuheit ab von den strengkahlen, spitzgiebligen Zürcher Häusern.

Bei dem Beckenhof müßten in Goethe Erinnerungen wach geworden sein an 1779. Die Kutsche mit der damaligen Reisegesellschaft mußte anhalten, Lavater war es übel. Man führte ihn ins Herrenhaus der Familie Hess. Derweil ging Goethe im französisch angelegten Park botanischen Raritäten nach. Von seinem Fenster her – davon wußte er nichts – spähte der neunjährige David Hess dem Dichter nach, »dessen lieblich rührendes Spiel von *Erwin und Elmire* dem Knaben wenige Tage zuvor Thränen aufrichtiger Teilnahme entlockt hatte«.

Zum Beckenhof war man gelangt an dem Tag auf der Rückfahrt vom Katzensee, vom Besuch beim Kleinjogg, dem *Socrate rustique*, Hans Jakob Gujer. Auch einer, der auf seine Art zum Ruhme Zürichs in der weiten Welt und bis zu den Siedlern Amerikas gelebt. Die Stadt hatte ihn 1769 auf ihr Lehen *Katzenrüti* berufen, damit er dort seine Methoden der Dünge- und Bodenbewirtschaftung ausprobiere und demonstriere. Als Erster hat er Kartoffeln gepflanzt in dieser Gegend.

Goethe hatte ihn 1775 besucht, 1779 sollte Karl August »den Republikaner und freien Bauern« auch kennenlernen, andere Fürstlichkeiten hatten es vor und nach ihm getan, und er schrieb dann ausführlich an seine Gemahlin, die Herzogin Luise: »Du kennst ihn selber, u. er hat Dir, wie mir Lavater gesagt hat, wohlgetan.«

Mit zu seinem Ruhm trug 1761 Hans Kaspar Hirzel bei.[20]

Er taucht überall und immer wieder auf in der Geschichte, hochangesehener Politiker und Philanthrop der älteren Generation, »Hirzel der Menschenfreund«. Bei Goethe fand er keine Gnade, er muß sie vollends verscherzt haben mit einem etwas zudringlichen Brief an den Herzog. Er verfaßte ein viel beachtetes Buch über *Die Wirtschaft eines philosophischen Bauers*, die Beschreibungen der Düngemethoden und Ernährungstheorien sind heute erheiternd zu lesen, anderes irritiert in dem schwärmerisch frömmelnden Stil jener Zeit, den Kleinjogg zum Idealmenschen und Asketen emporschraubend, etwa: »Wenn er (Kleinjogg) seine Gedanken von den Pflichten des Standes, und von der allgemeinen Glückseligkeit, die daraus herausfließt, mir entdeckte, war ich oft am Ende ganz außer mir, ich horchte ihm mit Ehrfurcht zu, die Tränen rollten über meine Wangen ab, und ich glaubte mich in die Gesellschaft eines alten griechischen Weltweisen versetzt.«

Goethe hatte die Schrift gelesen, bevor er 1775 Kleinjogg besuchte, und schrieb an Sophie von La Roche: »Ich habe kein aus den Wolken abgesenktes Ideal angetroffen, Gott sei Dank! Aber eines der herrlichsten Geschöpfe, wie sie diese Erde hervorbringt, aus der auch wir entsprossen sind.«

Karl August fuhr in dem Brief an seine Frau fort: »Er hat einen entsetzl. durchdringenden Verstand... aber keinen esprit raisonneux.«

Die Erde aber, die Kleinjogg (1710–1785) hervorgebracht, die war auf dem Höhenzug zwischen Greifen- und Pfäffikersee, im Zürcher Oberland, im hablichen Dorf Wermatswil. Sein Haus, froh bemalt, wurde renoviert, am Pfettbalken die besitzanzeigende Freude »Wart aufgericht den 13. Mai 1740. Hat es lassen bauwen Hans Jacob Gujer zu Wermatswil«. Das muß einst ländliche Idylle im Rousseauschen Sinn gewesen sein! Nachkommen bewirtschaften das Heimwesen. Auf dem Dorfplatz plätschert der Brunnen mit einem Säer auf dem Sokkel, Denkmal für *Klijogg*.

Genug der Erinnerungen und Abwege vom Beckenhof, für uns an der Beckenhofstraße 31–35, die unteren Parkanlagen sind überbaut. Im oberen Teil blieben die Häuser in alter Noblesse, Stuckdecken und Grisaillen im Innern, Panneaux vom in Bülach begegneten Christoph Kuhn. Die Räume selbst sind nun Sitz des *Pestalozzianums* mit der pädagogischen Bibliothek.

Die Fahrstraße senkte sich zur Wasserwerkstraße, vereinte

sich mit jener von Baden und mündete in die nunmehrige Stampfenbachstraße. Hier stampfte am Bach die Mühle Öl aus Raps und anderen einheimischen Erzeugnissen.

Endlich rollte die Chaise über den Stadtgraben, eine kleine Querstraße trägt noch diesen Namen, durch die Niederdorfporte. Dort am Zoll wurde »nicht gefragt, wer wir wären, noch unsere Sachen visitiert«[21] – Zeichen der Freiheit in der Schweiz, im Stadtstaat Zürich.

VI

DER STADTSTAAT ZÜRICH ZUR ZEIT VON GOETHES REISEN

Bis zur Reformation »kriegerisch, gewalttätig, ungesittet und unschöpferischen Geistes«, wandelten sich die Zürcher zum Sittlich-Religiösen. Die Stadt wurde zum Muster und Vorbild für alle reformierten Städte, jene gar übertreffend mit ihren Zensuren und Sittenmandaten. Die Zürcher, die Zürcherinnen, besonders der gehobenen Stände, wußten derlei graziös zu unter- und überspielen, mehr und mehr.

Nach Freiheit des Denkens strebten im 18. Jahrhundert Köpfe wie J. J. Scheuchzer als Universalgelehrter, J. J. Bodmer, erster Übersetzer des Homer in Hexametern und Dramen-Dichter, sein Freund J. J. (Johann Jakob hießen sie alle drei) Breitinger, Ästhetiker und Kritiker, Salomon Gessner der Idylliker, Johann Caspar Lavater, Physiognomiker, Prediger und Schriftsteller. Hinzu kamen ihre Adepten, Scharen von *Poetikern* und *Ästhetikern*. Zürich zähle keine zehntausend Seelen, darunter achthundert Autoren, schätzte ein deutscher Besucher, und Heinse, Wortschöpfer des *Sturm und Drang*-Begriffs, fügte hinzu: »Es sind ihrer wirklich zu viel da, und die Leute wissen nicht, wo mit ihrem Wissen hin.«

Der Zürcher J. J. Hottinger stimmt ein in das Lob, er Theologe und Altphilologe: »Man nenne mir die Stadt, welche bei so unbeträchtlichem Umfange jemals eine solche Anzahl verdienstvoller Gelehrten, die sich alle noch kannten, aus ihrer Mitte hervorgehen sah.« Nach Gespräch und Kontakt mit der großen Welt suchten sie alle, Briefe wurden gewechselt und es wurde gereist.

Ewald von Kleist pries Zürichs Schönheit, widerrief dann einiges, da bei späterem Besuch seine Tätigkeit als preußischer Werbeoffizier den Stadtvätern mißfiel und sie ihn kurzerhand auswiesen. Bodmer, »Bruthenne für Talente«, lud Klopstock und Wieland in sein Haus (und wurde bitter enttäuscht), Goethe kam, auch er beitragend zum Ruhm der Stadt und ihrer Schönheit; von der Stadt Bern zwar sagte er, sie sei »die schönste, die wir sahen«; in Zürich aber war er durch Lavater und den großen Freundeskreis *zu Hause*, man sonnte sich in dem Ruf, noch heute.

Über das Zürich des ausgehenden 18. Jahrhunderts schrieb Max Wehrli[22] bei aller Würdigung von Leistung und in Europa weithin reichender Ausstrahlung jener Gelehrten in seinem Essay ›Eben doch ein kleines Athen‹: »Das ganze Ineinander dieser bezopften Ratsherren, die dilettantischen Künstler, Käuze und Schälke – all dem hängt das Odium jener Zeit an, die wir glücklich preisen für ihren Glauben an sich selbst, aber schon längst nicht mehr ernst nehmen können. Als Repräsentanten dieser Stadt treten keine unbezweifelten Potenzen wie Zwingli einst und Keller später entgegen, und was die zahllosen schreibfrohen Autoren hinterlassen haben, war schon bald verstaubt... Wesentlich ist das Ganze, ist die Einheit dieses kleinen Gemeinwesens, welches in einem einzigartigen Maß literarisch, wissenschaftlich, humanistisch, kulturell durchdrungen und durchorganisiert war; es ist das Modell, die Wirklichkeit gewordene Utopie eines kleinen Idealstaates, trotz allen Mängeln, Eitelkeiten und Niedlichkeiten ein kleines Wunder.

Ein Limmat-Athen in der Tat – und damit eben doch ein kleines Athen, das um seiner selbst willen zu rühmen ist.«

Goethe also hat dieses Limmat-Athen in seinem letzten Glanz gesehen; an dem »trotz allen Mängeln« ist es zugrunde gegangen. 1798 dekretierte das von den einmarschierten Franzosen eingesetzte Direktorium die Aufhebung des Zunft- und Innungszwanges, der Vogteien und Feudallasten und anderes mehr, was bislang – Zürich betreffend – Macht und Reichtum des Stadtstaates ausgemacht hatte. Übrig blieb, was ein Historiker rüde nannte: »Ein Steinhaufen zwischen Schanzen und Bollwerken.«

Aber Zürich war nicht nur Stätte der Musen, es war auch Stadt des nüchtern rechnenden und praktisch denkenden Kaufmanns- und Fabrikanten-Geistes, ein Zentrum von Industrie und Gewerbe gewesen, auch geblieben. Nach anfänglichen Wirren und Kämpfen im 19. Jahrhundert arbeitete sich die Stadt mit dem Kanton auf zum Industrie- und Finanzzentrum, heute berühmt dafür und verlästert.

DREIMAL GOEHTE IN ZÜRICH

1775

betrat er die Stadt durch die Niederdorfporte, von Schaffhausen kommend, den Stolbergen voraus zu Lavater eilend. Bei seinem Herzensfreund richtete er sich ein und aus auf Zweisamkeit, auf geistig-religiöse Gespräche und die Arbeit an den *Physiognomischen Fragmenten* »in getrennter Wohnung von meinen Gesellen lebend«.

Von den beiden Grafen zu Stolberg hat Lavater Charakterbilder geschrieben mit seinem Überschwang über ihren Überschwang. Vom Jüngeren, Christian: »das weißliche Haar, die Länge und Unbehaglichkeit der Gestalt... verbreitet über den ganzen Menschen eine gewisse Weiblichkeit; der mut- und feuervolle Poet ... hat im Ganzen aber viel von der schwebenden Gelehrsamkeit des Elephanten«, während der ältere Friedrich Leopold (Fritz) von gedrungener Figur »mehr Witz und rasende Laune« hat, ein »drolliger Satyr... aber im Ganzen bei beiden dasselbe Bedürfnis der Freundschaft und Freiheit« und so weiter.

Nach kurzem Aufenthalt im Gasthaus *Schwert* bezogen sie beim Bauern Jakob Berli – von den deutschen Landjunkern auf gut Holsteinisch *Jochen* genannt – in der Enge Zimmer und zelebrierten Naturleben im Rousseauschen Stil. Sie redeten von Tyrannenhaß und Freiheit, ins Land des Tyrannenmordes und der Freiheit war man gezogen. Unter Freiheit verstanden sie, laut Goethe, »halb nackt wie ein poetischer Schäfer, oder ganz nackt wie eine heidnische Gottheit sich zu sehen« (D. u. W.), genau wie der dickliche Ratsherr Salomon Gessner es in seinen Idyllen-Bildern vorgemalt hatte: glückselig nackte Menschlein in einheimischer Landschaft, von stiebenden Wasserfällen verschleiert, im Kunsthaus in Zürich sind sie zu sehen.

Goethe gibt behaglich zu, »daß ich mich im klaren See zu baden mit meinen Gesellen vereinte«, an einer verborgenen Stelle zwar, ihr Jauchzen aber klang hin über das Wasser und »nackte Körper leuchten weit«. Sie wurden gesehen, immer laut Goethe, und dann der Skandal. Niemand weiß, wie groß er war, Zeugnisse sind davon keine vorhanden, er wurde durch Goethe zur Legende. Manche Zürcher wissen von ihm in ihrer Stadt nicht viel mehr als von seinem Nacktbaden im See, und daß sittlich empörte Unbekannte irgendwo im Sihltal von Felsen herab Steine schmissen auf die arglos in einem Flußtümpel planschenden, natürlich wieder nackten und jauchzenden Stolberge.

Mit ihrem Jauchzen aber, sagen Kenner des alten Zürich, fielen sie auf; es wurde außerhalb der Stadt bei den Landhäusern der Wohlhabenden auch gebadet damals, auch nackt, aber ohne Lärm.

Wie immer, Lavater war den jungen Stolbergen zugetan. Er, kein Spielverderber, tolerierte ihr Treiben, in Grenzen indessen. Wagte man sich darüber hinaus, pflegte er »einem auf die Achsel zu klopfen und den Verwegenen durch ein treuherziges *Bisch guet* zur Sitte aufzufordern«. (D. u. W., 14. Buch)

Die Lavatersche Ermahnung hat Goethe zwar in den Bericht von der Emser Reise 1774 auf-, und so möchte behauptet werden, vorweggenommen; selbst wenn schon dort die unartigen

Begleiter zu ermahnen waren, wo paßte die Redensart besser hin als an den Ort der *treuherzigen* Sprache selbst, nach Zürich.

Daß ihm die Redensart nicht mehr genau im Ohre lag, wer möchte es ihm verübeln; »Bisch guet«, deutlicher »Du bisch guet« wäre als Anerkennung, allenfalls auch ironisch zu verstehen; geläufig ist »Bis so guet«, sei so gut, als Bitte um einen Gefallen, hier um Anstand.

Im übrigen erwartete Lavater als geselliger Mann von seinen jungen Freunden nicht, wie Bodmer von Klopstock und Wieland, ein Stubenhockerdasein: aufs Land wurde gefahren, die Honoratioren der Stadt besucht, keiner ausgelassen, auch Patriarch Bodmer nicht. Die Stolberge benahmen sich dabei artig und wohlerzogen und ließen es an gebührenden Komplimenten und ehrerbietiger Aufmerksamkeit nicht fehlen.

Goethe selbst hat sich danach eher ironisch über den greisen Gelehrten geäußert; dieser stand ihm nicht nach und schrieb mit spitzer Feder über die Begegnung mit dem neuen Stern am Dichterhimmel an Heinrich Meister: »Er ist mit meiner Munterkeit recht wohl zufrieden«, und vom Verlauf der Gespräche: »Cicero ist nach ihm ein blöder Mann, weil er nicht Cato war. Es ist sonderbar, daß ein Deutscher, der die Unterthänigkeit mit der äußersten Unempfindlichkeit erduldet, solche Ideale von Unerschrockenheit hat. Ist nicht Werther der blödeste, feigherzigste Mann? Aber es scheint, der Verfasser halte die Feigheit, welche den Schmerzen der Liebe durch den Tod entflieht für Stärke der Seele.« Geschrieben in dem Haus, damals noch hoch über der Stadt, heute *Zum Schönenberg* neben der Universität, seit 1889 mit der Tafel: »Hier wohnte von 1739 bis zu seinem Tode 1783 J.J. Bodmer. Er beherbergte Klopstock 1750, Wieland 1752–1754 und wurde besucht von Goethe 1775 und 1779.«[23]

*

Dann wanderte Goethe mit Passavant hinauf zum Gotthard. »Bei meiner Rückkunft in Zürich fand ich die Stolberge nicht mehr.« Sie hatten, immer nach Goethe in D. u. W., die Stadt wegen ihres anstößigen Verhaltens vorzeitig verlassen müssen, und das ist pure Dichtung mit einiger Malice, wenn nicht Médisance. Im Tagebuch der *Physikalischen Gesellschaft* steht unterm 26. Juni 1775 von einer Sitzung als »Aderant« – hübsch republikanisch die Adeligen zuerst: »Zween Grafen Stolberg, Hr. Baron von Haugwitz, Doctor juris Göthe von Frankfurt, Herr Passavant C. D. M. von Frankfurt, Thema der Sitzung: ›Vermischte Physiognomische Beobachtungen und Grundsätze‹ von Hrn Pfarrhelfer Lavater.« Die Stolberge haben Zürich *nach* Goethe verlassen, sie sind im November da wieder aufgetaucht und freundlich empfangen worden.

Goethes Aufenthalt in Zürich und bei Lavater wurde vermerkt, nicht nur von Freunden, auch Lavaters Gegnern, er hatte deren mehrere. Ein Spottgedicht wurde herumgeboten: »Im Sommer 1775«.[24]

»Wie wunderbar die Herren Genien sind!
Herr Göthe kam nach Zürich,
Spricht ein bey seinem Lavater,
Findt Bett und Tisch beym Waldries wohl bestellt,
Geht paar mal aus, sieht mit dem Adlerblick,
Der auf den ersten Augenblick
Charakter, Kopf und Herz auf's Häärgen kennt,
Die Zürcher Herrn Gelehrten.
Verreist alsdann und spricht zu sich:
›Ich kenn sie jetzt,
Ey, ey, die Herren Gessner, Bodmer, Breitinger,
Steinbrüchel, Compagnie,
Das Völkchen Zürcher, ha,
Ist das so ganz was herrliches?
Die kenn ich mehr als gnug!‹
– Und war verreist.

›Und ist er würklich wieder weg?‹
So fragten die Gelehrten Herrn in Zürich.
›Was das auch heißt!
Das heiß ich auch gereist!
Dem war bey uns gar Niemand gut genug.
Auch steht der Übermuth ihm an der Stirn geschrieben!

Indess ist's zu errathen,
Warum er hier im Waldries stecken blieb:
Ihn ließ sein herrlich Lavater nicht,
Der fürchtet, wo jetzt ein Fremder uns suchte,
Dem würden, gieng er umher, die Augen geöffnet.‹
Ey, ey, getroffen auf's Haar!
Gesehn wie Göthe sah, ohn erst die Augen zu brauchen.«

1779

Am 18. November, von Luzern kommend, ritt Goethe ein in die Stadt über die Zugbrücke der Sihl, über den Schanzengraben durch die Sihlporte – die Zugang durch die Befestigungsmauern von Südwesten hat – mit der kleinen Kavalkade: Karl August, Freund und Kammerherr August von Wedel, Sekretär Philipp Seidel, Jäger Hermann und die zwei Diener. Hinter ihnen lag die fünfwöchige Reise kreuz und quer durch die Schweiz und hinauf zum Gotthard. Sie ritten durch die kleinere, die mindere, im Gegensatz zur mittelalterlichen Stadt, und doch schon die größere und feudalere.

Die »*Schweizerischen Nachrichten verschiedener in der Schweiz sich ereigneter Merkwürdigkeiten ... durch das Jahr 1779*« berichten unter dem Tag:

»Den 18. Wintermonat langte hier der regierende *Herzog von Weimar* zu Pferd an. In seinem Begleit waren unter Andern auch der berühmte, nach heutigem Geschmack gefällige Dichter *Göthe* aus Frankfurt, der sich als Rath an des Herzogs Hof aufhält und schon vor einigen Jahren, als er in Zürich war, in verschiedener hiesiger Gelehrter Umgang sich vergnügt hat. Der Herzog sowohl, als dieser sein Gesellschafter brachten ihre meiste Zeit bey Herrn *Caspar Lavater* zu, wurden auch von Ihm immer vergesellschaftet, unterhalten und geleitet. – Er schien die Vergnügungen des bürgerlich häuslichen Lebens und den Genuß der Freundschaft kennen lernen und kosten zu wollen und dieses zum Hauptzweck bey dieser seiner Schweizer = Reis gemacht zu haben, er scheint auch viele Freude an der ungekünstelten Natur, so wie man sie allermeist in der Schweiz noch findet, zu schöpfen. Er besuchte daneben den Ehrwürdigsten Graisen *Bodmer,* den Herrn *Salomon Gessner* und andere hiesige Gelehrte, ließ sich auch verschiedene von den hiesigen Naturaliensammlungen weisen, sahe die Gemälde- und Kupferstichsammlungen mit besonderm Vergnügen, schafte sich von Kupferstichen hier auch eine beträchtliche Menge an. Er machte sodann verschiedene Besuche auf der Landschaft bey wohldenkenden Privaten... In seiner Lebensart war er hier einem Bürger gleich, und zeichnete sich weder in Kleidung noch Taffel, noch Ehrannahm aus, daher er auch von männiglich unbemerkt in den vierzehn Tagen seines hiesigen Aufenthaltes umhergieng und ganz in der Stille, wie er gekommen war, wieder abreiste.«

Auf der Rückreise wurde in Stuttgart die Karlsschule besucht; einer unter den vielen Eleven war Friedrich Schiller. Von Stäfa aus im September 1797 wird Goethe ihm von seinen Tagen in Stuttgart schreiben und: »Für uns beide, glaub ich, war es ein Vorteil, daß wir später und gebildeter zusammentrafen.«

1797

fuhr Goethe durch die Niederdorfporte, auf dem Bock der Chaise der »geborene academische Pferdephilister« Kolb, neben sich den Schreiber Ludwig Geist aus Sachsen.

Was mag ihn bewegt haben, in diese Stadt zurückkehrend, in welcher für ihn die geistige Mitte, Lavater, gelöscht war.

Im Herbst 1779 noch hatte er an Frau von Stein geschrieben: »Die Bekanntschaft von Lavater ist für den Herzog und mich... Siegel und oberste Spitze der ganzen Reise und eine Weide an Himmelsbrot, wovon man lange gute Folgen spüren wird. Die Trefflichkeit dieses Menschen spricht kein Mund aus.«

Karl August war nüchterner im Urteil, stand gleichwohl auf Du und Du mit Lavater, denn der Treffliche war nun einmal gern vertraulich, besonders mit hohen Herren und fürstlichen Damen, was freilich, zu seiner Ehre sei es gesagt, nicht hinderte, eine Dienstmagd in den engeren Zirkel der abendlichen Zusammenkünfte aufzunehmen. In seinen späteren Briefen allerdings spricht der Herzog ihn mit »Ihr« an.

Im Juli 1780 begann von Goethes Seite die Auseinandersetzung: »Wir stehen uns mit unseren Existenzen nah, aber gehen mit unsern Gedanken und Imaginationen auseinander und sind wie zwei Schützen, die mit dem Rücken aneinanderlehnend nach ganz verschiedenen Zielen schießen.« Die Auseinandersetzung ging über in Verachtung, Haß, in einen Haß, der nicht zur Ruhe kam.

Über diesen maßlosen Haß wurde seither viel gerätselt, wie seinerzeit über die maßlose Liebe, von Bodmer zum Beispiel (1779): »Was für eine Grundfeste mag Lavater's Vertrautheit mit Göthe haben. Göthe ißt bey ihm, geht zu ihm in der Schlafmütze usw. Sonderbar!«

Erst lange nach seinem Tod ließ Goethe, milder geworden, Lavater Gerechtigkeit widerfahren, diesem Mann, »welcher unter die Vorzüglichsten gehörte, mit denen ich zu einem so vertrauten Verhältnis gelangte«. (D. u. W., 19. Buch)

1797, bei der Einfahrt in die Stadt, war in ihm noch nichts von Milde, auch während des Aufenthaltes nicht. Er hat nichts unterlassen, um Lavater zu kränken.

Durch die Niederdorfporte also fuhr er ein in die Stadt; und alles sah damals ganz anders aus. Die Limmat, nun akkurat eingedämmt, verbreiterte sich zum Oval, am Ufer die Neumühle, längliches Gebäude; in der Flußmitte eine ansehnliche Insel, überbaut mit einer Papiermühle und andern gewerblichen Anlagen. Von ihr, der Insel, ist wenig, eben genug für ein Kaufhaus geblieben.

Nördlich, unterhalb der heutigen Bahnhofbrücke, führte der »Lange Steg« zum Schützenplatz, der Platzspitz-Anlage, baumbestandenes, langgezogenes Dreieck zwischen Limmat- und Sihl-Zusammenfluß.

Dort auf den Promenadenwegen wandelte 1775 Goethe mit Lavater und seinen Freunden, wandelten an Sommerabenden die Gelehrten, umschwärmt von ihren Anhängern, die Ratsherren mit ihren Damen und auch Barbara Schulthess mit ihren Töchtern.

Noch ist der Platzspitz Anlage mit hochragenden Bäumen und Spazierwegen, Bänken und Kinderspielplätzen, dem Denkmal von Salomon Gessner; nicht mehr jenes mit Trippels Relief.[25]

*

Von der Niederdorf-Porte holperte die Chaise über unbehauenes Pflaster zur mittelalterlichen Befestigungsmauer, durch das Niederdorf-Tor in die Niederdorfgasse, längster und breitester Straßenzug der ursprünglichen Stadt, für uns immer noch *das Niederdorf*, für Eingeweihte *s'Dörfli*.

Zu manchen Stunden mittags gleicht es einer abgeschlossenen und verschlafenen Kleinstadt, Gasse und abzweigende Gäßchen, dazwischen Plätze und Brunnen. Nachts belebt es sich mit Tingeltangel, verwandelt sich in eine Art Hafenviertel.

Weiter vorne, zum Oberdorf hin, jedoch blieb Altes erhalten, wurde stilgerecht renoviert. Noch aber müßte manches am heutigen Bild geändert werden, um den Häuserkorridor zu sehen für das Gefährt von 1797; der Schwager Kolb von oben herab das Volk betrachtend, Ludwig Geist, ausschauend nach jungen Schönen, neben ihm sein wuchtiger Herr schweigend oder ihm leutselig erzählend vom Wesen der Stadt.

Vorn beim Elsässer Platz bog der Weg scharf ab, die Marktgasse hinunter zur Limmat; neben dem Rathaus vorbei rumpelte die Chaise über die Holzbohlen der *unteren Brugg* zum Weinplatz, ans Ziel, zum Gasthaus *Schwert*.

*

Von dieser *unteren Brugg* soll die Rede sein: an der schmalsten Stelle des Flusses ältester und einziger befahrbarer Übergang seit Römerzeiten. Sie führte hinüber, und durch die Gassen ging es zum wasserdurchzogenen Fröschengraben des mittelalterlichen Befestigungszuges (die heutige Bahnhofstraße), zum Zollhaus an der Sihlporte.

Viel Leben spielte sich ab auf dieser Brücke, Stelldichein der Zürcher, luftige Promenade mit Blick auf die an- und abfahrenden Schiffe, Marktfrauen hielten in Körben ihre Ware feil. Marktstände gab es bis in unsere Zeit, weshalb die Rathausbrücke, längst festgemauert in dem Wasser, auch Gemüsebrücke hieß. Dann aber wurde radikal umgebaut, für den motorisierten Verkehr gesperrt; quadratisch ein- und ausgebuchtete Betonbrüstungen schaffen sonderbare Räume mit Ruhebänken, Betonkübel mit Blumen stehen herum. Was wird nicht getan, um diese Stadt wohnlich zu gestalten. Flußabwärts versperren kuriose Verkaufsbuden die Sicht zur Rudolf-Brun-, zur Bahnhof- und zur Walchebrücke. Elf Brücken sind nunmehr über Limmat und Sihl geschlagen.

»DER ANBLICK DES ZÜRICHER SEES, VON DEM THORE DES SCHWERTES GENOSSEN, IST MIR AUCH NOCH GEGENWÄRTIG« –

seit 1775 bis zur Niederschrift von *Dichtung und Wahrheit*.

Um sich den viel gerühmten Anblick zu vergegenwärtigen, mag man sich auf eine der Ruhebänke auf der Rathausbrücke setzen.

Zu erblicken ist der See nicht, nur, wie Arme um ihn gelegt, die Hügelzüge und, an klaren Tagen, die fernen Spitzen der Schneeberge.

Um sich das Bild des einstigen Vordergrundes zu schaffen, ist *wegzudenken* die massige Münsterbrücke und zu ersetzen durch einen hölzernen Steg.

Wegzudenken auch die bizarre Silhouette des Denkmals, mit magerem Reiter, behelmt, sein ungebärdiges Pferd zügelnd. Zu bedenken aber seine Geschichte: Hans Waldmann, Bürgermeister Zürichs, hat im 15. Jhdt. seine Stadt zu Ruhm und Macht gebracht, ihr die Zunftordnung gegeben, die bis Ende des 18. Jhdts. galt; hat sich selbst aber zuviel Macht und ausgelassenen Luxus angemaßt, damit Gegner aufgebracht und den Volkszorn, weshalb man ihn, nach grausamer Folter, enthauptete. (1798 wurde auch die Folter abgeschafft.) Seiner Verdienste gedenkend und des übrigen vergessend, hat ihm die Stadt in jüngst vergangener Zeit das Standbild geschaffen.

Wegzudenken auch linkerhand den Limmatquai, demnach ans Wasser zu rücken das *Gesellschaftshaus zum Rüden,* hochragend mit steilem Satteldach, das *Zunfthaus der Zimmerleute* mit Arkadengang und Erkertürmchen, fast zierlich daneben.

Sich vorzustellen: hierseits, dem *Schwert* gegenüber, das Wirtshaus *Zum Storchen*, bekannt seit dem 15. Jahrhundert – hier wohnte Paracelsus – auf Säulen, das Haus niedriger als das heutige Storchen-Nobel-Hotel; unter den Arkaden, einst schmaler die *neue Wühre* (Wüer – Wasserschutzbauten, Wehr), der

Verbindungsweg von der *unteren* zur *oberen Brugg*. Dort, dem Fraumünster gegenüber, dicht am Ufer das Kornhaus mit Treppengiebeldach, längst abgebrochen.

Geblieben ist, wuchtig aus dem Wasser steigend, das *Rathaus*, Bau selbstbewußter Bürger des 17. Jahrhunderts, dem Sitz eines Spät-Renaissance-Fürsten ebenbürtig. Goethe hat hier mit seinem Herzog 1779 im November einer Ratssitzung beigewohnt, in den Manualen wurde das Ereignis nicht verzeichnet.

Geblieben auch das Großmünster, stolz aufragend, karolingischen Ursprungs – in der Krypta steht einsam die gotische Figur von Karl dem Großen, einst und bis 1930 saß er oben in einer Turmnische, bei Goethe im Gedicht »Carolus« –, die trutzige Front gegen Abend gerichtet, gegen die Mächte der Finsternis.

Goethe hat 1775 noch die vier Obeliske auf den beiden Haupttürmen gesehen; 1797 die nach einem Brand errichteten Haubenaufsätze, fremd wirkend und doch vertraut als Wahrzeichen Zürichs.

Anders zu sehen: unterhalb des Großmünsters, das *Helmhaus* auf einem Eiland; seine verlängerte Vorhalle als Durchgang von der *oberen Brugg* zum Steg ans Ufer. Angebaut ans Helmhaus, von unserem Platz her sichtbar, nur ihr spitzes Türmchen, die *Wasserkirche*; damals Sitz der im 17. Jahrhundert gegründeten Stadtbibliothek, Naturalien- und Bildersammlung gehörten dazu; Goethe hat sie nicht besucht. Sie, die Wasserkirche, längst mit dem Festland verbunden, ist seit 1943 wieder ihrem ursprünglichen Zweck als Gotteshaus zugeführt.

Geblieben ist: dem Helmhaus gegenüber, das *Zunfthaus zur Meise*, nobles Rokoko-Palais, mit Balkon über dem Fluß, reich geschmiedet das Gitter, hier könnten Könige stehen. Als Goethe 1775 dort vorbeiging, stand das Haus seit zehn Jahren, es war seiner Zeit angepaßt, der Stil ihm vertraut; für uns und alle die Touristen der Prunkbau der Stadt.

Zu imaginieren von Helmhaus und Meise aufwärts, aus dem Wasser ragend zunächst der düstere *Wellenbergturm* in der Flußmitte, weiter oben, am rechten Ufer, das Wassertor, der *Grendel*, von Schiffen durchfahren; auf dem Wasser Ruderboote, Nauen und Nachen, die größeren mit Segeln, im Bogen überdacht von Blachen, aus- und einfahrend ins Geviert der Schifflände; dort, heran- und wegrollend Fuhrwerke mit Lasten, Kutschen mit Menschen, herumstehendes Volk und Fischhändler.

Zu berichtigen: Goethe hatte den großen Anblick des Sees vom Tore des *Schwertes* nicht. Ein doppelter Palisadenzaun schrankte auf der Wassergrenze zwischen Fluß und See ab gegen Angriffe von außer- und die Sicht von oberhalb. Allerdings, und insofern haben wir Goethe nicht zu korrigieren, galt noch als See das Becken bis zur *untern Brugg,* hier erst floß die Limmat aus und nahm ihren Lauf. Weiter oben aber in dem Becken vor dem Palisadenzaun und näher dem Fraumünster-Ufer stand als Bollwerk, kielförmig gegen die Strömung gestemmt, das *Bauschänzli*.

Seine Baumkronen sehen wir von der Rathausbrücke aus, in ihrem Schatten wird im Sommer-Restaurant gesessen. Eine Brücke, wenig über zehn Meter lang – einst ein Steg, mindestens doppelt so lang – verbindet mit dem Stadthausquai, dieser damals noch unter Wasser.

Unter Wasser auch die Bürkli-Anlage bis zur Nationalbank, unter Wasser das Verkehrschaos um den Bellevueplatz, die Sechseläutewiese, das Stadttheater. See überall, stiller, blauer See.

In der zweiten Hälfte des vergangenen Jahrhunderts, im Rausch der Gründerjahre, wurden die malerischen Quartiere vom *Kratz* über den Viehmarkt (der spätere Paradeplatz) abgerissen und ihr Schutt in den See versenkt, auf ihn gebaut das neue Stadtbild.

auf einem Stich des 18. Jahrhunderts dreistöckig, vorgebaut in die Limmat (dahinter die Stallungen); an der Hausecke ein geschmiedeter Wirtshausarm mit Schwert und noch einer an der Fassade zum Weinplatz; zur Brücke hin ein breites Fenster mit Butzenscheiben, eine Bank davor, die Brücke gleich einer hauseigenen Terrasse. In einem Verzeichnis der Häuser Zürichs aus jener Zeit zum Assekuranzwert von 30 000 Gulden eingetragen; der Storchen gegenüber zu 20 000.

Das Haus wurde um- und aufgebaut für Geschäfte und Büros, ein viereckiges Türmchen kam hinzu. Neben und über dem Eingang am Weinplatz steht in Steinquader gemeißelt:

»Zum roten Schwert – Gasthaus 1406–1918
In diesem Haus wohnten:
Joseph II – Zar Alexander – Friedrich Wilhelm III
Louis Philippe – Louis Napoleon – Gustav Adolf IV
Volta – Goethe – Madame de Staël – Schlegel
Fichte – Ludwig Uhland – Victor Hugo – Allexandre Dumas
Mozart – Carl Maria von Weber – Liszt – Brahms
Erzherzog Karl – Hotze – Ney – Massena – Dumouriez«

Namen, die Geschichte, Literatur, Philosophie, Musik und Kriege machten. Daß Herzog Karl August nicht genannt wird, darf nicht kränken, von den mehreren deutschen Fürstenhöfen waren wohl alle Regenten da, sie und andere berühmte Namen hätten die Hausfront zu bedecken vermögen; Casanova, Cagliostro unter anderem (vielleicht seinem Balsamo-)Namen, sollen die Liste auf pikante Weise bereichern.

Über den Ausblick aus dem *Schwert* wurde geschrieben von Sophie von La Roche: »Mein Erstaunen war drollig, da ich nicht fassen konnte, daß man mitten in der Stadt die Räder hemmen mußte, um uns und die Kutsche glücklich in den Gasthof zum Schwert zu bringen... und (wir) gingen mit der Begierde des frühen Aufstehens schlafen, um desto eher den

Zürich – Aussicht vom Gasthof zum Schwert

herrlichen Anblick des Sees und der Eisgebürge zu genießen.« C. Meiners, Professor aus Göttingen, der sich eher ungnädig über Schaffhausen geäußert: »Unser Zimmer im dritten Stock ist zwar nicht groß; allein man hat darin eine so hinreißende Aussicht auf die Limmat, die mit der größten Geschwindigkeit aus dem See herausschießt...«

Goethe an den Herrn von Stein am 3. November 1779: »Wohnen in einem allerschönsten Wirtshaus das an der untern Bruck steht, die die Stadt zusammenhält, eine liebliche Aussicht auf den Fluß, See, Gebirge, trefflich zu essen, gute Betten und also Alles, was sonst in verzauberten Schlössern, um Ritter zu erquicken, herbeigewinkt.«

*

Ein erhalten gebliebener *Nachtzedel* nennt Donnerstag, 21. September 1797, der Nacht nach Goethes Abreise nach Stäfa nebst Hofrat Müller von Wien auch dessen Bruder, Professor Müller von Schaffhausen, zudem Macco von Anspach, ein Maler, der sich in Zürich niederließ, den Goethe auf seiner Rückreise besuchte, unsterblich wurde er nicht, kein Künstlerlexikon nennt ihn. Im weiteren stehen auf dem Zettel Gäste aus Genua, Bergamo, London, Basel und Namen von *Officiers de Condé*; womöglich jene Condéischen Offiziere, die Goethe in Schaffhausen gesehen hatte.

Ohnehin füllten seit 1791 die Emigranten aus Frankreich das Haus. Der Wirt mit seiner »prononciert aristokratischen Gesinnung« nahm großmütig auch Mittellose auf, fast bis zum eigenen Ruin. Dann und wann wußte er sich schadlos zu halten indem: »Gestern Abends strömten eine ganze Menge Frömder zu... mit 13 Pferden, worunter der Duc de Chartres ist [der spätere König Louis Philippe][26], Sohn des Herzogs von Orléans, der mit Dumouriez war... sie haben den Preis für alles gefragt, und ich habe es so gemacht, daß sie uns die armen Geistlichen entschädigen...«

Während der Schlachten um Zürich 1799 lagen Verwundete

in allen Zimmern und bis unters Dach. Der Wirt, Rittmeister Ott, wie viele der Anhänger des Ancien régime, mußte flüchten; Frau Ott pflegte und verband Tag und Nacht.

AUF GOETHES WEGEN IN ZÜRICH

Den 19. September

Er stieg aus der Chaise, es war sechs Uhr, ein schöner Abend; schön können Zürichs September-Abende sein.

Als erstes schickte er den Brief an Meyer nach Stäfa ab. Da wurde wohl ein Bote zur Schifflände hinübergeschickt, es war just die Zeit der abendlich ausfahrenden Schiffe. Er selbst, nicht etwa müde nach der neuneinhalbstündigen Fahrt, machte sich auf den Weg »zu Frau Schulthess«. Es gab mehrere Wege dahin, über die untere oder die obere Brugg, am Wasser und der Schifflände entlang. Dort aber mag um diese Zeit ein Gedränge gewesen sein; wir möchten ihn die Marktgasse hinaufgehen sehen, ein Umweg ist es nicht, und durch das Oberdorf. Dort, im Haus zur Palme, im Salomon-Gessner-Haus ist Goethe 1779 zu Besuch gewesen – der hübsche kleine Innenhof kann, am Eingang zum Tea Room vorbei, gesehen, betreten werden, im zweiten Stock befindet sich das Presse-Foyer –, nicht nur Goethe war hier, das steht auf der Tafel an der Fassade, auch Mozart. Das heißt, Leopold Mozart blieb auf seiner Konzertreise 1762 mit seinen beiden Kindern im September zwei Wochen in Zürich im *Schwert* und konzertierte mit ihnen im Musiksaal beim Fraumünsteramt und bei Salomon Gessner, der sechsjährige Wolfgang Amadeus; den siebenjährigen »mit Frisur und Degen« hat ein Jahr danach der vierzehnjährige Johann Wolfgang in Frankfurt gesehen. Der spätere Goethe hat seine Briefe gelesen, seine Opern in Weimar aufgeführt, nichts ging ihm über *Don Juan*. Was Raffael in der Malerei, Shakespeare in der Poesie, war ihm Mozart in der Musik; er wünschte, sein *Faust* wäre von ihm vertont worden. Als er am Abend der Feier seiner »50 Jahre in Weimar« nach der Festaufführung der *Iphigenie* vom Theater durch die von Fackeln taghell erleuchtete und von grüßenden Bürgern gesäumte Straße zum Frauenplan fuhr, erklang vor dem Hause *Eine kleine Nachtmusik*.

Im Haus »Zum kleinen Otter« (Nr. 5), wurde 1745 die Frau geboren, zu der Goethe unterwegs war, Barbara Wolf, die spätere Bäbe Schulthess; nach dem Tode ihres Vaters, das Kind war noch klein, wurde das Haus verkauft, 1811 aber vom zweiten Tochtermann zurückgekauft. Bäbe zog dann zu den Kindern in ihr Geburtshaus und starb dort am 12. April 1818, von Goethe vergessen. In dem Haus aber, nun Buchantiquariat, ist ihr im ersten Stockwerk ein Stübchen geweiht, mit viel Goethe, Stichen und Requisiten aus jener Zeit.

Das Oberdörflertor war dann zu passieren, dahinter öffnete sich breit und lang am Ende des Hirschengrabens die Kühgasse (der untere Teil der Rämistraße, die Waldmann-Anlagen einbezogen), und den unfeinen Namen gab der hier stattfindende Viehmarkt. Gegenüber stand frei und groß der Schönenhof, Giebelhaus mit angebauten Stallungen und rückwärts gelegenem großem Garten, im Stadtplan der Zeit eingetragen als Besitz von »Frau Schulthess née Wolf – Assekuranz 15 000 Gulden«. Der Schönenhof wurde im 19. Jahrhundert abgerissen, durch einen klassizistischen Neubau ersetzt, auch dieser ist verschwunden, einer Tankstelle gewichen.

Im Erdgeschoß waren die Comptoirräume von Bäbes 1778 verstorbenem Mann vermietet, vermietet auch die Wohnung im zweiten Stock; im ersten wohnte sie allein mit ihrer Magd, eine Matrone von zweiundfünfzig Jahren. Von ihren vier Töchtern waren zwei gestorben, ihr Freundeskreis in Stadt und Land und bis nach Deutschland war ihr geblieben, und sie die unerschütterliche Freundin aller, am meisten für Lavater. Er hatte ihr einst Goethe ins Haus gebracht, worauf die schöne Freundschaft erblühte in vielen Briefen und in den gemeinsam verbrachten Kostnitzer (Konstanzer) Tagen vom Juni 1789 gipfelte im Vertrautsein in allen persönlichen und geistigen Belangen. Für Goethe war sie eine der Cornelia-Schwester-Frauen; für Bäbe war es die Freundschaft mit dem Genius, eine geheiligte Freundschaft.

Wie sehr sein überraschender Besuch sie bewegte, wohl über ein Jahr hatte sie nichts von ihm gehört, das läßt sich ermessen, nicht aber, was ihn bewegte, als er nach dem Reisetag ohne Verzug zu ihr und in die vertraute Stube eilte. Was hat er erhofft von dem Besuch, eine letzte, unversehrte Zuflucht in dieser Stadt? War er naiv genug zu glauben, nichts Unangenehmes komme zur Sprache und alles bleibe in bester Ordnung, oder wollte er ihre Freundschaft zu ihm auf die Probe stellen, ihre Zustimmung erzwingen zu seinem Bruch mit Lavater und dem Bösen, das er ihm angetan, wollte er hören, ja Lieber, ich versteh dich, der gute Lavater ist unmöglich. In der Luft lag auch sein skandalöses Verhältnis mit Christiane, ob Bäbe sich soweit vorwagte, wissen wir nicht, nichts Genaues wissen wir von dem Gespräch, auch nicht, wer es auf Lavater brachte. Bäbe, kannte er sie denn nicht gut genug, hielt mutig die Treue, wollte gar noch vermitteln und versöhnen, eine Rolle, die ihr vortrefflich lag. Er, Goethe, soviel geht aus dem von Barbara abends dann ins *Schwert* geschickten, bitter bereuenden Zettel hervor, er verabschiedete sich verstimmt, zu spät merkte sie es.

Grollend mag er gegangen sein oder auch resigniert in der Erkenntnis, daß er in diesem Haus nie und nimmer Verständnis für seine Entschlüsse und seine derzeitigen Lebensverhältnisse finden würde.

*

Den 20. September

Am Morgen war das Wetter noch schön. In anderen Orten auf dieser Reise für kurz oder länger geblieben, machte er, wie in Stuttgart, »meine erste gewöhnliche Tour früh um sechs«. In Zürich spazierte er »oberhalb der Stadt am See« und der Weg führte wohl wieder durchs Oberdörflertor hinaus, dicht am Schönenhof vorbei und außerhalb der Schanzen von Stadelhofen zu einem dort angelegten »neuen Hafen« mit anschließendem langem Damm. Von da an war Streuland, Streuland und weit draußen, am Riesbach, das Dreizelgen-Seefeld. Es hat dem späteren Quartier bis hin zum Bellevue den Namen gegeben.

Er aber mag am See auf der Höhe des jetzigen Stadelhofer-Platzes spaziert sein, dort wo heute wie zufällig ein kläglich kurzes Straßenstück seinen Namen trägt.

Auf dem Weg zurück, wohl von der Schifflände aus, sah er »die Geistlichen von und zu dem Verbrecher hinüber fahren«, zum Wellenberg-Turm, grausiger Ort für Gefangene mit Verliesen und Folterkammern, einst auch für Bürgermeister Waldmann.

»Dann brachte ich den Morgen auf dem ehemaligen Burgplatz zu.« Ist er über die untere Brücke und hinter dem *Schwert* die Strehlgasse, von dort die Lindenhoftreppe hinauf gegangen, die Peterhofstatt meidend, oder über die obere Brücke, am Zunfthaus zur Meise vorbei, die Schlüsselgasse empor und über die Peterhofstatt. Dort, der Kirche gegenüber, in dem schmalen Eckhaus *Zur Reblaube* hatte er mit Karl August 1779 bei Lavater gewohnt und glückliche Tage verbracht.

*

Die Reblaube, seit langem Weinstube, ist noch althergebracht mit Studenten- und Bürgerstammtischen, darüber im 1. Stock das Goethe-Stübli, im Stil seiner Zeit als Eß-Restaurant eingerichtet. Auf den Fassaden, ringsum beschriftet, steht zu lesen:

Als große Reblaube bin ich bekannt
Seit drei Jahrhunderten so benannt
Hier hat Lavater einst gehaust
und Goethe hat bei ihm geschmaust

Dieses *Schmausen* klingt euphorisch; das Essen im Lavaterschen Haus war denkbar einfach, Karl August erhielt ein paar weiche Eier vorgesetzt.

Karl August ging hier ein und aus
und lobte dieses edle Haus
Das Haus das solche Geister sah
steht allezeit gastlich da
Es war ein Heim und Himmel allen
Es wird auch dir darin gefallen.

Neben der Eingangstüre steht der Goethesche Spruch vom Frauenplan

Warum stehen sie davor
Ist nicht Türe da und Thor
Kämen sie getrost herein,
Würden wohl empfangen sein.

In der Mitte der Peterhofstatt wächst eine Linde, die zweihundertjährige, die Goethe noch gesehen, wurde vor einigen Jahren vom Sturm gefällt. Eine blaugestrichene Bank umkreist den Stamm, da sitzt sommers Jungvolk in der heutigen Tracht picknickend, oder alte Leute des Quartiers, Altstadt-Idylle.

Ging Goethe hier vorbei an dem Septembermorgen 1797, hat er aufgeschaut zu den Fenstern, hinter denen er Gast war – Lavater war 1783 ins breitere Nebenhaus umgezogen und blieb da bis zu seinem Tode 1801 –, hat er die Peterhofstatt gemieden? Es mag etwas wie böse Lust dabei gewesen sein, dieses Haus nicht mehr zur Kenntnis zu nehmen, zu betreten schon gar nicht. Der arme Lavater.

Wer ihm dennoch Ehre erweisen will, mag die breite Treppe zur Kirche hinaufsteigen. Dort, im Innern, mit den klaren Linien der Chorturmkirche, den reichen Stukkaturen, hat er gepredigt; an der Außenwand befindet sich seine Grabplatte.

J. C. Lavater
geb. 15. Nov. 1741
gest. 2. Jan. 1801
1799, auf dem Weg zu einem Kranken, attackierte und verwundete ihn ein französischer Soldat, die Wunde verheilte nie, sie führte zu schlimmen Leiden und zum Tod.

Durch die Glockengasse in den Rennweg, die Lindenhoftreppe (oder die Fortunagasse) hinauf ist Goethe zu folgen zum Lindenhof, dieser nicht nur ehemaliger Burgplatz, auch einstiges römisches Kastell von Turicum.

Von den »hohen Linden« stehen ihrer nicht mehr so viele, sie überschatten jedoch den Platz, werfen lichte und dunkle Flekken auf die Kieswege und Kinderspielplätze. Einst umgaben den Lindenhof auf zwei Seiten anmutig gestufte Spazierwege, oben in der Mitte plätscherte ein Springbrunnen und seitwärts stand auf einer Säule Wilhelm Tell mit Knabe und Armbrust; Tells Armbrust wurde bis vor nicht allzu langer Zeit im Zeughaus von Zürich aufbewahrt und verehrt, Reliquien gehen seltsame Wege.

Unfern des Lindenhofs erhob sich ein Bau von großangelegter Architektur, jetzt Sitz der Stadtpolizei, 1771 als Haus für die Waisen der Stadtbürger erstellt, mit Freitreppen und Gartenterrasse über der Limmat und »keine Spur von Dürftigkeit, ja, im Einzelnen beinahe fürstlich, sodaß man sagen darf: es möchten wenige Städte von mittlerer Größe sich vorfinden, welche... ein solch stattliches Waisenhaus aufweisen könnten«, schreibt stolz ein Zeitgenosse.

Goethes Blick konnte dieses Haus nicht verdrängen und die Erinnerung daran auch nicht, denn Lavater war hier Diakon von 1775 an, und er selbst, das war in seiner frommen Periode, soll eine angefangene Predigt zu Ende geschrieben haben, die jener am Sonntag in der Waisenhauskirche dann auch hielt.

Auf dem andern Ufer der Limmat, genau gegenüber, ragt

die Predigerkirche auf, schlanker, grün patinierter Turm aus dem 19. Jahrhundert, damals stand noch das bereits profanierte Kloster angebaut. Es verbrannte später und man errichtete dort die Zentralbibliothek, nur ihr Giebel im Jugendstil lugt hervor zwischen den Dächern. Unter dem Giebel aber ist er, Goethe, gegenwärtig, nicht als Mann, dem dies und das nachgesagt wird, Übles und Übelstes, Faust und Mephistopheles. Dort ist er, das Genie, sein Werk. Alle namhaften Gesamt-Ausgaben von damals bis heute, die Einzelbände, im Katalog vermerkt auf über achthundert Karteikarten und an die zweitausend zur Sekundärliteratur, Briefwechsel u. a. m.

Im zweiten Stockwerk, in der Handschriftensammlung, wohlbewahrt und zu ihrem Schutz wenigen zugänglich, hütet man einige von Goethes Hand, unter ihnen den »Gesang der lieblichen Geister«; Bäbe Schulthess verehrt nach der Reise durchs Berner Oberland Ende Oktober 1779. Von ihrer Hand liegt die Abschrift der *Iphigenie* in der Sammlung, und hier müßte auch liegen jener Fund, den der junge Nachfahre im Jahre 1909 machte in einem Wandschrank des Patrizierhauses, wenige Schritte vom Schönenhof: Die Urfassung von »Wilhelm Meister's theatralischer Sendung«, Goethe selbst hatte diese Fassung vernichtet. In der Abschrift von Mutter und Tochter Schulthess also wurde sie gefunden – und liegt nun in Weimar, als hätte man sie hier nicht zu hüten gewußt.

Noch sitzt der Goethe von 1797 auf dem Lindenhof, und von der Peterskirche läutet die Glocke. Auf dem mächtigen Zifferblatt (Stolz der Zürcher, das größte Zifferblatt Europas, 8,7 m Durchmesser, der kleine Uhrzeiger hat Manneslänge) standen die Zeiger auf elf. Das Läuten hörte nicht auf, Zeichen der Begnadigung des Verbrechers, »es war ein falscher Münzer, der schon vorher wegen Diebstählen gebrandmarkt worden war«, was noch im wörtlichen Sinn zu verstehen ist; das Falschmünzer-Wesen grassierte zu jener Zeit, man hat hart bestraft.

*

Goethe kehrte ins *Schwert* zurück zum Mittagessen. Bei Tisch unterhielt er sich mit dem »Hauptmann Bürkli«[27], und danach machte er sich erneut auf, um trotz trüben Wetters zu spazieren

»über die neuen Anlagen«

Es gab mehrere Anlagen in Zürich, auch in den anderen Städten des Landes, schöne, gepflegte Anlagen mit großen Alleen, Brunnen und Denkmälern, Lusthäuschen. Was Fürsten sich in anderen Ländern um ihre Schlösser leisteten, leisteten sich hier die Bürger in ihren Städten.

Für Goethe mag es der Seilergraben gewesen sein, seit seinem letzten Besuch ausgeebnet und den Seilern zur Verfügung gestellt; auf dem Müllerschen Stadtplan (1788–93) sind die langen Seile eingezeichnet. Früher war er Teil des Hirschengrabens, dieser noch früher Graben der mittelalterlichen Befestigung, später auch Hirschgehege.

Goethe schreibt (D. u. W.) vom Hirschengraben in Frankfurt: »Wir hatten die Straße, in welcher unser Haus lag, den Hirschengraben nennen hören; da wir aber weder Graben noch Hirsche sahen, so wollten wir diesen Ausdruck erklärt wissen. Man erzählte sodann, ... unser Haus stehe auf einem Raum, der sonst außerhalb der Stadt gelegen, und da, ... sei ehemals ein Graben gewesen, in welchem eine Anzahl Hirsche unterhalten worden. Man habe die Thiere hier aufbewahrt und genährt, weil nach einem alten Herkommen der Senat alle Jahre einen Hirsch öffentlich verspeiset.« Und so ungefähr war es in Zürich auf obrigkeitliche Verfügung, hier wie dort zur Ergötzung des Volkes, verspeist wurden die Tiere hier aber teils auf Zunftstuben, teils öffentlich als Volksschmaus auf dem Lindenhof, noch bis 1784.

Der hiesige Hirschengraben war als Anlage dem Seilergraben überhöht zur Fahrstraße mit Promenadenallee gestaltet worden, er wand sich, der Umgrenzung der großen Stadt folgend, vom Niederdorftor bis zur Kühgasse; noch zieht dieser

Hirschengraben seine Schlaufen kurios durchs moderne Stadtbild.

Neu als Anlage war auch die unferne Hohe Promenade – Goethe spricht von Anlagen in der Mehrzahl – auf dem *Geissberg,* mit Spazierwegen unter Bäumen. Der Blick ging hin über die Stadt, den See, hinunter auf die Dächer, wohl gar auf jenes des Schönenhofes. Der Weg führt heute vom Heimplatz parallel zur Rämistraße hinan – oder vom Bellevueplatz von der unteren Rämistraße her –, aber von jener Anlage ist nur ein wenig breiter Streifen geblieben, die große Sicht, einige alte Bäume, und sonst alles verschachtelt mit kubischen Bauten, neuen Gymnasien, gestuften Spielplätzen, ein Betonlabyrinth.

Vorne steht auf hohem Sockel die Büste vom Sängervater Hans Georg Naegeli (1773–1836), Liederkomponist, Volksredner, Pädagoge und Verfechter des Liberalismus – nein, Goethe hat ihn nicht gekannt, aber »Freut Euch des Lebens« war seiner Mutter Lieblingslied. 1793, als Frankfurt kriegerisch bedrängt war, hielt sie es, laut einem Brief an ihren Sohn, alleweil mit den Strophen, und er soll es, wir hören noch davon, in Stäfa angestimmt haben. Gesungen wurde es zum allererstenmal mit der Klavierbegleitung von eben dem Hans Georg Naegeli. Das Gedicht aber, verfaßt für die Gesellschaft der Künstler und Kunstfreunde von Zürich, von Martin Usteri (1763–1827), erschien zuerst als Einzeldruck 1793 in Zürich und dann in Böheims »Freimaurer-Lieder mit Melodien« in Berlin. Die Melodie allerdings, die dann als Volkslied um die Welt ging, stammte von Isaak Hirzel (1756–1833).

*

Um überhaupt zu den Anlagen zu gelangen, hatte Goethe vom *Schwert* her aufzusteigen, und abermals gab es dahin mindestens zwei Wege. Wir meinen, er ging aus alter Gewohnheit über die untere Brugg und erneut die Marktgasse hinauf in die

Spiegelgasse, wie oft ist er den Weg 1775 gegangen zum Lavaterschen Haus »Zum Waldries« (abgeleitet von Reis, nicht Riese, wie Maieriesli, Maiglöcklein) am Häusergeviert mit Brunnen und dem mittelalterlichen, wuchtigen Brunnenturm gegenüber. Er wußte, wie die Stuben hinter den Fenstern in Reihen und dem breiten Erker aussahen, seit den vergangenen guten Tagen bei Lavater und seiner Familie.

An dem verhältnismäßig breiten Haus (1790 war die Assekuranz 10000 Gulden, mithin beträchtlich höher als die der meisten Häuser an der Spiegelgasse), nun tadellos renoviert und hell getüncht, steht über der Türe in goldener Schnörkelschrift »Zum Waldris 1740«. Neben der Tür die obligate Tafel:

»In diesem Hause wohnte 1741–1778 Johann Caspar Lavater
Hier besuchte ihn Goethe«

der Stein in makaberem Schwarz, Symbol für den Talar des Pfarrers?

Jedes Jahrhundert hat seither an dieser Spiegelgasse einen berühmten Mann gesehen, am Haus Nr. 12 zeugt ein heller Stein:

»Hier starb am 19. Februar 1837 der Dichter Georg Büchner«,

er wohnte da nur zwei Monate, der kranke dichtende Revolutionär seiner Zeit – und weiter oben, auf pompösem Steinquader in ebenso pompöser Schrift:

»Hier wohnte vom 21. Februar 1916 bis 2. April 1917
LENIN Führer der russischen Revolution«

Von hier ist er ausgegangen nach Rußland, das bürgerliche Zeitalter zu beenden; »Goethe als Repräsentant des bürgerlichen Zeitalters«, schrieb Thomas Mann.

Die Lenin-Tafel beherrscht das Dreieck des Platzes, urbürgerliche Altstadt mit Plätscherbrunnen und Blumenaltanen im Sommer. An seinem Ende, an der abfallenden Napfgasse, in der *Öpfelchammer* saßen Gottfried Keller und Arnold Böcklin, Dichter und Maler, abendelang beim Wein und schwiegen sich aus in ihrer Freundschaft; dem vorderen Ausgang der Weinstube fast gegenüber, am Rindermarkt (Nr. 9), am Haus »Zur Sichel« ist zu erfahren

»In diesem, seinem Elternhaus verlebte Gottfried Keller seine Jugendzeit 1821–1848«

Hier also hätte der Grüne Heinrich gehört »Der große Goethe ist gestorben«, hätte der Trödler die Goethewerke gebracht, die »vierzig Tage und Nächte lang« gelesen wurden.

*

Goethe, immer noch auf dem Weg zu den Anlagen, gelangte über die Obere Zäune in die abfallende Mulde des Hirschengrabens und dort stand, steht noch, das große Haus »Am Graben«, in dem Heinrich Meister (1744–1807) wohnte. Auch ihn hat Goethe persönlich nicht gekannt, wohl aber auf der Anreise in Tübingen am 13. September »Früh die Souvenirs de Mon Voyage à Paris von Meister hinausgelesen«. Schade um die verfehlte Begegnung, das Gespräch wäre sofort im vollen Gang gewesen. »Henri le Maître«, Freund Diderots, elegant, witzig, sarkastisch, Geist von Diderots Geist; Goethe seinerseits ein Verehrer und Genießer dieses Geistes, auf Schillers Anregung erster und einziger Übersetzer von *Rameau's Neffe*, »frecher und gehaltener, geistreicher und verwegener, unsittlich-sittlicher war mir kaum etwas vorgekommen«.

Bescheiden, ganz bescheiden am Pförtnerhäuschen daneben, trotzig aber wird sie erwähnt, die Tafel:

»In einem Haus am Hirschengraben, das unweit dieser Stelle stand, wurde der Volkserzieher Johann Heinrich Pestalozzi 1759 geboren«

trotzig, denn Pestalozzi war auch einer, der es mit Goethe verdarb. Er wurde ihm zu aufdringlich, der Gute, mit seiner unermeßlichen Menschenliebe, er hat nicht begriffen, daß Goethe für seine Ziele nicht einzuspannen war.

*

Alles in allem ein merkwürdiger Tag, diese stummen Spaziergänge, ein merkwürdiges Bild, Goethe in dieser Stadt, vom frühen Morgen an geht und geht er, sitzt er unter Bäumen und geht er nachmittags wieder, keinen der früheren Bekannten sucht er auf, beim Mittagessen redet er mit einem fremden Zeitungsmann; so ganz anders als in anderen Städten. Dort rekognoszierte er und beschrieb dies und das und jenes und eines. In Zürich hätte ihn auch manches anregen können, allein schon die Veränderungen seit 1779. Er streicht durch Gassen und über Plätze, in Gedanken, wer weiß, wo seine Gedanken hin- und auswanderten.

Merkwürdig auch, wie er vom Spaziergang schreibt, »ich ging über die neuen Anlagen zum Schonehof«, zum Schönenhof also, es hat in der Stadt nie einen Schonehof gegeben. Der Verschrieb, von Ludwig Geist, Zufall also oder Absicht – wer war da zu schonen. Er schreibt als sei der ... hof das Ziel des Nachmittags gewesen, als sei er zu einer Tasse Tee eingekehrt. Vorbeigegangen ist er. Am Abend im *Schwert* wird er ein Billett finden von Barbara: »... Du hättest doch kommen sollen... Meine Seele ist vielfach verwundet.«

»Auf dem Rückweg sah ich den Kranich«
wen anders als den steifbeinig stelzenden Lavater, vier Jahre vor seinem Tod. Auch ihn hat er an dem Tag verwundet, er ist ihm ausgewichen. Eckermann, sicher dachte er, es seien nun der bösen Worte über den längst verstorbenen Mann genug gefallen, ließ in seiner Edition den Satz aus. Vielleicht auch fürchtete er, die Nachwelt würde die Bosheit seinem vorbehaltlos verehrten Herrn anlasten; die späteren Herausgeber nahmen den Satz wieder auf, wissend, alles und jedes gehörte zu Goethe.

*

Er kehrte zurück ins *Schwert*. Gegen vier Uhr kam Johann Heinrich Meyer von Stäfa an, es muß wie Erlösung gewesen sein: »... und sind wir nun einmal erst wieder zusammen, so wollten wir fest aneinanderhalten und unsere Wege weiter zusammen fortführen.«

In den Notizen findet sich, später, am Ende der Reise geschrieben: »Wirkung der Reise / Die man allein / in Gesellschaft / gleicher / ungleicher / macht.«

Enigmatische Zeilen.

Die Wirkung der Reise war wohl ungleich besser in Gesellschaft von Meyer. Sie begann mit der Fahrt auf dem Zürichsee.

VII

DER ZÜRICHSEE

Sein Name

›Zürichersee‹ nannte ihn Goethe, auch andere Reisende seiner und bis in die heutige Zeit. In neuen und neuesten Goethe-Ausgaben ist im gleichen Band einmal vom Zür*ch*er- und einmal vom Zür*ich*ersee die Rede.

Es wird dem Unkundigen aber auch noch immer schwer genug gemacht.

Die Bewohner von Stadt und Land Zürich nennen sich *Zürcher,* und was es bei ihnen Charakteristisches gibt, ist *zürcherisch.*

Die Seen der Zuger, Lauerzer, Brienzer und anderer heißen wie besitzanzeigend für die Anwohner. Nur die Zürcher lassen ihr Gewässer der Stadt, dem Kanton an seinem Ufer (zwar grenzt er noch an St. Gallen und Schwyz, nicht nur dort, wo er dann zum *Obersee* wird), als *Zürichsee,* schon im Alt- und teils noch im Mittelhochdeutschen, so auf der Murerschen Karte von 1641. Auf der Dufourkarte von 1874 taucht der Zürichersee auf, aber auf der Siegfriedkarte von 1884, auf allen anderen seither ist und bleibt er der *Zürichsee.*

Warum Goethe zu Wasser, nicht zu Lande fuhr

Es gab eine Straße, sie verband die Dörfer rechts- und linksufrig. Goethe ist 1779 linksufrig gefahren mit der Kutsche bis Richterswil, durch Dörfer, deren einstige Lage sich vom See her am Standort ihrer Kirchen erkennen läßt, landeinwärts, auf Hügeln, auf einem Delta. Wo immer sich eine Dorf- oder eine alte Landstraße durch die Orte zieht, es ist der alte Weg.

Zwischen den Dörfern aber waren, sind die Tobel[28], sie waren zu überwinden im jähen Anstieg bis zur Bergschulter, oder in sie einzudringen, auf schmalem Steg den Bach querend, eine lange, eine mühsame Reise, unbequem, für Warentransporte ohnehin.

Der See ließ sich durchfahren, er diente als Verkehrsweg den Römern, im Mittelalter und bis im 19. Jahrhundert Straßen angelegt wurden und Bahnen; Route der Handelsleute, Reisenden und Pilger, sofern sie sich eine Schiffahrt leisten konnten, nicht die beschwerlichen Straßen gehen mußten; Route auch für Waren aus allen Richtungen und Ländern. Die Fahrt mit dem Marktschiff von Zürich bis ans Ende des Obersees, an der Landenge von Rapperswil unter der ›langen (Holz-)Brücke‹ durch, dauerte um fünfzehn Stunden, da wurde an vielen Orten angehalten, ein- und ausgeladen, Menschen, Vieh und Ware. Andernorts heißt es: »Der See ist sieben Stunden lang und eine Stunde breit.«

Das Marktschiff

Ein Nauen mit Rudern und Segeln fuhr Donnerstag nachts von den Dörfern am See ab und landete Freitag früh in Zürich, Schlag sechs wurde das Grendeltor geöffnet.

Präzis und graziös zugleich hat Goethe den Tag eingeflochten in *Wilhelm Meister's Wanderjahre:* Lenardo besucht an einem Freitag Frau Susanne, die Fabrikantin, das würdigste, liebenswürdigste Wesen; sie hatte ihren ruhigen Tag, da Donnerstag abends die gefertigte Ware zum See und in die Stadt geführt werde, sie selbst pflege bisweilen mitzufahren. Nach Goethes Lenardo klingt das als wie von einer angenehm heiteren Schiffahrt, und es war doch ganz anders. Zeitgenossen beschreiben das Schiff: es führte nicht nur reinlich gefertigte Ware, auch Fässer, Kisten, Obstkörbe, Kälber und Schweine; die Reisenden legten sich mittschiffs unter den Blachenbogen auf Strohsäcke, wickelten sich in rauhe Wolldecken, das mitgebrachte Kissen unterm Kopf lagen sie gedrängt wie die Sardinen, schnarchten, das Vieh plärrte und grunzte. Sicher fuhr Frau Susanne mit einem andern, einem schnelleren und besseren Schiff.

Es wird weiter erzählt, wie dann abends das Marktschiff zur Rückkehr ausfährt, und von dieser Ausfahrt sagt man, Meyer habe sie verfaßt und sie sei von Goethe mit kleinsten Änderungen übernommen worden:

»Es ist ein erfreuliches, schönes Schauspiel um die Fahrt auf dem See, wenn der Spiegel desselben mit den anliegenden Gebirgen vom Abendroth erleuchtet, sich warm und allmählich tiefer und tief schattiert, die Sterne sichtbar werden, die Abendbetglocken sich hören lassen, in den Dörfern am Ufer sich Lichter entzünden, im Wasser widerscheinend, dann der Mond aufgeht und seinen Schimmer über die kaum bewegte Fläche streut. Das reiche Gelände flieht vorüber; Dorf um Dorf, Gehöft um Gehöft bleiben zurück. Endlich in die Nähe der Heimath gekommen, wird in ein Horn gestoßen, und sogleich sieht man im Berg hier und dort Lichter erscheinen, die sich nach dem Ufer herab bewegen; ein jedes Haus, das einen Angehörigen im Schiffe hat, sendet Jemanden, um das Gepäck tragen zu helfen...«

Vom See und seinen Ufern zu Goethes Zeiten

sind nur noch um fünf Prozent geblieben oberhalb von Richterswil, überall sonst sind sie bezwungen von Dämmen und Mauern. Stiche, Bilder helfen, sich eine Vorstellung von einst zu machen, die Uferlinien von der Natur geformt und vom Wellenschlag, Riedland und Schilf bestanden, wechselnd mit Wiesen und Obstbäumen; hier und dort Fischerhäuschen und ausgespannte Netze, weiße Gehöfte, auch Landgüter der Stadtherren; die verstreuten Dörfer zwischen Rebbergen und beiderseits Obstgärten, Wiesen und im Sommer die Kornfelder mit den Schnittern; dazwischen Sprudelbäche aus den dunklen Tobeln, Wälder auf den Höhenzügen und, am fernen

Horizont, die Schneeberge. »Das große stille Leuchten« bei Conrad Ferdinand Meyer, im 19. Jh. der zweite Große neben Gottfried Keller, und: »den hellsten See« nennt er seinen Zürichsee und seine Ufer, er, der Weitgereiste; immer wieder dichtet er von ihm.

*

Goethe hat den See, seine Ufer nie beschrieben; 1797 schenkte er der Landschaft bis Stäfa keine Silbe. Er hat sie ja im Gedicht »Und frische Nahrung neues Blut« 1775 besungen, als Ganzes, im Einzelnen nicht. Das Wunderbare geschieht uns heute, daß dieses Gedicht See und Landschaft als Ganzes sehen läßt, den großen Rahmen ohne Beiwerk von Menschenhand.

Im Einzelnen aber, ja da möchte einem schon fast das Herz brechen, einstiger Beschreibung gedenkend von der holden Natur. Der Jammer sei hier wieder ausgesprochen, und noch nicht für allemal; das über- und überbaute, das setzt sich von der Stadt hinaufwärts fort und fort. Daß der Menschen besseres Leben und ihre Arbeits- und Wohnstätten, ihre Reisewege nicht auskommen, ohne der Erde soviel Übel anzutun.

AUF GOETHES SPUREN AM LINKEN ZÜRICHSEE-UFER[29]

»den 15. Junius 1775. Donnerstag morgen aufm Zürichsee«

Beginn der Reise zum Gotthard, Tag auf Klopstocks Spuren und seiner Zürichseefahrt vom 30. Juni 1750, auch an einem Donnerstag, mit Klopstocks Versen, seiner Ode an diesen See.

Von der Schifflände stieß das Boot ab mit Goethe, Lavater, Passavant, Hess – dem 1797 besuchten Antistes – und dessen Schwager Schinz, dem Musicus Kayser.

Das Boot fuhr durchs Wassertor hinaus in den See, leichter Nebel lag über dem Wasser, es steuerte links hinüber ans Ufer, um in der Enge (außerhalb vom heutigen Strandbad) die Stolberge und Haugwitz aufzunehmen. Diese kamen von der kleinen Anhöhe zwischen See und Sihltal (in der Gegend der Brunau) vom Bauernhaus des Jakob Berli. Näheres wissen wir nicht von ihm und wüßten doch gern, was er sich dachte beim bukolischen Treiben seiner adeligen Gäste.[30]

Gerne wüßten wir auch, was die Schiffer in dem Kahn, ihrer zwei müssen es gewesen sein, welche die neun- bis zehnköpfige Gesellschaft »im Rudertackt hinauf« ruderten, was sie sich dachten bei dem ausgelassenen Treiben und dem Allotria; wenig verständlich mag ihnen die dann beginnende Reimerei erschienen sein mit Stichwörtern, die eher in die eigene als in die Sprache der feinen Herren Passagiere gehörten.

Ohne Wein kan's uns auf Erden
Nimmer wie dreyhundert werden
Ohne Wein und ohne Weiber
Hohl der Teufel unsre Leiber. [Goethe]
Wozu sind wohl Apollos Affen
Als wie zu bouts rimés geschaffen
Sie halten oft gleich einer Laus
In Clios Haar u. Pomade Schmaus. [Fritz Stolberg]
Flieh Bruder G. Flieh! Er stößt mit seinem Horn
Weich aus den B...sk, u. fürchte seinen Pinsel!
Sein Mund ist abgrundreich, Sein Witz ist wie ein Dorn
Erschaft des Lachens viel und doch noch mehr Gewinsel.
[Lavater]
Dem Wolf dem thu ich Esel bohren
Dadurch ist er gar bass geschoren
Da sizt er nun das arme Schaaf
Und fleht Erbarmung von dem Graf. [Christian Stolberg]
Ein edles Mädchen Herz schlägt das nicht eine Wunde?
Ein bitrer scharfer Wiz, beißt der nicht wie ein Hunde?
Böse Laune, blödes staunen macht mich jez lahm
Wiederstand und lachen drüber aber zahm.
[Heß' Schwager]

Unterm lieben Schweizer Himmel
Ists nicht gut zu seyn ein Lümmel
Doch wie bös ist nicht die Luft?
O die macht mich bald zum Schuft. [Kayser?]
Wolt soll Euch zeigen meinen, Witz
Möchts aber nehmen vor Grütz
Drum will ihm lieber setzen Damm
Ihr wißts ja so, bin ein gutes Lamm. [Haugwitz]
Herr Göthe sollt uns Juden mahlen
und theologische Cabalen
mit der geübten Mahlers Hand
Dies sey uns seines Geistes Pfand! [Heß]
Ein ieder der schreibet in dieses Buch,
Mag zum Teufel schicken mit einem Fluch,
Wenn ihn einer nicht will lassen Gahn
Nach seinem Sinn und Herzens Wahn. [Passavant]

Auf dieser Fahrt schrieb Goethe dann auch:

Ich saug an meiner Nabelschnur
Nun Nahrung aus der Welt.
Und herrlich rings ist die Natur
Die mich am Busen hält.
Die Welle wieget unsern Kahn
Im Rudertackt hinauf
Und Berge Wolcken angethan
Entgegnen unserm Lauf.

*

Aug mein Aug was sinckst du nieder
Goldne Träume kommt ihr wieder
Weg du Traum so Gold du bist
Hier auch Lieb und Leben ist.
Auf der Welle blincken
Tausend schwebende Sterne

Liebe Nebel trincken
Rings die türmende Ferne
Morgenwind umflügelt
Die beschattete Bucht
Und im See bespiegelt
Sich die reifende Frucht.

*

Sie fuhren, ganz nach Klopstocks Ode

Schon lag hinter uns weit Uto, an dessen Fuß
Zürich im ruhigen Tal freie Bewohner nährt,
Schon war manches Gebürge,
Voll von Reben vorbeigeflohn.

Jenes Boot mit jener Gesellschaft zog zwar am rechten Ufer hin zu einem Gabelfrühstück in Küsnacht – da begannen bereits die Liebeleien – während dieses Boot an den Dörfern Wollishofen, Kilchberg, Rüschlikon vorbeiglitt. Nach und nach waren die Dichtenden des Sitzens auf den Bänken, des Fahrens müde.

»Die Ufer des Zürcher Sees sind gar schön«, schreibt Fritz Stolberg, Berichterstatter dieser Fahrt, in einem Brief, und »Hart am Wasser geht der Fußsteig, der immer von den schönsten Walnußbäumen beschattet ist«. Auf diesem Steig wanderten sie hin, die vier Deutschen in ihrer Werther-, die Zürcher in ihrer zeitgemäßen Tracht, anmutig farbiges Bild im Grünen, in Licht und Schatten und über dem spiegelnden Wasser.

Vor Oberrieden stiegen sie auf ins Dorf, zur Kirche und im – noch stehenden – Pfarrhaus empfing sie Pfarrer Johann Conrad Däniker, Lavaters Freund, zum ländlichen Mittagessen mit Milch, Butter, Kalbfleisch, sehr schönen Kirschen und Kuchen.

Ein zweites Mal, nach der Rückkehr vom Gotthard, war Goethe mit Lavater im Pfarrhaus Oberrieden und in dem Stübchen, das dem Freund als Refugium, als »Kindbettstube« eingerichtet war für zurückgezogenes Arbeiten. (Er hatte offensichtlich deren mehrere, da doch auch Madame Ott vom

Schwert ihm in ihrem Landhaus ein Zimmer zur Verfügung hielt.) Goethe soll, der Überlieferung nach und der einstigen Sitte gemäß, sich an Wänden und Türen gleich wie in Gästebüchern mit Sprüchen zu verewigen, die Zeilen an die Wand geschrieben haben

Bist du hier
Bin ich dir
  Immer gegenwärtig
Machst du hier
Machst mit mir
  Deine Werke fertig.

Manche beziehen die Verse auf die Predigt, die Goethe fertigschrieb und Lavater dann in der Waisenhauskirche hielt; es kann aber auch an die Mitarbeit an den Physiognomischen Werken gedacht werden.

Beim dritten Mal, 1779, war Karl August dabei, man fuhr mit der Kutsche auf der Landstraße heraus und hernach weiter nach Richterswil zum Doktor Hotze.

*

1775 begleiteten die eskortierenden Zürcher noch bis

Horgen,

dem nächsten Dorf, und nahmen dort Abschied. In dem Zoll- und Sustort (Sust = sostare, aufbewahren) mit seinem lebhaften Verkehr konnten sie ein Waren- oder Marktschiff erreichen und zur Stadt zurückfahren.

Für die Gotthardwanderer ging die Bootsreise weiter, vorbei an der

Halbinsel Au,

vertraut als Ziel der Klopstockschen Zürichseefahrt

Jetzo nahm uns die Au in die beschattenden
Kühlen Arme des Waldes, welcher die Insel krönt
Da, da kamest du, Freude,
Vollen Maßes auf uns herab!

Von dem Tag im Juni 1750 erzählt, denn er leitete die frohe Partie, Johann Caspar Hirzel, der spätere Stadtarzt, im Brief an Ewald von Kleist (7. August 1750): »Klopstock, von Freude belebt, hüpfte mit seinen Mädchen durch den Wald«, und auf der damals noch dichter bewaldeten Halbinsel wählten sie »die anmutige Ebene, über welche kühlende Schatten von Eichbäumen hinschwärmten zum Speisesaal«.

Die Kunde von dem Picknick auf der Au gelangte nach Zürich, Klopstock selbst sorgte für die Verbreitung seines lockeren Tuns

Und des Jünglings Herz schlug schon empfindender
Schon verriet es bered sich der schönen Begleiterin.
Lieblich winket der Wein, wenn er Empfindungen
Bess're sanftere Luft, wenn er Gedanken winkt.

Das Entsetzen war groß, der Dichter des erhabenen *Messias* bechernd, scharwenzelnd und liebelnd mit den Schönen der Stadt. Für den Patriarchen Bodmer brach eine Welt zusammen.

Für Goethe nicht. Ihm, fünfundzwanzig Jahre später auch auf dem See, aber nur in Männergesellschaft, Wein hatten sie auch keinen dabei, ihm wurde gleich zu Beginn der Fahrt der Unterschied bewußt im ersten der bouts rimés und dem:

Ohne Wein kann's uns auf Erden…

Es mag am frühen Nachmittag gewesen sein, als sie an dem Schattenwald vorbeifuhren, »und jenes Tal in Elysium«, wo Klopstock »Hütten der Freundschaft« bauen wollte, und: »ewig wohnten wir hier, ewig!«

Noch säumt der Wald, auf dem See längs der Halbinsel fahrend, das Ufer mit Gezweig zum Wasser hin, dann aber beginnen bald schon die Außenquartiere von

Wädenswil.

Goethe war nie hier, er hätte kommen sollen, Bäbe Schulthess hatte sehr darum gebeten. Nach jenem mißlungenen Abendbesuch, nachdem er danach nicht oder nur unverbindlich schrieb und nicht bereit war zu einem Wiedersehen und klärendem Gespräch; nach einer Zeit der Herzensnot, in der sie ihm schrieb und wieder schrieb, hat sie, die reife Frau, wie ein junges Ding ihm vorgeschlagen, sich fern der Stadt und heimlich zu treffen in Wädenswil bei der verschwiegenen Freundin Regula von Orelli, der Frau des Landvogts im Schloß auf der Anhöhe.

Ihr Brief kam an, als die beiden Männer bereits unterwegs waren zum Gotthard, ihr Warten wurde lang; hat sie auf eine Wiederholung der glücklichen Konstanzer Tage von 1786 gehofft, ach, sie wollte ja nur die Freundschaft erhalten. Nach drei Wochen antwortete er, und mit der Wucht, die einem Mann gegeben ist, zertrümmerte er ihre Hoffnung mit dem kurzangebundenen: »Nach Wadiswyl will ich keine Zusammenkunft rathen.«

*

1775 Ende der Seefahrt und 1779, am 22. November, Ziel einer Kutschenfahrt mit Karl August und Lavater war

Richterswil

und das berühmte Doktorhaus, anmutig gelegen zwischen Wiesen und Gärten, ein hochragendes Wohnhaus mit angebautem Gartenpavillon; der quadratische Raum mit Kamin und gewölbter Decke, ganz im Grünen mit Sicht auf den See, war Nachtquartier von 1779.

Vorn an der Straße und über dem Bach stand die Klinik, auch für Gemütskranke eingerichtet.

Das Haus an der Poststraße ragt mit dem Giebel aus den Häusern, der Bach wurde seither zugedeckt, die Gärten kleiner. Die Besitzer, Doktorhaus ist es noch immer, erhielten im Pavillon das Goethe-Säli, stilvoll eingerichtet mit Rokoko-Mobiliar, Stichen nach Gemälden von *ihm* an den Wänden und von damaligen Gästen des Hauses, auf Gestellen *seine* Werke. Echt geblieben in dem anmutigen Raum mit Zeltdecke ist freilich nur die eichene, schön gearbeitete Flügeltüre.

Örtlich nicht ganz legitimiert, aber Vorübergehenden sichtbar am neuen Haus vorn an der Straße, wo einst Dr. Hotzes Klinik stand, meldet eine Tafel

1734 Dr. med. Johannes Hotze

1735 General Joh. Konrad Hotze

Heinrich Pestalozzi im Winter 1793–1794[31],

die berühmten Freunde und Gäste sind auch aufgeführt,

Lavater, Goethe, Charlotte von Lengfeld

Herzog Karl August von Weimar, Fichte.[32]

Wer Lavater in Zürich besuchte, wollte auch den berühmten Doktor Hotze kennenlernen; Barbara Schulthess gehörte zu seinem Freundeskreis.

Vom Besuch im Juni 1775 steht in D. u. W.: »Wir landeten in Richterswil, wo wir an Doctor Hotze durch Lavater empfohlen waren.« Sie mögen im Laufe des Nachmittags angekommen sein, freundlich bewirtet vom Hausherrn, und bei lebhafter Unterhaltung bis gegen Abend geblieben sein, bis zum Aufbruch zur Wanderung nach Einsiedeln.

Doktor Hotze schrieb dann Lavater: »Wenn ich nur diesen Mann noch eine einzige Stunde hätte sehen, hören, genießen können. Dem man's vom Haupthaar an bis zum Fußtritt hinab in allen Adern, Zügen, Bewegungen ansieht, daß er der Mann ist, der *Werther's Leiden* schreiben konnte. Der liebenswürdigste – Ketzer, der denkbar ist und ja! der wahrsten Menschen einer, wie der größten.«

VIII

NACH STÄFA

Den 21. September (1797)

»Fuhren wir gegen acht Uhr ab«
und der Morgen war heiter. Sie segelten durchs Grendeltor hinaus in die Bläue des Morgens, Goethe, so möchte gedacht werden, behaglich ausschauend, den Morgen, die Fahrt, die Gesellschaft des Freundes genießend. Nichts von »Weg du Traum, so Gold du bist / Hier auch Lieb und Leben ist«. 1775 im Gedanken an Lili gedichtet, damals galt ihm noch nicht »Süß ist jede Verschwendung / Wer sich der Liebe vertraut«.

Um zwei Stunden mag die Fahrt am rechten Ufer hin gedauert haben, zum ersten Mal fuhr Goethe auf dieser Seite des Sees hin, immer sonst war er, soviel wir wissen, am linken Ufer gefahren.

An der Grenze zwischen Erlenbach und Herrliberg legte das Boot an im kleinen Hafen

»... bei Herrn Escher«
beim Freihauptmann und Fabrikanten Johannes Escher[33], die Einladung war aber vom jungen Hans Caspar Escher[34] ausgegangen, vor kurzem mit Meyer aus Florenz zurückgekehrt. Goethe hatte von ihm gehört durch Meyer im Brief vom 24. April 1796: »Ich habe hier einen jungen Landsmann angetroffen, der die Architektur mit einem recht hübschen Sinn studiert; er steht mir wohl an, weil er, neugierig sich zu unterrichten, alles sehen will, aufmerksam, fleißig und sehr empfänglich ist. Vermögender Eltern Kind und was man in der Schweiz von sehr gutem Hause heißt, ist er zu Livorno in einem Comptoir gewesen, da sein Vater Kaufmann ist. Von den

Landgut zur Schipf in Herrliberg

Musen gezogen, kam er vor anderthalb Jahren hierher und studiert seitdem... Ich hoffe viel von ihm und glaube, daß er uns noch große Dienste leisten kann.« Und Goethe antwortete: »Zu der Entdeckung des jungen Mannes wünsche ich Ihnen Glück; wenn er sich nur erst durch Sie und nach Ihnen gebildet, so kann er uns gewiß großen Vorteil bringen...« Auch einer, der nach Weimar geholt werden sollte?

Die Begegnung fand folglich nicht in Rom, sondern im Sommerhaus des Vaters statt. Goethe mochte den jungen Mann, ein Idealist, und Architekt wollte er werden; er soll auf Veranlassung Meyers Hans Caspars Pläne dem Freihauptmann gegenüber protegiert haben im Laufe des Tages und der späteren Besuche. Wenn solche Gespräche dem Vater schwerfielen, er verlor nicht gern den Sohn als Erben der Escher'schen Seidenfabrik, blieb er als Weltmann großmütig und großzügiger Gastgeber, das geht hervor aus »Kurze Nachricht von meiner Reise von Tübingen nach Stäfa« und dem Brief an Schiller »Sehr freundlich bewirtet«, und wenn Goethe *sehr* schreibt, war es nicht anders. Eckermann nahm dieses Lob in seine Ausgabe auf, die puristischen Herausgeber der Sophien-Ausgabe haben es gestrichen.

Kein Zweifel, des Dichters Stirn hätte sich umwölkt, hätte er gewußt, daß er in Hans Caspar Escher dem Wirtschaftspionier des 19. Jhdts. begegnete; er, Mechanischem und Industriellem abgeneigt, Heimarbeit als zufrieden glückliches Wirken im Familienkreis preisend.

»... auf seinem Gute bei Herrliberg zu Mittage«
im Landgut Schipf. Der Name wird zurückgeführt auf Wasserschutzbauten, man sprach von Schipfwüer – die Wüer in Zürich und deren Fortsetzung, die Schipf.

Im 15. Jahrhundert wird der Großvater von Ägidius Tschudi als Besitzer genannt, eine Burg soll hier gestanden haben; der älteste, seit 1525 der berühmteste und nobelste Landsitz an diesem Ufer. Seit 1723 im Besitz der Escher und ihrer Nachkommen, ist es dem Reisenden auf Goethes Spuren nicht zugänglich, es sei, im Festsaal werde ein Wohltätigkeitskonzert bei Kerzenlicht gegeben.

In diesem Haus, im Eß-, zugleich Eckzimmer des ersten Stockes, durch die Fenster von der Seelandschaft umringt, hat Goethe »Zu Mittage« gegessen an dem lichten Septembertag.

Das Gespräch, wir erraten und schließen es aus einem späteren Brief, drehte sich um die beabsichtigte Fußwanderung in die kleinen Kantone, Johannes Escher konnte seine Sammlung von Kupferstichen vorlegen; um Landwirtschaft, Gemüse-, Obst- und Rebbau, die Schipfherren wußten (und wissen noch immer) Bescheid über dergleichen, der Betrieb soll sich rentieren, das Gut erhalten. Kaum einer hat wohl mit mehr Akribie Buch geführt als Johannes Escher, der Freihauptmann, und bis ins Detail der Unkosten für die sommers herbeiströmenden Gäste. Ob die Unkosten jenes Tages aufgezeichnet wurden, konnte nicht ermittelt werden, ein Gulden je Tag und Gast wurde zu Lasten des Betriebes eingesetzt.

Den Betrieb besichtigten sie (er umfaßt heute elf Hektare) und, es versteht sich von selbst, die Bauten und Räume, vom Vorfahren des Freihauptmanns nach 1723 dem ersten Wohnhaus angefügt; die Trakte mit dem kleinen Saal, der Bibliothek und dem Festsaal, einem Schloß sehr wohl anstehend. In jeder anderen Gegend des Mittellandes stünde, Herkunft und Stellung der Besitzer angemessen, ein Schloß, eine Campagne in französischer Manier. Hier aber sind es vielfenstrige Giebelhäuser im Stil der Gegend, als einzige verspielte Zier eine südlich anmutende Loggia, vom italienischen Architekten erdacht, der auch den Festsaal schuf, die Fassaden sonst schmucklos, ländlich, einfach.

Dieses Einfache, das ist Zürich, das alte Zürich Zwinglis, puritanisch, der nüchtern praktische Geist zumal. Man weiß, was es heißt: »Erwirb es, um es zu besitzen«, man bewahrt es in der Lebenshaltung, zeigt nach außen keine Pracht. Im Inneren, ja, da entfaltet sie sich in der Schipf, die Pracht, von Generation zu Generation gehütet, allein schon im Festsaal. Hier werden noch Feste gefeiert bei Kerzenlicht mit dem weitverzweigten Familien- und Freundeskreis. Ein Raum, dreizehn auf neunzehn Meter, Fenster mit Butzenscheiben, nicht übermäßig hoch die Decke mit reichen Stukkaturen und Malerei – Deckenmalerei und Stukkaturen auch im kleinen Saal, in der Bibliothek –, an der Wand die barocke Hausorgel mit der Jubel-Inschrift »Halleluja« und zwei vergnügten Putten; zwischen den Fenstern und Türen barocke Stilleben, Vedouten.

Goethe war entzückt von dem Saal, er mag ihn vom Garten her betreten haben durch die Flügeltüren, mit ihm flutete das Seelicht herein, er soll ausgerufen haben

»Hier müßte man tanzen«

und es gibt davon drei Versionen.

Die erste beläßt es bei dem Satz.

Die zweite will, daß das Töchterchen des Freihauptmanns[35] die Orgel spielte, als die Gäste den Saal betraten, und Goethe bewegte sich im eleganten pas dahin.

Die dritte, im Tagebuch von Conrad Ferdinand Meyer aufgezeichnete[36] beginnt: »Als mich der greise Escher einst durch den Schipfsaal führte... der geniale Maschinenfabrikant...« und geht weiter »Goethe habe den Saal mit den lustigen Worten ›Hier muß man tanzen!‹ betreten und dann den ganzen großen Raum im Tanzschritt durchmessen.«

*

»... und kamen abends nach Stäfa«

– von Goethe mundartlich Stäfe genannt, nicht veraltet; die erste Silbe gedehnt, breit, die zweite kurz, abfallend –, und sie gelangten von der Lände über Wiesenwege in Meyers großväterliches Haus, das Gasthaus *Krone*, »ein reinliches und artiges Haus«. Es sollte Heimat werden, vorerst für die nächsten sechs Tage und wieder für zwei Wochen, zurückgekehrt von der Wanderung.

Die *Krone* war nicht irgendein Wirtshaus, sie war Gasthaus mit ansehnlichen Badestuben unter Kreuzgewölben und einem *Musicsaal,* in dem die Stäfner Musicgesellschaft »allerhand Künstlerisches und auch Theater bot, beliebt bei den Einheimischen, goutiert von den stadtzürcherischen Badegästen. Die Musicanten copierten auch den Truz und Affectation herumreisender Virtuosen meisterhaft«, heißt es in einer Chronik, und anderswo: »Stäfner und Wädenswiler glaubten sich über die übrigen Leute der Landschaft erhaben. Sie wohnten in hübschen Häusern, waren städtisch gekleidet, hatten Komödie, Musik- und Lesegesellschaften, was in andern Gegenden spanische Dörfer waren.«

Ein Wohlstand, mit viel Fleiß erworben auf Äckern und in Weinbergen. Goethe kann den Fleiß und die Tüchtigkeit nicht genug rühmen; sein »es ist keine Frage, daß, wie der Wein selbst den Orten in Gegenden, wo er wächst und getrunken wird, einen freiern Charakter gibt« gehört zum Weinberg vor dem Friedberger Tore Frankfurts so gut wie nach Stäfa, »diese Tage der Weinlese, indem sie den Sommer schließen und zugleich den Winter eröffnen, eine unglaubliche Heiterkeit verbreiten, Lust und Jubel erstreckt sich über eine ganze Gegend«. (D. u. W. 4. Buch)

Mit diesem freien Charakter ließ sich die Vorherrschaft der Stadt schlecht ertragen, und die Geschichte von Verschwörungen, Erhebungen, der Härte von Strafen und Unterdrükkung zog sich von lange her und bis ins 19. Jhdt., bis hin zur endgültigen Befreiung und Gleichstellung von Stadt und Land.

Es brodelte denn auch in jenen 1797-Herbsttagen. Kaspar Billeter, Meyers Schwager und Goethes eigentlicher Gastgeber, war einer der Anführer, bei ihm in der *Krone* versammelten sich heimlich die Aufständischen; sie gehörten zur dörflichen Oberschicht; sie verlangten von der Stadt die allgemeine Erwerbsfreiheit, Studierfreiheit, Zugänglichkeit der Offiziersstellen auch für die Landleute, Loskäuflichkeit der Grundzinsen usw.

Die beiden Freunde aber waren dem entrückt, zwei Stockwerke höher und im Nebenhaus. Nicht daß Goethe die Situation übersehen oder verkannt hätte, in seinem Brief an den Geheimen Rat Voigt umreißt er sie knapp und deutlich genug, aber es paßte ihm, sich derlei zu entziehen, eben die zwei Stockwerke darüber und im Nebenhaus nach seinem Gesetz zu leben.

GOETHE UND KUNSCHTMEYER

Der Spitzname wurde bis zur Ankunft im Heimatdorf geflissentlich vermieden, Goethe hat ihn nie gebraucht; wer hat ihn erfunden, die Kritiker, die Gegner und Neider?

Seinen kleinstaatlichen, ländlichen Dialekt, für Goethe schon bei Lavater *treuherzig,* konnte er nie verleugnen; nun ja, Goethe behielt sein Hessisch, Schiller sein Schwäbisch, aber das blieb in der großdeutschen Familie.

Es ist ganz klar, daß allein ein Wort wie *Kunst* in Meyers Mund-Art mit guttural dunklem ›u‹, wo es doch hell sein und das n-s-t ausklingen müßte, mit behäbigem n-sch-t ausgesprochen, zumindest komisch wirkte, in bezug auf die Kunst der Antike lächeln ließ, freundlich die Wohlgesinnten, hämisch die andern.

Dieser unscheinbare Mann aus Helvetien besaß ein halbes Leben lang Goethes Freundschaft, und die Beziehung erscheint als Phänomen, die Begegnung als einmaliges Ereignis in Goethes, in Meyers Leben unvergleichlich mehr. Von Schicksal läßt sich reden, daß die beiden, ihrer Herkunft nach wie von zwei Weltenden kommend, sich in der Mitte fanden: Goethe, bei Nacht aus dem Höflingsdasein geflüchtet, um in Rom sich selbst wiederzufinden, als Irgendeiner mit dem belanglosen Namen Möller, zuweilen Müller, aber auch als solcher von Anfang an Liebling der Götter und Menschen; und der wahrhaftig Irgendeiner mit dem nicht erfundenen belanglosen Namen Meyer, ärmlich sich durchbringend, noch fast ohne eigenes Selbst, ohne akademische Bildung, mit nichts als in echter Kunstbesessenheit fleißig erworbenen Kenntnissen.

Von wem er die Kunstbesessenheit erbte, ist nicht nachzuweisen; von seinem Vater weiß man nur, daß er als Spezerei-Kaufmann in Zürich Bankrott machte, unbekannt, ob verschuldet oder unverschuldet; daß er vor Schuldenturm und Schande flüchtete in spanische Dienste, in katholische also, in denen er keinem Zürcher begegnen mußte, daß er dort verschollen ist. Seine Mutter, vom Sohn ein Leben lang geliebt, flüchtete ihrerseits mit ihren Kindern aus der Stadt ins väterliche Haus nach Stäfa, ins Nebenhaus der *Krone*. Zu denken, wie derlei Ungemach heute noch auf dem Lande als entehrend gesehen wird, wie erst recht damals. Johann Heinrich war ein vierjähriges Bübchen, still, kränklich, wie zu unbedeutendem Leben geboren.

Von seinem Leben hat er keine Geschichte geschrieben, auf den Selbstbildnissen bleibt sein Gesicht bekümmert, der Blick fragend, zugleich in sich selbst gekehrt. Es wird nie zum Gesicht des Hofrats, Professors, ›lebenden Lexikons‹ und Trägers des Weimarer Falkenordens; es gleicht eher jenem eines freundlich besorgten Landpfarrers mit unvermeidlichem schwarzem Samtkäppchen. In allem Etablierten des äußeren Lebens, verlor seine Seele doch stets wieder den Daseinshalt und Kanzler von Müller schrieb: »Meine Freunde teile ich in Hoffer und Verzweifler... an der Spitze der letzteren: Meyer. Dieser steht so hoch im Verzweifeln, daß er wieder zu hoffen anfängt.«

Das Kind in Stäfa, im Nebenhaus der *Krone*, begann zu zeichnen und zu malen, da würde heute flugs an Therapie für bedrückte Kinder gedacht, aber es war mehr und echtes Talent. Sein erster Lehrmeister wurde der angesehene Stäfner Porträtist Johannes Kölla (mit dessen Sohn Goethe Meyer dann in Rom kennenlernte), später kam er in die Stadt, nach Zürich zu Johann Caspar Füssli, dem Vater des berühmten Johann Heinrich Füssli, Herausgeber des von Goethe auch gelesenen Lexikons der *Beßten Künstler in der Schweiz*. Von ihm hängen im Kunsthaus Zürich zwei Bilder, zuverlässige, exakte Malerei. Meyer erhielt demnach soliden Unterricht, und wenn er kein schöpferischer Maler wurde, mag es in seiner Natur gelegen sein, die keine leidenschaftliche Entfaltung verlangte oder gewährte, er wurde ein genialer Kopist.

Das alles ist zwar wichtig für ihn als Kunsteleven, doch nicht so wichtig wie Füsslis Freundschaft mit Winckelmann, die Bewunderung für ihn[37]; er wies seinem Schüler den Weg zur Antike, nach Rom. Dort – zwei Tage zuvor war *Herr Möller* aus Deutschland angekommen – im Saal des Quirinals inmitten von Kunstbeflissenen, hat Meyer zwei, drei Sätze nicht etwa laut gesprochen. Es war der Beginn, Goethe entdeckte Meyer, das Kümmerliche seiner Erscheinung focht ihn nicht an, er zog ihn ans Licht, ans Licht der Unsterblichkeit, denn zweifellos wäre Meyer ohne die Begegnung in Zürich – man bemühte sich dort später sehr um ihn – zum lokalen Kunstpapst auf Zeit geworden und längst vergessen.

Für Goethe war Meyer gleich einem lebenden Talisman, die Brücke zu Rom, der Weltstadt, dem Land, in dem er zu seinen Wurzeln fand, der Zeit, in der er, wie in keiner anderen, sein und nur sein Leben lebte, er und nur er selbst sein konnte.

Für ihre Kunstbetrachtungen war demnach die Richtung gegeben, für ihre Freundschaft der Kitt: Winckelmann. Sein Kunstbegriff der Antike wurde als Begriff des Schönen zum Dogma erhoben, mit dem sie vorab in den *Propyläen* für die nächsten Jahrzehnte Deutschland beherrschten, Meyer als Kunstrichter, sehr zur Erbitterung der zu Neuem, zu freiheitlicher und persönlicher Entfaltung strebenden Künstler, der

Romantiker, die ja dann doch, als ihre Zeit gekommen, das Alte zum Gerümpel warfen.

Der sonst so distinguierte, in der Schweiz auch gewanderte August Wilhelm von Schlegel hat Meyer zurechtgewiesen in einem Epigramm, gewiß mit einigem Recht, aber in schauderhaftem Schweizerdeutsch:

Kunscht-Pfachter!* Laß die Schnuze von der Kunscht.
Du hascht nun einmal nüt der Muose Gunscht.
Guot schwizerisch zu sage, sollschtu wisse
Du hascht die alt' und nüwe Kunst be...

* (mittelhochdeutsch phaten, lateinisch pactare, gesetzlich bestimmen)

*

Erstaunlich ist, daß Meyer sich dem Titanen Goethe gegenüber zu behaupten wußte; in seiner Bescheidenheit war er zäh und Persönlichkeit genug. Er hat sogar geheiratet, und Goethe mag es geduldet haben, weil Christiane bei ihm im Hause war, damals noch. Geheiratet hat Johann Heinrich Meyer aus Stäfa 1803 das Fräulein von Koppenberg. Wie die hübsche Amalie im Schatten der Freundschaft zwischen den beiden Männern gelebt hat, ist hier nicht auszuloten, sie starb 1825.

Daß aber dieses jahrzehntelange und enge Zusammenleben nicht eitel Innigkeit war, daß Goethe sich oft genug mit dem Freunde stritt, schlechte Laune an ihm ausließ, daß er gereizt war ihm gegenüber in Gesellschaft, wird nicht verwundern. Wer weiß, ob Goethe, von dem alle sonst abhängig waren, sich in gewissem Sinn abhängig fühlte von Meyer und mit solchen Kränkungen seine Freiheit beweisen wollte. Er hat immer wieder alles gutgemacht mit seiner Treue und seiner Dankbarkeit; es gehört zu seiner Größe, daß und wie er treu und dankbar sein konnte. Er geriet außer sich, als Meyer schlimm erkrankte. »Den Tod dieses Menschen wünsche ich nicht zu überleben«, sagte er, der Vereinsamte, und Tränen liefen ihm übers Gesicht.

Er mußte ihn nicht erleben, Meyer überlebte ihn um ein halbes Jahr.

*

Noch sind die beiden Freunde eben erst angekommen, Meyer im Heimatdorf, im Haus, in dem er stets Zuflucht und Pflege gefunden, Goethe, in Schlössern wie in anspruchslosen Häusern sich zu Hause fühlend.

IN STÄFA

Das Wetter, von ihm haben wir schon gehört, stets wird davon zu hören sein, es ging in fast vollendeter Regie über den Himmel, die ganze Reise über; nie gab es ernstliche Störungen, kaum erzwungene Aufenthalte.

Daß von Zürich aus am Nachmittag der Ankunft Meyers wegen starken Regens und Wind nicht gleich nach Stäfa gefahren werden konnte, verdroß nicht. Man war beisammen, man hatte Zeit und genoß den Abend im eleganten *Schwert*, beim Licht von Madame Otts kostbaren Kerzenleuchtern und mit *Hofrat Müller aus Wien;* genoß sicher auch einen guten Tropfen in Gesellschaft dieses Weinkenners. Wurde kein Gedanke verschwendet an die im Schönenhof wartende, sich härmende Bäbe Schulthess?

Der Morgen, Tag der Fahrt auf dem See, des Besuches bei Escher, war heiter, die Tage danach trüb, so recht zum Verweilen in der Stube, zum Betrachten von Kunstwerken, »Wir haben schon was Ehrliches zusammen durchgeschwätzt«, wird Schiller berichtet in einem langen Brief.

Von Christiane keine Nachricht. Er beklagt sich darüber bei Schiller und Geheimrat Voigt, daß »die Briefe aus meinem Hause irgendwo stocken müssen.« Er schreibt ihr, wenigstens darüber glücklich, »Der Kleine ist wieder gesund«, auf Umwegen hat er es erfahren. »Behalte mich lieb, ich denke immer an dich und wünsche dich zu mir« und »Das beste wird aber doch sein, daß wir wieder zusammenkommen und einander in Freude und Leid beistehen können«. Heimwehbriefe mit Vorsätzen, die er, wieder zurückgekehrt, weder halten wird noch kann, vergessend, daß er nicht anders leben konnte als »ein Egoist im höchsten Grade; aber er mußte es sein, denn er wußte, welchen Schatz er zu hüten hatte«, sagte Freund Knebel von ihm. Da er im Oktober sie und den Kleinen bei der fröhlichen Weinlese herbeiwünschte, war's für eine Stunde des Tages, danach mußte er Begonnenes mit Meyer fortsetzen – »Wo es auf Kunst und Wissen ankam, suchte er alles sich anzueignen«, fügte Knebel bei. Was hätte Christiane derweil im Dorfe getan, sich gelangweilt oder mit den Einheimischen in der Nacht ein Paar Schuhe durchgetanzt.

Das Heimweh bleibt, der Kummer über ausstehende Briefe, sie werden ihn erst im Oktober in Zürich erreichen, eine lange, lange Zeit des Wartens. Wie Bäbe Schulthess, als sie im Juni 1788 zu den glücklichen Konstanzer Tagen mit Goethe fuhr und von Frauenfeld ihren Kindern schrieb, mag er sich gefühlt haben. »Ich glustete [gelüstete] nur nach ein paar [einem Paar] Maschinen, die sich magnetisch an 2 orten zugleich bewegen ließen, und mit der man sich schreiben könnte, daß im gleichen Moment die Maschine in Zürich schreiben würde, was ich mit der in Frauenfeld schrieb und so dann der Tour an Euch käme« – der Fernschreiber unserer Tage.

Auch ihr, Bäbe, schrieb er endlich, kurz vor der Abreise, nach ihrem zweiten, noch flehenderen Brief: »Ich kann mich nie bereden, daß Euer Geschlecht sich einen wahren Begriff von den Gefühlen eines weiblichen Herzens machen kann, und darum kannst Du Dir wohl nicht vorstellen, wie mir war bei dem Gedanken dieses Nah-Fernseins der paar Tage, ich kann es auch nur darum begreifen, daß Du, ohne wieder zu kommen, hast können fortgehen.«

In seiner Antwort, freundlich, beschwichtigend, noch will er für sie der bleiben, der er war, stellt er ihr die Prüfung ihrer Zweifel anheim an seiner letzten Arbeit, dem zweiten Teil von *Hermann und Dorothea,* dem Gedicht des Edlen, Reinen. »Sollte dieses Gedicht ein Mittler zwischen uns werden, so würde mich seine Existenz um so mehr freuen.« Dann wird er der Mann, der auszieht auf Abenteuer, die Frau am Herd soll bewundern und um ihn bangen. »Sei bei Regen und Sonnenschein, in den nächsten Wochen, meiner eingedenk, der mich entweder in den Hütten festhält, oder auf den Bergen erfreuen wird.«

*

An dem ersten trüben Tag verließen sie gegen Abend die Stube und unternahmen einen »großen Spaziergang den Ort hinaufwärts«.

Noch wird vom Dorf keine Kenntnis genommen, noch sind die Gespräche wichtig, erst vom Gotthard zurückgekehrt, wird Stäfa *gesehen,* genau beschrieben die Beschaffenheit der Häuser, Höfe, der Boden, was gepflanzt, geerntet wird, gedeiht in guter und minderer Qualität. »Was man sonst von Ökonomen wünschen hört, das sieht man hier vor Augen.« Und hier ist denn doch die Ökonomische Kommission der Stadt Zürich zu loben, vorweg der »Menschenfreund« Johann Caspar Hirzel, tätig für das Landvolk mit Rat und Unterstützung.

Einen, dessen »Kultivation« berühmt war, besuchten sie am zweiten Tag, den »Philosophen auf dem Berge«, Hans Rudolf Rebmann (1757–1837), Besitzer eines mäßig großen Heimwesens, auf dem er mit überlegtem und sorgfältigem Anbau einen Musterbetrieb gestaltet hatte. Kein Kleinjogg, ein groß gewachsener stattlicher Mann mit markantem Gesicht, Jugendfreund Meyers, von diesem zum Lesen angeregt und so belesen, daß er bei der Bevölkerung zum »Philosoph« wurde. Ein Mann mit natürlicher Autorität, Untervogt der Gemeinde – der Obervogt wurde durch die Stadtväter eingesetzt, den

Untervogt konnte die Gemeinde aus ihrer Mitte wählen, er mußte aber jenen genehm sein –, trat er in unruhigen Zeiten als Beauftragter der Regierung auf und zugleich ein für seine Gemeinde; nach der Revolution wählte ihn das Volk in die erste Kantonsregierung, ein tüchtiger Finanzmann und Volkswirtschaftler.

Für Goethe war »Die Anlage des sogenannten Philosophen auf dem Berge ein glücklicher Gegenstand zur Idylle, in welcher die Kultur in ihrer Breite, Anmut und Wichtigkeit dargestellt werden kann«.

*

Das war am 23. September. Tagsüber wurde »Bekanntschaft mit Maler Diogg[38] und mit Bannerherr Zwicki von Glarus« gemacht. Anzunehmen ist, daß der Bannerherr in der Nachbarschaft, wenn nicht gar in der Schipf, von Goethes Anwesenheit gehört. Als Verehrer des großen Dichters hat er die Bekanntschaft als Ereignis seines Lebens gesucht; mit seinem Freund und Schützling, dem Maler Felix Maria Diogg, ist er nach Stäfa gekommen, und er hat wohl bis ans Ende seiner Tage davon erzählt. Er war ein angesehener Mann, Pannerherr Johann Peter Zwicky von Glarus (1762–1820). Im Historisch-biographischen Lexikon der Schweiz sind die Ämter aufgezählt, die er bekleidete, die Titel, die er trug, seine Verdienste und am Schluß, als Krönung: »Freund Goethes«. Einmal Goethes Hand gedrückt und er geht als sein Freund ein in die Geschichte. Mit einem bißchen mehr Recht wird der gleiche Titel – Goethe hat ihn immerhin zweimal besucht und einmal bei ihm übernachtet und Sympathie geäußert – »Seelenarzt, Menschenfreund und Freund Goethes« dem Dr. Johannes Hotze in Richterswil geschenkt in einem Zeitungsbericht. Goethe als Gütezeichen, immer wieder, überall.

Sonntag, 24. September, verging der Morgen erneut mit Gesprächen »in wechselseitiger Teilnahme«, immer wieder ergreift das Bild, Goethe, der Teilnehmende, der Zuhörer.

Zum Mittagessen kamen »Herr Horner[39] und Escher der Sohn von Zürich« nach Stäfa in die *Krone*.

Abends fuhren sie auf die

UFENAU

»Ufnau« schrieb Goethe damals, inzwischen wurde es Ufenau, neuerdings sind Bemühungen im Gange, den alten Namen wieder aufleben zu lassen.

Im Mittelalter trug die Insel den hübschen Namen Ubinauvia und Hupinauia, später Huppans-Au. Auf ihr stand die älteste christliche Inselkirche Peter und Paul, der Legende nach gestiftet von der Tochter der Burgunderkönigin Bertha, von Reginhild, Herzogin von Schwaben und Äbtissin des Zürcher Frauenmünsters; sie habe dort aussätzig und fromm gelebt, in der Nähe der Einsiedelei ihres wundertätigen Sohnes Adelrich – zusammen sind sie Inselheilige geworden –, habe zudem die Martinskapelle gestiftet, der Kirche Peter und Paul gegenüber auf der grünen Anhöhe.

Später viel besucht, dann auch Großpfarrei, zudem Wallfahrtsort, war die Ufenau zu Goethes Zeiten verlassen. Die Gotteshäuser aber standen, wie ehedem und heute noch, sie wie die ganze Insel gehören dem Kloster Einsiedeln.

Soviel war bekannt, was aber ging ihn das Mittelalter an, die Antike suchte er, die Klassik, und ahnte es doch nicht, konnte es nicht ahnen, daß er auf *terra sacra* stand, auf versunkenen gallorömischen Kultstätten aus dem 1. und 2. Jhdt. Gelehrte hatten es schon lange vermutet, doch erst in unserer Jahrhundertmitte, seit Renovationen der Kirche Peter und Paul, lassen unter den Fundamenten ausgegrabene Überreste auf einen Tempel von Größe und Pracht schließen; ein schimmernder Säulen-Bau zwischen nördlichen Bäumen auf der stillen Insel, im blauen Sommer über dem hellen See, im nebligen Winter; drüben an den Ufern die rauhen Eingeborenen, ein erstaunliches Bild.

Sie ruderten auf die Insel, von Stäfa aus auf der Wasserfläche verlockend sichtbar als verträumtes und nahes Ausflugsziel; sollte es eine Pilgerfahrt sein zur Stätte von Huttens letztem Aufenthalt, seinem Grab? Lange sind sie nicht geblieben. »Abends« fuhren sie hin, zwei Stunden dauerte die Fahrt, die Tage Ende September werden kürzer, »mit einbrechender Nacht« kamen sie zurück, zu einem Rundgang reichte es.

In D. u. W. (17. Buch) hat Goethe geschrieben: »Die Werke Ulrich's von Hutten kamen mir in die Hände, und es schien wundersam genug, daß in unseren neuern Tagen sich das Ähnliche, was dort hervorgetreten, hier gleichfalls wieder zu manifestieren schien.« Und Huttens berühmter Brief an Ratsherr Willibald Pirkheimer in Nürnberg, in dem er 1518 seinen Lebensplan auseinandersetzte mit dem »Mag doch jedem Stand seine eigene Ehre bleiben, ihm eine eigene Zier gewährt sein«, wird vollumfänglich abgedruckt, denn: »Es war zum Credo geworden, man müsse sich einen persönlichen Adel erwerben, und zeigte sich in jenen schönen Tagen irgendeine Rivalität, so war es von oben herunter.«

Er ruft später Hutten immer wieder als Streiter wider die Pfaffen auf:

Denn gegen die obskuren Kutten
Die mir zu schaden sich verquälen,
Auch mir kann es an Ulrich Hutten
An Franz von Sickingen nicht fehlen.

Hutten, der junge Streiter für Freiheit, der Unerschrockene, Unbekümmerte, der wortgewaltige Redner, der goldene Ritter in Deutschland. Hutten, der mittellose, der unheilbar Kranke, der sterbende Flüchtling auf der Ufenau. Nichts davon im Tagebuch. Man mag sagen, Goethe wußte von Hutten und seinem Tod auf dieser Insel, er brauchte nichts beizufügen. Dennoch, eine Elegie, ein Epitaph wenigstens hätte entstehen müssen, auf dem Boden, in dem er ruhte, wenn auch noch an unbekannter Stelle. War es Goethes Widerwillen, seine bald abergläubische Furcht vor Siechtum und Krankheit, oder auch nur gegen einen Helden, der dann keiner mehr war, der nach dem mißlungenen Zug Franz von Sickingens gegen den Erzbischof von Trier (1522) flüchten mußte, krank und mittellos; der in Basel vom bislangen Mitstreiter Erasmus von Rotterdam nicht nur abgewiesen, auch verfolgt wurde mit der Mahnung an die Zürcher Obrigkeit, Huttens Mutwilligkeit zu zähmen, damit nicht einer Landschaft vielleicht Schaden oder Schande entstehe.

Nein, Huttens Elend war kein Thema für den Klassiker Goethe von 1797. Ein anderer hat es aufgenommen, für den dessen Gemüt dazu angelegt war: »Ich bin kein ausgeklügelt Buch / Ich bin ein Mensch mit seinem Widerspruch« – Conrad Ferdinand Meyer.

Huttens letzte Tage

Wie sie entstanden, beschreibt er in seinem Tagebuch: das »...unweit meines Wohnsitzes – Meilen – gelegene Eiland der Ufenau, welches den doppelten Reiz lieblicher Stille und einer großen Erinnerung besitzt. Oft bin ich bei den zwei Kirchlein gestanden, die auf dem nördlichen Wiesengrat über einem das Ufer erfassenden Kranze von Eichen und der grünen, die Insel bildende Mulde den Höhepunkt der Ufenau bezeichnen. So wurde ich auf der Insel heimisch und geschah es, daß Hutten, dessen Leben ich genau kannte, nicht als Freiheitskämpfer, sondern als ein Stiller und Sterbender in den sanften Abendschatten seiner Insel meinem Gefühle nahe trat und meine Liebe gewann... Aufs tiefste ergriff mich jetzt der ungeheure Kontrast zwischen der in den Weltlauf eingreifenden Tatenfülle seiner Kampfjahre und der traumartigen Stille seiner letzten Zufluchtstätte. Mich rührte sein einsames Erlöschen, während ohne ihn die Reformation weiter kämpfte.«

So wurde Hutten der tragische Held vertraut bis in unsere Zeit, mehr als der strahlende, der von Goethe verehrte goldene Ritter; als körperlich gebrochener Mann, von Zwingli zur Heilung nach Bad Pfäffers gebracht, schrieb er noch kränker und verzweifelt aus düsterer Schlucht im regennassen Sommer nach Zürich: »Lasset mich wissen, welche Herberge ihr mir bereitet... ich baue darauf, daß ihr mich in meinen Umständen nicht verlasset«; und endlich fand er – erneut durch Zwingli – Zuflucht auf der Ufenau, auf Einsiedler Klosterboden, er, der wütende Feind der Römlinge, betreut von Zwinglis Freund, dem heilkundigen Pfarrer Klarer.

Am 29. August 1523 starb Hutten, drei Wochen nach seiner Ankunft auf der Ufenau, er war fünfunddreißig. Er habe nichts hinterlassen als ein Schwert und eine Feder und – schrieb Zwingli, doch dies wird in den meisten Zitaten weggelassen – einen Haufen Schulden.

Hic equies auratus iacet, oratorque disertus
Huttenus vates, carmine et ense potens
Ulrich von Hutten
1488–1523

steht seit 1959 auf einer Grabplatte an der Südseite der Kirche St. Peter und Paul.[40]

AUF GOETHES SPUREN IN STÄFA

Das einstige Dorf, auf der Seestraße von Zürich in einer knappen halben Stunde zu erreichen, ist groß, sehr groß geworden, seiner Einwohnerzahl nach eine Stadt (1797 = 3370, 1977 = 10 109); Wohlstand, aber nicht die einstige Wohlhabenheit, Stein auf Stein gebaut, dem Boden abgerungen, wie Goethe sie gesehen hat.

Von der Seestraße hinauffahrend und in die Kreuzstraße einbiegend, mündet man am Rande des alten Dorfkerns in eine nicht zu lange Goethe-Straße und dort stand vor zwei Jahren noch die *Alte Krone;* verwittert, baufällig, auf halber Höhe wie ein vergilbtes Albumblatt in schwarzem Marmor mit verwaschenen Goldlettern »Hier wohnte Göthe 1797« von einer Sandsteinvignette umzogen, 1888 vom Schweizerischen Spinner-, Weber- und Zwirnerverein »Aus Dankbarkeit für die Schilderung der betreffenden schweizerischen Industriezweige in Wilhelm Meisters Wanderjahren« angebracht. Solcher Dank für das Lob der damaligen Heimarbeit würde von den heutigen Gewerkschaften schwerlich mehr zuteil.

Seither wurde das Haus abgebrochen und wieder aufgebaut nach bestem Wissen, eine Vorlage aus alten Zeiten gab es nicht; eine Volksabstimmung hatte den Kredit bewilligt. Als »reinliches und artiges«, auch stilvoll ansehnliches Haus mit Fachwerk am Trakt, den Goethe einst bewohnte, steht es nun, nicht mehr zwischen Wiesen, sondern in der Straßengabelung, groß beschriftet mit *Wirtschaft Alte Krone – Goethehaus.* Die Erinnerungstafel wurde wieder angebracht am alten Platz, auf Glanz poliert Marmor und Schrift. Daß da »Göthe« stand, erregte Unwillen, er selbst hat doch seinen Namen nie so geschrieben; die Unwilligen hatten neunzig Jahre lang die Tafel nicht beachtet.

Im Innern sind zu ebener Erde die Kreuzgewölbe der alten Badestuben wiederhergestellt, da wird gegessen, auf der noblen Speisekarte steht eine *Consommé Goethe,* geistiger Leckerbissen: eine Fleischbrühe mit Buchstabeneinlage.

Darüber im ersten Stockwerk – im Nebentrakt wurden Wohnungen eingerichtet – zur Straße hin ist das »Goethe-Säli«, für besondere Veranstaltungen gedacht, hell gestrichen, an einer Wand Goethes Jugendbildnis von J. H. Lips und in Glasschränken eine bemerkenswerte Goethe-Bibliothek, von einer Stäfnerin dem Haus vermacht; gegenüber wurde ein größerer Saal Heinrich Meyer geweiht. Der Balkon, von dem aus Goethe dem Herzog ausführlich die Aussicht beschrieb »hin über ganz flache Wiesen bis zum See«, schon 1920 als morsch beseitigt, wurde nicht wieder angebracht; der Blick ginge zum aufgeschütteten Bahndamm über Häuser, Fabrik- und Wohnbauten, vom See kaum ein Streifchen.

»Den Ort hinaufwärts« läßt sich folgen, vorerst die Kreuzstraße durchs belebte Dorf und neben der Wirtschaft *Kreuz* empor bis zur Verzweigung, rechterhand das gelbe Wanderwegschild *Goethe-Bänkli.* Der Fußweg steigt recht steil auf zu einer kleinen Bergnase, und da sind die abfallenden Rebberge der Sternhalde, einige davon »ganze Weinberge mit grünem Futter«, die Stufen freilich mit Stellriemen unserer Zeit, nicht mehr mit Brekzie belegt, von der er als Kuriosum ein Stück mitgenommen hat.

Der Weg führt auf mäßiger Höhe eben hin, da sind dann gleich zwei Holzbänke Goethe gewidmet.

Der Blick, kann sein, Dunst verhülle am andern Ufer barmherzig die dichten Überbauungen, »die Fläche des Sees und das jenseitige Ufer, heitere Ortschaften daran hingezogen und bis an die steilen Höhen, die Abhänge soviel als möglich genützt... Im Süden zeigen sich die Gipfel der Berge bei Einsiedeln und Schwyz... eine unendliche Welt«. Unendlich nicht als räumlich unbegrenzt, als Vielfalt der Natur.

Öfters soll er hier gewesen sein, nach der Rückkehr von der Wanderung wieder, wir glauben es gern, das war ein Ort nach seinem Sinn, zum Schauen, zum Ruhen und Wandern mit den Augen.

*

Der Straße zum Pfannenstiel folgend, durch neue Quartiere und Wohnhalden, und noch mehr hinauf, finden sich da und dort schöne alte Bauernhäuser. Fragt nicht, welches dem »Philosophen auf dem Berge« gehörte, jedes könnte es gewesen sein, man weiß es nicht. Jedoch, nicht zurückkehrend nach Stäfa, auf der Höhe auf irgendeinem der Wege hin gegen Meilen fahrend, ist da noch Land und Landschaft wie einst,

Wiesen, Felder, Obstbäume, Bauernhöfe und alles Neue verborgen.

In Meilen dann, übersetzend mit der Fähre nach Horgen (von dort nach Richterswil) – da läßt sich ein wenig, aber doch nicht ganz wie in der Breite von Stäfa nach Richterswil, Goethes Fahrt über den See nachvollziehen.

IX

VON STÄFA NACH EINSIEDELN

Donnerstag, den 28. September 1797

»Um acht Uhr von Stäfa, zu Schiffe«

und nun wird begonnen, wie im sonntäglichen »Gespräch über die vorhabende rhetorische Reisebeschreibung« vorgenommen, begonnen das exakte Erfassen vorerst von Nebel, Wolken und Sonnenblicken über dem See, von Dörfern, Hügelzügen, hohen und höheren Bergen bis hin zu den fernen Kurfirsten.

In einer dreiviertel Stunde setzte das Boot sie über. Der See, hier an die vier Kilometer breit, sieht Rapperswil zu »sehr weit und groß aus«, im Verhältnis zum unteren Teil, dort durchschnittlich zweieinhalb Kilometer, an sehr klaren Föhntagen in seiner Wirkung nicht breiter als ein ansehnlicher Fluß.

Sie landeten in Richterswil. Goethe hatte seine Vorliebe für dieses hübsch gebaute Dorf mit der »freundlichen Reede«, ob nur seiner Anlage wegen oder auch in Erinnerung an seine Stunden bei Dr. Hotze. Genug, sie war so groß, die Vorliebe, daß er sich später von Herrn Escher im Felsenhof – nicht etwa eine Ansicht von Stäfa, sondern von dem Seehafen erbat, auf der das Doktorhaus sicher im Hintergrund zu sehen gewesen wäre, als Vorlage für einen Nachtschirm. Als sicher möchten wir behaupten, verbürgen läßt's sich nicht, daß dieses Bild nach Weimar ging; ob der Schirm dann gefertigt, Richterswil nächtlich mild den Frauenplan erhellte, weder in der Hinterlassenschaft, noch im Inventar ist davon etwas verzeichnet.

Richterswil, ein bedeutendes, ein reges Dorf mit damals schon gegen zweitausend Einwohnern (heute 7900), mit Zoll-

Richterswil

haus und Sust für Waren von und nach Süden, auch nach Einsiedeln; mit vielen und großen Wirtshäusern, »eines davon mit Bädern«: *Drei Könige,* fünf Jahre zuvor gebaut. Richterswil wollte Kurort am See werden, wurde es auch für die Biedermeier. Das Badehaus ist seither verschwunden, der einstige Hafen aufgeschüttet für Bahnhof und Geleise.

Einige hundert Meter auf der Straße nach Einsiedeln dorfhinan und dem Bach entlang kamen sie vorbei am Doktorhaus, im großen Garten zwischen Wiesen. Sicher hätten sie Halt gemacht, wäre Dr. Hotze, Goethe wußte es, nicht vor Jahren fortgezogen.

Goethe erblickte im Weitergehen mehrere neue Häuser, hinzugebaut seit 1779, und seine Straße stieg in ziemlicher Gerade hinan zwischen Wiesen, nun als Pilger-Gasse zwischen späteren Quartieren. Die heutige Straße schlauft zwischen neuen und neuesten Wohnvierteln bis hinauf zur »flachen Vertiefung, die ehemals voll Wasser gestanden haben mag«, Torf wurde da gestochen. Häuser, schön und reinlich befunden, alemannische Einzelsiedelungen erbaut mitten in den Besitzungen.

Auf nicht zu neuen Karten ist hier noch Sumpf eingezeichnet, inzwischen ist es Landwirtschaftsland geworden mit Obstbäumen, alten, doch mehrheitlich neuern bäuerlichen Häusern, Giebelbauten.

Es gab viel zu beachten am Weg und im Höhersteigen, Gestein. Gestein erkannt und in seiner Zusammensetzung analysiert, einmal der »Harzer graue Wacke« ähnlich, sie aber älter als das Gestein unseres Tertiärbeckens; und die im hiesigen Sprachgebrauch fast nur Geologen bekannte Brekzie, sie wird immer wieder gesehen, das Sediment mit Gesteinstrümmern; der »schöne Mandelstein« als Stufe mag Nagelfluh gewesen sein, diese mit rund abgeschliffenem Gletscher- und Flußgeschiebe.

Weiter oben im Gelände wird angefügt: »... scheint das Gebirge grobe Brekzie zu sein und die Kalkfelsen, die hie und da aus dem Grase heraussehen, herabgestürtzt«. Kalk in höheren Lagen, Ortskundige hätten ihm bestätigen können, daß einst im bergigen Tal der Sihl ein Kalkofen stand, von dem aber nur der Name geblieben ist.

Und es gab die Stichworte zu setzen von dem, was da wuchs und gedieh in Fruchtbarkeit und von der Art der Bebauung, was als Wildpflanzen wucherte im Sumpf; gab Windstürme zu vermerken, *Allenwinden* heißt, wenn auch einiges weiter oben, ein Weiler; und zu beschreiben die weitreichende und vielfältige Sicht auf See, Hügelland, Bäume, Berge im besonnten Morgen.

»Wir verließen die gepflasterte Straße«,
das mag ausgangs des langgezogenen, mählich aufsteigenden Dorfes Samstagern gewesen sein, beim heutigen Wegweiser *Hütten-Menzingen*. Der Hüttensee, rechts von einem kleinen Wald verdeckt, wurde erst im Höhersteigen gesehen, ein Seelein von Schilf und Gebüsch umstanden, dunkel, melancholisch, von Sagen umwoben. Krebse gab es einst darin, Krebsbach heißt ein Bach nahebei, sie sind ausgestorben inzwischen, auch die »guten Fische«, aber nach Gewässersanierung hat man wieder welche ausgesetzt, keine Krebse.

Unsere Straße steigt auf und am Hang empor, die Seelistraße, der einstige Weg mag querfeldein geführt haben, Goethe vermerkt diesmal den Stieg nicht. Auf der Höhe mündet die Straße in jene von Schindellegi nach Menzingen, beim Gehöft, des Namens wegen sei es genannt, *Frohe Aussicht*. Goethe hat diesen Ausblick sehr genossen. Von da ging südwärts eine Panoramastraße, die höchste an diesem Ufer, 742 m über dem Meer; 340 m sind sie gestiegen.

»Um zehneinhalb kamen wir in Hütten an«
Auf alten Stichen ein hübsches Dorf am Hang der Hüttner-Egg mit behäbigen Giebelhäusern; Chroniken aus dem 18. und 19. Jhdt. erzählen vom bescheidenen Ruhm seiner Luft-, Milch-

und Molkenkuren und noblen Gästen in den beiden großen Gasthöfen.

Von hier erhielt Goethe 1794 einen Brief von Barbara Schulthess, in dem sie zuerst für ein Manuskript dankte, dann: »Ach, mein Lieber, das Schicksal liegt wieder schwer auf mir und viele Wunden zerreißen dies arme Herz! Ich habe wieder eine meiner Töchter in die Erde versenken sehen, Lise, die gesundeste, munterste ... Die letzten Stunden waren noch wie ihr Leben, ein leichtes Hingehen ... So geht es, Lieber, auf dieser Erde und so sehnt man sich auch hinaus.«

In welchem Gasthaus sie wohnte, wissen wir nicht, Goethe kehrte ein in der *Krone,* um und umgebaut auch dieses Haus, von Goethe hatten die zugezogenen Besitzer keine Ahnung, ein früherer Besitzer war Nachfahre von dem, der einst dabei saß: »** Landrichter und Bär, Medicus und Chirurgus«

Im Manuskript hat Meyer den Namen *Bär* mit Bleistift eingesetzt, vor *Landrichter* die zwei Sternchen, man hat den Namen nicht verstanden, Goethe, auch exakt in dem, wollte ihn vermutlich erforschen, es ist unterblieben.

Johann Heinrich Hiestand hieß er und war ein angesehener Mann (1756–1829). Angesehen auch der Chirurgus *Hans Kaspar Bär* (1738–1807), ein Liberaler, erster Gemeindepräsident der nach 1798 selbständigen Gemeinde Hütten, im Protokoll der Gemeindeversammlung als Chirurgus und Agent geführt.

Von Politik wurde vorsichtshalber nicht gesprochen, das ist anzunehmen; dafür von Export, schon einst wichtiger Wirtschaftszweig des Landes, Export von Kühen nach Italien, Hütten war eines der Einzugsgebiete für den Viehhandel; vom Export des Weines zumal, den gab es aber nicht in der näheren Umgebung, auf dieser Höhe ohnehin nicht. Man sieht jedoch, die Leute wußten Bescheid, Bär war wohl neben Chirurgus Export-Agent?

Wieso aber ist Goethe von Samstagern nicht direkt aufgestiegen nach Schindellegi, auf der Straße nach Einsiedeln, wieso machte er den Umweg über Hütten? Um die beiden gewiß honorablen, für ihn nicht so wichtigen Männer zu begrüßen doch wohl kaum.

Ein Dritter taucht dann auf und es sieht aus, als habe er, selbst bei der Ankunft unabkömmlich, Bär und Hiestand in die *Krone* delegiert: *Pfarrer Beyel,* bei Goethe befördert, im Pfarrbuch von Zürich nur als Vikar eingetragen seit Anfang 1797, von den hochwohllöblichen Herren der Stadt eingesetzt. Diese Herren hatten den Hüttnern, »Bergleuthen von Richterschweil«, für ihre Kapelle erst einige Jahrzehnte zuvor einen eigenen Pfarrvikar bewilligt; Kirche, Pfarrhaus und Friedhof erhielten sie erst 1824.

Der achtundzwanzigjährige Vikar *Hans Jakob Beyel* blieb volle acht Jahre in dem Dorf, 1805 taucht er als Vikar in Buchs auf, einem Dörfchen ohne Bedeutung unfern Zürich. Danach verliert sich sein Name im Zürcher Pfarrbuch. Ob er, immer nur Vikar, er stammte doch aus einer Familie von Pfarrern, selbst nie Pfarrer, glücklos, des Berufes leid geworden, sich mit der neuen Regierung nicht arrangieren konnte, ausgewandert ist? Er starb mit neunundachtzig Jahren, ein Schicksal, dem nachzugehen wäre. Als Momentaufnahme ist er eingegangen in die Weltliteratur, denn ihm, nur ihm zuliebe wurde der Umweg gemacht – dabei kannte Goethe ihn bis dahin nicht einmal – allein um ihm die Grüße seines Bruders zu bringen. Der Bruder war nämlich in jenen Jahren mit Lips als Kupferstecher in Weimar.

*

Kurioses Zusammentreffen über die Jahrhunderte hinweg: In Hütten lebte hundert Jahre zuvor (1696) die einjährige Regula Theiler, Kind des Schuhmachers Heinrich Theiler. Sie heiratete 1725 den Handelsmann und Steuervogt Johann Rudolf Marti aus Glarus. Ihr Sohn, Peter Marti, 1730 in Glarus geboren und 1808 in Riga verstorben, war verheiratet mit der Glarnerin Elisabeth Elmer; deren Enkelin in Lübeck, Elisabeth

Marty, heiratete 1811 Johann Siegmund Mann, Großvater von Thomas Mann, jener geboren 1797, im Jahr, in dem Goethe in Hütten war, im Geburtsort der Vorfahrin in der 5. Ahnen-Generation des Dichters. Thomas Mann, oft in der geistigen Nachfolge Goethes gesehen, letzter Repräsentant des bürgerlichen Zeitalters, hat sich sein Leben lang mit Goethe beschäftigt, in Essays, in *Lotte in Weimar,* und er zitierte den Ausspruch von Ernst von Pfuel vom August 1810: »Ich staune nicht vor Goethe, sondern er gefällt mir darum so unendlich wohl, weil ich ihn begreife, mich in ihm spiegle, mich in ihm bestätigt wiederfinde und zwar klarer und deutlicher und gefälliger als in mir selbst«, und setzte hinzu: »Das ist eines der kostbarsten und richtigsten und erlebtesten Worte, die über Goethe gesprochen worden sind. Dies vertraute und unendliche Wohlgefallen ist es, zu dem ich mich bekenne.« So in seiner Ansprache bei der Eröffnung des Goethe-Museums in Frankfurt 1932.

*

»Um zwei Uhr ab«

Pfarrvikar Beyel begleitete sie auf dem bis zur *Frohen Aussicht* zuvor gegangenen Straßenstück zurück, dann immer am Hang hin über See und Landschaft im klaren Herbstlicht gegen Schindellegi; ginge Goethe heute dort vorbei, er fände Ruhebänke an besonders aussichtsgünstigen Stellen.

Mehrmals, so möchte man meinen, seine Art des Wanderns kennend, wurde da stehengeblieben auf dieser Höhenstraße, wahrlich, hier ließ sich auch sagen »Du gabst mir die Natur zum Königreich«, vermerkt wird aber nur »Es war ein schöner Moment«.

Der Blick schweift über die Welt von Hügeln und Bergen, über Hüttner- und Zürichsee hinab gegen die Stadt, hinauf gegen Rapperswil; Uznach wird gesehen, das Toggenburg.

Es muß Beyel gewesen sein, der eifrig in die Fernen wies und Namen nannte; bei der Überfahrt nach Richterswil scheint es, als habe Meyer heimatliche, der Bootsmann hingegen entfernte Orte und Berge bestimmt. Während des Aufstieges bis Hütten bleibt derlei aus, die Hohe Rone, auf neuesten Karten Höhronne, ist »im Süden ein hoher, mit Wald bewachsener Berg«.

WAS GOETHE UM SCHINDELLEGI AUFGEFALLEN IST

Donnerstag, den 28. September

Stechpalmen fielen auf, es soll im Wald an der Höhronne noch welche geben, ob sie groß und ansehnlich sind, wie Beyel sie beschrieb, und so dick, das bliebe zu entdecken.

Beyel wußte beim Passieren des Kantonssteines Zürich-Schwyz vom Aberglauben der Schwyzer, »wenn sie mit dem Stocke an die Seite des Zürcher Wappens schlagen, daß es der ganze Kanton Zürich übel fühle«. Der Grenzstein, viel kleiner als einst, fast nicht zu bemerken, befindet sich noch an der Stelle, neben dem Gehöft *Bergli*. Dieser Aberglaube kam nicht von ungefähr, und er kam von langeher. Jaja, man hatte die Eidgenossenschaft beschworen, aber nicht überwunden das Mißtrauen der Bergler gegen reiches Land und reiche Stadt, den Haß der Katholiken gegen Protestanten, die Empfindlichkeit der Armen gegenüber den Besitzenden; und von jeher fürchteten die Urkantone das Überhandnehmen der Stadtkantone im Bunde, deren Vorherrschaft.

So hat Zürich, Goethe wußte es, die Schwyzer seine Macht fühlen lassen und ihnen nicht erlaubt, einen eigenen Hafen an ihrem, zu Schwyz gehörenden Ufer des Sees anzulegen. Das schöne Geld für Waren- und Pilgertransporte, Sust und Zölle, die Erträgnisse aus dem damaligen Verkehr, alles nahmen diese Zürcher ein und den Schwyzern weg. Welche Wohltat also muß es gewesen sein für sie, mit saftigem Berglerfluch und Knüppelstock den Stein zu schlagen, den Kanton zu meinen, zu denken, er, der ganze Kanton, jaule nun wehklagend auf.

Die Schwyzer, das sei gesagt, sie waren nicht zimperlich,

wenn sie einst bei Gebiets-, später bei Religionskriegen eindrangen ins Zürcherische. In Hütten, dem ersten Dorf, haben sie grausam gehaust und Grausiges angerichtet, Chroniken erzählen davon. Noch zu Beginn unserer Zeit wollten die von Schindellegi und die von Hütten nichts gemein haben miteinander; das ist nun vergessen.

*

Kurz vor Schindellegi gewahrt Goethe rechts des Fußsteiges »eine Art von natürlichem Wall, hinter dem die Sihl dahinfließt«, und er, Volkswirtschaftler, möchte den Hügel mit einem Stollen durchfahren für das Gebiet unterhalb »zu Wässerung und Werken«.

Der Gedanke ist großartig und wie von der Natur gegeben: auf der Karte der Sihl, ihrem Oberlauf folgend, müßte sie rechtens in den See abfließen, jedoch überall stellen sich Berg- und Moränenzüge in den Weg, an jener Stelle weder hoch noch breit, zu zäh aber für ihr Gefälle. Also frißt sie sich ein parallel zum See, auf krummen und geraden Wegen, bis sie ins vorgebildete Tal kommt, durch die Kantone Schwyz, Zürich, Zug und wieder Zürich.

Goethes Plan wurde ausgeführt, nicht zur Wässerung, die brauchte es nicht in der sumpfigen Gegend, er selbst rühmte doch ihre Fruchtbarkeit, Bäche fließen, überschwemmten einst, Mühlen gab es auch; zu *Werken* wurde sie geführt, Elektrizität erzeugend, freilich südlich, auf Zürcher Boden. Seit 1895 bringt dort ein Stollen Sihlwasser durch die Druckleitung hinab in ein für heutige Begriffe kleines Kraftwerk.

Was die Exzellenz aus dem autoritären Herzogtum Weimar »in einem demokratischen Kantone und bei den Komplikationen der Grundstücke« indigniert als nicht denkbar beurteilt, in der Tat, so wäre es einst gewesen. Es hat sich dann aber gefügt, es ging gut demokratisch zu, und gefügt hat es sich nach unendlichem Papierkrieg mit den von der Sihl durchflossenen Kantonen und den Grundbesitzern; mit Akribie ausgearbeitete

Konzessionen, Abmachungen, Garantien von genügend Wasserabfluß im Sihltal und bis Zürich.

Noch komplizierter wurde der Wasserhaushalt beim Bau des Schwyzer Etzelwerkes um 1930, er klappt aber bei täglicher Kontrolle. Von dem Werk sei gesprochen, weil so manche, in Unkenntnis des unbedeutenden Werkes Waldhalde, Goethe als dessen Prophet rühmen: weit hinter Einsiedeln, wo er nie war, im dort breiten Tal staut ein Damm die Sihl zum an die zehn Kilometer langen See; Stollen und Druckleitungen führen Wasser hinab ins Werk bei Altendorf; dann kommt die Sihl endlich doch ins vorbestimmt scheinende Gewässer, in den Obersee, Fortsetzung des Zürichsee im Kanton Schwyz, im Kanton, in dem sie entsprungen ist.

Hier irrte jemand

Donnerstag, den 28. September 1797

Auf dem Weg von Hütten nach Schindellegi, die Aussicht beschreibend, werden nahe und ferne Orte und Gebiete angeführt, »der Blick rückwärts auf die ganze Reihe des Albis und nach den freien Ämtern zu, die niedern Gebirgsreihen, an denen die Reuß hinfließt«.

Man mag dort stehen, sich recken und strecken soviel man kann, nie und nimmer sind die aargauischen Freiämter zu erblicken. Da steht der Wall, von dem die Rede war, er steht im Weg, die Sihl fließt dahinter.

Kann sein, Vikar Beyel sagte, von höher oben, vom Dreiländerstein Zug–Schwyz–Zürich, auf 1191 m sieht man hinüber in die Freiämter, und flugs wurden sie auf 730 m aufgeschrieben, nicht genug, wie bekräftigend der eigentümliche Satz angefügt: »Der Anblick ist jenen Gegenden sehr günstig.«

Noch einmal, mehrere Kilometer später, wird an dem Tag auf dem Weg geirrt: »Man kommt auf die Chaussee von Wollerau«, oben im Sihltal. Von Wollerau, dem Ort, eine halbe Stunde südlich und landeinwärts von Richterswil gelegen, hätte eine Straße, gar eine Chaussee über den Ausläufer des Etzels steil auf und steil ab im Wald und unten im Tal über eine Brücke, dann erneut steil hinauf geführt. Niemand weiß davon und Widersinn wäre es gewesen; von Wollerau steigt der Weg naturgegeben und bequem nach Schindellegi auf.

Zu vermuten ist, daß Geist in seinen Notizen ein Gewusel hatte, bei der abendlichen Niederschrift hat er die Zeile eingefügt, wo sie ihm hinzupassen schien, wer wollte das in Weimar nachprüfen.

*

16. September 1775

In der schwachen Biegung vor Schindellegi zurückschauend »Vom Berge in die See«, stehen im Gedankenheftchen die Verse

Wenn ich, liebe Lili, dich nicht liebte
Welche Wonne gäb mir dieser Blick
Und doch, wenn ich Lili dich nicht liebte
Wär! was wär mein Glück.[41]

28. September 1797

»... nach Schindellegi hinein«
in das Dorf von weither sichtbar, von langher bekannt als Ort, der Name besagt es, an dem Schindeln hergestellt und gelagert, gehandelt und verladen wurden für Häuser und Dächer. Geschindelte Häuser, viel früher in Städten noch üblich – in Frankfurt war Goethe »merkwürdig... die frühe städtische Kultur, da ich gestern las, daß schon 1474 befohlen war, die Schindeldächer wegzutun« –, später und heute immer seltener in ländlichen Gegenden und in den Vorbergen.

Im Mittelalter Schinlerron und Schindelerra, war es für Goethe Schindellegi und bekannt als Straßenknotenpunkt. Hier belegten die Schwyzer ihrerseits Warenzüge mit Zoll auf dem

Weg nach Luzern, dem Gotthard und auch nach Einsiedeln, ganze Trecks müssen es dahin gewesen sein, vorab in Pilgerzeiten. Der abgelegene Wallfahrtsort brauchte Getreide, Nahrungsmittel, Tranksame; Devotionalien, vom Rosenkranz über Heiligenbilder bis zu Kerzen; auch Metall, Wachs für die Herstellung von solch gängigen Waren durch ortsansässige Handwerker. Goethe nahm die Pferdekarren nicht auf ins Wanderbuch, er muß sie gesehen, gekreuzt haben, es gab keinen andern Weg nach Einsiedeln.

Und Wirtshäuser gab es in Schindellegi. Die Pilger stärkten sich vor der Wanderung talauf. In einem von ihnen saßen wohl auch die Reisenden von 1797 zum Abschiedstrunk mit Pfarrvikar Beyel.

Neben der heutigen breiten Brücke biegt rechterhand ein kurzes unansehnliches Sträßchen ab, hinunter ins Gebüsch an der Sihl. Über sie führte die gedeckte Holzbrücke, dreiunddreißig Jahre zuvor erstellt von Grubenmann, dem Baumeister der berühmten Brücke in Schaffhausen, ein Jahr danach beim erbitterten Gefecht gegen die Franzosen zerstört.

Jenseits der Brücke aufsteigend in dem tiefgegrabenen Tal mit dem kargen Lichteinfall, Gegensatz zur hellweiten Seelandschaft, fühlte er sich »in einer anderen Welt«. Viel eindrücklicher muß der Kontrast gewesen sein damals auf der grob gepflasterten, recht schmalen Straße über bucklig waldige und Wies-Hänge, als auf unseren silbergrau breiten Bändern der Kunststraßen, neben- und übereinander, bergan, bergab; sie decken bald die Talbreite, die Tiefe, wo einst die Straße ging, bleibt unsichtbar.

Eine andere Welt aber auch in Hinsicht auf den Menschenschlag und seine Mentalität: im sanft gewellten und offenen Mittelland, oft genug war davon schon zu hören, die liberalen Gedanken der Neuzeit, der nicht zu heftige Widerstand gegen die bald schon eindringenden Franzosen. Mit der ungebärdigen Natur beginnt der unbändige Kampf – in Schindellegi, in den

Urkantonen dauert er an, der Widerstand gegen die Übermacht mit lokalem Erfolg und sonst so hoffnungslos – die bedenkenlosen Blutopfer, die Verschwörungen; nachher desto härter die Unterdrückung, Hunger und Elend.

Das war nicht nur die katholische Kirche, zu Widerstand aufrufend, ihr war genug Schuld anzukreiden an der Armut und Unwissenheit des Volkes; waren auch nicht nur die regierenden Familien, einst im Bund mit den katholischen Höfen. Es wäre doch dann – 1798 – und nie wie dann die Gelegenheit gewesen, sich von ihnen, wie die Berner von ihren Aristokraten, zu befreien. Sie, die regierenden Familien wollten sogar sich mit der Übermacht arrangieren, um weiteres Elend abzuwenden; das Volk verschwor sich im geheimen, kämpfte blindlings weiter, das war Berglerart. Die Abwehr gegen fremde Macht, gegen alles Fremde, »wir wollen keinen fremden Herren dienen«.

»Man kommt an einem Brunnen vorbei, der wegen seiner Frische berühmt ist.« (Nicht weit davon war einst der Kalkofen.) Oben, wo das Tal flacher wird, stand er in kleiner Waldbucht, der St. Meinradsbrunnen, geborgen in einem Blockhaus-Schutzhäuschen, eine Art Heiligtum und respektiert. Später und bis vor zehn Jahren aus Stein erbaut, mußte das Schutzhäuschen abgerissen, der Brunnen entfernt werden aus hygienischen Gründen, Vorübergehende hinterließen zuviel Schmutz und Unrat. Geblieben ist am Straßenrand und im Gebüsch ein Stück Ödland, Wagen parken darauf; als Markierung für den Suchenden der Stelle steht gegenüber eine mächtig kubische Autoreparaturwerkstätte.

Die Alphütten aber, von Goethe gesehen, sie dösen noch allenthalben hoch auf den grünen Weidekissen. Da und dort geben am Straßenrand gestapelte Steinklötze Unterricht von dem einst gesehenen und beschriebenen Gestein; Bildhauer beziehen hier Blöcke für ihre Werke und Grabsteine.

»Links über die Brücke der Biber«
und hier trennten und trennen sich noch die Straßen: gradaus nach Süden durch das Hochmoor von Rothenturm und über den Sattel hinunter nach Schwyz, zum Gotthard; links ab nach Einsiedeln.

Auf Goethes Spuren ist sehr darauf zu achten, in Biberbrugg bald nach den Verzweigungen der schnellen Autostraße nach Einsiedeln rechts das Sträßchen *Bennau* nicht zu verfehlen. Denn nicht wie die neue Straße im Talgrund und einst bei Hochwasser von der Sihl gefährdet, gingen die Pilger- und Warenzüge. Nach dem »starken Stieg« führt der Weg fast eben hin auf mäßiger Höhe im Bergland, an Festtagen sind hier Pilgerzüge zu begegnen von und nach Einsiedeln.

Ja, er, der Kirchenfeind und Verächter des Barock ging nach Einsiedeln, und es war doch nur von den »großen Naturszenen um den Vierwaldstättersee« die Rede gewesen. Er machte einen beträchtlichen, und wie sichs weisen wird, mühseligen Umweg, und es zeigt so recht, daß er die Reise von 1775 nachvollziehen wollte (die Rigireise ließ er aus).

In D. u. W. sahen er und Passavant »... in einem öden Tal die prächtige Kirche hervorsteigen, das Kloster von weitem, ansehnlichen Umfang in der Mitte vor reinlicher Ansiedlung« – und hier trog seine Erinnerung: das Dorf liegt im Halbrund zu Füßen der Klosteranlage. Dahinter waren und sind noch Wiesen, Pferdeweiden, Stallungen. Einen Teil, so heißt es im Klosterführer, der materiellen Grundlage bildet die mit Vieh und Pferdezucht verbundene Landwirtschaft.

»Um fünf sahen wir Einsiedeln« heißt es im September 1797. Es war nach der Wegbiegung, beim Abstieg von Bennau. Der Name wird nicht erwähnt, er gibt zu denken und soll nicht zurückgehen auf den heiligen Benedikt von Nursia, Patron des Klosters, sondern auf die Kurzform von Bernhard, Benno, mithin auf Benno, einen der beiden Straßburger Domherren, die um 934 die Einsiedler »im Finstern Wald« zu einer klösterlichen Gemeinschaft zusammenfaßten. Heilig ist auch Benno geworden, der Ort, der Sage nach eine seiner Waldgründungen, gerodet, urbanisiert, einst Bennosau, heute modernes Dorf und wenig Wald mehr.

Nach dem Aufstieg durch das düstere Sihltal, dem eher einförmigen Übergang von Biberbrugg her, wird der Blick von dieser Höhe gleichsam zur Offenbarung von Einsiedeln; gewiß, auch hier sind bauliche Übeltaten zu übersehen, aber von hier und nur von hier kann ermessen werden, wie das Stift einst wirkte in diesem verlassenen Talgrund, ermessen werden seine Ausstrahlung und Anziehung als heiliger Ort.

EINSIEDELN

28. September 1797

1775 übernachtete Goethe im Gefolge der Grafen zu Stolberg im Kloster, obzwar ihre Vorfahren Luther anhingen und noch niemand ahnte, daß sie selbst in späteren Jahren zum Katholizismus konvertieren sollten; in den Stifts-Annalen ist von dem Besuch nichts mehr zu finden.

Tags darauf wanderte er damals mit Passavant weiter, die Stolberge blieben zurück, nicht, wie in D. u. W. beschrieben, weil er ihrer Gesellschaft überdrüssig war. Fritz Stolberg schrieb: »Goethe ist mit einem hiesigen Freund zum St. Gotthard gereist; da er nicht lange von Frankfurt sein kann, wollte er den doch sehen. – Ich bin neugierig auf seine Wiederkunft; man meint hier, der Berg werde noch voll Schnee sein [weshalb die Stolberge und Haugwitz in Einsiedeln umkehrten, die Besteigung des Gotthard verschoben]. Wir werden Goethe vermissen.«

Die Entfremdung, ja Verfeindung mit den »gräflichen Salbaders« trat später ein.

1797 kamen sie »gegen sechs Uhr an und logierten *Zum Pfauen* gegen der Kirche über«. Da ist nichts mehr wie einst, weder die Fassade noch im Innern. Im Speisesaal aber, groß dimensioniert, sitzen an den Tischen Pilger aus aller Welt, Laien, Geistliche, Nonnen. Sie kommen in Extrazügen und Autobussen, neuerdings wieder zu Fuß in langen und längeren Pilgerzügen, kleinere, große Strecken. Pilgern bei Tag und auch durch die Nacht mit religiösen Gesprächen, und Meditation findet bei Jugendlichen Anklang.

Durch die Fensterfront geht der Blick auf das Panorama der Klosteranlage, die vorgewölbte und hochaufragende Stiftskirche, wie Goethe sie aus schmaleren Fenstern auch gesehen hat, thronend über der Muschel des ansteigenden Vorplatzes. Die majestätische Treppe hinauf und hinunter, auf der Klosterterrasse oben hin und her bewegen sich, wie eh und je die Pilger, Geistliche in Kutten, Nonnen in Gewändern und ganze Pilgerzüge, das Kirchenbanner voran.

In dem Gasthaus gibt es nichts an Goethes Besuch erinnernd. Es wäre zuviel verlangt, in der Herberge frommer Pilger dem Pfaffenlästerer, Genie hin oder her, ein Ehrenmal zu setzen.

Oberhalb des *Pfauen,* über den Parkplätzen in der Anlage dem Nordflügel des Klosters gegenüber, steht ein kleines Monument

> Zum Gedenken an den Einsiedler Arzt, Naturforscher und Humanisten
>
> Paracelsus
>
> (1493–1541) Theophrastus Bombast von Hohenheim

Goethe hat es nicht gesehen, es stammt aus jüngerer Zeit. Ob er in Einsiedeln überhaupt an ihn dachte, gar mit Meyer darüber sprach, daß er einst und immer sich mit ihm beschäftigte, zum ersten Mal in den *Ephemerides*; nach D. u. W. »wendeten wir uns an die Werke des Theophrastus Paracelsus« im pietistischen Kreis um Fräulein von Klettenburg (1768), da man zur Heilung einer Krankheit »die Geheimnisse der Natur im Zusammenhang kennen müsse, weil es nichts Einzelnes, sondern etwas Universelles sei... Das Heil des Körpers war zu nahe mit

Kloster Einsiedeln

dem Heil der Seele verwandt«. In den *Naturwissenschaftlichen Schriften* kommt er auf ihn zurück, und wieviel von der abenteuerlichen Vita des Großen Magus aufgenommen wurde im *Faust* sind die Forscher sich im einzelnen nicht klar. Sicher scheint die Erzeugung des Homunculus zurückzugehen auf des Paracelsus phantastisches Rezept in seiner *De Generatione rerum*.

Sein Geburtshaus stand übrigens nicht in Einsiedeln; oben am Etzelpaß, bei der dortigen Teufelsbrücke, wo die Pilgerzüge von Rapperswil vorbeikamen, wirkte sein Vater als Arzt, zugewandert aus dem württembergischen Hohenheim. Seine Mutter war eine Eigenfrau des Stiftes von Einsiedeln.

»Freitag, den 29. September als am Michaelstage. Wir besahen des Morgens die Kirche. Unsinnige Verzierung des Chors.« Das war gar nicht anders zu erwarten, nachdem er in Hechingen am 16. September ein für allemal auf dieser Reise sein Urteil für die Schönheit einer Kirche gesprochen hat: Dort das Innere ein Saalraum, streng linear, schmucklos, Klassisch-Antikem nachgebildet, was konnte seinem Stilempfinden mehr entgegenkommen, ein Ort des klaren Denkens; hier das barocke Zu- und Beiwerk des jauchzenden Himmelsvolkes in der Dunstwelt des Weihrauchs.

In D. u. W., dann milder geworden, hat er die Kritik weggelassen, und noch milder sieht er:

»Das Kirchlein in der Kirche, die ehemalige Einsiedlerwohnung des Heiligen,
mit Marmor incrustiert, und so viel als möglich zu einer anständigen Kapelle verwandelt, war etwas Neues, von mir noch nie Gesehenes, dieses kleine Gefäß, umbaut von Pfeilern und Gewölben.« Und er kaufte sich und trug sie nach Hause in seine Bibliothek *Die kurze Geschichte des Gotteshauses Einsiedeln* (1783) und verarbeitete davon in D. u. W. Die Geschichte lautete ungefähr:

Nachdem Meginhard, der spätere Heilige Meinrad, vom Inselkloster Reichenau hergewandert und in der Einsamkeit des Finstern Waldes gottselig gelebt hatte, wir wissen nicht wie lange; nachdem ihn ruchlose Räuber erschlagen, es soll um 861 gewesen sein, und andere fromme Männer sich in dem Tal angesiedelt hatten; nachdem kaum hundert Jahre später die Eremiten, wir hörten in Bennosau davon, zu klösterlicher Gemeinschaft zusammengeschlossen worden und an den Bau der Gründungskirche gegangen wurde, errichtete man für die Anhänger des ersten Einsiedlers im Tal über der vermuteten Stelle der Meinrads-Zelle »das Kirchlein in der Kirche«, als ihre Andachtsstätte, die Gnadenkapelle. Wie bescheiden muß sie zu Beginn gewesen sein. Die *Incrustierung* stammte von 1615.

Goethe hat das späte gotische Gnadenbild der Muttergottes mit Jesuskind vor goldenem Strahlenkranz vom Kerzenrauch natürlich geschwärzt gesehen. Ein halbes Jahr nach seinem letzten Besuch zerstörten französische Soldaten die Kapelle. Die Statue, geflüchtet, fünf Jahre später zurückgebracht, wurde restauriert, schwarz wie Ebenholz Gesicht, Arme, Hände; weil für die Pilger das Wundertätige mit der ehemaligen Farbe verbunden war, lautet die eine Deutung; die andere, weil wie bei andern alten Gnadenbildern die Schwarzbemalung das Bildnis dem realen Bereich entziehe.

Und, auf das *Ewige Licht* anspielend: »Es muß ernste Betrachtung erregen, daß ein einzelner Funke von Sittlichkeit und Gottesfurcht hier ein immer brennendes leuchtendes Flämmchen angezündet, zu welchem gläubige Scharen mit großer Beschwerlichkeit heranpilgern sollten, um an dieser heiligen Flamme auch ihr Kerzlein anzuzünden.« Ob damals die geweihten Kerzen an dem Licht entzündet werden durften, ist ungewiß, aber noch flämmelt allezeit ein Kerzenwald vor dem Gnadenbild in Seitenkapellen, vor Bildern, Altären. Der Ertrag aus dem Kerzenverkauf wird für die Restaurierung verwendet, steht neben dem Geldeinwurf.

»In der Bibliothek...«
im Nord-Trakt, durch hallende Gänge erreicht, spricht Goethe keine Silbe von dem Raum! Gewölbt, von drei schlanken Säulen gestützt, an der Decke die herrlichsten und zierlichsten Stukkaturen – nur bis Stuttgart hat er sich für sie interessiert, als Ausstattung für den Neubau des Weimarer Schlosses –; in Medaillons, Fensternischen füllend, alle römischen Päpste, alle römischen Kaiser; und alles Wissen der Welt bis 1740 in den Büchern; Bücherrücken bis hinauf in die Wölbungen, Handschriften, Erstdrucke, durch die Jahrhunderte von den Mönchen gelesen, bedacht, weitergegeben.

Zweifellos, es gibt grandiosere Bibliotheken, in St. Gallen, Melk und Dublin, aber diese in Einsiedeln mag sie übertreffen in der Grazie des Raumes, in ihrer Intimität.

Hat Goethe sich mit den Büchern an den Wänden nicht eingelassen, wohl wissend, welch ein Sog sie sind, wie man so leicht sich nicht von ihnen löst. Er sieht »schöne bunte Glasscheiben im Rahmen an den Fenstern herum«, und in einem Nachtrag zu »Über Glasmalerei«, verfaßt auf der Reise in Stuttgart und Tübingen, fügt er bei: »In der Bibliothek zu Einsiedeln konnte ich bemerken, daß das farbige Glas in dem Falle [von Purpur] des doppelten Glases nicht weggeschliffen sondern mit dem Diamant weggekratzt war.«

Dann besichtigte er das Naturalienkabinett und dann noch das Kupferstichkabinett.

»... als am Michaelstag«
»Der Bibliothekarius führte uns nicht selbst herum.« Der heutige Pater Bibliothekarius, Theologe und Altphilologe, lächelt nachsichtig über Goethes Aussprüche von Pfaffen und Römlingen; in seiner Bibliothek sind seine sämtlichen Werke und Ausgaben von der ersten bis zur neuesten.

Vom damaligen Bibliothekarius, »Sein Klostername war Michael«, im Profeß-Buch Michael Dombach (1760–1830), spricht er gleich wie von einem alten Bekannten, seinem Vorfahr.

Dieser Pater Michael also, das war ein Schlaumeier, der hat seine Bibliothek geliebt und gehütet. Es geschah nämlich, daß zu jener Zeit hohe Gäste, mächtige Fürsten und Geistliche bei der Besichtigung dem Fürstabt besondere Manuskripte oder Stücke abschmeichelten, und das kränkte ihn sehr. Wenn wieder ein Mächtiger sich anmeldete, einmal gar der päpstliche Nuntius, schloß er ab, verschwand mit den Schlüsseln, blieb unauffindbar.

An dem 29. September hatte er in der Tat »das Recht am Tag seines Patrons ein feierliches Hochamt«, die Eucharistie zu Ehren des Erzengels zu lesen. »Wir wohnten einem Teil desselben bei...

nicht sehr erfreut von der Musik.«
Pater Bibliothekarius, Nachfahre von Pater Michael, vermutet: Goethe, deutsche Kirchenmusik gewohnt, hörte in Einsiedeln Musik des ungewohnten italienischen Rokoko. Das Kloster, nicht nur durch sein Gymnasium in Bellenz für die deutschsprachigen Kinder der Landvögte und übrigen Vertreter der nördlichen Obrigkeit, mit Italien auch sonst in Kontakt, besitzt in seiner Musikbibliothek zahllose Partituren des 18. Jhdts.

So weit, so gut, aber dem stünde entgegen, daß Goethe 1786 in Rom oft und zuerst in Venedig, beinahe auf den Tag genau, am 1. Oktober, zwei Tage nach *Michälistag,* in der Kirche der Mendicanti ein Oratorium hörte, »Die Musik sehr schön und herrliche Stimmen«. Hatte sein Geschmack sich seither geändert, war er an dem Tag nicht empfänglich, die Musik tatsächlich neu im Stil? – »Aber der Musik ein weites Feld« fügt er in Venedig bei, und wir in Einsiedeln wollen es auch dabei belassen.

*

1775 zeigte man noch vorbehaltlos

»die Schatzkammer,

welche reich und imposant genug vor allem lebensgroße, wohl gar kolossale Büsten von Heiligen und Ordensstiftern dem staunenden Auge darbot«, in D. u. W.

1797 wurde der Schatz »nur zum Teil gezeigt unter dem Vorwand, daß man nach einem Diebstahl die besten Sachen beiseite gebracht habe«. Es ließen tatsächlich Besucher kostbare Sachen mitlaufen. Das alles war harmlos verglichen mit dem, was mehr als ein halbes Jahr danach, an dem schwarzen 3. Mai 1798 von den napoleonischen Truppen geplündert wurde; und wie sie plünderten, wüteten in dem Kloster voll Reichtümer, dazu noch berüchtigt als Unterschlupf aristokratischer Emigranten in den neunziger Jahren. Wahrhaftig, kaum ein Geschoß, in dem sie nicht Feuer legten, und sie zertrümmerten jene »kolossalen Büsten und Statuen« (D. u. W.), ob auch die »schönen bunten Glasscheiben« in der Bibliothek (1797), den »kleinen, wilden Schweinskopf« im Naturalienkabinett (D. u. W. und 1797), oder ob sie, wie die Adularien, verschwanden, auch der schöne Granat, überdies »einige der besten Kupferstiche von Martin Schongauer«.

In D. u. W. wird er mit seinem Zunamen genannt, der »hübsche« Martin Schön. Goethe hebt ein Blatt hervor, »das Abscheiden der Maria vorstellend... dergestalt ergriffen, daß wir die Begierde, das Gleiche zu besitzen, den Anblick immer wiederholen zu können... nicht wieder loswerden. Warum sollt' ich nicht vorgreifen und hier gestehen, daß ich später nicht eher nachließ, als bis ich ebenfalls zu einem trefflichen Abdruck dieses Blattes gelangt war.«

Von den alten Handschriften, Miniaturen und Stichen wurden von den Soldaten verschenkt, fortgetragen, wurden auch kistenweise nach Zürich gebracht, Unersetzliches von einem blindwütigen Papiermüller in der Papierwerd vermanscht; anderes konnte von Einsichtigen gerettet, in der Wasserkirche, der Stadtbibliothek, aufbewahrt und nach 1800 Einsiedeln zurückgegeben werden.

Das Kloster blieb danach für einige Jahre verwüstet, verwaist. Als die Mönche zurückkehrten, der Wiederaufbau begann, zog einer aus, auf Märkte und in Trödlerläden, er kaufte günstig an die 90 000 Handschriften und Blätter zusammen; ein Martin Schongauer sei nicht dabei gewesen.

*

»Doch ganz andere Aufmerksamkeit erregte der Anblick eines darauf eröffneten Schrankes. Er enthielt... verschiedene Kronen von merkwürdiger Goldschmiedearbeit... Ich erbat mir die Erlaubnis, das Krönchen hervorzunehmen«, an jenem Tag im Juni 1775, und »als ich solches in der Hand anständig haltend in die Höhe hob, dacht' ich mir nichts anderes, als ich müßt es Lili auf die hellglänzenden Locken aufdrücken.«

Da ich den Pater Bibliothekarius, um zweihundert Jahre danach sehr darum bat, wenn auch das »Lili-Krönchen« geraubt wurde, doch eines der Jetztzeit sehen zu dürfen, brachte er einen kofferähnlichen Behälter in die Bibliothek – die Schatzkammer selbst wird nicht mehr oder nur Ehrengästen gezeigt. Er öffnete das Doppeltürchen und im Innern, mit dunklem Samt ausgeschlagen, thronten auf modellierten Stützen zwei Kronen, Krönchen eigentlich beide: das größere für die Muttergottes in der Gnadenkapelle, niedlich das kleinere für das Jesuskind; zwar nicht »im Kunstsinne der Vorzeit«, doch »die eingefügten farbigen Steine mit solcher Wahl und Geschicklichkeit verteilt und gegen einander gestellt... daß man es bei dem ersten Anblick für vollkommen erklärte«.

Die Kronenpaare, und es sind verschiedene, wie die ihnen entsprechenden Gewänder für Gottesmutter und Kind, kostbar in Brokat und von raffiniertem Zuschnitt, waren und sind noch gedacht für die Feiern und Zeiten des Kirchenjahres. 1775 wurden die Kronen noch in einem »zu eröffnenden Schrank« aufbewahrt. Sie gehörten 1797 aller Wahrscheinlichkeit nach zu dem Teil des Schatzes, der nicht mehr gezeigt wurde, weshalb in dem Zusatz »… unter dem Vorwand« Unwillen grollen könnte und Enttäuschung; das Krönchen war nicht wieder anzuschauen, Meyer nicht zu zeigen.

X

VON EINSIEDELN NACH BRUNNEN

Sie mögen acht Uhr morgens angefangen haben mit den Besichtigungen: Besuch der Bibliothek, Kabinette und dann das Beiwohnen eines Teiles der Messe, das dauerte, Goethes Gründlichkeit bedenkend, gut und gern drei Stunden. Sie gingen

»Um elf Uhr von Einsiedeln ab«

vom Stift hinunter durch das Dorf, dann links ins Alptal, dieses von Bennau gesehen als fast ebenmäßiger Naturtrog in die hoch und höher sich aufbauenden Berge gelegt. Im Nebel auf den Höhen zeigte sich ein wenig vom Blau des Himmels, und nun war der Goethe der Farbenlehre unterwegs, dieses Blau wollte bestimmt sein, eingereiht in die Farbenskala als *Ultramarinasche,* da »wir kein Kyanometer[42] bei uns hatten«. Der Weg war leidlich, seither ist er Fahrstraße geworden, auf der auch das Postauto bis ans Talende fährt. Sie erblickten das

»Nonnenkloster rechts«

das Kloster der Benediktinerinnen *in der Au,* Waldschwestern werden sie genannt, am Anfang war eine Beginengründung. Es steht am Waldrand, damals ein hübsch und wohl proportionierter Barockbau, »sieht wie ein Gut aus«, und es ist seither ein langgestreckter Bau geworden mit Loggien unterm Dach und Glockentürmchen darauf, eines der letzten acht Frauenklöster im Lande. Es wird von dreißig Nonnen bewohnt, »Stätte des Gebetes und der Arbeit«, und es gleicht einer landwirtschaftlichen Schule, einem weltlichen Internat.

»Wir erinnerten uns der Murate in Florenz«, bänglicher Vergleich in unserer Gegenwart. Die Murate, fensterloser Mauerabschluß am Ende der Via Ghibellina, hinter dem Palazzo Vecchio, heute Gefängnis, war damals Nonnenkloster mit strengster Klausur; le murate, die Eingemauerten, nannte man die Nonnen, nennt man noch die Strafgefangenen in Italien.

Wir gehen kaum fehl, in Meyer den Erinnerer zu sehen, er, eben von Florenz zurückgekehrt. Goethe wußte schwerlich noch davon auf elf Jahre zurück und nach nur flüchtigem Aufenthalt. Wie immer es war, wir können ein kleines Wegstück lang am Gespräch des Weimarer Klosterfeindes und des Zürcher Protestanten rätseln: ob sie mit Kopfschütteln über solche Lebensverneinung und Weltabkehr ihre Betrachtungen anstellten oder doch mit einiger Achtung vor der Kraft des Glaubens und Verzichtes, des Welterlösergedankens; sicher aber redeten sie über die Gegensätze der frommen Retraiten, in der *Murate* das eine Extrem, *in der Au* das andere, das Kloster am Waldrand, auch heute eines Besuches wert.

Im Hausinnern leicht zu finden ist die Kapelle, ein moderner zweischenkliger Raum mit flacher Decke, abstrakter flächiger Ausmalung und immer großen Blumensträußen besonders zu Füßen der spätgotischen Madonna. Hier beten rund um die Uhr in Ewiger Anbetung, sich ablösend, zwei Nonnen in stummer und gesprochener Andacht.

Groß wäre der Gedanke, es hätten Nonnen schon gebetet als Goethe vorbeiwandernd herüberschaute; das Gebet hätte sich nie unterbrochen fort- und fortgesetzt, fromme Verbindung zwischen einst und jetzt. Aber die Ewige Anbetung wurde *erst* vor etwa hundert Jahren begonnen.

»So gingen wir im Tal der Alp«
es klingt nach eintönigem Trott unter Gewölk und nicht viel zu sehen, wo doch das Tal bei klarem Wetter von ruhig grüner Anmut ist und voran die mächtigen Zacken der Mythen. Rechts floß die Alp, längst eingedämmt und uns hinter Uferbüschen meist verborgen, dann sichtbar, das Wasser stolpert

über das Geschiebe, »Kalk wenig Sandstein, einige Stücke sehr festen und serpentinartigen Gesteines«[43]

»Bet- und Bettelzölle«
Am Wegrand mochten Hüttchen stehen und drin eine Waldschwester, oder es kam eine daher und bat, bettelte um eine Gabe als frommen Zoll, sei's zum Unterhalt des Klosters, als Beitrag zur Armenfürsorge, Fürbitte wurde versprochen, ein gesegnetes Heiligenbildchen gereicht auf diesem Pilgerweg von Schwyz herüber; man war bußfertig gestimmt, der Weg selbst war, wie sich's weisen wird, ein Weg für Buße und Ablaß der Sünden.

Daß Goethe zu derlei nicht geneigt war, liegt auf der Hand, und das den Zöllen folgende »Empfundene Reise« kann nur ironisch verstanden werden, als Anspielung auf Lawrence Sterne's »Sentimental journey« (für uns »Empfindsame Reise«), vertraut wie er mit dessen Werken war, dem »Tristram Shandy« besonders, dem »Schändismus«. Freudvoll empfunden wurde dieser Reisetag nicht, denn »das Alptal erschien auch darum traurig, weil kein Vieh zu sehen war«.

*

Wir wissen nicht, wo und ob sie überhaupt mittags gegessen haben. Im Alptal »kleine Gruppe von Gebäuden«, mögen sie nach ungefähr zwei Stunden gewesen sein (ca 8 km), »bei der Schneidemühle mit schönem Bretter- und Bohlenvorrat«; freudige Entdeckung für Heutige, da stehen noch welche neben der Sägerei, auch die Kirche, das Wirtshaus, aber beide neuerer Bauart, Post und mehrere Häuser sind hinzugekommen.

»Nun steigt man rechts auf einem steilen Weg in die Höhe«, das ›nun‹ ist wörtlich zu nehmen. Der alte Weg ging wenig außerhalb der Häusergruppe bergan, der neue schräg hinauf außerhalb des vergrößerten Dorfes, die beiden vereinen sich unterhalb des Malosen-Tobels. Etymologisch erheiternd, aber nicht verbürgt ist die Deutung des Namens: auf der Liegenschaft weiter unten wurde ein Gütchen von Frauen allein bewirtschaftet, mannlos.

Der Weg ist noch zu erwandern, steil, recht steil, immerhin fahren Bauern und Sennen mit Jeeps hinauf. Damals war er mühselig, steinig und holprig, mit Recht grollte Goethe über »rauher Stieg – Knüppelstieg« (ein steiler Weg, mit Holzknüppeln gestuft und abgestuft, zudem mit Längsstreben, Baumstämmchen versehen); er grollte auch über Holzverschwendung, was da alles herumlag und umherstand. Wer sollte in dem waldreichen Tal auf beschwerlichstem Weg das Holz herabholen?

Sie kamen zum »Ruheplatz« über dem Langwald auf 1284 m, 300 m über Alptal, ein Holzhüttchen mit Pultdach auf drei Seiten offen, drinnen Holzbänke an den Wänden, ein ›Gruob‹, zum g'ruhen. Er war beim Kapellchen und Goethe wußte es zu deuten als »Böses Augurium, daß uns noch ein starker Stieg bevorstehe«, denn vor gefährlichen Stellen standen überall an diesen Straßen Kapellen, Kapellchen oder geschnitzte Gebets-Stöcke, Heiligen geweiht, man betete um den Schutz der Heiligen, bevor man sich in die bösen Zonen begab.

Das Augurium hatte richtig verheißen, der Weg stieg, »Wüste, Schlucht und Gießbach«, nun im Nebel, im dicken Nebel. Nein, dieser zweite Wandertag, er war nicht glücklich, der am wenigsten glückliche der ganzen Reise.

Einzuräumen ist, Goethe schien nicht bei Laune von frühmorgens an, wenig hat ihn erfreut: der Chor in der Kirche gefiel nicht, die Musik erbaute nicht, die Schatzkammer wurde nicht gezeigt, das Krönchen war nicht zu sehen, das durchwanderte Tal war traurig.

Freilich, die beste Laune hätte vergehen können, dort oben im Nebel zwischen Felstrümmern und Bäumen auf Weiden tappend, daß sie überhaupt den Weg noch fanden. Endlich oben auf der Paßhöhe, auf 1414 Meter, 700 Meter waren sie gestiegen, der »Höhe des Schwyzer Hackens«, der Haggenegg, belohnte sie nicht einmal die große Sicht, und das, wahrhaftig, das ist zu beklagen.

AUF DER HAGGENEGG

Zu beklagen, daß die Sicht in diese Bergwelt nicht gewährt wurde. An klaren Tagen gibt sie sich groß und weit, hinüber und hinab in den Talraum von Schwyz und Brunnen; dort, in fast tausend Meter Tiefe der Urnersee als glänzende Sichel im Ausschnitt zwischen Bergen, diese dunkel um Tal- und Seebecken; südlich weiß und schimmernd das Zackenmeer der Urner Gipfel mit Firnen und Gletschern, aus dieser Ferne als wie auf gleicher Höhe zu überschauen. Linkerhand »kam die Riesin heran, die majestätische Mythen« (Hölderlin) zunächst der kleine Mythen, dahinter himmelhoch der große; rückwärts die Höhenzüge um Einsiedeln, ums Alptal.

Genau besehen hat Goethe auf seinen Reisen in der Schweiz nie das ihm Angemessene erlebt: das Darüberstehen, das erhaben freie und weite Überschauen.

1775 kamen sie gegen acht abends auf die Haggenegg, am 16. Juni war es noch hell, es müßte ein Wort im Tagebuch zu finden sein von der Sicht, in D. u. W. ausgeschmückt (Knebel zwar schreibt er 1780 davon, doch eher vage, wie vom Hörensagen). Der Rigi, zwei Tage später, war umnebelt, Durchblicke gab es, kein Ganzes. Und 1779, durch Täler, über Pässe wandernd, umringten bei Chamonix, auf dem Tschingelgletscher und auf der kleinen Scheidegg die weißen Kolosse, sie umringten, waren nicht zu *über*schauen.

»Auf dem höchsten Berge des Herzogtums«, auf dem Gikkelhan schrieb er[44] »einsam über alle Wälder erhaben und von ihnen umgeben«, das war etwas über einen Monat, nachdem er an die Wand des Jagdhäuschens »Über allen Wipfeln ist Ruh« geschrieben hatte. Der Gickelhahn, was ist seine Sicht verglichen mit jener von der Haggenegg! Welche Worte hätte er gefunden bei klarem Licht am Spätnachmittag, die Gletscher und Firne schon bald im Abendrot. Wer weiß, er hätte sich begnügt mit »Es war ein schöner Moment«, und ausgesondert aus dem feinen Herzen hätte sich später anderes.

Genug der Klage, er hat die Nebel auf jener Höhe beschrieben mit seiner Liebe zum Nebel, gefesselt vom Schauspiel, den Gestalten, Formen, Farben, Erscheinungen und Bewegungen.

Grund zum Verweilen auf der Paßhöhe gab es keinen, auch keinen, das am Wegrand in eine Mulde gebettete Kapellchen zu beachten, ein Giebel-Hüttchen, grob gemauert, ohne Glocke oder Türmchen, Türrahmen und Türe verwittert im Holz; eine sehr frühe Betstation vermutlich. Hierhin, in dieses Kapellchen, erzählt die Geschichte[45], haben zwei Mönche das Gnadenbild der Stiftskirche Einsiedeln geflüchtet, es für zwei Tage versteckt, dann weitergetragen ins Vorarlbergische und bis Triest; 1803 kehrte das Bild nach Einsiedeln ins Kloster zurück, das hörten wir schon, aber nicht von seinem Weg.

Schon des längeren sei in der Gnadenkapelle selbst, die Gefahren vorausschauend, eine Kopie gewesen. Goethe hätte also 1797 nicht die echte Statue gesehen.

*

Was einst nicht auf der Paßhöhe der Haggenegg stand, was einst keinem als Besonderes vorgekommen wäre, im Gegenteil als gang und gäbe; was jetzt zum Wegweiser aufschauen läßt wie zu einer Wanderdimension besonderer Art, ist, was dort geschrieben steht: *Europäischer Fernwanderweg Nordsee – Bodensee – Gotthard – Mittelmeer.* Für Wanderer auf der Suche nach Goethes Spuren könnte noch eine Tafel angebracht werden: »An dieser Stelle setzt Goethes Tagebuch von der Schweizer Reise 1775 ein«, »d. 16. Abends 3/4 auf 8 dem Schwizer hocken gegenüber, den ersten nahen Schnee«. Auf der Haggenegg nämlich beginnen in dem Heft die Stichworte, die von einem Unbefangenen gelesen auf irgendeinen jungen Wandersmann schließen lassen und nicht auf den Dichter, der das Fundament zum deutschsprachigen Geistesmonument des Jahrtausends schon gelegt hatte.

DIE MYTHEN

Ihr Name hat nichts zu tun mit Mythos, Göttersitze könnten sie sein, *Gottvater, Peter und Paul* erscheinen da oben in kleinen Felsgruppen an der Ostflanke des großen Mythen.

Die Sprachdeuter streiten sich: die einen führen Mythen auf *Mitra,* Bischofsmütze, zurück; andere auf *meides,* altgermanische Heustöcke; dritte auf das *meta* aus kelto-romanischer Zeit, kegelförmig oder pyramidale Figurbezeichnung. Die neueste Deutung[46] leitet vom alemannischen *miden,* meiden ab; zwei Berge, zu meiden ihre Nähe, ihr Steinschlag, ihre Lawinen, ihre schweren Gewitter.

In früheren Ausgaben nennt Goethe die Mythenberge *Schwyzer Hocken* oder *Hacken,* diese Namen galten in der Tat zu jener Zeit; nun haben sie sich zurückgezogen auf die kleinere Berggruppe um den kleinen Mythen bei der Haggenegg. »Wir hatten nun die Höhe des Schwyzer Hackens erstiegen«, am 29. September 1797.

1775: »Morgens der Hocken vor dem Fenster. Wolcken dran auf«, und in D. u. W.: »An diesen ungeheuren unregelmäßigen Naturpyramiden stiegen Wolken nach Wolken hinauf«, und wieder am 30. September 1797: »... an denen die Wolken sinkend hinstrichen. Die Mythen waren klar... Herrlicher Rückblick auf die ernsten Mythen... Man sah die Mythen in völliger Breite.«

So hat er sie gesehen, die beiden einsamen Gipfel-Geschwister, in Sagen sind es Mönche mit Kapuzen, leicht sich vorzustellen, zwei wundersame Berge; frei erheben sie sich und wie vom schon beruhigten Aufruhr der Erdgeschichte um das Gotthard-Massiv noch einmal emporgeschleudert; felsig nackt vom Scheitel bis zur Brusthöhe, unterhalb vom breit ausgefalteten Mantel der Matten und Wälder umkleidet.

Ein Vorwurf kann dem Geologen Goethe nicht erspart werden. Da sieht und analysiert er jeden Stein am Weg, doch die rostige Färbung besonders des großen Mythengipfels gewahrt er nicht. Dabei ist dieses Phänomen nördlich des Gotthards sonst nirgends zu finden. Eine Schiebung der Erdfaltung, eine ihrer Launen, den Mythen diese Klippendecke penninischer Oberkreide aufzusetzen.

So unnahbar dieser große Mythen aussieht, er ist unschwer in ausdauernder Wanderung zu besteigen; ein Fußweg, von Seilen abgesichert, führt hinauf zu allumfassender Sicht. Der kleine Mythen, er ist berühmter Kletterberg und voll Tücken; kaum ein Jahr, da nicht ein Bergsteiger abstürzt.

Von der Haggenegg nach Schwyz

fällt der alte Weg, mehr eine Rinne, von Kalk- und Schiefersplittern gesäumt, steil ab, er verschwindet im seither aufgeforsteten Gebüsch, im Tobel, nicht hals-, aber knöchelbrecherisch für unsereins. Er wird noch von Einheimischen begangen; bequemer läßt sich absteigen, auch vorsichtig fahren mit dem Auto auf einem steilen und kurvenreichen Sträßchen, das Bergwirtshaus wenig unterhalb der Paßhöhe mit Schwyz verbindend.

1775 war der Weg »awfull«. 1797 kehrten sie vorerst »in einem einzelnen Hause ein«, wohl um etwas zu essen, die Länge des Weges zu erfragen; anderthalb Stunden, sagte man ihnen – und auch uns, das ziehe sich schön in die Länge bis Schwyz –, »wir aber knebeln ihn in einer Stunde«, knebeln unterstrichen im Manuskript; als »chnebble« noch üblich und anschaulich für die Gangart der knorrigen Bergler.

Der Weg war »abscheulich über schlüpfrig feuchte Matten« und steil, das kann nicht oft genug wiederholt werden; zu bedenken, Goethe, der schwere Mann, Meyer, unbeholfen, eben erst genesen, Ludwig Geist, der Flachländer, nach dem harten Aufstieg nun schlitternd durch den Nebel, bis im untersten Drittel die Sicht dann doch frei wurde.

Daß sie über die Haggenegg gingen! Es hätte bequemere Wege gegeben, nun ja, vielleicht etwas längere, aber nein, der schwerere Weg wird gewählt, jener von 1775, und noch ist da der Goethe von 1779, der sich herausfordert, sich selbst prüft.

Nach Einbruch der Dunkelheit erreichten sie Schwyz.

1775 war es »nachts zehn müd und munter vom Berg abspringen voll Dursts u. lachens«, da trollten sie sich noch vergnügt hinunter.

1797 ging die Anstrengung dann doch im Bild der Natur über ins Verzagte: »Diese Hüllen [die Wolken über den Bergen] lagen so gehäuft übereinander, daß man bei einbrechender Nacht nicht glaubte, daß es wieder Tag werde.«

SCHWYZ

Sie übernachteten wie 1775 und 1779 im *Weißen Rößli,* zum ersten und einzigen Mal vermerkt er das Quartier nicht. »Im Roß am Markt«, schreibt Geist.

Damals ein behäbiges Giebelhaus, das weiße Rößchen aufrecht an der Front, seit dreihundert Jahren und bis vor kurzem im Besitz der gleichen Familie, ist auch dieses Haus um- und umgebaut, abgerissen, eben jetzt wieder aufgebaut worden im klassizistischen Stil des letzten Jahrhunderts, die eine Hälfte Bank, die andere Hotel. Eine Goethestube ist nicht vorgesehen, eine Erinnerungstafel auch nicht, das scheint nicht wohlgetan.

Hat Goethe 1775, nach dem Abstieg hier nicht »gejauchzt bis zwölf«, viel gäben wir darum, den Tonfall zu hören, zu wissen, war es am Wirtstisch oder draußen auf dem Platz, durch die Gassen von »Schweiz«.

Ist er nicht 1779 mit Karl August nach der strapaziösen Furka- und Gotthardwanderung eigens von Brunnen im Schneegestöber eine Stunde auf hartgefrorenem Boden herübergestapft (um die Medaillensammlung von Carl Hedlinger zu sehen), übernachtet, anderntags zurück nach Brunnen und zu Schiff nach Luzern.

Und 1797 – Der Ort hat Nobles, er baut sich auf am Hang zwischen Wiesen, und schön, ja monumental muß der Blick aus dem *Rößli* einst gewesen sein, eindrücklich ist er noch immer: der geräumige Hauptplatz steigt auf zur Barockkirche mit Arkadengang, Freitreppen und Terrassen, die »festlichste« im Lande wird sie genannt; ringsum die teils Palais-artigen Häuser der Schwyzer Familien, in seiner Mitte der Bannerbrunnen, rechts davon, unterhalb der Kirche, frei hervortretend, sich als weltliche Macht behauptend, der kubische Bau des Rathauses; 1775 war es noch um ein Stockwerk niedriger, 1779 zur heutigen Form erhöht mit Mansarddach. Die Fassadenmalerei mit dramatischer Schlachtenszene, Allegorien und drei Eidgenossen kam später hinzu.

Zu Goethes Zeit war dort eine auch dramatische und sagenhafte Bildszene, ein Fresko des 16. Jhdts.: Suit und Schejo. Sie waren die Anführer jenes Wanderzuges aus dem hohen Norden – Schiller läßt Rösselmann auf der Rütliwiese von ihm erzählen –, und sie kamen über die Haggenegg – andere sagen, sie kamen durchs Glarnerland und über den Pragelpaß durchs Muotatal – in dieses auch von Goethe angenehm empfundene Land. Sie beschlossen, hier wollen wir bleiben und Hütten bauen. Kaum hatten sie einträchtig gerodet und auch gebaut, wußten Suit und Schejo nichts Besseres als zu streiten, nicht etwa um Macht, sondern um den Namen des Ortes. Sie traten an zum Zweikampf, exakt wie Remus und Romulus, und Suit erschlug den Schejo; daß immer Tote liegen müssen am Anfang einer Geschichte.

Aber das ist Sage, noch weniger verbürgt als viel anderes,

allenfalls herangezogen zur Deutung des Namens Schwyz, der Schweiz zumal.

Die Schwyzer nämlich, auf den damaligen Bereich bezogen und nicht auf die danach hinzu eroberten Gebiete jenseits der Mythen und bis in Zürcherische, sie spielten eine besondere Rolle im Verband der Urkantone. Kann sein, der offene Lebensraum ließ einen kräftigeren Menschenschlag heranwachsen, im Gegensatz zur Talenge der Urner. Die Nid- und Ob dem Wald, die Unterwaldner waren ein unter sich verschieden geartetes Völkchen.

Sie, die Schwyzer, galten als besonders kühn und kampffreudig, sie führten an in den Freiheits- und Eroberungskriegen, und sie wurden zum Begriff der Eidgenossen, ihr Name zum Begriff des Entsetzens überhaupt: »Die Schwyzer kommen!« So geschah es, daß das ganze Land, die Nation zu dem Schrecken verbreitenden Namen kam; in gehobenem Deutsch dann als Schweiz.

Es ergab sich viel später, daß das Bundesbrief-Archiv im Ortsbann Schwyz erbaut wurde. Da sind in Glaskästen die vergilbten, mit Siegeln behangenen Urkunden seit 1291 – Goethe kannte ihren Wortlaut aus Ägidius Tschudis Chronik –, gewiß wert, eingehend gelesen zu werden; da sind auch die Fahnen und Banner aus den Freiheitskämpfen und Kriegszügen.

Was immer der Ruf der einstigen Eidgenossenschaft geworden, wie immer ihr Mut im Kampf, ihr lang gepriesenes Heldentum nur noch als Rüpelei und blutrünstig erkannt werden will, auf den Pergamenten steht geschrieben: man versprach sich stets wieder und mühte sich, in Freiheit gerecht, selbstlos, hilfsbereit und brüderlich zu leben, Bedürftige und Fremde zu schützen, im Namen Gottes, Amen.

War demnach Schwyz führend, so ist es doch, als habe die Geschichte der Urkantone gerechte Regie geführt, sie gab ihm keinen hervorragenden Freiheitshelden. Das arme Land Uri mit Wilhelm Tell in Altdorf-Bürglen und mit dem Rütli blieb Hort der Freiheit; und was wäre der Sieg von Sempach ohne den Nidwaldner Arnold von Winkelried, was der Friede unter den zerstrittenen Eidgenossen anno 1481 ohne Niklaus von der Flüe aus Obwalden, er keine Sagengestalt, ernste, wahre Geschichte.

Sonnabend, den 30. September

Es wurde wieder Tag, wir wissen es. Ein guter Tag, eine ganz andere Gestimmtheit, in den Worten schlägt sie sich nieder: »schöner Anblick – die Heiterkeit der Nebel – Vorbote der Sonne – unaussprechliche Anmut – herrlicher Rückblick – hübsche Mädchen – schöne, fortdauernde, eingeschlossene Fläche.«

Im Gegensatz zu den Stichworten von der trüben Wanderung des Vortages ist hier Wärme, wenn nicht gar Naturseligkeit, so liebevoll hat er auf dieser Reise kaum eine Gegend beschrieben.

Da Eckermann von einem Tischgespräch[47] aufzeichnet, Goethe habe eingeräumt, »die prächtige Beschreibung des Sonnenaufganges in der ersten Szene zum zweiten Teil des Faust sei aus der Erinnerung der Natureindrücke um den Vierwaldstättersee«, dürfen sicher auch jene von der ersten Szene des vierten Aktes »Im Hochgebirge« hinzugenommen werden.

Der Gipfel sich, der Schluchten sich erfreut
Und Fels an Fels und Berg an Berg gereiht

könnte überall sein auf den Gotthardwegen, aber bei

Die Hügel dann bequem hinabgebildet,
Mit sanftem Zug sie in das Thal gemildet,
Da grünt's, und wächst's, und um sich zu erfreuen,
Bedarf sie nicht der tollen Strudeleien

möchte entschieden behauptet werden, das ist um Schwyz, das kann nur um Schwyz sein, nirgends sonst vom Gotthard herunter und um den Vierwaldstätter ist dieses »Mit sanftem Zug sie in das Thal gemildet«, und das Grünen und Wachsen, es gehört zu dem Bild, das Goethe in der Erinnerung aufbewahrt hat.

So wie er die An- und Aussicht des Fleckens beschreibt, möchte angenommen werden, er sei mit seinen Begleitern durch die Quergassen aufgestiegen mit einem bestimmten Ziel. Da war wohl sehenswert das Ital-Reding-Haus des Gardehauptmanns in französischen Diensten um 1609, Haus mit Pracht und Phantasie im Äußeren, mit Klebedächern – für die Innerschweiz typische Vordächer über den Fensterreihen, Schutz bietend vor Wind und Wetter, aber auch Schatten in den Räumen –, mit Kreuzgiebeln und Kuppeltürmchen. Ein Schlößchen hätte es werden können, und sollte doch ländlich bleiben. Aber das Ital-Reding-Haus war nicht das Ziel.

Die Hedlinger-Häuser wollte er wiedersehen und Meyer zeigen, so möchte es gedacht werden. Frei stehen sie am Hang und in den Wiesen, an der heutigen Rickenbachstraße. Das obere »Steinstöckli«, im 16. Jhdt. erbaut, 1750 von Carl Hedlinger erworben, reizendes, schmalhohes Haus, auch mit Klebedächern und Giebelchen; mit ihm verbunden durch eine Mauer das Herrenhaus, elegant, vornehm, erbaut nach Carl Hedlingers eigenen Plänen, im Inneren reich ausgestattet und ausgemalt, noch von Nachkommen bewohnt.

Carl Hedlinger, König der Medailleure[48], hat Goethe nicht gekannt, nur sein Werk bewundert, und um das Medaillen Cabinett zu sehen, »auch Zeichnungen von diesem trefflichen Künstler« (Brief an Knebel von 1780), ist er also 1779 herübergepilgert mit Karl August. Das Vorhaben wäre beinahe gescheitert, Schwiegersohn und Neffe Hedlinger ließ sich entschuldigen wegen eines Begräbnisses. Der Herzog von Weimar und sein Minister hielten sehr an, Hedlinger ließ sich herbei, sie auf den nächsten Morgen, nach dem Begräbnis zu bestellen, und sie warteten geduldig, beobachteten vom Fenster des *Rößli* den Einzug der Trauergäste in die Kirche. Hedlinger empfing sie danach noch im vollem Ornat, eine goldene Kette mit großer Medaille umgehängt, erhalten von Ludwig XVI. – noch regierte Sa Majesté ahnungslos à l'ancien régime –, denn Hedlinger war als Gesandter seines Kantons in Paris gewesen. Hätte Goethe 1797 angeklopft, wäre der Hausherr, unterdessen vom österreichischen Kaiser Joseph II. in den erblichen Adelsstand erhoben, als Herr von Hettlingen anzureden gewesen. Den Namen legte sich die Familie zu vom Dorf Hettlingen bei Winterthur; Vorfahren waren während der Reformation von dort aus- und in Schwyz eingewandert.

Von den Hedlingerhäusern aus hätten sie rechter Hand einen Zipfel des Lowerzer-, damals Lauerzersees sehen können, noch vor dem Bergsturz und größer. Goethe und Passavant brachen am 17. Juni 1775 »um 1 Uhr N. M. v. Schwiz weg nach dem Rigi« auf, ließen sich aber vorerst von Lauerz aus zur Insel Schwanau rudern, es war »Hoher herrlicher Sonnenschein. Für lauter Wollust sah gar nichts (Zwey Maidle fuhren uns)«, und da hat sich in seinem Ohr das schwäbische *Mädle* und das innerschweizerische *Mäitli* vermischt. Nach Lauerz zurückgekehrt, fand er dort sein »verlohrenes Halstuch« wieder, er scheint ein recht vergeßlicher Reisender gewesen zu sein. Tags zuvor ließ er ein Taschentuch bei Dr. Hotze liegen; dieser, mit einigen Skrupeln, behielt es als kostbares Andenken.

Sie stiegen auf die Rigihöhen, tummelten sich da oben den Tag danach, Zeichnungen zeugen davon, sie ließen sich »vor der Wirtshaustür gebackner Fisch u. Eier« geben, dazu hörte er und schrieb es auf, wie zu einem kleinen Lied ließen sich die Worte setzen

Das Klockengebimmel
des Wasserfalls Rauschen
der Brunnenröhre Plätschern,
Waldhorn.

»Kein Besitztum ist mit einer Mauer umschlossen.« Hat er von den Hedlinger Häusern auf die anderen Herrensitze abgeleitet? Ob sie an Gassen stehen und der Garten hinten hinaus, ob sie in Gärten oder im freien Land gebaut sind, sie sind meist von Mauern umzogen, manche recht hoch, alle alt.

»Betrachtungen über die Lage des ganzen Kantons, bezüglich auf politische Verhältnisse.«

Schwyz war also Vorposten und in mancherlei Hinsicht führend, auch reicher als die beiden anderen Bergländer; nicht von ungefähr steht schon in den ältesten Fassungen der Gründungs-Sagen Stauffachers habliches Haus in Schwyz.

Führend in der Politik des Landes waren, wie in den übrigen Kantonen, die aristokratischen Familien. (Es gab Aufstände gegen sie, sogar siegreiche, aber die Volksregierungen vermochten nicht sich zu halten.) Ihre Vorfahren und Söhne dienten als Pagen, Offiziere an fremden Höfen, bevor sie sich in die heimische Regierung wählen ließen; dann vertraten sie ihr Land als Gesandte an eben den Höfen und zugleich deren Interessen in den Landsgemeinden. Sie dienten ihnen (und fielen für sie) als Führer der Truppen, in Schwyz angeworben.

Schon in Zürich war von Schweizern in fremden Diensten die Rede, und Fäsi gibt darüber Auskunft:

»Da die Eidgenossenschaft seit mehr als 200 Jahren das unschätzbare Glück eines von außen ununterbrochenen Friedens genießt, so wäre bei allem Hang zu Waffenübungen derselbe gewiß nach und nach erloschen, wenigstens hätten die Militäreinrichtungen immer ihre alte Gestalt behalten, und Befehlshaber von ausgedehnten Kenntnissen würden höchst selten geworden seyn. Diese Ursache mochten die schweizerischen Regierungen vornehmlich bewogen haben, der Neigung ihrer Untertanen für fremde Kriegsdienste nachzusehen und selbst wegen Überlassung ganzer Regimenter, mit benachbarten Mächten Verträge und Kapitulationen zu errichten.« Im Jahre

1788 befanden sich in fremden Kriegsdiensten 17874 Mann, am meisten in französischen, 1792 wurden sie alle entlassen, in spanischen, piemontesischen, holländischen – hier hauptsächlich die Protestanten –, neapolitanischen, päpstlichen.

»Indessen ist es eine ganz falsche Beschuldigung, die fremde Schriftsteller entweder aus Unwissenheit oder aus andern Ursachen den Schweizerregierungen machen, daß sie *ihre Einwohner fremden Mächten verkaufen;* denn alle Soldaten werden ganz freiwillig angeworben, und eigne Comités sorgen dafür, daß kein junger Mensch gezwungen, oder durch große Handgelder gereizt, oder auch ohne Einwilligung seiner Eltern und Vormünder in fremde Dienste trete.«

So stand es auf dem Papier, ob es immer dem Buchstaben getreu zuging, wollen wir nicht beschwören; daß die Regierungen Anwerbung, Ausbildung und Führen der Truppen, auch deren Besoldung, den regimentsfähigen Familien überließ, ist beizufügen; daß aus der Innerschweiz, den Bergkantonen besonders viele junge Leute in fremde Dienste gingen, war der Armut zuzuschreiben, der Übervölkerung (eine Möglichkeit, aus den Tälern zu kommen), und auch dem Abenteuergeist, dem Fernweh; in der Fremde dann des *Schweizers Heimweh.*

Daß in den freiheitlich patriotischen Kreisen diese fremden Dienste ungern gesehen wurden, zeigen Lavaters mutige Verse, als Zürich Frankreich wieder ein »capitulirtes Regiment« versprochen hatte: »Fremder Fürsten Feinde schlagen, feil sein Blut und Leben tragen / Schweizer, das ist Raserey! Das ist Knechtschaft! Bleibet Frey!«

*

»Sie rechnen hier nach Münzgulden, die Karolin zu dreizehn Gulden.«

Die Betonung liegt auf *hier.* Schwyz hatte eine eigene Münzstätte. Die Karolin, wohl vom französischen Charles d'or abgeleitet; von Münzgulden schreibt Fäsi »eingebildete« Münzen, diese waren also nur Rechnungseinheit.

Auch ein Kapitel der eigensinnigen Eidgenossen. Sie besaßen aus Zeiten der Zugehörigkeit zum deutschen Reich ihr vom Kaiser geschenktes Münzrecht, jeder Kanton und die zugewandten Orte auch. Davon ließen sie nicht ab; obschon weise Männer diesen helvetischen Münzsalat an den Tagsatzungen immer wieder in Ordnung bringen wollten, kam, nach Fäsi, »doch dies gewiß höchst wichtige und heilsame Vorhaben niemals zu Stande. Fremde und Einheimische müssen sich daher die Unbequemlichkeit gefallen lassen, so oft sie ein anderes Gebiet betreten, auch andere Münzsorten kennen und gebrauchen zu lernen. Nur allein die französischen Gold- und Silbermünzen machen eine Ausnahme, indem sie aller Orten gangbar sind.«

Aus den Reiseabrechnungen ist zu ersehen, was zu wechseln war. Goethe, guter Rechner, überall und in allen Belangen streng darüber wachend, daß akkurat Buch geführt wurde, seine Sekretäre zu Buchhaltern erziehend, wird genau Bescheid gewußt haben.

VON SCHWYZ NACH BRUNNEN

»Um ein Viertel auf neun gingen wir bei heiterem Sonnenschein ab«, und was beschrieben wird an Wegen und Stegen, Weiden und Gemüsebau, das alles geht nun unter in der lockeren bis dichten Besiedlung in dieser »schönen fortdauernden Fläche bis hin zum Muotatal«, den Straßen kreuz und quer. »Kleiner vorliegender Hügel schließt das Tal nach dem See ab«, und dort hinein schlüpfen Auto- und Eisenbahn in Tunnelröhren.

»Wir kamen nach Brunnen und an den See in einem schönen Moment«, da ist er wieder, der schöne Moment. Er enthält das immer wieder überwältigende Bild des Urnersees in seiner Felsenkammer, an dem 30. September im Licht des Herbsttages, die Gipfel verschneit am blauen Himmel.

Brunnen war damals klein mit zwei Wirtshäusern und Hafen für Warenumschlag. Nicht einmal eigenständig als Dorf, gehörte es zur Pfarrei Ingenbohl, und die vorher gesehene »Kirche von Brunnen auf Kalk und schiefrigem Ton« muß diese Pfarrkirche gewesen sein, dort, wo nun das Nonnenkloster steht, denn von dort aus »verbreitet sich das Tal rechts«, Gersau zu.

Es gab eine Kapelle in Brunnen, nicht weit vom Ufer, der Schiffländе. Hier wurde gebetet, bevor man sich einschiffte, oder gedankt für glückliche Überfahrt. Einer der tückischsten Seen war der Urnersee, Schiller hat kein Wort zuviel geschrieben von den Stürmen. Die Kapelle wird auch die »Bundeskapelle« genannt, denn zu Brunnen, im Schnittpunkt der drei alten Orte, wurden mehrere Bünde geschlossen und verbrieft, der erste davon 1315 »gegeben ze Brunnen«, der erste in deutscher Sprache übrigens. Jener von 1291, der Sage nach dem Rütlischwur folgend, ist lateinisch abgefaßt, er nennt keinen Ort, nur »actum anno…«, auch er ist im Bundesarchiv in Schwyz zu sehen.

*

Schwer fiele es, sich zu versagen, hier Goethe zu verlassen, nicht zu erzählen von einem, der beinahe hundert Jahre später nach Brunnen kam, auch »in einem schönen Moment«, und sich hinreißen ließ von dem Ort: Richard Wagner. Er plante allen Ernstes am lieblichen Gestade draußen im See vor pathetischer Kulisse ein Bühnenhaus. Brunnen wäre Bayreuth geworden! Siegfried am Urnersee, der Fliegende Holländer auf seinen Wogen, das Rheingold dreihundert Meter tief an seinem Grund, Wotan, Freya und alle anderen mit dem Föhn vom Gotthard heranbrausend, der Imagination sind keine Grenzen gesetzt, und alles dem biederen Rütli gegenüber. Die Einheimischen lachten sich den Buckel voll, was wird aus dem Bühnenhaus werden bei nur mittlerem Sturm. Wagner kam wieder in weniger schönem Moment, und so schnell er den Plan gefaßt, so schnell gab er ihn wieder auf.

Zu jener Zeit war Brunnen am Aufblühen, sehr große und kleinere Hotels, Pensionen und Gaststätten entstanden und Ruhebänke in Reihen unter Bäumen am Ufer. Ein sonntäglicher Ort nun wieder, seit die Verkehrsschlange zum Gotthard nicht mehr hindurchschleicht zur Axenstraße. Bald wird alles noch stiller werden. Sie bohren und bohren drüben unterm Seelisberg, schnellste Verbindung von Luzern nach Süden.

XI

DER VIERWALDSTÄTTERSEE

Sein Name: Bis ins Spätmittelalter war er der »Luzernersee«, nach der Leuchtestadt (Lucerna) an seinem Ausfluß genannt.

Alte Urkunden setzen die vier ersten eidgenössischen Orte, die Stadt Luzern und die drei Urkantone gegeneinander ab mit »Stette und Waldstette«, später »Stett und Waldstett«, auch »Stett und Lender«. Irgendeinmal, vom 15. Jhdt. an, tauchen zusammengefaßt »die vier Waldstette« auf, und im 16. Jhdt. dann: der Vierwaldstättersee.

In den Urkantonen blieb bis heute der »Ländersee«. In Beckenried, beim Landeplatz der Autofähre von Gersau herüber, steht an einer Hauswand ein hymnischer Vers mit der Schlußzeile: »Der Ländersee isch eischter (immer) scheen.«

Als bizarres Naturwesen erscheint er auf der Landkarte, jedes seiner Glieder hat seinen Namen: von Flüelen bis Brunnen der *Urnersee,* zwischen Gersau–Beckenried–Buochs das *Gersauerbecken*; das *Weggisserbecken* zwischen Vitznau, Weggis, Hertenstein und dem Bürgenstock; östlich ausgestreckt der *Küßnachter-Seearm* (früher auch Busen genannt) und gegenüber, wie abgewinkelt, der *Seearm von Hergiswil*, anschließend der *Alpnachersee*. Gradaus der *Luzerner Arm*, Hals müßte er heißen, und am Kopf die Stadt Luzern.

»Wir schifften uns ein«
und er, hinfahrend im Nauen, aufschauend zu den Felswänden hüben und drüben, unternimmt eine exakte Bestandsaufnahme von deren geologischen Formationen, und siehe da:

»Es spricht für die Genauigkeit von Goethes Naturbeobachtung«, schreibt Rudolf Trümpy, Professor für Geologie in Zürich, in seiner Schrift *Goethes geognostisches Weltbild*, »daß wir seine Angaben ohne weiteres mit den heutigen tektonischen Deutungen in Einklang bringen können.«

Wie freut der bescheidene Nachruhm, wo er sonst mit all seinem Ernst und seiner Liebesmüh um Geologie in dieser Fakultät sich noch weniger einen Namen machen konnte als in der Farbenlehre. Trümpy, moderner Wissenschaftler, interpretiert diese Liebesmüh mit »Gesetzmäßigkeiten in der Gebirgsform auf intuitiv-induktivem Weg zu ermitteln«; ist es, was Goethe selbst die »anschauende Urteilskraft« nannte?

Was denn also an den tektonischen Deutungen von dem 30. September 1797 stimmt, sind »Nackte Kalkflöze, die nach Mittag und Mitternacht einfallen... und sich gleichsam über einen Kern, auf dem sie ruhen, hinlegen« – *Antiklinale von Seelisberg-Morschach*; »Die großen Flöze teilen sich wieder in kleinere, die sehr zerklüftet sind, so daß der Felsen an einigen Orten wie aufgemauert erscheint« – *der Kieselkalk der Unterkreide in dünnschichtiger Ausbildung, beim Schillerstein;* »Konfusion der Flöze hüben und drüben, die selbst in ihren Abweichungen korrespondieren« – *die Synklinalumbiegung zwischen dem Seelisberger- und dem Niederbauen-Gewölbe der Drusberg-Decke*. Für die Konfusion »hüben und drüben« lobt Trümpy: »Er vollzieht sogar die Korrelation der Strukturen über den Urnersee hinüber«, alsdann spricht der Wissenschaftler, der um die Gewaltsamkeit der Erdgeschehen weiß: »[er] schreckt gleichzeitig vor den Gefahren zurück, welche die Anerkennung solcher Deformationen für sein gewaltloses Weltbild bringen könnte. Worte wie ›gestaltlose Großheit der Natur‹ oder ›Konfusion der Flöze‹ verdecken eine Flucht ins Nicht-Wissen-Wollen.«

Auf dem See selbst, wo die Nauen »gegen die ungeheuren Felsmassen klein scheinen«, waren Schiffe in beiden Richtungen unterwegs, eines schwer mit Käse beladen, der im Herbst von den Sennhütten zu Tale gebracht und exportiert wurde; andere transportierten Menschen, Vieh und Waren. Als eigentlicher Landweg wurde die Axenstraße erst von 1862 bis 1865 in den Fels gehauen, und als Schienenweg die Gotthardbahn von 1872 bis 1882 gebaut.

»... links Sisikon... Angenehmer Anblick der Nutzbarkeit zwischen dem Rauhsten.«

Er hat, wachsam von Frankfurt durch Süddeutschland reisend, von Stäfa bis Schwyz wandernd, größere Nutzung des Bodens, reichere Bebauung und Fruchtbarkeit gelobt. Der Satz aber, auf Berggegenden bezogen, er soll uns jenen anderen in der *Ersten Abteilung der Briefe aus der Schweiz* aufheben, begütigen, korrigieren: »Der Ackerbau gefällt mir nicht, diese erste und notwendige Beschäftigung der Menschen«!

DAS RÜTLI

Vor Sisikon aber waren sie

»... gegen dem Grütli über.«

an ihm wurde auf allen drei Reisen vorbeigefahren, auf allen drei Reisen wird es gesehen, einmal »das Rüdli« – so heißt es im *Weißen Buch von Sarnen* um 1470 –, auch »Grütli, Grüttli«, und einmal gar »Imgrüttli«, heute noch gibt es in der französischen Schweiz »Café Gruetli«; von Reutte kommt es allemal und »Rütli« ist nun der offizielle Name.

1775 war die Vorbeifahrt am Rütli Signal für die Tellgeschichte, später wird er schreiben: »an diesem poetischen Faden schlingt man sich billig durch das Labyrinth dieser Felswände«, doch sachlicher schlang sich die Tellgeschichte wohl selten von Ort zu Ort als im Reiseheft von 1775:

»Gegen zwei dem Grüdli über wo die 3 Tellen schwuren [Tell war dabei in frühern Tell- und Rütlischwur-Liedern, auch in Dramen], »Drauf an der Tellen Platte wo Tell aussprang. Drauf 3 Uhr Flüeli wo er eingeschifft ward. 4 Uhr in Altdorf wo er den Apfel abschoß.«

1779 fuhr er, vom Gotthard herabgestiegen, mit Karl August

Rütli

vorbei im kalten November, sicher hat er ihm den entsprechenden Vortrag gehalten. Dem jungen Herzog erschien die Landschaft die schönste, die er je gesehen.

Jedesmal wird im Vorbeifahren hinaufgeschaut zum Rain in der Waldlichtung, aber zur berühmtesten aller Waldwiesen, zur »Wiege der Freiheit« ist er also nie aufgestiegen, Handels- und Marktschiffe hielten nicht an. Eine primitive Anlegestelle war vorhanden, und ein Weg, getreten von den Generationen der Bauern auf dem abfallenden, dürftigen Heimwesen. In ihrem kleinen Blockhaus boten sie Besuchern ländliche Erfrischungen an, und das Haus stand in der Waldecke, wo nun als Rütli-Gasthaus ein neueres Blockhaus steht und nicht verändert werden darf.

Im *Weißen Buch von Sarnen* steht: »Und wenn sie etwas tun und vornehmen wollten, so fuhren sie vor dem Mythenstein hin, nachts, an einen Ort, er heißt im Rüdli. Da tagten sie zusammen und brachten ihrer jeder Leute an sich denen sie vertrauen mochten und trieben das eben lang und stets heimlich und tagten zu der Zeit nirgends anders als im Rüdli.«

Sie waren auch weise genug, wenn immer sie durch die Jahrhunderte uneins zu werden drohten, auf dem Rütli zu tagen, auch am 7. April 1798, dem Ostermontag, »als schon die französische Revolution an die morschen Tore der Eidgenossenschaft pochte«.[49] Die drei Urkantone beschworen dort unter sich feierlich den Dreiörterbund. Aber schon im Herbst danach zogen die Räte der neuen Helvetischen Republik zum Rütli, die Liberalen, die mit den Franzosen konspirierten, um die neue Zeit anzubahnen, Patrioten auch sie. Sie zogen hin, »um dem ersten Freiheitsaltar ihrer Väter die schuldige Ehrfurcht und die Erstlinge des Dankes vom neuen, wiedergeborenen Helvetien zu bringen«.

Das ging so weiter mit patriotischen Fahrten, Feiern und Versprechen, und 1941 spöttelten gewisse Leute über das »Greisengemurmel an der eidgenössischen Klagemauer«. Es war, als General Guisan dort einen Rapport mit seinen Truppenkommandanten abhielt und klipp und klar von unbedingter Landesverteidigung und Widerstand sprach. Jener Rütli-Rapport wird sogar im »Kunstführer durch die Schweiz« festgehalten, er habe den Widerstandswillen der Schweizer gestärkt.

Nach dem Kriege, nach 1945, wollten Wehrmänner aus dem Aktivdienst auf dem Rütli ihrem General ein Denkmal errichten. Es war aber beschlossen, das Rütli zu erhalten, wie es einst und immer gewesen, und nur die abfallende Wiese zu pflegen, auch die drei Quellen, die »Brünelein«, jede nach einem Urkanton genannt, sowie das Wirtshaus zu unterhalten.

Das war gut und weise, aber nicht neu. Aus Weimar schrieb Goethe am 7. Mai 1781 an Lavater: »... ists wahr, was ich in den Zeitungen lese, daß der Abbt Rayna den drey ersten Eidgenossen auf der Imgrütlis Wiese ein Monument will aufrichten lassen? Der 30 Fuß hohe Obelisk wird sich armselig zwischen der ungeheuern Natur ausnehmen. Was sich der Mensch mit seiner Nadelspitze einbildet. Ich hoffe, es soll nicht zu Stande kommen. Ihr Monument ist eure Constitution.«

Der Schriftsteller, Theologe und Politiker Abbé C. Th. François Raynal hatte um 1780 Paris verlassen, manche sprechen von Verbannung, er trieb auch in Weimar bei Hofe eine Zeitlang sein geistreiches Wesen, und wollte tatsächlich auf dem Rütli ein Denkmal errichten mit der ehrenwerten Begründung des Dankes an das freiheitliche Land.

Das Land Uri aber lehnte dankend ab mit Brief, der sich noch heute als staatsmännisches Kabinettstück liest: »... solange Eydgenossen so dächten wie bis anhin, da jeder Rechtschaffene, wenn er vorüberfährt, die Ahnen segnet, Gott danket, der Freyheit sich freuet und sich frey fühlt. Und wenn... ihre Söhne oder Enkel diese Empfindungen einst verlieren sollten, würde ein solches Denkmal der Eydgenossenschaft so wenig nützen als in den letzten Zeiten der Republick dem in die

Knechtschaft sinkenden Rom seine so häufigen Monumente geholfen.«

Daß der elegante Abbé dann ganz obstinat weitersuchte nach einem Platz für seinen Obelisk und ihn auch fand, davon wird auf Goethes Fahrt gegen Küßnacht zu reden sein.

Also blieb das Rütli wie es war, bis um 1850 einem der Söhne des frommen und fleißigen Besitzers einfiel, auf dem berühmten Grundstück einen Hotelpalast zu bauen, wie sie in Brunnen und vielenorts im In- und Ausland nun aufkamen. Die Grundmauern standen schon, da wurde die Sache dramatisch, die »Schweizerische Gemeinnützige Gesellschaft« regte sich, flammende Appelle gingen durchs Land, die Schuljugend vor allem wurde aufgeboten, Geld zu sammeln, zu spenden. Es ging ein in größeren, kleinen und kleinsten Beträgen, rührend ist es, die Liste der Spender durchzugehen. Der Besitzer, nicht scheu, trieb den Preis für die 20 Jucharten (für 4–5 Kühe), das zerfallende Haus und den Stadel auf Fr. 55000 – das war ein schönes Stück Geld. Es wurde bezahlt und das Rütli für alle Zeiten der Schweizer Jugend geschenkt, die »Gemeinnützige Gesellschaft« blieb Treuhänderin und organisiert jedes Jahr die Rütlifeier am 1. August.

Damals auch kam man überein, daß der Name »Rütli« gebraucht werde, es war im März 1859, als Aktuar unterschrieb J. Bernh. Spyri, Schwager von Johanna Spyri.

Man war sehr streng zu Beginn: Das Rütli sollte Ort der Besinnung bleiben, die aufkommenden Dampfschiffe an seinem Ufer nicht anhalten; später durfte eines im Tag. Jetzt halten sie alle an dem Landesteg, überdacht mit einem offenen Holztempelchen im Jugendstil, über den Säulen als Kapitelle zwei Löwenköpfe, der eine vergnügt, der andere vergrämt; darüber im Bogen die Wappen der Urkantone und in Zierschrift »Rütli«. Hier kommen sie immer noch an wie einst, wie groß der Patriotismus auch sei, Schulklassen, Vereine, Touristen aus vielen Ländern.

»Wir stiegen aus in

Tellskapelle

... wenn man die gegenüberstehenden Felsen aus der Kapelle gleichsam als ein geschlossenes Bild sieht, so geben sie gleich einen anderen Anblick. Freitag nach Himmelfahrt wird da gepredigt, die Zuhörer sitzen in Schiffen«, und das ist nicht nur ein malerisches Bild aus vergangener Zeit. Freitag nach Himmelfahrt, gegen Abend, stößt noch alle Jahre ein Schiff ab von Flüelen zur Tellenfahrt, zur politisch-religiösen Wallfahrt, mit Behörden und wer sonst noch mitfahren will, der Prediger wird von der Regierung eingeladen. Die Zuhörer sitzen nicht mehr in Schiffen – mag sein, kleinere Boote rudern oder tukkern heran, wassern draußen –, sie steigen aus bei der Anlegestelle einige hundert Meter nördlich und versammeln sich auf dem Vorplatz der Kapelle.

Zu der 1590 erbauten Tells-Kapelle, die Goethe betrat, führten Stufen aus dem Wasser, das Innere, »wo ihm [Tell] zu Ehren die Legende seines Daseins und seiner Taten durch Malerei verewigt ist« (D. u. W.), enthielt die Fresken von E. A. Püntener, dem Urner Maler des 17. Jhdts., dessen Bilder noch da und dort zu begegnen sind. 1797 vermerkt Goethe sie nicht, der Ausblick auf Felsen gegenüber ist ihm scheinbar wichtiger, doch beschaut hat er sie mit Meyer, und wir sehen noch vier davon im Schlößchen A Pro, unfern Altdorf: weise Kunstväter haben sie aufbewahrt, als 1879 die neue Kapelle nach dem Grundriß der alten gebaut und von Ernst Stückelberg (1841–1903) ausgemalt wurde.

Zwei von den Püntener Fresken sind im Parterresaal des Schlößchens gut erhalten. Da sitzt Geßler, freundlicher Großpapa in königlichem, blauem Mantel, mit weißlockigem Haupt, blauem Barett, auf einem weißen Zelter; er hebt eine Hand mit sechs Fingern zum Volk von Uri hin, warnend; dieses Volk steht durch die Hutstange von ihm getrennt, Tell in seiner Mitte, ratlos, alle reden auf ihn ein, erschreckt. Im Hin-

Tellskapelle

tergrund erhebt sich der mittelalterliche Turm auf dem Dorfplatz von Altdorf, Knabe Walter ist nicht zu sehen, Zwing Uri ohnehin nicht.

Mehr und Schlimmeres geschieht auf dem Bild daneben: Da sitzt der Landvogt Wolfenschießen mit nacktweißem Oberkörper im Holzbottich, hinter ihm Baumgarten, die Axt schwingend, seine Frau ringt die Hände; die Mitte des Vordergrunds, beinahe aus dem Bild heraustretend, nimmt ein Höfling ein, in der reichen Tracht des 17. Jhdts., ein Geck mit Jago-Gesicht, ein tückischer Landvogt. Über ihm, in der Bildmitte, beschäftigen sich Landsknechte damit, Ochsen vom Pflug zu spannen, der junge Melchtal schickt sich an, seine Wut mit einem Knüppel in die Tat umzusetzen; rechts unten aber stechen Landsknechte mit langen Nadeln dem greisen, auf einem Stuhl festgehaltenen Melchtal die Augen aus, das Blut spritzt, man schaut hin und weg mit Grausen, »o eine edle Himmelsgabe ist das Licht des Auges«.

Die beiden Fresken in der Wand des Gartenganges sind arg verwittert, undeutlich läßt sich auf der einen die Einschiffung Tells erkennen, die Häuser Flüelens und Schloß Rudenz, die Ruderer sind bereit; Geßler mit flauschiger Feder am Barett nimmt Platz, die Armbrust liegt auf der Bank. Im Bogen daneben verblassen der Rütlischwur, brennende Burgen und Höhenfeuer.

Diese und andere, nicht mehr vorhandene Fresken, auch spätere Ölgemälde beschauten Goethe und Meyer ohne Kommentar, am Beginn der Reise, die zur Absicht führte, das Tell-Epos zu dichten; den Geßler dachte er sich dann als »Tyrannen von der behaglichen Sorte«; auf dem ersten Bild, das er von ihm sah, erscheint er recht behaglich.

»Nach einem ungeheur steilen Felsen folgen niedere Matten, man sieht Flüelen« – und sie landeten am Beginn des Gotthardpfades.

XII

DER GOTTHARD

Niemand weiß, wer als erster über diesen Berg gekrochen ist. Er galt in römischer Zeit als höchstes Gebirge in den Alpen. Der römische Legionär aber ging über den sumus bernius, den großen St. Bernhard oder den Simplon, beide mit vielen Kunstbauten angelegt, der Gotthard in seiner Gefährlichkeit war zu meiden.

Und doch wurde über ihn gegangen, sicher im 2./3. Jhdt., und unterwegs Geld verloren, zudem gestorben, ausgegrabene Münzen auf der Paßhöhe sowie dem Bäzberg über der Schöllenen beweisen es, zudem ein Römergrab bei Airolo.

Lange hielt man die Römer für die ersten Gotthard-Wanderer, aber 1968 kam bei Baggerarbeiten in der Nähe von Erstfeld keltischer Schmuck zutage, herrlich in Gold gearbeitete Hals- und Armspangen.[50] Keltische Gräber entdeckte man schon früher in der Leventina, dem oberen Tessintal, und die beiden Fundorte verbindend scheint der Weg über den Gotthard im vorchristlichen Jahrhundert nicht zu widerlegen.

Wieso überhaupt nach Beweisen suchen, gewiß scheint, daß seit der aus dem Paradies vertriebene Mensch herumzieht, Waghalsige oder Verfolgte auch über alle Berge gegangen sind. Wieviel aber hat es gebraucht, bis ihre Schritte sich als Wegspuren in die Erde drückten und immer mehr bis zum ausgetretenen Pfad.

Sein Name

Von der gallorömischen Zeit her hatte er drei: *Elivilinus, Tremulo, Ursare.*

Tremulo blieb auf der Südseite in der Tremola-Schlucht, durch die sich die in unserem Jahrhundert ausgebaute und viel bewunderte Paßstraße spiralt, nun sachte verkrautend, seit der Verkehr auf breiter Bahn am Hang hinrollt.

Mons Ursare soll der Reuß den Namen gegeben haben; Ursare hieß sie, ihre Hauptquelle entspringt auf dem Gotthard.

Im 11. Jahrhundert begann die eigentliche Zeit des Verkehrs, des Pilgerweges nach Rom. Vom Bistum Mailand kam ein Bischof, Galdinus hieß er, und weihte ein Hospiz und richtete eine Kapelle ein, die er dem Heiligen Godehard widmete. Dieser Heilige hat, soviel bekannt ist, den Berg auch von weitem nicht gesehen und seine fromme Seele noch weniger dort oben ausgehaucht. Er war ein Niederbayer und verdienstvoller Bischof, Förderer von Mönchsreformen, Schreib- und Malkunst, Erbauer von über dreißig Kirchen, alle in Süddeutschland. Er wurde heiliggesprochen, hundert Jahre nach seinem Tod, zur Zeit ungefähr, da Bischof Galdinus ihm die Kapelle auf der Paßhöhe weihte: *San Gottardo* ist der Name, der alle anderen vergessen hieß und dann geblieben ist, der ihm rechtens auch gehört. Es ist nicht und nie zu vergessen, daß das Gebiet damals zur Lombardei, das Hospiz zum Bistum Mailand gehörte, immerfort und bis zur Aufhebung der Klöster; daß die Paßhöhe auf Tessiner Boden liegt, immer noch, mithin in italienischem Sprachgebiet.

Da war aber das Interregnum der deutschsprachigen Herrschaft von nahezu fünfhundert Jahren. Die Eroberung des Gotthard begann mit der Erschließung der Paßstraße und der Gründung der Eidgenossenschaft, zuerst durch die Urner im Alleingang, später mit den anderen Urkantonen, noch später mit den übrigen Eidgenossen; immer südlicher drangen sie vor im Land an der Paßstraße bis hinunter nach Lauis (Lugano) und machten es zu *ennetbirgischen Vogteien*. Das dauerte bis 1803, bis das Untertanenland zum eigenständigen, in der Eidgenossenschaft ebenbürtigen Kanton Tessin wurde.

Deshalb also hat *Sankt Gotthard* sich behauptet nördlich des Passes.

*

Als höchstes Gebirge in den Alpen taucht er noch lange in den Geschichts- und Reisebüchern auf (und wer hat, insbesondere in Goethes Jahrhundert, als romantischer oder naturforschender Wanderer den Übergang vom und nach dem Süden nicht beschrieben); als *Dach Europas,* als »der einnige oberste Helm des Europäischen Brenn- und Wasserhafens... weil an ihm und anderen geschwisterten Bergen die Hauptquellen so vieler namhafter Flüsse entspringen, welche uns und andere Europäische Landen die meisten Wasser zuführen«. So schreibt Joh. Jak. Scheuchzer (1705), Prediger der Naturfreuden vor Rousseau, Bergfreund vor Haller, dessen Epos es allerdings brauchte, um die Alpen in die große Literatur einzuführen.

Natürlich gab es als Alpenübergänge auch den Brenner, den Simplon, die Bündnerpfade, aber keiner besaß die Anziehungskraft der »Gotthardischen Alp-Firsten« (Scheuchzer), dieses »Kreuzpunktes« (Goethe), von dem Eduard Renner in seinem *Goldenen Ring über Uri* das Märchenbild erdachte:

»Ein Geißbub, der seinen Durst am Gletscherbache kühlt, fängt vielleicht in seinem Hut – vergleichbar einem Riesenkinde der Vorzeit – die ganze junge Rhone ein und bringt, wenn er den Rest des Wassers verschüttet, den jungen Rhein zum Überfluten.«

An der Kapelle St. Karl von Hospental steht, auf Furka und Gotthard anspielend, der Spruch, sicher hat Goethe ihn gelesen:

Hier trennt der Weg
O Freund, wo gehst du hin?
Willst du zum ewgen Rom hinunterziehn
hinab zum heiligen Köln
zum deutschen Rhein. Nach Westen weit
ins Frankenland hinein.

Nicht nur die Schönheit der Berge wurde beschrieben, auch ihre Gefahren, sommers und winters, kaum ein Bericht, in dem der Alpenübergang nicht als tollkühnes Unternehmen geschildert wird, »dem eine Meerreise kaum das Wasser reicht« (Renner). Im 11. Jhdt. erzählt Lambert von Hersfeld, wie beim Winterzug Heinrichs IV. über die Alpen die Königin und übriges Frauenzimmer »sich auf Ochsenhäute gesetzet, und also von den Wegweisern die Berge abgezogen worden«.

Noch im 19. Jhdt. band man in schneereichen Zeiten die Reisenden auf einen Schlitten, deckte sie sorgsam zu mit Stroh und bis zum Scheitel, umhüllte sie mit grobem Tuch; damit sie nicht erfrören, sagte man ihnen, doch war es mehr, damit sie nicht gar so schrieen, vor Angst noch stürben auf schmalen Felspfaden, an Abgründen hin, durch die Schöllenen, die Felstäler hinauf und drüben die Schluchten des Tessintales hinunter.

Trotz der Lawinen, die in allen Zeiten auf dieser Strecke kaum einen Flecken Land nicht verschütteten, trotz diesen Gefahren, wird berichtet, der Übergang im Winter sei von manchen jenem im Sommer vorgezogen worden.

*

Soweit das Abenteuer des Gebirges. Hinzu kam die Geschichte der Eidgenossen, unabdingbar verknüpft mit der Gotthardstraße.

Der Freiheitskämpfer höchste Stufe ethischer Gesinnung wurde allerdings schon von früheren Historikern auf die unterste Stufe des Profitdenkens gesetzt. Guicciardini, venezianischer Historiker des 16. Jhdts., läßt dem »schrecklichen und ungebildeten Volk« zwar den Ruhm, »daß es mit natürlicher Tapferkeit sein Land immer kraftvoll verteidigte, daß es aber, so arm es zuvor war und den Wert des Goldes gar nicht kannte, nun voll Begierde danach« sei.

Warum sollten sie besser sein als andere und Fremde teilhaben lassen an dieser Straße als Lebensader ihrer einzigen Einnahmequelle?

Im 18. Jhdt. dann sollen jährlich über 16000 Reisende hin und hergezogen sein, Kaufleute, Rompilger, Naturforscher, Staatsmänner, Reisläufer, Abenteurer, junge Leute, nördlich oder südlich der Alpen Arbeit suchend; mit ihnen zogen Viehherden, Saumtiere, Fergger, alle brachten mehr oder weniger Geld ins Tal. Sie übernachteten und verpflegten sich im Tal, Fußreisende rechneten drei Tage für den Übergang von Altdorf bis Bellinzona; stramme Marschzeit ohne Rast und Ruh von Altdorf bis zum Gotthard-Hospiz 10 1/2 Stunden, von dort bis Bellinzona noch deren 12 1/2; Säumer und Viehherden brauchten länger.

Zum Unterhalt der Straße wurden Zölle erhoben und besonders im 18. Jhdt. zur Zeit der Teuerung nach Gutdünken und Bedarf erhöht. Transportgesellschaften besaßen ihre Monopole, zugleich schützte die Regierung die Talleute mit Gemeinde-Monopolen bei der Säumerei: von Sust zu Sust, beinahe von Dorf zu Dorf, mußten die Waren abgeladen, Einheimischen zum Weitertransport auf ihren Maultieren übergeben werden. Die Kaufleute beschwerten sich, das Vorgehen verzögere, verteuere den Verkehr, lasse Waren verderben; die Talleute, die Bäuerchen aber hatten einen Nebenverdienst.

Bei allem Verdienst-Denken war aber den Talleuten von Uri der Gotthard mehr. Nicht nur trug das Massiv den Namen eines Heiligen, die Straße war ihnen heilig, eine magische Straße zum magischen Berg, hinüberführend ins gelobte Land, mit Gefahren verbunden allemal, überall. Betstation reihte sich an Betstation, Goethe hat sie gesehen. Die Wegknechte, Fergger und Säumer waren denn auch *im Namen Gottes* auf die Straße vereidigt. Sie wurde gepflegt, und sie brauchte tagtäglich ihre Pflege.

Dem allem galt Goethes Interesse. Hinzu kam das geistig-künstlerische Erleben der Bergwelt und ihrer Geologie auf dem Weg zum Gotthard, zum Gipfel; stets nennt er die Paßhöhe »der Gipfel«; zum Übergang, an dem er innehält, zur Grenze seines Sprach- und Kulturraumes, zu einer inneren Grenze auch. Immer mehr wurde der Gotthard zum Berg der Berge, in seinen späteren Jahren sprach er von einer *fixen Idee,* ein magischer Berg, nicht nur für die Urner, auch für ihn.

Längst aber ist die Zeit der gepflästerten Paßwege vorbei, seit kurzem auch jene der kurvenreichen, asphaltierten Straße. Der Fahrteppich der Autobahn ist ausgelegt von Flüelen bald bis Göschenen, da rollen die Wagen auf und ab und hin und her, von Norden nach Süden und von Süden nach Norden durch Tunnel, weiß wie Laboratorien, durch Arkadengänge, und zwischen deren Säulen, auch auf der offenen Strecke, erscheint das Bergtal als *peinture naive* mit Ställen, Kühen, Geißen und Schafen, alle putzig auf höckerigen Weiden. Die Dörfer sind nur noch Staffage, es ist still dort, unheimlich still, seit sie abseits und sich selbst überlassen bleiben.

Vorbei die Zeit der Lebensader und Einnahmequelle.

Dieser Bergkanton hat nicht nur mit gigantischen Beiträgen den Weg für die Durchreisenden geebnet, er wird weiterhin den teuren Unterhalt mit zu berappen haben, ohne die geringste Gegenleistung. Man spricht von Bankrott, nicht nur des Kantons, auch der Dörfer. Vielleicht, wer weiß, werden Amsteg zum Beispiel und Wassen wieder, wie zur Jahrhundertwende, in den Reiseführern angepriesen, zu *Luftkurorten,* Ausgangspunkten für Bergbesteigungen, Paß- oder Höhenwanderungen zu Bergseen, Alpenrosen und Heidelbeeren, mithin auch für Wanderungen auf Goethes Spuren.

DER BEGINN DER GOTTHARDSTRASSE

Sie waren gelandet in Flüelen, aber nicht, wo die Schiffe heute anlegen. Der See, um 1870 dort für die Gotthardbahn aufgeschüttet, breitete sich vordem aus bis zur heutigen Straßenmitte; der eigentliche Beginn der Gotthardstraße war hinter den neueren Gasthöfen; hier sind noch die alten Gasthöfe und Wohnhäuser (auf Pünteners Fresken sichtbar), und davor war der Stapelplatz, auf dem die Saumtiere beladen wurden, auch kleinere Fuhrwerke; die Straße war fahrbar bis Amsteg und wieder im flachen Urserental.

Ein Stück des einstigen Saumpfades ist noch zu gehen, das Gäßchen an alten Häusern vorbei, es mündet aus in die Dorf- und, an der Mauer von Schloß Rudenz entlang, in die Landstraße nach Altdorf.

»Wir gingen gegen Altdorf... Plattenweg, Kieselbrekzie mit Löchern.« Der Plattenweg war um 2,30 m breit, Saumtiere mit ihren ausladenden Lasten konnten kreuzen. Belegt war er mit granitenen Steinplatten, dazwischen und nebenher die Brekzie als Schotter. Durch die Dörfer aber war neben und zwischen den Platten solides Pflaster, teils gewonnen aus dem Geschiebe der Reuß oder aus den Wildbächen, die Oberfläche glatt behauen.

Den Weg Goethes hinan zum Gotthard festzulegen ist nicht einfach; es gab den Fahrweg, daneben streckenweise einen alten und einen ganz alten Saumpfad, Verzweigungen, Sommer- und Winterauswege; die Reuß wand sich durch das Tal, bei Hochwasser die Ebene und ihre Dörfer weithin überschwemmend.

Seit Urzeiten wurden Pfade, bessere, bequemere, weniger gefahrvolle gesucht und gebaut, Schattenhänge und Lawinenzüge gemieden, Steinschlag ausgewichen, Kirchen durften nicht umgangen werden. Unter ihren *Vorzeichen,* Vorbau mit Säulen, führte der Saumpfad; an den Säulen die Ringe zum Anbinden der Lasttiere während der Andacht.

Seit langem werden Abhandlungen geschrieben über die Geschichte des Weges nach dem Süden. Zu Beginn soll er über Frentschenberg ob Amsteg, Bristen-Dorf und den Krüzlipaß nach Sedrun, dem Oberrheintal und von dort weiter nach Süden geführt haben. Vermutungen wurden aufgestellt und verworfen oder bestätigt, eine fesselnde Geschichte, Roman der Überwindung eines Gebirges.

*

Da sich Goethe auf Schritt und Tritt nicht mehr folgen läßt, sei Wanderern auf seinen Spuren zum Trost gemeldet, daß neuerdings *einer* der alten Gotthardwege im Reußtal instand gesetzt wurde; er läßt sich bequem begehen, die Gegend, sie ist geblieben, die Bergwelt, von Goethe gesehen, Plätze, Orte, auch Häuser, in denen er einkehrte, an denen er vorüberging.

ALTDORF

Auf dem Dorfplatz stand der mittelalterliche Wohnturm, ringsum bemalt von Karl Leonz Püntener Sohn, mit Szenen aus der Geschichte. Auf der Seite zur Straße hin blieb für uns das Kolossalgemälde erhalten, in der Mitte die Figuren und Geschehen um die Tellsage, von korinthischen Säulen, Atlanten und Jungfrauen mit Füllhörnern, Putten und Wasserspeiern umgeben. Der gute Püntner, man sieht, er war in Italien, wand barocke Allegorien und höfischen Pomp um das Geschehen im Lande Uri. Anfang des 19. Jhdts. restauriert und mit Haube versehen, bildet der Turm jetzt Hintergrund zum viel gesehenen Telldenkmal von Kißling, auf dessen Sockel Schiller spricht

Erzählen wird man von dem Schützen Tell
Solange die Berge stehn' auf ihrem Grunde

darüber steigt Tell gelassen zu Tale, mit freier Stirn und Blick zur Höhe, zum Bannwald, die Armbrust geschultert, im Kuttenhemd der Bergler, an den Füßen die Holzböden mit querübergespannten Riemen, wie die einheimischen Bauern sie noch tragen, den Arm schützend um sein vertrauend zu ihm aufblickendes Kind gelegt; ein stolzer, ein unabhängiger Mann, eine Vatergestalt.

Zum Bannwald blickt er auf, als wäre das bewegende Schiller-Gespräch zwischen Vater und Knabe im Gange, und Goethe spricht dann im Urserental von dem Fichtenwäldchen »heilig geachtet, weil es die am Fuße Angesiedelten von höher herabrollenden Schneelawinen schützt« (D. u. W.). Dieses Heilig-Geachtete – der älteste Bannwald wird 1288 über Flüelen erwähnt, von dort und der Gotthardstraße entlang waren es deren achtundzwanzig – einst zum Magischen gehörend, später übergeführt ins Forstgesetz, steht wohl einzig da im weiten Umkreis, ein erster, großer Umweltschutz.

Der Bannwald von Altdorf hat jahrhundertelang den Ort geschützt, bis zu dem schlimmen Sommer 1977, dem 1. August, dem Nationalfeiertag, Erinnerung an den Rütlischwur mit Höhenfeuern und Reden; an dem Tag brachen Unwetter los, im Nu waren Berg und Tal überschwemmt, verwüstet, der Wald geriet ins Rutschen, die darunter stehenden Häuser mußten geräumt werden.

1797 war auch noch der Tell-Brunnen auf dem Platz, elf Jahre vorher vom Bildhauer Giuseppe Croce geschaffen, ein italienisch schmucker Tell mit Barett, Wams und Pumphose, die Gestalt gedrungen, mit gerunzelter Stirn ausblickend, die Armbrust im gewinkelten rechten Arm; an sein Knie lehnt Knabe Tell, ein Bübchen zart, gelockt, in der Hand wie Amor den Apfel, vom Pfeil durchbohrt.

Seit 1891 steht er auf neuem Sockel in Bürglen, Tells Heimatdorf, mit dem Spruch, der gar nicht Goethes Ansicht vom Meuchelmord entspricht, ein Spruch, der auch uns zwinkern läßt:

Wie hat uns Tell befreit
Durch Mut und Biederkeit
Thu Schweizer deine Pflicht
Dann stirbt die Freiheit nicht.

Sonnabend, den 30. September

»Wir logierten in dem Schwarzen Löwen.« Der Löwe, einst golden im Wirtshausschild, sei bei einem Brand schwarz geworden und geblieben bis zum heutigen Tag; aufrecht steht er, umrahmt von vergoldetem Zierat.

Das Haus, breit und dreistöckig, reiht sich in die Zeile an der Gotthardstraße, unfern des Dorfplatzes.

»Der Wirt heißt Franz Maria Arnold«, seit dreihundert Jahren ist das Haus im Besitz der Familie.

»Artige Türschlösser, die man von außen aufstößt und von innen aufzieht«, fallen Goethe auf, und eines davon, kunstvoll geschmiedet, ist noch an der Tür zum Eckzimmer, dem *Goethezimmer,* über der Straße im zweiten Stock; ein Yale-Schloß brachte man sicherheitshalber noch an.

Hier also hat Goethe *logiert,* übernachtet in dem geräumigen Zimmer, vier Fenster, je zwei übers Eck in Mauernischen, an einer Wand Fotografien von dem Raum aus früheren Zeiten; ob er die Blumentapete gesehen, das abgebildete Bett benützt hat, bleibt fraglich, doch mögen die schweren Renaissancemöbel, auch der weiße Zylinderofen in der Ecke, zu seiner Zeit gewesen sein. Der Ofen wurde im Zuge der Modernisierungen vor Jahren und zum Leidwesen der Nachfolger herausgerissen, die Möbel sind verschwunden.

Unten in der neuzeitlichen Gaststube zieren mehrere der *artigen Türschlösser* die hintere Ecke, man sitzt weiter vorn, schaut durch das Fenster zur Straße, da rollen die Vehikel der Gegenwart, gehen Touristen und Leute des Ortes.

Die Häuser gegenüber ragen hoch, in Stein gebaut mit Krüppelwalmdach – der Volksmund nennt das abgeflachte Dreieck im Giebel *Franzosetätsch* –, wenige sind aus Goethes Zeit. Den Dorfkern zerstörte 1799 ein Brand, vieles wurde dann aus alten Bauelementen wieder aufgebaut, auch die Kantonalbank gegenüber, Ende 15. Jhdt. schon Bank der Ritter von Roll; ihr Wappen ziert in Sandstein mächtig die Hausecken.

Was hat Goethe von dem Fenster aus gesehen: vorüberziehende Pilger, Adelige, Handelsleute, armes Volk, Saumtiere, Viehherden, und gehört: »Kastagnettenrhythmus der Kinder mit Holzschuhen«, das Getrappel der geschnitzten Holz-Fußwannen, Wilhelm Tell und Knabe Walter tragen sie auf dem Denkmal.

Vermutlich auf einem Spaziergang, im Laufe des Nachmittags sind sie angekommen, sieht er: »der Ort ist schon stadtmäßiger [als Schwyz]… und alle Gärten sind mit Mauern umgeben. Ein italienisches Wesen scheint durch, auch in den Bauten.« Die Mauern sind hier und dort geblieben, und als *italienisches Bauwesen* bei der Unterheiligkreuz-Kapelle, von Flüelen her am Dorfeingang, etwas zurückgesetzt, *Haus Baumann* in venezianischem Stil mit Renaissance-Sichtfensterstürzen und -Giebeln, der Innenhof nun durchschnitten, zerstört.

Nach eben dem Dorfeingang reihen sie sich aneinander, die Häuser, nicht Villen, nicht Palazzi, trutzig-vornehm, hochgiebelig mit nackten, ernsten Fassaden, »die untern Fenster vergittert; die starke Passage scheint solche Vorsicht notwendig zu machen«.

Die Mauern schirmen übermannshoch ab; ein schmiedeeisernes Tor gibt Einblick in den französisch angelegten Garten; Elemente von Gotik, Barock und Rokoko finden sich auch und immer wieder. Die Häuser tragen die Namen der Familien vormals in fremden Diensten als Hauptleute, Obristen, Generäle, der Familien der Bankiers und Handelsherren. Das Innere dieser Häuser war nobel, ancien régime, da blieb noch manch Schönes erhalten; erhalten sei im Potsdamer Museum aus dem Haus *Blumenfeld,* einst Landhaus über dem Dorf, eine Stube von 1597 mit Buffet, Täfelung, Türen und Kassettendecke, um die Jahrhundertwende dorthin verschleudert.

Von dem Glanz ist demnach viel untergegangen, zuerst nach der Französischen Revolution, dann nach dem Bau der Gotthardbahn; der Touristenstrom zwängte sich nach dem zweiten Weltkrieg durch die Gassen, da blühten Handel und Gasthöfe...

Erhalten geblieben und sorgfältig renoviert ist das *Fremdenspital* an der Dorfstraße, ein zweiteiliger Bau mit Giebeltreppendächern, Innenhof und Kapelle, einst Unterkunft für mittellose Gotthardwanderer, Pilger, Kranke; sie wurden unentgeltlich aufgenommen, verpflegt und gepflegt, nicht nur ein sozial edles Unternehmen, auch gewachsen aus dem Gebot der Hygiene und der Kontrolle. Noch sind einige Räume für arme oder kranke Durchreisende reserviert, die Satzungen des Hauses verlangen es.

Goethe hat den Gebäudekomplex gesehen, er konnte ihn nicht übersehen, doch galt sein Interesse ganz anderem: »Ich bemerkte eine hübsche Art, das kurze Grummet in Netzen einzufassen.« Damit ist nach nord- und mitteldeutschem Sprachgebrauch das aus dem zweiten Schnitt gewonnene Heu gemeint, zu kurz, um mit Seilen verschnürt zu werden, an Hanglagen gemäht, in Netze oder Blachen gefüllt, diese übers Kreuz verknüpft, von den Heuern im Nacken zu Tale getragen.

»Ton der großen Glocke der läutenden Kühe«, welche Klangfülle in einem Satz. Vielleicht war er da oben im Zimmer und wollte ruhen, hinzu kam »Schellen der Maultiere«. Wir hören das Geläute und Geklingel durch Altdorfs Gassen, und er wird es wieder und wieder hören den Gotthard hinan.

*

Zu essen gab es im *Schwarzen Löwen*; Ludwig Geist hat es aufgeschrieben, eine Fastenspeise nach interessantem Rezept: »Guten Fisch aus der Reuß, erst gebacken, dann mit einer sauren Sauce und dann gekocht mit Weinessig überschüttet, sodaß man an diesen Tagen recht wohl das Fleischessen vermeiden kann; zum Nachtisch bringt man gewöhnlich eine gute Portion Backwerk, wozu ein gutes Glas Wein auch nicht übel schmeckt.«

VON ALTDORF BIS WASSEN

Sonntag, den 1. Oktober 1797

»Halb neune gingen wir ab«, das war spät für den Frühaufsteher Goethe, bis Stäfa war er viel zeitiger schon unterwegs. Es hatte aber geregnet bis in die Morgenstunden; Goethe, früh schon am Fenster, sah besorgt »Regenwolken, Nebel, Schnee auf den nächsten Gipfeln«, westlich auf der Bergkette gegen die Surenen. Christiane und einstiger Aufenthalte an dem Ort gedenkend, dem Alter sich nahe fühlend, schrieb er

Schweizer Alpe

War doch gestern dein Haupt noch so braun wie die Locke der Lieben
Deren holdes Gebild still aus der Ferne mir winkt;
Silbergrau bezeichnete dir früh der Schnee nun die Gipfel,
Der sich in stürmender Nacht dir um den Scheitel ergoß.
Jugend ach! ist dem Alter so nah, durchs Leben verbunden
Wie ein beweglicher Traum Gestern und Heute verband.

Das Gedicht hat er Barbara Schulthess geschickt, und es wurde von den Herausgebern aufgenommen in die Folge »Antiker Form sich nähernd«. Es ist gut, die Verse zu lesen am Beginn der Gotthardwanderung, auf allen Wegen daran zu denken: nicht nur der Reiseschriftsteller ist unterwegs, auch der Dichter, der Klassiker, selbst wenn er sich nicht zu erkennen gibt in seinen sachlichen Berichten.

Halb neune also, der Himmel hatte sich gelichtet, gingen sie ab, am Dorfplatz vorbei und an der gotischen Ober-Heiligkreuz-Kapelle, am Kloster der Franziskanerinnen und an Patrizierhäusern. Sie gelangten auf »schöne Matten rechts und links«, da und dort sind sie noch nicht überbaut; außerhalb des Dorfes führt die einstige Straße ab von der heutigen nach Schattdorf, nun zwischen Wohnsiedlungen, zum Pulverturm auf grüner Anhöhe. Hier wurde seit dem Mittelalter und bis 1928 die Urner Landsgemeinde abgehalten.

Ein Stück von der alten Straße mit Trockenmauer ist noch vorhanden, wenig später mündet sie in die bisherige Gotthardstraße, die Autobahn führt durch die Talmitte. Quer zur Sicht stehen nun »herrliche Felswände, Kalk«, und an ihrem Fuß, von Gebüsch halb verdeckt, die Felshöhlen, aus denen an jenem Vormittag Kindergeschrei tönte. Vermutete Goethe Höhlenbewohner, bewohnt waren die Höhlen nie.

Bald ragen die »Steilen Kalkfelsen« von Rynächt nebenher auf, mit dem »Zickzack der Felslager... links bis auf die Wiese herab, wie vorher bis auf die Oberfläche des Sees«; sie fielen in vorgeschichtlicher Zeit auch herab bis zum See, der reichte bis Amsteg.

Wenig später bog die Straße ab zur Talmitte nach Erstfeld, der Ort im ersten Feld nach dem Gotthard, damals noch klein und am Reußufer; 1775 hat Goethe dort Häuserchen gezeichnet. Man möchte behaupten, sie zu erkennen, am Sträßchen dem Bahndamm entlang fahrend.

Erstfeld wurde zum Eisenbahnerdorf, es gruppierte sich, durch die Gotthardbahn geteilt, den Schienensträngen entlang. Hier spannte man eine zweite Lokomotive vor die langen schweren Züge, oder eine Stoßlok puffte am Ende, mit dicken Rauchfahnen schnaufte der Zug die sechshundert Meter Steigung hinauf bis Göschenen. Die Züge flitzen heute, getrieben von 10600 Pferde-Stärken bergan, eine Stärke, die freilich neuerdings in Kilowatt angegeben wird, doch gefallen die Pferdekavalkaden besser im Bild zwischen den Zeiten.

Davon ahnte Goethe nichts, oder doch? Er schrieb 1825 an Zelter, in England fuhren die ersten Züge: »Reichtum und Schnelligkeit ist, was die Welt bewundert und wonach jeder strebt, Eisenbahnen, Schnellposten, Dampfschiffe und alle möglichen Fazilitäten der Kommunikation sind es, worauf die gebildete Welt ausgeht, sich zu überbieten, zu überbilden und dadurch in der Mittelmäßigkeit zu verharren.«

Am Reußufer bemerkt er das »Granitgeschiebe« und: »Artig bemalte, saubere Kirche mit einem Jagdwunder, ohngefähr wie des heiligen Hubertus.«

Sie wird 1339 erstmals erwähnt, sicher da schon am Durchgang zum Gotthard; im 17. Jhdt. frühbarock umgebaut, ist etwas Gotik noch vorhanden im Innern und außen, im Giebel des Vorzeichens das Jagdwunderbild, mehrmals renoviert. Goethe beschreibt es eingehend auf dem Weg zurück, am Donnerstag danach:

»Wir kamen wieder an die bemalte Kirche an der Jagdmatt, wo Jäger und Hund vor dem Hirsch knien, der eine Veronika zwischen dem Geweihe hat«, es ist nicht die Heilige, die da sitzt, ihr Schweißtuch spannt sich von Geweihende zu Geweihende.

Es muß für Goethe eine vertraute Begegnung gewesen sein, fünfundzwanzig Jahre zuvor hat er die Legende verwoben in ein Fragment gebliebenes Epos vom *Schuster Ahasverus*, dem Ewigen Juden.

Auf dem Bild kommt der Hirsch steifbeinig daher, Hund, Jäger und noch ein Hund knien aufgereiht vor lockerem Gebüsch, in der Mitte darüber schweben zwei bauschig gewandete Engel, umgeben von violetten Wolkenaureolen, unter ihnen der Spruch

Herrlich Heilig wunderreich in der
Jagdmatt Gnadenort Seht den
Hirschen und zugleich auch den frommen Jäger dort
Beide dieses uns beweisen und ein Engel
zeiget klar welch ein großes Wunder
uns dieser Ort macht offenbar.

Im Innern zeugen denn auch zahlreiche Votivtafeln von eben den Wundern. Das Wunder blieb aus, nachdem die Urner 1799 in der Kapelle den Aufstand gegen die Franzosen beschlossen hatten; er endete blutig, hoffnungslos.

Den naiven Wunderpruch hat Goethe nicht gelesen. Das Bild wurde 1790/91 von Vater und Sohn Triner bereichert mit dem Hintergrund der Jagdmatt-Landschaft, in der Mitte aufragend der Bristen. 1947 hat man dieses Beiwerk abgelöst und das Bild in seinen ursprünglichen Zustand zurückgemalt. Im Sommer 1979 vorbeifahrend, waren Renovationsarbeiten an der ganzen Kapelle im Gange.

Die Jagdmattkapelle ist die einzige der kirchlichen Bauten, die Goethe im Reußtal erwähnt. Dabei sind sie als Dorfkirchen und Kapellen noch heute zahlreich, barock, ländlich, heiter. Derlei Baustil aber war Goethe verdächtig, wir wissen es auf dieser Reise seit Einsiedeln.

Von Erstfeld nach Amsteg

Von der Jagdmatt führte einst ein Pfad über eine Holzbrücke und talauf. Er läßt sich begehen als spärlich befahrenes Sträßchen zwischen Trockenmauern und einigen alten, sehr alten Urner Häusern, dann gegen Silenen über die Brücke und hinauf zum »meist angenehmen bequemen Fußpfad bis Amsteg«.

Goethe ist wahrscheinlich auf der nicht mehr vorhandenen Straße talüber und später »von der Straße ab« auf jenen Fußpfad gekommen. Er windet sich danach über Wildbachkegel, zwischen Matten und Talwänden, neueren und ältesten Häusern. Aus dem Mittelalter blieb der mächtige Wohnturm der Edlen von Silenen, blieb auch der Sust, unter Denkmalschutz.

Da und dort ist wiederum die alte Trockenmauer erhalten, und man kann sich sagen, hier sind die beiden berühmten Freunde gegangen, unbekannte Reisende. Sie sind gewandert, in ihr Gespräch vertieft, haben »viel theoretisiert und praktiziert, und wenn wir diesen Winter unsern Vorsatz ausführen und ein Epitome unserer Reise und Nichtreise [nach Italien] zusammenschreiben...«, der Schreiber Geist neben oder dicht hinter ihnen.

So sehr sind sie in ihr Gespräch vertieft, daß nichts gesehen wird. Es schiebt sich doch vom Abhang der Windgälle ein Hügel vor ins Tal und bis zur Reuß, der Paßweg zwängte sich zwischen Bergwand und Hügel durch die Senke, nun ein Stückweit der Bahnlinie entlang. Auf dem Hügel stand eine Ruine. Im *Weißen Buch von Sarnen* ist zu lesen: »Nun hatte derselbe Herr einen Turm angefangen *unter Steeg*«, weshalb die von Amsteg mit gutem Recht die Ruine auf dem Hügel als Zwing Uri beanspruchten, die immer mehr verwitternden und zerfallenden Mauern erhielten, gar erhöhten.

Der Platz scheint durchaus gegeben für die Burg eines Landvogtes, als Beobachtungs- oder Zolleinnahme-Posten. Schiller hat ihren Bau nach Altdorf versetzt, das war seine dichterische Freiheit, wir aber beharren auf der Zwing Uri bei Amsteg. Neueste Ausgrabungen bestätigen übrigens, daß sie um 1200 entstanden sei.

Und immer noch waren sie in ihr Gespräch vertieft, nur eben schnell wird gewahr: »Bisher hatte das Tal meist gleiche Weite, nun schließt ein Felsstock die eine Hälfte ab.«

Wenn er nicht 1779 im Wallis schon die Bezeichnung *Stock* gebraucht hätte, wäre zu vermuten, er habe aufgenommen, daß im Lande Uri ein Berg, ein Gipfel kaum anders als *Stock* genannt wird: Urirotstock, Dammastock, Bristenstock und andere.

Mehr als eben diesen *Felsstock* widmet er dem Bristen nicht, freilich, der Tag war neblig, die Freunde sahen ihn nicht in seiner Herrlichkeit. Erst auf dem Rückweg gesteht er auf dem Pfad nach Silenen: »Es ist ein Fehler bei Fußreisen, daß man nicht oft genug rückwärts sieht, wodurch man die schönsten Aussichten verliert.« Kein Zweifel, er meinte den Bristen. Der steigt aus dem Talboden, eine Pyramide, ein Natur-Monument, ein Berg wie keiner im weiten Umkreis! erst recht, wenn

Amsteg

seine Spitze, wie sie sicher an jenem Oktober-Sonntag war, vom Schnee bestäubt ist.

»Er besteht aus einem sehr quarzhaften Glimmerstein«, analysiert Goethe und weiß nicht, daß er, der Bristen, auf vier goldenen Sockeln ruht, der Sage nach. Und hat denn niemand Goethe, dem Geologen, erzählt, daß in dieser Gegend Erz, Kupfer, Blei, Alaun gefördert wurden, bei Intschi sogar Silber, das ist keine Sage. Die Bohrlöcher sind droben an der Windgälle, die Stolleneingänge unter- und oberhalb der linksufrigen Gotthardstraße noch zu sehen.

Nachmittags dann bemerkt er: »Gleich hinter dem Orte kommt das Wasser [der Kerstelenbach] aus dem Maderaner Tal; man sieht einen Pilger- und Mineralogenstieg den Berg hinaufgehen.« Dieser *Mineralogenstieg* lockt ihn, den Mineraliensammler, nicht, er hätte ihn locken müssen – nicht nur die Mineralien, das Tal selbst. Ein prachtvolles Tal mit einem Wald, einem Bergwald, wie er ihn mächtiger und ur-gewachsener in seinem Leben nicht gesehen hat, dahinter eine Allee von Wasserfällen; er, der Wasserfälle so sehr liebte; ein Goethetal wäre es geworden.

Aber er wollte auf den Gotthard und nirgends sonst hin.

Amsteg

Von Altdorf »1/27 nach dem Steeg« (17. Juni 1775), und in D. u. W.:

»Hier nun, an diesem schon genugsam wilden Angebirge, wo die Reuß aus schrofferen Felsklüften hervordrang und das frische Schneewasser über die reinlichen Kiesbänke hinspielte, enthielt ich mich nicht, die gewünschte Gelegenheit zu nützen, und mich in den rauschenden Wellen zu erquicken.«

Die Stelle ist nicht festzulegen, sicher war sie *hinter* den Kiesbänken in geschützten Tümpeln, und die Wellen rauschten nebenher, im Juni, bei Hochwasser hätten sie ihn leicht mitgerissen. Sicher auch war es an einer verborgenen Stelle, die katholisch bigotten Urner von damals, wie wären *sie* entsetzt gewesen über solch unsittlichen Tuns.

Abgesehen von Altdorf ist ihm keine Ortschaft beschreibenswert, und doch hatte Amsteg seine Bedeutung. Hier endete der Fahrweg, Fuhren wurden von Karren auf Saumtiere geladen. Die Geschichte weiß zudem, es wurden Potentaten mit Kaleschen empfangen und vierspännig bis Flüelen gefahren.

Goethe ist fünfmal im *Stern* eingekehrt, es gehörte nicht nur zu seinem Ritual, vom Gotthard herunter oder zum Gotthard hinauf, hier zu rasten; es rasteten durch die Zeiten die Wanderer in einem der Gasthäuser, die Autos und Cars – bis sie drüben durch den Schachen auf breiter Bahn hinaufrollen konnten.

*

Sie kamen an jenem Sonntag von der Senke hinter dem Zwing-Uri-Hügel den Saumpfad herab und zwischen den kleinen Blockhäusern, einiges höher als die heutige Dorfstraße, an der Heiligkreuz-Kapelle vorbei – seither von einem Wohnhaus überbaut, der gotische Eingang, vermauert, ist zu sehen –, vorbei auch am Gasthaus *Weißes Kreuz,* von Engländern und Franzosen in ihren Berichten erwähnt, und kehrten ein im *Stern.* Etwas weiter oben, links der Straße, stand, bei der dritten Reise eben erbaut, der *Hirschen,* im Kunstführer noch erwähnt; ein kolossaler Bau, ein Hilton-Hotel jener Zeit, mit dreißig Fenstern in der Fassade, heute Wohnhaus. Die Remise nahebei wurde längst abgerissen.

»Wir traten unsern Weg nach dem Gotthard an«, nachdem sie bis gegen drei Uhr in Amsteg im *Stern* getafelt hatten, möglicherweise gebackene Fische, Reußforellen, die noch aufgetischt werden, nach einfachsten und raffinierten Rezepten bereitet, und alle die alten Möbel sind auch noch vorhanden.

Das Wetter war »völlig schön«, und sie begaben sich auf den Saumpfad, rechtsufrig; unser langes, echtes Wegstück auf seinen Spuren. Es führt an der Flanke des Bristen empor und über die Runse der Brist-Laui, daneben das überwachsene, gemauerte Lawinenschutzloch, uralt, hinauf zum Weiler Ried mit seinen am Hang hingestreuten Häuserchen und der Kapelle des heiligen Eulogius, Patron der Hufschmiede; sie standen wohl alle schon zur Goethe-Zeit, und dort ungefähr »halb vier war die Sonne schon hinter dem Berge«.

Weiter hinten gräbt sich gleich einem Riß das Täiftal (Tieftal) in den Berg. 1775 hat Goethe mit Passavant im Juni die vom Bach unterspülte Lawine – in D. u. W. spricht er irrig von »angesammeltem Winterschnee« – als Schneebrücke gequert. Die jungen Reisenden bewunderten, »indem wir uns etwas oberhalb hinunter in die breitere Schlucht wagten, das wundersame Naturereignis«. Drei Tage danach, auf dem Rückweg, fanden sie jene Schneebrücke, »über die wir in schwer beladener Gesellschaft [mit einem Maultierzug] vor wenigen Tagen ruhig hinzogen, völlig zusammengestürzt, und da wir einen Umweg durch die eröffnete Bucht machen mußten, [hatten wir] die kolossalen Trümmer einer natürlichen Baukunst anzustaunen und zu bewundern«.

Noch sind in manchen Sommern solche Trümmer zu bewundern von der *Baukunst* der Brist-, Lang- und Tieftallaui, alle drei an der Westflanke des Bristen und berüchtigt; sie riegeln die Bewohner von Ried ab von der Umwelt, verschütten die gegenüberliegende Straße – die neue Autobahn schlüpft durch Galerien –, das Trasse der Gotthardbahn zumal.

Wir aber sehen, mit Goethes Berichten talauf ziehend, dieses Bergtal, auf der Durchreise nur eben zur Kenntnis genommen, sehen es neu und doch von alters her: »Der Charakter der Gegend ist eigentümlich« und »der Blick hinaufwärts verkündigt das Ungeheure«, sehen die Wasserfälle, einen nach dem anderen, aus eben den Lawinentälern und Tobeln herabstürzen; ein »Herrlicher Blick auf die Reuß, an einer alten Fichte und einem großen Felsen vorbei«, das mag Intschi gegenüber, unweit Meitschligen, sein. In der Tiefe tost und stürzt die Reuß nicht mehr wie einst, sie ist gemäßigt durch den Staudamm am Pfaffensprung, ihr Wasser geht im Berg durch die Druckleitungen zum Kraftwerk Amsteg.

Und: er beschreibt das Gestein, allenthalben und immer wieder aufs genaueste, uns die Aufgabe stellend, am Weg zu erkennen, was da ist in den verschiedensten Formen und Erscheinungen.

Nach Hinterried mündet der Saumpfad in einen neu geschaffenen Weg hinter der Abschrankung oberhalb der Autobahn; er taucht eine Strecke weit dann wieder auf, endet in der alten Gotthardstraße, und wenig weiter oben geht ein Fußweg hinauf durch den Wald über steinige Weiden bis zur alten Straße nach Gurtnellen. Da steht etwas überhöht die St.-Anna-Kapelle und zu ihr hin, unter ihrem Vorzeichen durch, führt ein Stück Goethe-Pfad. Die Kapelle, auch hier böses Augurium, für die zu Tal Ziehenden durch das Lawinengebiet am Bristen, für die Aufsteigenden durch das heute noch gefürchtete Steinschlag- und Rutschgebiet unter den nackten Steilhängen. Goethe vermerkt denn auch zum ersten Mal in der Gegend »Sehr schlechter Weg«; da mögen Steine gekollert, Geröll gerutscht sein in der vergangenen Regennacht und die Wegknechte am Sonntag noch nicht am Werk.

*

Goethe mag aufgeschaut haben zu dem Dörfchen auf der Bergschulter, Gurtnellen mit seinem Kirchlein und einigen recht stattlichen Häusern aus der Zeit eines Saumwegs, der von Amsteg hinauf an der Berglehne hinzog, gegen Wassen abfiel.

Gurtnellen-Wyler, nächst der St.-Anna-Kapelle, ist ein neueres Dorf, während des Bahn- und einstigen Straßenbaus gab es da eine Carbid-Fabrik; sie steht noch, zerfallend, und still ist es geworden in den Geschäften mit Touristenproviant und Kristallen.

»Die Felsmassen werden immer ganzer, ungeheurer«, sie

Brücke beim Pfaffensprung

hörten das Echo von ihren Wänden, der Weg stieg wieder an und über »Brücke« beim Pfaffensprung; dessen Name geht darauf zurück, daß ein Pfäffchen hier in Vorzeiten, sein Mägdlein auf dem Rücken, mit kühnem Sprung über den schmalen Einschnitt der Reuß setzend, sich vor Verfolgern rettete; auf einer Tuschzeichnung der Jahrhundertwende springt der unfromme Mann mit fliegender Soutane über den Abgrund, die dralle Maid macht lange Nase nach rückwärts.

Elektrizitäts-Anlagen um den Staudamm an dem Pfaffensprung geben dem Ort heute ein technisches Aussehen, dahinter der langgezogene Stausee, und ihm sind die an dem Sonntag abends gesehenen »Sägemühlen« zum Opfer gefallen; wenn nicht der industriellen Neuzeit.

Der Pfad stieg bei der Meienreußbrücke steil an, er ist als Abzweigung von der Autostraße zu sehen und zu begehen, am *Stricker*-Zeichenstein vorbei hinauf zum Hügel von Wassen, und hier war es »Nacht. Von der Höhe Rückblick in die Tiefe; die Lichter in den Häusern und Sägemühlen nahmen sich in der ungeheuren nächtlichen Schlucht gar traulich aus«. Wir stellen uns die drei Gestalten vor, wie sie in der Dunkelheit des Tales und der Bergwelt stehen, sie empfindend als »Die Herrlichkeit des Herrn nach der neuesten Exegese«, und unweit davon gehört hin Gottfried Kellers »Gott strahlt von Weltlichkeit«.

*

Um sieben Stunden sind sie schätzungsweise an dem Tag gewandert, die einstige Wegstrecke von Altdorf bis Wassen wird mit knapp fünf Stunden angegeben, wir fahren kaum zwanzig Minuten, die Autobahn macht es möglich. Jedoch, sie erblickend von der Kantonsstraße oder aus der Eisenbahn, erschreckt es, wie dieses unwirtlich urtümliche Tal verletzt wurde. Die Trasses nehmen sich aus wie Wundpflaster, man meint, im Geröll unterhalb den Berg bluten zu sehen. Wartet ab, sagen die Optimisten, bald werden die Spuren verwischt, die Mauern überwachsen, die Fahrbahnen eingegliedert sein ins Naturbild, wie sich die Bahnlinie eingegliedert hat, wartet ab, ihr eiligen Fahrer.

Goethe aber ist gewandert, nicht um anzukommen, um unterwegs zu sein. »Durch die Gelassenheit, womit ich meinen Weg mache, lerne ich, freilich etwas spät, noch reisen« und »poetische Stoffe... in einem feinen Herzen aufbewahren«, wandern, in Muße stehenbleiben, das Einzelne als Einzelnes, das Ganze als Ganzes betrachten.

WASSEN

Sie übernachteten, sie werden es wieder tun am übernächsten Tag »wieder am Zoll«, man nimmt an, im heutigen Hotel Post neben der Abzweigung zum Sustenpaß; ein schön proportionierter Blockbau, eines der wenigen Häuser im Kanton mit gotischen Rauten und Zeichen und den nicht nur für Gotthard-, auch andere Berghäuser typischen beidseitigen Aufgängen; typisch für Uri aber ist die Vorkragung, das Kellergeschoß gemauert, die Wohnstockwerke in Holzblockbau, 70–80 cm vorragend.

Die Zimmer, in denen übernachtet wurde, lassen sich nicht mehr bestimmen, das Haus wurde zu Beginn dieses Jahrhunderts geschickt erneuert, die Fassade dem Vorbild getreu restauriert, die Renaissancestuben blieben erhalten.

Wassen war ein Dörfchen am Talkegel und in seiner Mulde mit armseligen Holzhäusern, einigen Gasthöfen, Sust und Fremdenspital, schöner Barockkirche, diese nun berühmt als Blickfang, von der Gotthard-Bahn in Kehrtunneln umkreist, von allen Seiten und immer wieder zu sehen.

Hier waren Zoll- und Umladestation, Tagesetappenort der Gotthard-Pilger und Säumer und der Beginn des Weges über den Susten, in zwölf Marschstunden ins bernische Haslital nach Meiringen führend. Als Paßstraße wurde er erst im zweiten Weltkrieg ausgebaut.

Montag, den 2. Oktober

Früh um sechs war es »klar in der Nähe, Nebel lagen an den Höhen«; bald entwickelten sich »Anzeichen des blauen Himmels und der durchdringenden Sonne«, und wieder werden wir uns bewußt, hier beobachten Fußreisende das Wetter.

Schon um sieben gingen sie diesmal ab und stiegen auf. Sie kamen zu Wasserfällen, genau in ihrer Form und ihren Stürzen beschrieben, »man ist eigentlich in der Region der Wasserfälle«. Einer der größten stiebt und tost in wasserreichen Zeiten wie eh und je aus dem Rohrbachtobel, unfern der Wattingerbrücke; etwas unterhalb sind die Widerlager der alten Brücke und ein Wegstück unter dem Vorzeichen der St.-Josephs-Kapelle durch noch zu erkennen.

Der Teufelsstein, auf dieser Reise unbeachtet, 1775 gezeichnet, befindet sich nicht mehr am alten Ort. Als Opfer des Straßenbaus zur Sprengung verurteilt, gerettet durch Einsprachen aus dem ganzen Land, versetzt mit Kranen und Sorgfalt, steht er nun in einer der Kehren der neuen Straße, unterhalb Göschenen, inmitten von Beton auf schüchterner Anpflanzung, ein Naturdenkmal, graniten mit rostigen Striemen, ein Schweizerfähnchen flattert auf der Spitze.

Natürlich hat Goethe die Geschichte dieses Felsbrockens gekannt. Sie gehört zum Bau der allerersten Brücke im 12. Jhdt. durch die höllische Schlucht, und es ging auch hier um den Pakt mit dem Teufel, keinem intellektuellen Mephistopheles, einem Teufel der Bergler, und der Pakt war danach: Hilfe beim Brükkenbau und als Entgelt eine Seele, die erste, welche die Brücke queren sollte. Die Urner schickten einen Ziegenbock. Satan, geprellt, schleppte den Riesenbrocken heran zum Zerstören seines Werkes; ein Weiblein (nicht ein Priester, das Weibliche!) kam des Weges, schlug fromm das Kreuz, und er flüchtete heulend in die Schlucht, das Tal weiter oben links hinan, weshalb es heute noch *Teufelstal* genannt wird.

Gewiß, der Teufel hat noch manchenorts beim Brückenbau geholfen und Mephistopheles' Versprechen im *Faust*

Ich wollt' indess wohl tausend Brücken bauen

muß nicht unbedingt auf die Schöllenen anspielen; unverkennbar Gotthard ist aber das Hochgebirge (2. Teil, vierter Akt)

Ein Wunder ist's, der Satan kommt zu Ehren
Mein Wandrer hinkt an seiner Glaubenskrücke
Zum Teufelsstein, zur Teufelsbrücke.

»Nach acht kamen wir nach Göschenen«
Das Dorf, eingekesselt von düsteren Felswänden, büschelte sich wie Wassen an einen wohlgeformten Talkegel. Vor bald hundert Jahren, beim Bau des Gotthardtunnels – zu Ehren von seinem Erbauer Louis Favre befindet sich auf dem Friedhof ein Denkmal – hat man den Aushub aufgeschüttet, ausgeebnet für die Schienen- und Bahnhofanlagen beidseitig des Reußbettes.

Noch windet sich der Verkehr durch die Dorfgasse, und in der Biegung verzweigt sie sich nach der Göscheneralp; ihr kurz folgend ins Unterdorf, fällt linkerhand der Weg ab zur alten Dorfkirche und zur Steinbogenbrücke, in breitem Schwung angelegt über der Göscheneralpreuß, darüber das Zolltor; beide in ihrem massiven Mauerwerk prachtvoll erhalten.

Bis ins 18. Jhdt. wurde hier, wie an den anderen Zollstätten des Tales, eine Abgabe zum Unterhalt der Straße erhoben; zu jener Zeit hatte bereits der Stand Uri den Unterhalt der Straße übernommen, und damals zahlte sich das noch aus. Die Reisenden verweilten, belebten Handel und Wandel; nicht wenige Berichterstatter aber mißbilligen die vielen Wirtshäuser längs der Gotthardstraße, sie übten einen nachteiligen Einfluß auf die Leute von Uri aus.

Teufelsbrücke

1775: »Noth und Müh und Schweis. Teufelsbrücke u. der Teufel. Schwitzen u. Matten u. Sincken biss ans Urner Loch«, und in D. u. W.: »Die Felsen wurden immer mächtiger und schrecklicher; der Weg bis zum Teufelsstein und zum Anblick der Teufelsbrücke immer mühseliger. Meinem Gefährten beliebte es, hier auszuruhen; er munterte mich auf, die bedeutenden Ansichten zu zeichnen... Wir mühten uns weiter; das ungeheure Wilde schien sich immer zu steigern. Platten wurden zu Gebirgen und Vertiefungen zu Abgründen.«

1797 diktierte er sachlich, nichts von Müh und Not, jedoch viermal unterbrechen die Schilderungen von der Schlucht: »Starker Stieg – harter Stieg – Stieg – starker Stieg«, und die Wiederholung, das Eigentümliche geschieht, gibt die Beschwer des Weges deutlich genug wieder.

Der erste Stieg ist gleich hinter der Zollbrücke in Göschenen, hinauf zu Felsen und Waldrand, er quert wenig später die Schöllenenstraße und etwas höher die uralte Sprengibrücke mit ihren drei elegant geschwungenen Bogen. Ein Fußweg führt die Schlucht hinauf, nicht überall ist es der alte Pfad, und wir sind ihn da und dort gegangen, dem Reußbett entlang, sachte ansteigend, aber nicht alle die gar steilen Stiege und über die später angelegten eisernen Leitern hinauf. Man hat sich einst die Mühe nicht genommen, erleichternden Zickzack anzulegen, da wurde im direkten Anstieg überwunden. Den Weg, wo er in der Schöllenen verlorenging, haben wir uns vorzustellen an Felsen, am oder überm Bachbett, am Abgrund sich hinzwängend, zum Teil von Trockenmauern flankiert, zum Teil mit Fels- oder Plattentritten gestuft.

Dieses Sich-Vorstellen, so einfach ist es nicht. Es wurde inzwischen zuviel Bequemlichkeit geschaffen, im Trichter des Tales Felsen aus- und Tunnel durchgesprengt, Galerien gezogen für Fahrstraße und Geleise. Das Mühen und Grauen von einst wird harmlos.

Bei der Teufelsbrücke, ja, da ist sie noch, die Engnis der Schlucht und »rechts die ungeheure Wand«, darauf gemalt ein moderner, recht zierlicher roter Teufel.

Die Brücke, von Goethe überschritten, ist 1880 eingestürzt, spärliche Überreste sind zu sehen, sich hinabbeugend bei der seitherigen Teufelsbrücke. Da weht auch im Hochsommer der feuchtkalte Blaswind, die Reuß, obzwar angezapft vom Stauwerk beim Urnerloch, lärmt in der Tiefe, man schreit sich an und zu, das Kopftuch festhaltend, fröstelnd.

Der Lärm war es, der unterhalb der Schluchtenge und oben beim Teufelstal die Gefahr in Schneezeiten erhöhte, er übertönte das Donnern der nahenden Lawinen.

Von da oben, noch unterhalb des großangelegten Suvorov-Denkmals (an den schreckensreichen Marsch der Russen 1799 und ihren Kampf gegen die Franzosen erinnernd), aus einiger Höhe sind zwischen den himmelhohen Felsen mit ihren Runsen, Scharten und in der Schluchtentiefe die Straße mit der bergan kriechenden Schlange der Autos zu sehen, die rote Raupe der Schöllenen-Bahn und hier und da ein Wanderer auf dem alten Pfad. Da gilt noch, was Goethe (zwar am Vierwaldstättersee) empfand: »Alles Menschenwerk... erscheint klein gegen die ungeheuren Felsmassen und Höhe.«

Hier ungefähr hat Goethe 1775 sich redlich bemüht, »die bedeutendsten Ansichten zu zeichnen. Die Umrisse mochten mir gelingen, aber es trat nichts hervor, nichts zurück; für dergleichen Gegenstände hatte ich keine Sprache«. Unfern von uns standen einige, sie fotografierten.

1797 aber hat er in dieser Schlucht Sprache für die Bilder der Felsen und Granitwände und »sonderbare Ansichten in der Tiefe rückwärts, Kühe und Holzträgerinnen steigen auf. Nebel zugleich mit... beschien die Sonne unsern Weg und die durch ungeheure Granitblöcke schäumende Reuß... Vogelbeerbaum mit den schönsten Früchten... Drei große Raben kamen geflogen«, gleich Mephistopheles' Boten kommen sie vom Ausgang der Schlucht her; »die Nebel schlugen sich nieder«, das Phänomen der Nebelbildung bei der Temperaturveränderung; »die Sonne war hell«, vor dem Urnerloch, dieses ein langer Stollen und eng, eben breit und hoch genug, um ein Saumtier mit Last durchzulassen, finster, eisige Wassertropfen fielen aus dem Gestein, ein Höllendurchgang. Dann aber »ganz heiter, die flache, grüne Wiese...«

DAS URSERENTAL

»Mir ist's unter allen Gegenden, die ich kenne, die liebste und interessanteste; es sei nun, daß alte Erinnerungen sie wert machen, oder daß mir das Gefühl von soviel zusammengeketteten Wundern der Natur ein heimliches und unnennbares Vergnügen erregt«, schreibt Goethe am 13. November 1779. »Fels und Matte und Weg sind alle überein verschneit. Der Himmel war ganz klar, das Blau viel tiefer als man es in dem platten Land gewohnt ist...«

Noch immer überrascht dieses Tal, von kahlen Pässen herab oder aus dem schroffen Unterland einfahrend, mit seiner Landschaft, seinem Licht, überragt von mächtigen Gipfeln, acht großen und mehreren kleinen Gletschern, im Sommer samten grün die Talsohle, von der Reuß durchzogen, aber nicht von Umzäunungen. Fläche und Hänge scheinen von Menschenhand kaum berührt, selbst die hier und dort am Hang grau gemauerten Ställchen mit ihren Steindächern wirken aus der Natur gewachsen. Im Hintergrund, Talabschluß, der massige Kegel des Pizzo Rotondo.

Goethes »unnennbares Vergnügen« an diesem Tal wird von anderen Reisenden jener Zeit keineswegs geteilt; sie ärgerten sich: »kein Baum, kein Strauch, und die Bewohner unternehmen überhaupt nichts, um der Entblößung von allem Baumwuchs abzuhelfen« (Karl Kasthofer).

Der Umstand wurde einerseits dem Glauben der Bergler, Wald schade dem Weidland, zugeschrieben, anderseits fegten die Lawinen jeden Versuch von Baumpflanzungen weg. Man hat seither, von Verbauungen geschützt, aufgeforstet, bewaldet läßt das Tal sich noch nicht nennen, für uns ist der Zauber der samtenen Linien bis unterhalb der Gipfel geblieben.

Andermatt selbst ist groß geworden, im Sommer der Berg-, im Winter der Skisport. Von Menschenhand wurde viel geschaffen rund um das Dorf, Würfel in Beton, vor wenigen Jahren erst hat man daran gedacht, eine Bauordnung zu erlassen.

Bei Goethe war es das »reinliche Örtchen Urseren«.[51]

Urseria, auch Ursera oder Ursala hieß vor Zeiten das Dorf, alles soll von Ursa abgeleitet sein, dem römischen Namen der Gotthard-Reuß. Die Talschaft Urseren hat den Bär im Wappen, das Land Uri den Ur(i)-Stier; seine Umrisse sind gleich wie als magisches Zeichen, leicht verzogen, als Kantonsgrenzen auf der Landkarte zu erkennen.

Die Geschichte des Urserentales ist eine Geschichte für sich, viel ist darüber geschrieben worden, sie hat mit das Gesicht der Landschaft geprägt.

Einst gehörte es zum Kloster Disentis; das romanische Siedlungswesen läßt sich im Dorfkern von Andermatt noch erkennen, die Bauern wohnten allesamt im Dorf, Streusiedlungen gab es keine.

Seit dem 15. Jahrhundert und noch zu Goethes Zeiten im »ewigen Landrecht mit Uri« und unter dessen Schirmherrschaft – politisch seither längst im Kanton aufgegangen – blieb es als Talschaft unabhängig, es ernennt seinen Talammann, übt die Gerichtsbarkeit über sein Gebiet aus, regiert sich als Korporation im Rathaus zu Andermatt.

Fast das ganze Tal ist im Besitz der Korporation, ihr gehören die eingesessenen Talleute an, der Boden wird von ihr bewirtschaftet und genutzt. Im Herbst, nach Rückkehr des Viehs von den Alpweiden, ist der allgemeine Weidgang noch üblich, »jeder soll sein Vieh, nachdem es aus der Stallung getreten, gehen lassen, am Abend auf dem Seinigen melken und zu lecken geben«, steht im *Urner Landbuch*. Goethe hat im Oktober 1797 das Vieh weiden sehen auf der weiten Wiesenfläche, von keinen Umzäunungen gehindert. Das fällt um so mehr auf, als im Reußtal unten das *Landbuch* vorschreibt, jeder habe sein Eigentum, und sei es noch so klein, zu umzäunen.

Von irgendwem hat Goethe in der Schöllenen erfahren: »Das Tal Urseren baut den Weg fast bis Göschenen.« Den Ursenern wird die Initiative zum Bau von Pfad und Brücke durch die Schlucht zugeschrieben, und ihre Unterhaltspflicht ging damals bis zum untern Ende der Lawinengalerie, der ersten nach Göschenen; später nur noch bis zum Teufelstal, bevor alles Kantonstraße wurde.

Zur großen Zeit des Gotthards ein reiches Tal. Hier weideten Kuhherden und Pferde aus Ungarn, bevor sie zum Verkauf über den Berg getrieben wurden, die großen Familien waren angesehen bis Luzern. Die Eröffnung der Gotthardbahn war ein schwarzer Tag für die Ursener, die Urner überhaupt; manche Häuser sollen schwarz beflaggt gewesen sein, als der erste Zug bekränzt und besetzt mit feierlichen Gästen zum Tunnel und unter dem Urserntal hindurchdampfte.

Andermatt-Hospental

1797: Als erstes, nach der »flachen grünen Wiese« erblickte er die »Ursener Kirche«, und Goethes Kunstgeschmack kennend, war vorerst an die St.-Kolumban-Kirche zu denken, gleich links nach dem Urnerloch am Kirchhügel, spätromanisch und das Innere schlicht, unverdorben. Zu jener Zeit stand sie allein im Grünen, jetzt reicht sie nur wenig aus dem Festungsgebiet heraus.

Die St.-Kolumban-Kirche war es nicht. In D. u. W. beschreibt er näher: »Über dem reinlichen Örtchen Urseren und seiner Kirche, die uns auf ebenem Boden entgegenstanden«, also war es die Pfarrkirche St. Peter und Paul, vom einst berühmten Urner Baumeister Bartholomäus Schmid (1696) zum Barockbau umgebaut, im Inneren mit beschwingten Kostbarkeiten im Kunststil der Gegend geschmückt; in der Reformation waren die Häupter der Zürcher Stadtheiligen Felix und Regula hierher geflüchtet worden.

Goethe bog aber lange vor der Kirche vom Weg ab ins Gasthaus *Drei Könige*, denn »schon war alle Mühe vergessen, der Appetit stellte sich ein«. Das war am Montag, und auch am Mittwoch zurückwandernd aßen sie dort zu Mittag, »der Wirt heißt Meyer«, Talschreiber Josef Maria Meyer, und war Sohn des »Tallaman Caspar Antony Meyer Drey Königswird in Ursen an der Math«, eingetragen in Goethes Reiseheft von 1775.

Drei Könige an der Einmündung der Oberalp-Straße gelegen, 1952 verschüttet und zerschlagen von einer Lawine, wiederaufgebaut, weist als Zeichen aus alter Zeit noch das vergoldete Wirtshausschild auf mit den drei morgendländischen Wanderern; am Hoteleingang aber ist eine Tafel aus Gotthard-Serpentin, die einzige, die im Kanton Uri auf den Besuch hinweist: »Hier wohnte Goethe 1775«, und hier war's ihm »sauwohl u. Projeckte«.

Nachmittags zogen sie weiter, durch das Dorf, auf der Straße, auf der auch wir gehen und fahren, der Paßstraße mit Granitplatten und Pflästerung. Zu beiden Seiten reihen sich Gasthöfe, alte und neuere, Vorkragenhäuser, kleinere und große, das größte davon *Haus Babylon,* ein imposanter Blockbau.

Das Rathaus war 1797 dreißig Jahre alt, 1767 neu erbaut mit Bauteilen aus dem 16. Jahrhundert; ein wütender Brand hatte damals das Rathaus, das ganze Dorf zerstört, die Bewohner um Hab und Gut und Vieh gebracht.

Manche der vor zweihundert Jahren wieder aufgebauten Häuser sind im Äußeren seither nicht eben geschickt renoviert und modernisiert worden. Im Innern aber blieben da und dort prächtige Treppenaufgänge, Buffets, so im *Haus Christen*; schwerlich jenes des »Spezereihändlers Carl Andreas Christen, der mit Mineralien handelt«.

Nach Hospental führt noch ein Fußweg, nicht der befahrbare Plattenweg von einst, der soll sich durch die Ebene den sachten Windungen der Reuß entlang gezogen haben; der Fußweg gilt als einstiger Nebenweg, vielleicht sogar als erster Hauptweg, welcher vom Ausgang der Schöllenen, die Enge beim Urnerloch umgehend, in mühevollem Aufstieg den Bäzberg erklomm und steil ins Tal hinunter, von dort weiter am linken Reußufer bis Hospental führte.

Ungewiß ist, welchen Weg die Wanderer gegangen sind. Gewiß ist, sie sind den Pfad zum Dörfchen Hospental »mit seinem alten Turme völlig wie vor alters« hinaufgestiegen und dort über die »Brücke über die Reuß«. Sie ist erhalten neben der heutigen Straßenbrücke, etwas tiefer gelegen, eingefaßt von einer Krone aneinandergelehnter Steinblöcke, von Moosflechten rostig überzogen, in ihrer Mitte eine Steinplatte, auf der mit einiger Mühe zu entziffern ist

16 + 81 Hiohan Jacob Muler Derzit
Seckelmeister.

Unfern steht das *Gasthaus Gotthard*, ältestes im Ort, aber Goethe ist »zum goldenen Löwen oder der Post eingekehrt«; es hieß *Goldener Löwe*, und die Post war im Hause; seither mehrmals umgebaut, ist es ohne Gold der *Löwen*.

Dienstag, den 3. Oktober

»Um halb neune von Hospital aufwärts«

Wirklich, der Pfad ging und geht aufwärts, recht steil, und er kreuzt, ein spielerisch in die buckligen Matten gelegtes Band, die spitzen Kehren der großen Straße. Er läuft zuerst oberhalb, dann unterhalb von ihr, vereinigt sich erneut mit ihr, um dann zum Reußbett abzufallen und sich fortan ihm entlang über das Gotthardmätteli, »den ersten Schnee neben uns«, zu ziehen, zum Gamsboden hinauf Höhe gewinnend. Da ist ein neu getretener Weg, vom alten sind noch die Randsteine zu sehen. Ein Seitenarm der Reuß wird gequert, von da war bis vor kurzem der Pfad von Lawinen und Bergwassern arg zerrissen; später wird er ansehnlich für militärische Zwecke und erreicht dicht unterhalb des Kantonsgrenzsteins Tessin–Uri die Straße, verliert sich am steilen Talriegel bis hin zum Campo dei Morti, zum Feld der Toten.

Es läßt sich denn auch hier nicht auf Schritt und Tritt Goethe folgen, allein das Erlebnis, es auch nur für ein Stück weit zu tun, ist Eindruck genug, nicht nur, um mit ihm zu schauen: »Der Weg geht an der über Felsen sich immer hinabstürzenden Reuß hinauf und die Wasserfälle bilden hier die schönsten Formen« (13. November 1779), Eindruck genug auch als eigenes Erlebnis. So vom Grund des Tales, von der Tiefe und der Mitte aus, zu beiden Seiten hoch aufsteigend die Hänge, dürftiges Grün, Geröll, Felsen und am Himmel die Gipfel, so geht man im Bewußtsein, hier und nur hier auf dem diesem Tal angemessenen Weg zu sein. Hier und nur hier gibt sich der Rhythmus des Tales in seinem Stufenanstieg und des Wassers in seinem Fall zu erkennen; die Autostraße, die windet sich hinauf zur Seite, auf etwas Höhe und über etwas Tiefe.

Für die drei Wanderer im Oktober 1797 war »schöne Sonne und ganz heiterer Himmel, die Gipfel weiß überstäubt... der schöne, breite, gleichförmige Wasserfall, Glimmerschieferplatten stürzen gegen den Berg ein, über die denn das Wasser hinüberströmen muß«. Das mag die Reuß über dem mächtigen Absturz zum Brüggmätteli sein. Gewiß hat sich Goethe an die Wanderung von 1775 erinnert und Meyer davon erzählt; denn hier versöhnte er sich mit Passavant, der grollend ob der verhinderten Italienreise nur zaudernd folgte, »bis uns jener herrliche Wasserfall wieder zusammenbrachte, zusammenhielt, und das einmal beschlossene endlich auch für gut und heilsam gelten sollte«. (D. u. W.)

»Moor, Glimmersand, Schnee. Alles quillt um einen herum. Seen«, sie sind nun beim Campo dei Morti, von dem im Tagebuch 1775 steht: »Öde wie im Thale des Todts – mit Gebeinen übersät«, Vision des Grauens und doch der Wirklichkeit nahe. Zu allen Zeiten war dieser Gebirgskessel gefürchtet, von allen Seiten stürzen Lawinen, noch wirkt er unheimlich, grauweiß, mit seinen merkwürdig farblosen Seen, dem moorigen Grund; ihm ausweichend wand der Weg sich einst am Rand in die Höhe.

»Wir nahten uns nach und nach dem Gipfel.« Mehr Aufmerksamkeit gibt er an diesem Tag der Paßhöhe nicht, 1779 aber erklärt er ausführlich diesen *Gipfel*, »... den Sie sich wie einen kahlen Scheitel mit einer Krone umgeben denken müssen... Man ist hier auf einer Fläche, ringsum wieder von Gipfeln umgeben, und die Aussicht wird in der Nähe und Ferne von kahlen und auch meistens mit Schnee bedeckten Rippen und Klippen eingeschränkt«, es war am 13. November nach beschwerlichem Weg über die Furka.

XIII

DIE WANDERUNG ZUM GOTTHARD 1779

Übriggeblieben ist davon ein Denkmal: »Die Wanderung von Genf auf den Gotthard.«

In weitgezogenem Bogen wird das Ziel angegangen, meist zu Pferd, oft mit dem Schiff, auch mal im Fuhrwerk, und zu Fuß. Von Basel über Bern mit großem Abstecher ins Berner Oberland, durch die Täler und Höhen des Jura nach Genf. Von Genf dann zum Mont Blanc nach Chamonix, hinab ins Wallis. Wenige Schweizer haben von ihrem Land soviel gesehen wie Goethe.

Auf dem Weg nach Sitten zeigte »jeder Schritt eine Landschaft, die ein Gemälde wert gewesen«, in dem groß- und in unsern Alpen fremdartigen Tal; noch großartiger muß es damals gewesen sein, unverbaut und unversehrt, aber arm, wie pitoyabel arm:

»Die Häßlichkeit der Städte ... meist an die Berge angeflickt ... die Dächer ganz schwarz gefault und vermoost«, nunmehr gepflegt, sorgsam erhalten, für uns altes, unverwechselbares und bewundertes Wallis, dazwischen allerdings auch über weite Flächen und Strecken hin die Ekzeme des neuen Lebens in Beton.

Nicht nur Ortschaften mißfielen, »die scheußlichen Kröpfe haben mich ganz und gar üblen Humors gemacht«, die Kröpfe, Attribut der damaligen Walliser (dem einstigen Jodmangel zuzuschreiben), Goethe wußte davon. 1797, kurz nach seiner Rückkehr von der dritten Wanderung zum Gotthard, schrieb er an Schiller: »... daß sie [die Deutschen in ihrer Engstirnigkeit] wie jenes kröpfige Volk, den gesunden Bau des Halses für eine Strafe Gottes halten.« Gewiß, es gab auch andere Kropfgegenden in der Welt, doch meinen wir, er habe die Geschichte gehört, die man sich hierherum erzählt: Ein Walliserkind, zum ersten Mal in der großen Stadt, zupft die Mutter am Rock und flüstert erschreckt: »Du, die haben ja keine Kröpfe«, und die Mutter sagt: »Siehst du, wie man dem lieben Gott ewig dankbar sein soll, wenn man alle Glieder hat.«

Genug der Kröpfe! Noch mehr verdarb die gute Laune in diesen Tagen: eine verwanzte Nacht in Leukerbad »am Fuß des ungeheuren Gemmiberges«, am Morgen dann der Abstieg über steilglitschige Matten mit erstem Schnee, es war inzwischen November geworden, und in Leuk – »die garstige Stadt« – explodierte sein Unwillen, er hielt ihn fest in der *Ersten Abteilung der Briefe aus der Schweiz*: »Pfui, wie sieht so ein Menschenwerk und so ein schlechtes notgedrungenes Menschenwerk, so ein schwarzes Städtchen, so ein Schindel- und Steinhaufen, mitten in der großen herrlichen Natur aus!« – Unsere stolze Leuk-Stadt, auf Postkarten, in Heimatbüchern abgebildet mit den typischen, wie naturgewachsenen Mauern, dem ernsten Kirchturm.

In Leuk zeichneten sich erste Schwierigkeiten ab. Die Pferde, war zu erfahren, fänden weiter hinten im Tal weder gangbare Wege noch Haber, die Ställe zu klein, nur für Maultiere bemessen. Rasch entschlossen vertraute man sie Freund Wedel und Philipp Seidel an zum Weg zurück, in Luzern würde man sich wiederfinden. Zu Fuß »ist am Ende doch immer das Angenehmste«, das Gepäck auf ein Maultier geladen, erreichten sie Brig. Auf dem Weg dahin krochen dicke Schneewolken im Rücken und eine »weitläufige Wettergeschichte« ringsum, mit ihnen kroch die Sorge auf, daß man »von Wolken zugedeckt und in einer Nacht eingeschneit sein könnte«, fatale Ahnungen von Enge und ängstliche und böse Gefühle bedrängten, alle diktiert von der Last der Verantwortung für den jungen Herzog. Umwege wurden erwogen und verworfen, man möchte das Wallis bis an sein oberstes Ende sehen, Goethe wollte auf dem nächsten Weg auf den Gotthard, zu den Kapuzinern.

Die Reise glich nun »dem Marsch, den man gegen einen Feind richtet, nun ist's, als wenn man sich dem Flecke nähert, wo er sich verschanzt und man sich mit ihm herumschlagen muß«.

Der Feind, personifiziert in der Furka, nach Art der Bergler und des Wirtes in Brig, der vom »Berg« redet, »wenn er gar zu grimmig wäre«, sollte man umkehren.

Der Ritt auf gemieteten »Bergpferdchen« begann angenehm über Matten mit Nuß- und Edelkastanien-Bäumen, durch das mäßig ansteigende Tal. Spuren der alten Straße lassen sich, hinauffahrend, noch erkennen, außerhalb Brig schwingt sich die schön gemauerte Brücke elegant über die Rhone, hier noch der *Rotten*, eigentlich bis unterhalb Brig, im deutschsprachigen Wallis, vom römischen *Rodanus* abgeleitet.

Sie erreichten Mörel und die erste Schlucht. Die Straße wurde 1862 *karossabel* gemacht und seither breit und breiter, bequem, in die Felsen gesprengt; was verstehen wir noch vom Unheimlichen des Wegleins in Felsbändern. Und sie erreichten die zweite Schlucht, jene von Grengiols, wo ein uralter Weg einst in grausige Tiefen zum Steg über den tosenden Rotten ab- und drüben aufstieg, nun zu begehen als Wanderweg. Sie aber ritten diesseits, längs unserer Autostraße weiter, Dörfer guckten aus dem Schnee, das Tal war hier wieder breiter. Sie kamen in ihr Mittagsquartier.

Oft ist gerätselt worden, in welchem Dorf es war. Fiesch wurde genannt, aber das war es nicht. Auf einer Karte von Gabriel Walser (1765), die Berge wie Zuckerstöcke gezeichnet, geht der Weg bei Lax durch die Matten hinunter, überbrückt den Rotten und steigt jenseits wieder durch Matten auf nach

Ernen,

einem der ältesten Dörfer im Goms, einem der schönsten zumal, einst bedeutend als Durchgang von und nach der Furka.

Die ältesten Häuser stammen aus dem 13. Jhdt., jedes Jahrhundert fügte eine Handvoll hinzu, zu einer Einheit, die erhalten blieb und bewundert wird.

Von den »artigen Zieraten von Drechsler- und Schnitzwerk« sind wenige mehr zu finden, und gar nichts davon in dem Haus, in das Goethe eingetreten sein soll »bei einer Frau... in deren Haus es ganz rechtlich aussah«.

Diese schöne Stube war im Haus St. Georg[52], das Standbild des Heiligen mit Drachen an der Fassade zum Dorfplatz, quer zum Rathaus, kein Wirtshaus damals. Die Porträts aber, die erkennen ließen, »daß mehrere aus dieser Familie sich dem geistlichen Stand gewidmet hatten«, sollen jene sein, die aus dem Haus St. Georg in die Pfarrstube gebracht wurden, neben der Kirche; diese, weithin sichtbar auf dem Hügel, enthält viele Kostbarkeiten im Innern.

Auf dem Dorfplatz selbst steht seit neuerer Zeit das klumpige Standbild von Kardinal Matthias Schiner, berühmtester Walliser, mächtiger Kirchenfürst und Staatsmann im 15./16. Jhdt. Des Kardinals Onkel war Pfarrer in Ernen und jene »Sammlung wohl eingebundener Bücher über der Tür, die wir für eine Stiftung eines dieser Herren hielten«, stammte, wird gesagt, aus der Schiner-Familie, vermutlich von Geistlichen späterer Generationen.

In Ernen weiß man, der große Goethe war hier, weiß auch, er hörte von der Wirtin eine traurige Liebesgeschichte, so traurig, daß er »ts lütter Wasser geflännet« habe: Die Geschichte vom Heiligen Alexis und der verlassenen Braut, von der Wirtin des langen und breiten erzählt, von Goethe abends in Münster ebenso lang und breit aufgeschrieben – mit der ganzen unbarmherzigen Heiligkeit des Alexis.

Nach dem Mittagessen ritten sie weiter, am Galgen vorbei, er steht noch auf kleinem Hügel außerhalb des Dorfes; über Wiesen und Wildbachkegel, durch die Dörfchen des Obergoms, der »Zehend Gombs« (die zehn Stunden entlang dem jungen Rotten) und »endlich ward's wirklich scheußlich«, schrieb Karl August, der Ostwind pfiff eisig daher.

Goethe aber, nach allen Sorgen und Unbillen des Tages: »Der Mensch ist niemals Herr seiner selbst«, beginnt abends in der *Post* in Münster – das Hotel, schmal und umgebaut mitten im Dorf, sommers in der Brandung des Furka-Paßverkehrs – seinen Bericht mit heiterem »Wieder einen glücklichen und angenehmen Tag zurückgelegt!«

Das Werweißen aber, das hin und her und auf und ab, ob ja, ob nein, über das Wagnis des Weges über die Furka, es dauerte an. Man widerriet ihnen eindringlich vom Vorhaben, sie gingen ans Fenster und wieder ans Fenster: »Wir sind jetzt sehr im Fall, Winde und Wolken anzubeten.«

Am 12. November früh um sieben, es ist kalt, schneit aber nicht, setzen sich Goethe, Karl August und der Jäger Hermann von Münster in Marsch nach Oberwald. Bald lassen Nebel und Schnee in dem breiten, moorigen Tal den Weg mehrmals verfehlen. Nach zwei Stunden in Oberwald finden sie zwei Führer, einer, »der die Stärke und Tapferkeit von einem Roß zu haben schien«, und während sie auf ihn warteten, tranken sie Wein und waren lustig.

Sie zogen los, der Furka entgegen, durch Schneetreiben und Nebel »in der ödesten Gegend der Welt«, fünf einsame Gestalten in Einerkolonne, schneestampfend. Wie sie ausgerüstet waren für die Tour, ist unbekannt, im Tal von Chamonix hatten sich ihre Absätze abgerundet; ob sie sich dann Fußeisen oder beschlagene Schuhe beschaffen konnten, genug, sie stiegen und stiegen »durch die ungeheure, einförmige schneebedeckte Gebirgswüste im Grauen der unfruchtbaren Täler«, der Rhonegletscher wurde sichtbar, »der ungeheuerste, den wir so ganz übersehen haben«.

Der Schnee nimmt jenseits der Paßhöhe zu, die Kälte auch, man bleibt nicht stehen, marschiert, neun Stunden ununterbrochener Mühsal.

Wer von uns je auf einer Bergwanderung in Nebel und Schnee geriet, selbst in sonst vertrauten Gegenden, der weiß vom Verloren- und Niemandsein, der Beklemmung im Verhängten und Lautlosen, weiß, was Goethe meint mit: »Ich bin überzeugt, daß einer, über den auf diesem Weg seine Einbildungskraft nur einigermaßen Herr würde, hier ohne anscheinende Gefahr vor Angst und Furcht vergehen müßte.« Da er es sich vorstellen kann, ist anzunehmen, daß die Angst ihn doch gestreift, er sie erlebt hat, erleben wollte als Grenzsituation des Daseins.

Er wird 1786 am Vesuv bis zum Kraterrand aufsteigen und dort in infernalischen Dämpfen und prasselndem Lavaregen das Naturereignis in nächster Nähe erleben; er will 1792, während der Kampagne in Frankreich, da er »soviel vom Kanonenfieber« gehört, auch das erleben und reitet allein in die Kampfregion, analysiert auf das Genaueste das Empfinden an der Daseinsgrenze.

Es mag zum Leben gehören, »in dem ich mich täglich übe und täglich wachse«, zur Disziplin, zu der er sich immer wieder erzieht, zur Beherrschung des Körpers durch den Geist, das ihn werden ließ zu dem »Persönlichkeitswunder, das Goethe hieß«, schrieb Thomas Mann in »Goethe als Repräsentant des bürgerlichen Zeitalters«.

In Realp mit Anbruch der Nacht angekommen, elf harte Stunden sind sie unterwegs gewesen, bei Kapuzinern gut aufgenommen und durchwärmt, essen die »Patres, Herren, Knechte und Träger alle zusammen an *einem* Tisch«, und dieser demokratische Umstand verdiente, nach Weimar und der Nachwelt gemeldet zu werden; sicher aber ohne Hintergedanken an die Etikette, die Goethe als zu jener Zeit noch Bürgerlichem nicht erlaubte, bei Hof an der herzoglichen Tafel zu speisen.

Gemeldet wird zudem bescheiden im Vergleich mit der Leistung, die doch besonders der junge Herzog, zum ersten Mal im Gebirge, vollbracht hatte, »daß die Träger über unsere seltene Geschicklichkeit im Gehen ihre Freude hatten«. Die einfachen Oberwalliser spendeten dem Landes- und dem Geistesfürsten ihr Lob; es wurde mit Genugtuung angenommen.

Anderntags, bei Sonne, der Himmel tiefblau über dem verschneiten Tal, wanderten sie zum Gotthard, ums Hospiz freilich war Nebel und Kälte, aber:

»Endlich sind wir auf dem Gipfel unserer Reise glücklich angelangt! Hier ist's beschlossen, wollen wir stille stehen und uns wieder nach dem Vaterlande zuwenden.«

Dieser zweiten Reise wollte Goethe im Park von Weimar ein steinernes Monument setzen, als Dank an die drei Götter, die ihm und dem Herzog so wohlwollten: Das Glück in der Mitte, rechts der Genius, Wegmacher, Fackelträger, links Terminus, der Grenzbeschreiter, stillstehend, mit dem Schlangenstab einen Grenzstein bezeichnend.

Er schrieb darüber ausführlich an Lavater und wünschte von Heinrich Füssli einen Entwurf, der Plan kam nicht zustande. In einem Brief von Lavater, ohne Angabe des Empfängers, er kann aber nur an Goethe gerichtet sein, steht unter anderem:

»Lieber. In der Seele wehe that's mir, daß Füssli so ganz impertinent teufelt... Er ist ein Satan, daß er auf deinen und meinen Brief so schreiben kann.«

XIV

AUF DEM GOTTHARD

Das Hospiz

höchstes und wichtigstes von den acht Fremdenspitteln und Herbergen, »um mittellose Durchreisende aufzunehmen« von Flüelen bis Airolo, hier war arm und reich beisammen. Freilich, die Mittellosen hausten zu mehreren in einem Anbau, neue Entdeckungen weisen auf eine regelrechte Karawanserei mit Innenhof. Preistarife gab es nicht, wer guten Willens war, bezahlte soviel er konnte, und interessant wäre zu wissen, wieviel die Exzellenz aus Weimar den Patres bei den drei Besuchen in die Hand gedrückt hat.

Bekannt war eine Unterkunft auf der Paßhöhe seit dem 12. Jhdt., im 14. Jhdt. sind dem Talbuch von Urseren Beiträge an den Unterhalt der Herberge auf der Paßhöhe zu entnehmen; sie wurde vergrößert und noch mehr vergrößert. Kardinal Visconti von Mailand gründete 1685, hauptsächlich für die wachsende Zahl der Rompilger, das Kapuzinerklösterchen; zwei Patres standen ihm vor bis zur Aufhebung der Klöster im Tessin 1881.

Ende 18. Jhdt. befand sich ein großer Sust unterhalb des Hospizes, heute Garagen; über dem Weg waren die Stallungen, achteckig wie ein Baptisterium, darin um fünfzig Pferde Platz fanden auf kleinem Raum, im Kreise aufgestellt wie in einem Karussell.

Südlich unterhalb des Hospizes, Goethe muß sie gesehen haben, grau gemauert, nun zugemauert, stand die Totenkapelle zwischen Grasbüscheln im grauen Gestein. Hier bewahrte man die Toten auf, Lawinenopfer, ums Hospiz Zu-

Gotthard-Paßhöhe

sammengebrochene, Erfrorene und von den Führern Gebrachte.

Das erinnert an die von Goethe 1779 nach dem Abendessen in Realp aufgezeichneten Erzählungen, als »schöne Geschichten und Gesinnungen unserer Führer« vermerkt, von deren Gelübde, selbst Tote an ein Ziel zu bringen.

Den Winter über und bis sie zum nächsten, ihrem Glaubensbekenntnis entsprechenden Friedhof gebracht und bestattet werden konnten, blieben die Leichen in klirrender Kälte in der Kapelle, aufrecht gegen die Mauer gelehnt.

1779: »Ich erkannte das Haus nicht wieder. Vor einiger Zeit ist es durch eine Schneelawine stark beschädigt worden; die Patres haben diese Gelegenheit ergriffen und eine Beisteuer im Lande eingesammelt, um ihre Wohnung zu erweitern und bequemer zu machen.«

Wieder wurde eine Beisteuer gesammelt vor einigen Jahren, diesmal, um das Hospiz, den ganzen Komplex mit Gasthaus und Nebengebäuden, dem Lande zu erhalten. Der bisherige Besitzer hatte in Zeitungen zum Verkauf angeboten, ausländische Interessenten meldeten sich, der Verkauf schien vor dem Abschluß; ein Sturm erhob sich dagegen, die Massenmedien griffen ein, der Gotthard soll nicht in fremde Hände übergehen, auch aus Gründen der Landesverteidigung nicht. Die Gelder flossen von überallher, die Anlage auf der Paßhöhe gehört nun einer Stiftung, der Gastbetrieb ist in Pacht von einer Aktiengesellschaft, der, wie es sich auf Tessinerboden gehört, Tessiner angehören, auch Urner. Die Leitung hat der heutige Besitzer vom Hotel *Stern und Post* in Amsteg übernommen, Nachfahre jener Wirtin, bei der Goethe einzukehren pflegte; sein Großvater mütterlicherseits wurde als Sohn des einstigen Hospiz-Wirtes dort oben, mitten im Winter, geboren.

*

Es braucht einige, braucht viel Phantasie, sich in den Straßen- und Parkplatzanlagen, dem Gewirr von wegweisenden Tafeln, Autobussen und Autos, Touristen aus vielen Ländern, den älteren und neueren Häusern, dem Fliegerdenkmal mit Adler – für den Piloten, der hier während des letzten Krieges abgestürzt ist –, den Kiosken und dem Gasthaus, in dem allen sich die Ankunft einstiger Reisender vorzustellen, das Neue wegzudenken, nur das Hospiz mit Nebengebäuden, Stallungen zu sehen; es will und will nicht gelingen.

Dann, bisher unbeachtetes Einzelnes, und das Bild von einst ist da: Am Hospiz, kahler Steinbau, an der nach Norden fensterlosen, nur mit kleinen Luken versehenen Fassade, hoch im Giebel, einem hölzernen Vogelkäfig gleich, der Ausguck. Von dort oben schauten die Kapuziner aus nach Ankommenden, nach Erschöpften, in der Steinwüste Umherirrenden, horchten auf Hilferufe bei Sturm, Nebel, Schneetreiben.

Das Hospiz selbst, der alte Weg führt holprig hinauf, befindet sich derzeit im Umbau, es wird ausgekernt; die einstige Kapelle hat man zu restaurieren begonnen und ist auf darunterliegende Kapellen gestoßen, die Ausgraber frohlocken über sensationelle Funde. Die Zimmer, nicht verändert in der Form, wurden erneuert für den Direktor des Hospiz-Gasthauses, für die Angestellten.

Das Haus, zugegeben, ist kaum mehr in allen Teilen jenes von einst. Vor etwa siebzig Jahren brannte es aus, das Gemäuer, soweit es beschädigt war, wurde mit alten Bauelementen wieder aufgebaut und aufgestockt. Über die ausgetretenen Steinstufen aber muß Goethe gegangen sein. Nichts hat denn auch auf dieser Suche nach seinen Spuren mehr berührt als in diesem Hospiz die Steinstufen – überall hämmernde Arbeiter, Staub und Mörtel, herausgerissene Leitungen – und oben »eine warme geräumige Stube«, in der Zimmermitte der mäßig hohe Ofen, keinesfalls jener aus dem 18. Jahrhundert; immerhin, der Gedanke an 1779, das Stubengefühl in dem Satz: »Es wird immer kälter, man mag gar nicht von dem Ofen weg. Ja es ist die größte Lust sich oben drauf zu setzen.«

Hier fühlte er sich am Ziel, geborgen.

Dann der Blick in übrige Räumchen: »Wir schliefen eine ruhige Nacht in etwas kurzen, an der Wand befestigten, eher an Repositorien als Bettstellen erinnernden Schlafstätten« (D. u. W.). Und der Blick durch die verstaubten Fenster in den dicken Mauern, hinaus gen Süden, ins Gewirr der Gipfel und hinab ins Tessintal, »An dem Fußpfad, der nach Italien hinunter ging«, hat er 1775 gezeichnet, die Bergkette Il Vespero, und Passavant trat herzu und wollte überreden, nach Italien hinabzusteigen, es war am 23. Juni, Lilis Geburtstag.

Zuletzt, heraustretend vor die Haustüre, ein scharfer Wind blies daher, und es war doch Sommer, an der Hausecke die Sicht auf die Gipfel nördlich und östlich, das Bild von 1779:

»Gegen Abend traten wir einen Augenblick vor die Haustüre heraus, um uns vom Pater denjenigen Gipfel zeigen zu lassen, den man für den höchsten des Gotthard hält.« Da standen Goethe, der junge Herzog Karl August und der Jäger Hermann mit Pater Lorenz an dieser Hausecke in grimmer Kälte, ausschauend nach dem Pizzo Centrale, der mit seinen 3001 m wohl schon damals als der höchste galt. »Wir konnten aber kaum einige Minuten dauern, so durchdringend und angreifend kalt ist es«, und sie traten zurück ins Haus, in die Stube zum wärmenden Ofen. Tags darauf begaben sie sich auf den Heimweg.

Es war ein merkwürdiges Gefühl, ihrem Weg folgend, auf dem Gotthard zu stehen und dann, nicht wie sonst gleichsam die Flügel auszubreiten, hinabzugleiten, südwärts, immer mehr südwärts; den Gotthard nicht als Übergang, als Grenze, als Ziel zu erleben und nach Norden zurückzufahren.

Im November 1779, im Ungewissen, ob über die Furka zum Gotthard aufgestiegen werden könne, da seine Gedanken immer wieder um den *Gipfel* kreisen, kommen auch immer wieder die Kapuziner vor, und endlich dort oben, datiert er seinen Brief an Frau von Stein »Auf dem Gotthart bey den Capuzinern«, als gehörten sie mit zum Ziel.

Da mag Koketterie dabei sein: Seht, ich, der Minister, der Dichterfürst und »naturfromme Heide«, ich ziehe hinauf zu einfachen Mönchen; er meint Pater Lorenz, auch Pater Seraphim, der »schon dreizehn Jahre auf diesem Posten aushält«, den er aber nicht kennenlernte, einmal war er in Mailand, bei andern Besuchen erwähnt er ihn nicht.

Zwischen Goethe und dem Gottesmann in der Einöde hat wohl eine echte Beziehung bestanden. Dieser Pater Lorenz (Lorenzo, er sprach Italienisch und gehörte zum Bistum Mailand) muß eine Persönlichkeit besonderer Prägung gewesen sein, ein König des Gotthards, humor- und kraftvoll, berg- und reisegewohnt, ein Weltmann und Politiker, gelassen, den Umgang mit hohen Herren gewohnt, gewohnt auch, arme Pilger, Kranke zu pflegen, Sterbenden beizustehen.

Mit dem zweiten Kapuziner, der Köchin und einem jungen Mann, von Luzern heraufgeschickt von Häusern, »welche das Postgeschäft dieser Hauptstraße zu besorgen hätten . . ., die hier oben auf dem Scheidepunkt mit allen in diesen Angelegenheiten eingreifenden Umständen und Vorfallenheiten bekannt werden sollten«, hatte er Hospiz, Post und Stallungen zu verwalten.

1797 fand er den Pater Lorenz »noch so munter und guten Mutes als vor zwanzig Jahren«[53], also war er mindestens vierundzwanzig Jahre in dem Hospiz.

»Endlich sind wir auf dem Gipfel unserer Reise glücklich angelangt!... Ich komme mir sehr wunderbar hier oben vor«, das war im November 1779. Nicht nur Genugtuung, das Ziel einer langen Reise ist erreicht, Jubel klingt mit, und Goethe hat später diese zweite Reise als die glücklichste Zeit seines Lebens gesehen; eine seiner glücklichsten Zeiten.

Es spiegeln sich denn auch in seinen drei Reisen zum Gotthard, im Tagebuch 1775 und in *Dichtung und Wahrheit,* in den Briefen von 1779 und 1797, die drei Lebensabschnitte:

Für den jungen Dichter, der mit Passavant hinaufstürmte, die erste Wanderung in ein fremdes Land, Erfüllung der Sturm- und Drang-Sehnsucht nach der großen Bergwelt, zur Grenze seines Kulturraumes, und die Versuchung, nach Italien abzusteigen, der Entschluß zur Umkehr, die seine Zukunft entscheiden sollte.

Als hätte sich der Gotthard in den vier Jahren danach in seiner Erinnerung verklärt zu einem mystischen Ziel, zu eben dem magischen Berg, ist die Ankunft auf dem *Gipfel* dann Erfüllung, Höhepunkt, er selbst gereift, stiller geworden.

Fast zwanzig Jahre später, die Wanderung mit dem endlich wiedergefundenen Freund ist wichtig, die Landschaft als Bild und in ihrem morphologischen Gehalt; auf dem erreichten Gipfel wird es wie Ernüchterung, als hätte der Berg seine magische Kraft verloren.

Zwar schreibt er Herzog Karl August: »Tausendmal, ja beständig habe ich mich der Zeit erinnert, da wir diesen Weg zusammen machten«, das ist Rückblick, nicht nur Höflichkeit dem Landesfürsten gegenüber. »Ich habe viel Freude gehabt, diese Gegenstände wieder zu sehen und mich in mehr als einem Sinne an ihnen zu prüfen.« Rechenschaft, die er sich schon 1779 im Blick zurück auf die Reise von 1775 abgelegt hat, die sich dann erneut aufdrängte.

»Nach Tisch gingen wir hinunter und waren so leicht und

bald wieder in Hospenthal, daß wir uns verwunderten und der Bergluft diese Wirkung zuschrieben.«

Damit ist das Gotthard-Erlebnis abgeschlossen, »so leicht und bald« ist er weggegangen, ein Abschnitt, eine Beziehung, gleich wie manche seiner Beziehungen zu Menschen, hat sich erfüllt, ist überlebt, abgefallen.

Fast erlöst »von den Winterszenen des Gotthards, die nur noch durch Mineralogie belebt werden können«, wieder in Stäfa zu sein, schreibt er an Cotta, »haben wir uns in ein Museum zurückgezogen, das durch die von Meyer aus Italien mitgebrachten eigenen Arbeiten und sonstige Akquisitionen gebildet wird, und sind also von dem Formlosesten zu dem Geformtesten übergegangen«, zu den Werken der Antike.

War ihm 1779 noch die Bergwelt Maßstab, an dem er sich prüfte und zu behaupten vermochte, fiel es ihm diesmal als Künstler des Nordens, des Flach- und Hügellandes, schwer, »vom Formlosen zur Gestalt überzugehen, und wenn er auch bis dahin durchgedrungen wäre, sich dabei zu erhalten«.

Und wenn er für uns bis zur Ermüdung Gestein um Gestein beschreibt, aufzählt, findet sich in den Gesprächen mit Eckermann eine Erklärung:

»Die Schweiz machte anfänglich auf mich so großen Eindruck, daß ich dadurch verwirrt und beunruhigt wurde; erst bei wiederholtem Aufenthalt, erst in späteren Jahren, wo ich die Gebirge bloß in mineralogischer Hinsicht betrachtete, konnte ich mich ruhig mit ihnen befassen.« Jedoch 1797: »...hatten wir des Felsanschauens auf dem Gotthard für diesmal genug«, schreibt er unwirsch von Stäfa aus in einem ohnehin etwas gereizten, dem letzten Brief an Barbara Schulthess.

Abgefallen das Gotthard-Erlebnis? Es kehrt wieder in der *Euphrosyne*-Elegie, in Hexameter gefaßt die rauhe Bergwelt und bevölkert von griechischen Musen und Göttern, kehrt wieder in *Faust,* zweiter Teil, und in der Prosa des *Wilhelm Meister*.

XV

WAS GOETHE UM DEN GOTTHARD AUFGEFALLEN IST

Die Menschen von Uri

Auf seiner Reise durch das Neckartal und durch Schwaben hat er da und dort den Menschenschlag beschrieben, Frauen und Männer und ihren Habitus; aber nicht zum Gotthard hinan. Man vernimmt ab und an örtliche Besonderheiten, nur im Gespräch zu erfahren, kaum ein Gesicht taucht auf, keine direkte Aussage, und nie äußert er sich über den Typus der Einheimischen. Mag sein, ihm galt noch immer, was er 1779 geschrieben hat: »Ich bemerke, daß ich der Menschen wenig erwähne; sie sind auch unter diesen großen Gegenständen der Natur, besonders im Vorbeigehen minder merkwürdig.«

Also ist es eine eigentümlich unbewohnte, eine menschenleere Gegend, durch die Goethe zieht, und doch war das Tal schon damals dicht besiedelt. Andere Reiseberichte jener Zeit beklagen diese Übervölkerung mit als Grund zu Armut und Auszug der jungen Leute in fremde Kriegs- und andere Dienste. Sie kehrten zurück, meist nach ungefähr zehn Jahren, angesehen und gebildet, kamen zu Arbeit, gar Wohlstand, wenn sie nicht verkrüppelt oder verkommen in Wirtshäusern herumlungerten und zur Plage des Landes wurden.

In jenen Berichten wird recht streng darüber und über die Mentalität der Talleute geurteilt, einerseits von der Ausbeutung durch die Besitzenden, vom Einfluß der Kirche, ihr wird vom Übel einiges angekreidet; anderseits von der Lethargie, in der dahingelebt wurde, ohne Eifer, etwas zu erlernen, vom Fatalismus, in dem sie nicht versuchten, ihre Lage zu verbessern, dem Boden mehr abzugewinnen.

Und trotz der Lethargie und dem Fatalismus haben die Urner um ihrer Freiheit willen nicht nur jenen in der Jagdmatt geplanten Aufstand gegen die Franzosen, kurz danach noch einen zweiten unternommen.

Einerlei, es muß ein kümmerliches Völkchen gewesen sein, das sich talauf und talab am Wegrand zeigte; vielleicht hat Goethe als Ästhet es bewußt übersehen, sich dennoch, wie 1779, eingestanden, daß man bei längerem Aufenthalt »... gar interessante und gute Menschen finden würde«.

*

Nicht nur interessanten Menschen hätte er begegnen, auch von ihnen ihre Sagen hören können, wie sie der Urner Arzt Eduard Renner im Buch *Goldener Ring über Uri* aufschrieb, in lebenslanger Erfahrung und geduldiger Erforschung vom »Erleben und Denken unserer Bergler, von Magie und Geistern und von den ersten und letzten Dingen«, einzigartiger Zugang zur Sagen- und Seelenwelt dieser Bergleute.

Goethe hat die Märchen fremder Länder und des Ostens gelesen, er hätte, bei längerem Aufenthalt, in diese Sagenwelt eindringend eine Zone der Phantasie entdeckt, wie sie anderswo kaum erfahrbar ist. Phantasie weltabgeschiedener Bauern, den Mächten der Natur ausgeliefert, der Einsamkeit auf ihren *Eigen* (ihren Gütchen), den Donnernächten auf ihren Alpweiden, der Dunkelheit ihrer Winter.

Für sie sind stärker als ihr katholischer Glaube, und tiefer wurzelnd, die personifizierten Mächte der Natur, das Magische im Gegensatz zum Animistischen, der Zauber im Wort, gesammelt im ES. ES, kaum in einigen Sätzen zu umschreiben, »zum Gott oder Teufel fehlt ihm die Gestalt«, das Numen, das Unnennbare. ES läßt Lawinen niedergehen, Bergrutsche und Steinschläge, Kuhherden abstürzen und im günstigen Fall unversehrt wieder auftauchen. Bannsprüche, Bannformeln und Bannhandlungen, Bannzeichen über der Stall-, der Haustüre oder an gefährlichen Stellen vermögen bisweilen ES zu bezwingen; auf die richtige Frage, die richtige Antwort kommt es an, auf das Verhalten ihm gegenüber. Am besten, man übersieht, ist nicht da für ES, man selbst ist nicht vorhanden, gibt sich unangreifbar. *Man tut nichts dergleichen.* ES ging über in Fleisch und Blut und in den Alltag, dieses »Müäsch nyt derglychä tüä« beginnt schon bei den Schulkindern; hernach wird ja doch geredet.

Gewiß, Radio und Fernsehen dringen bis in die hintersten Talwinkel, klären auf, doch geistert ES noch in den Köpfen der Bergler, in Katastrophen-Wintern zeigt es sich allemal wieder.

Die Wirte

Namen hat Goethe vermerkt in seinem Bericht, wie wir sie in unser Adreßbüchlein schreiben, von zwei Mineralienkabinetten und einem -Händler, von Wirten hauptsächlich. In ihren Gasthäusern stieg die vornehmere *clientèle* ab, für die Säumer und ihresgleichen gab es die billigeren Unterkünfte, für die Armen die Fremdenspittel.

Diese Wirte und ihre Familien, ganze Dynastien, gehörten zur Oberschicht, sie kannten sich in der großen Welt und deren Sprachen aus, hatten daneben oft behördliche Ämter inne, wie der Talschreiber und Wirt von *Drei Könige* in Andermatt.

Er fügt den Namen kurze Bemerkungen bei. In Altdorf: »Der Wirt zum Schwarzen Löwen heißt Franz Maria Arnold.« Sonntagmorgen: »Höflicher Abschied vom Wirt. Schein wechselseitiger Zufriedenheit.«

Auch andernorts hat er sich, 1779 besonders, nicht unbedingt befriedigt von der Bewirtung geäußert, verblüffend ist, daß er ausgerechnet im Hauptort Uris diese und keine andere Formulierung braucht. Das Sich-nichts-anmerken-Lassen, nun ja, unter höflichen Menschen ist es üblich, hier aber möchte es vom *Nicht-dergleichen-Tun* her gelesen werden.

In Amsteg pflegte Goethe im Gasthaus *Stern* einzukehren. Der heutige Besitzer ist stolz darauf, seine Ahnfrau, mit Namen nicht genannt, wurde als Wirtin, wenn auch nicht im besten Sinn, 1779 von Karl August als betrunken, 1797 von Goethe erwähnt: »Wasser- und Brotgelübde der geizigen Wirtin«, ob belustigt oder verärgert über soviel verdächtige Frömmigkeit, bleibt ungewiß.

In Wassen, im Gasthof *Am Zoll* wurde mindestens fünfmal übernachtet, und 1797 saßen die drei Reisenden beim Essen, Goethe, guter Zuhörer, ließ sich von der alten Wirtin ihre »Familiengeschichte sowie ihre Geduldslehre« erzählen, Schicksals- und Naturergebenheit.

Dieses Dreigestirn von Wirten wirkt wie die erstaunlich ausgedachte Verteilung von Rollen, Eigenschaften der Urner personifizierend, wozu allerdings, trotz Lethargie und anderem, ein Chor käme von lebensnahen, wachsamen, mißtrauischen, rebellischen und witzigen Stimmen; wer Urner auf dem Tanzboden gesehen hat, glaubt an vulkanischen Urgrund, nicht an Granit und Gneis.

»Die holztragenden Weiber«

Wir sehen sie heraufsteigen durch die Schöllenen mit Kuhherden und Nebel, vom Holz auf dem Tragreff überragt, gebeugt unter der Last mit Wanderstöcken oder die Arme vor der Brust gekreuzt, ärmlich grau gekleidet, das Kopftuch im Nacken verknotet.

»Sie erhalten oben im Urserental 6 Groschen, die Last, die sie bei Göschenen für drei Groschen kaufen, die andere Hälfte ist ihr Traglohn.«

»Hier wachsen keine Bäume«, schrieb er 1779, »es sei das heilig geachtete Fichtenwäldchen.«

Karl Kasthofer, anderer Reisender jener Zeit, aber empört sich: »Wie wunderbar ist die Entblößung von allem Baumwuchs! Wie lang schon haben die Bewohner der Talschaft Urseren so gar nichts gethan, diesem Mangel an Holz abzuhelfen. Ganze Züge armer Weiber und Mädchen wandern zwei Stunden weit nach Wassen hinunter, um das Brennholz in Bünden von sechzig bis fünfundsiebzig Pfunden anzukaufen und in Urseren... zu verkaufen. Den Winter hindurch, wenn die Teufelsbrücke hoch überschneit ist, waten oft bejahrte Weiber, die schweren Holzbürden an den Rücken gebunden, auf Händen und Füßen über die schreckliche Brücke; immer in Gefahr, bei heftigen Windstößen in die tobende Reuß gestürzt zu werden.«

Drei Groschen Verdienst; ein Viertel Salz kostete um 3 Gulden; Brot kann als Vergleich nicht herangezogen werden, es war unerschwinglich, steht nicht in Preislisten vom Ende des 18. Jhdts. Nebenverdienst armer Frauen, sie verkauften den Reicheren Holz; in ihren Häusern mußten sie sich zum Heizen und Kochen mit Alpgestrüpp und ähnlichem behelfen; und frieren.

»Allgemeine Klage«

»Fast alles umher sieht von zerstreutem Granit, verwittertem Holz und grau gewordenen Häusern grau aus; man sieht noch etwas Kartoffelbau und kleine Gärtchen.« Der Ertrag reichte nicht aus, um Familien mit vielen Kindern zu ernähren. Kartoffeln mußten hinzugekauft werden, und die Väter, wenn sie nicht Säumer waren, zogen Jahr um Jahr ennet den Gotthard und buckelten Reis und Mais als Vorrat herüber.

Dieses Grau in Grau steht in eigentümlichem Einklang mit einem Eintrag in derselben Gegend um Wassen: »Allgemeine Klage, daß die Bauern so geldgierig wären«, und es sind mithin die Bäuerchen, die er, doch wohl erbittert über ihr elendes Los, in seinen *Briefen aus der Schweiz – Erste Abteilung* beschrieben hat:

»Diese armen Teufel auf den Klippen und Felsen... das halbe Jahr von Schnee wie ein Murmeltier gefangen gehalten« und in Häusern mit »Großen Kieseln und anderen Steinen auf den Dächern, daß ja der Sturm ihnen die traurige Decke nicht vom Kopf wegführe.«

Lassen wir beiseite, daß die Schweizer, die Urner mit ihnen, zu allen Zeiten verrufen waren als geldgierig, lassen wir eben den *armen Teufeln* Gerechtigkeit widerfahren, in jenen Jahren der Mißernten, Krisen und Teuerungen, wenn auch nicht verhungernd, so doch am Rande des Existenzminimums; am Rande der Straße auch und am vorüberziehenden Reichtum – in gewissem Sinne noch heute – erschien ihnen jeder Reisende, nicht mit Lasten beladen, als Bonze. Was Wunder, wenn sie von dem Goldstrom mit einem Schuß Berglerschläue ein Rinnsal für sich abzuzweigen versuchten.

Abseits von der Straße hätte er in den Tälern auch jene gefunden, die er, der Minister, 1779, im Wallis so nobel beschrieben: »Je mehr in den Gebirgen die Menschen abgeschnitten und auf die allerersten Bedürfnisse des Lebens zurückgewiesen sind, desto besser, freundlicher, willfähriger, uneigennütziger, gastfreier bei ihrer Armut habe ich sie gefunden.«

Die Tiere

Nach dem zweiten Besuch der Jagdmatt-Kapelle, im Oktober zur Jagdzeit, »ward am Wege eine Gemse ausgehauen, bei welcher Gelegenheit man uns die Geschichte eines Jägers erzählte, der einen Mann statt der Gemse erschoß und dem zur Strafe verboten wurde, zehn Jahre lang kein Gewehr zu führen« (die doppelte Negation erheitert uns heute).

Der Advokat Goethe hält fest, gibt kein Urteil ab. Ob es sich um einen Gerichtsfall handelte, der zu der Zeit die Gemüter beschäftigte, ist nicht festzustellen, die Gerichtsakten sind beim Brand von 1799 verbrannt.

Ein Jagdunglück, wie es vorkommt, in der Dämmerung nimmt ein Jäger eine verstohlene Bewegung wahr, er zielt und trifft einen Menschen. Milde und verständnisvoll scheint das Urteil für eine Zeit, die noch die Todesstrafe kannte, streng genug für einen Bergler, der auf Jagd ging zum Lebensunterhalt und nicht zum Sport; vergleichbar mit dem Entzug der Fahrbewilligung – zehn Jahre für ein Menschenleben.

»Gemsen kommen noch öfter vor«, so ist es auch heute und sie sind geschützt, die Jagd auf sie streng reglementiert. »... auch Murmeltiere, wovon wir mehrere in Hospital sahen, die noch im Fell an der Luft trockneten.« Zwar hingen sie nicht im Freien zum Trocknen, vielmehr weil sie stark nach Erde riechen, ein muffiger Gestank; auch – weil die Temperatur zur Zeit der Hochwildjagd im Urserental recht tief sinkt – damit das Fett gerinnt und sich besser, sauberer vom Fell trennen läßt; man hängte zudem die Beute zur Schau aus, als Angebot. Murmelfett wurde und wird zu Medizinalzwecken gekauft, man salbt gegen viele Leiden, Rheuma und Mumps, man trank es, zu Öl geschmolzen. Zehn Tropfen davon auf die Hand geträufelt werden, die Hand lange genug still gehalten, auf der unteren Seite heraustropfen, so durchdringend ist dieses Öl, wird einem versichert.

Das Urserental, besonders das obere Teilstück zur Furka hin, gilt als ein Murmeltier-Gebiet; wer im Sommer mit der Bahn durchfährt, im unberührten Talgrund – die Straße zieht sich oben am Hang hin – über der Furkareuß, wo es von allen Seiten schäumt und gischt und tost von Wasserfällen, wird zwischen Urgestrüpp, Geröll, Tuffs von Alpenrosen und Dotterblumen die Tierchen höckeln und spielen sehen wie in Gottfried Kellers »Der Apotheker von Chamonix«

In der Sonne vor dem Hause
Saß die Murmelfrau und säugte
Ihre Buben, die zu naschen
Ab und zu vom Spiele kämen
...
Und die Kinder schlugen fröhlich
Purzelbäume auf den Mahden.

Eine »Schwalbenversammlung auf der Wiese« hat er gesehen,

von Flüelen nach Altdorf wandernd; Schwalben, sich am Boden versammelnd, bieten ein seltsames Bild, doch wissen die Zoologen, daß sie sich auch im Schilf niederlassen; vielleicht saßen sie auf Umzäunungen, ausruhend auf dem Flug nach Süden. Da Goethes Gedanken auf jenem Weg gegen Altdorf um Tiere kreisten, fiel ihm ein: »Kleine Vögel werden unzählig in Schlingen gefangen.« Schon im Urserental hat er beobachtet: »Schnee, der die Vögel in die Schlingen treibt...« Ob es Nachzügler jener Schwälbchen waren auf der Wiese bei Altdorf?

Der Vogelfang war gang und gäbe, das vorrevolutionäre Jagdgesetz setzte lediglich eine Schonzeit fest, »von der alten Fastnacht bis den ersten Tag Heumonats«, da war das Fangen jeder Art von Geflügel verboten. Erst in unserm Jahrhundert verboten Jagdschutzgesetze den Vogelfang endgültig und energisch.

Im Satz »... den kleinen Vögeln in den Schlingen« folgend heißt es genüßlich: »In Altdorf verzehrten wir ein gutes und wohl bereitetes Berghuhn.«

Die Maultierzüge

sind fast allgegenwärtig auf den drei Reisen, und es verwundert nicht. Über neuntausend Saumtiere sollen jährlich unterwegs gewesen sein, sie trugen gegen zwanzigtausend Ballen, Fässer, Kisten her- und hinüber, sie machten sich bemerkbar mit ihren Schellen.

»Das Gerausch des Wasserfalls, der Saumrosse Klingeln« hört er im Tagebuch 1775, es klingt noch lustig; und im November 1779, den Gotthard hinaufsteigend: »Ein großer Zug von Mauleseln machte mit seinen Glocken die ganze Gegend lebendig. Es ist ein Ton, der alle Bergerinnerungen rege macht«, und es klingt noch erfreut. Dann aber steigt Mißmut auf ob des ungleichmäßigen Schrittes der Maultierzüge, ihrer breiten, den schmalen Saumpfad ausfüllenden Lasten und der dem Wanderer hieraus entstehenden Beschwernisse.

Die Maultierzüge müssen Goethe zum Alpdruck geworden sein, in *Wilhelm Meister* nimmt er in Lenardos Tagebuch das Thema auf, da wurde er »schon vor Tagesanbruch aus erquicklichem Schlaf durch ein andauerndes Schellen- und Glockengeläute zu meinem großen Verdruß aufgeweckt. Eine große Reihe Saumrosse zog vorbei, eh ich mich hätte ankleiden und ihnen zuvor eilen können. Nun erfuhr ich auch, meinen Weg antretend, gar bald, wie unangenehm und verdrießlich solche Gesellschaft sei. Das monotone Geläute betäubt die Ohren, das zu beiden Seiten weit über die Tiere hinausreichende Gepäck (sie trugen diesmal große Säcke Baumwolle) streift bald einerseits an die Felsen, und wenn das Tier, um dieses zu vermeiden, sich gegen die andere Seite zieht, so schwebt die Last über dem Abgrund, dem Zuschauer Sorge und Schwindel erregend, und was das Schlimmste ist, in beiden bleibt man gehindert, an ihnen vorbeizuschleichen und den Vortritt zu gewinnen.«

Vom Paßverkehr ist Goethe kaum etwas entgangen. Von der Last eines Maultieres wußte er genau: »Die Ballen waren bequemern Ladens wegen teils anderthalb, teils drei Centner schwer, welches letztere die volle Last eines Saumtieres ausmacht«, diese drei Zentner waren ein Saum, der Treiber der Säumer.

Er läßt Lenardo einen Mann begegnen, »welcher, stille da stehend, den vorbeiziehenden Zug zu mustern schien. Es war auch wirklich der Anführer; nicht nur gehörte ihm eine beträchtliche Zahl der lasttragenden Tiere (andere hatte er nebst ihren Treibern gemietet), sondern er war auch Eigentümer eines geringeren Teils der Ware..., welche aus Macedonien und Cypern über Triest komme und vom Fuße des Berges auf Maultieren und Saumrossen zu diesen Höhen und weiter jenseits des Gebirgs gebracht werde, wo die Spinner und Weber in Unzahl durch Täler und Schluchten einen großen Betrieb gesuchter Waren ins Ausland vorbereiteten«.

Die Garnträger

Er spricht dann vom Garnträger, der in verstreute Bauernhäuser Heimarbeitern Baumwolle bringe und dafür Garn eintausche; von ganzen Familien an Spinn- und Webstühlen, von den Freuden der bescheidenen Leute. Ihn selbst hatte seine Mutter in seiner Kindheit spinnen gelehrt, doch brauchte er dann noch Meyers fachlich gründliche Angaben, um zuverlässig über Garnträger, Heimarbeiter und Fabrikanten zu schreiben. Landschaftlich verknüpfte er diese Schilderung, immer in *Wilhelm Meister's Wanderjahren* und in dichterischer Freiheit, mit Seitentälern um den Gotthard.

Am Gotthard, im Kanton Uri, wurde gesponnen und gewoben für Eigenbedarf, unverheiratete Töchter taten es für reichere Leute und zum Nebenverdienst. Heimarbeit als Industrie hat es nie gegeben. Versuche, im 18. Jahrhundert dergleichen, auch Seidenspinnerei, anzusiedeln, endeten mit Defiziten. Es wurde der Lethargie der Talleute zugeschrieben, auch dem wenig Seßhaften ihres Lebens. Die Urner Bauern sind Nomaden, sie ziehen im Frühjahr mit Frau, Kind, Vieh und nötigster Habe nach einem seit Urzeiten bestimmten Zeitplan von Alp zu Alp, von Hütte zu Hütte, nicht selten achtmal wechselnd, und kehren mit dem ersten Schnee zurück ins Tal.

Die Kuhherden

Auch sie kehren wieder als Begleitmotiv der Wanderung, als Geschichte von ihrem Alpenübergang, zugleich als Bestandteil der Volkswirtschaft.

Es fängt 1797 schon kurz nach Beginn der Reise an, in Hütten bei Landrichter Hiestand und Chirurgus Bär; man sprach nicht von Literatur, Philosophie, Juristerei oder Medizin, sprach von der jährlichen Ausfuhr der Kühe nach Italien, »etwa dreitausend, höchstens fünfjährige, das Stück von zehn zu sechzehn Louisdor«; ein Louisdor glich damals etwa Fr. 20,–; heute kostet eine fünfjährige Kuh zwei- bis viertausend Franken.

»Wir sahen Kühe zu ihrer Reise über den Gotthard beschlagen« auf dem Weg von Schwyz nach Brunnen, es war doch schon Oktober, Schnee und Eis auf 2000 m des Gotthards vorauszusehen. Zwei spitze Eisen wurden in die Klauen getrieben, und mühselig, beängstigend muß der Weg für die schwerfälligen Tiere gewesen sein, wenn Goethe gar die weggewohnten und wendigen Maultiere im November 1779 auf dem Eis stürzen sah. Unbekannt ist die Zahl der abgestürzten Kühe, beim Aufstieg weniger als beim Abstieg; da mochte ein Tier schliddern und, dicht aufgeschlossen wie sie gingen, andere mitreißen in den Abgrund.

Goethe hört später, die Schöllenen hinabsteigend, vom Tal herauf den Ton des Kühhornes, dieses im Aussehen einem kleinen Pulverhorn gleich, aus dem Horn von Ochsen gemacht, und es war das Signal der Treiber. Es mochte einer an der Spitze, einer in der Mitte und einer am Ende der Herde gehen, das Horn umgehängt, und wenn Unvorhergesehenes, Schlimmes geschah, wurde »parti« (faire part?) gegeben. Ein Signal von Mensch zu Mensch, die Tiere selbst wurden mit dem hellen Juchzen der Bergler und dem Singsang des *Sässäsä Lobä sässä* gelockt.

Auf dem See zwischen Brunnen und Flüelen »begegneten uns Schiffe, welche Vieh transportiert hatten«, vielleicht waren es jene, die dann hinter Flüelen auf schönen Wiesen rasteten, oder anderntags, gegen Erstfeld hin, wiederum »Rastende Kühe auf der Weide... sechzehn Stück kosten ungefähr einen Louisdor des Tages«. Der Preis für das Weiderecht war behördlich festgelegt, wie alles, was in diesem Paßstaat Uri das Paßwesen betraf.

In Altdorf, wir haben ihn vernommen, den »Ton der großen Glocke der läutenden Kühe«, und Kühe wurden durchgetrieben am Sonntag früh. Die Leute, auch davon wird berichtet, trugen kleine hölzerne Gefäße, die Tiere einige Melkstühle, »denn die Leute nähren sich unterwegs von der Milch«. Die

Kuhherden kamen langsam voran, kaum mehr als vier bis sechs Stunden am Tag, sie mußten gefüttert und gewartet werden; der Übergang von Flüelen bis Giubiasco dauerte acht Tage.

Es war in jenen Oktobertagen »eben die Zeit des Bellenzer Marktes[54] und die Straße des Gotthards war mit Zügen schönen Viehes belebt«, schreibt er dem Herzog von Weimar, »es mögen diesmal wohl an viertausend Stück, deren jedes hier im Lande zehn bis fünfzehn Louisdor gilt, hinübergetrieben worden sein. Die Kosten des Transports aufs Stück sind ungefähr fünf Laubtaler, geht es gut, so gewinnt man aufs Stück zwei Louisdor gegen den Einkaufspreis und also, die Kosten abgezogen, drei Laubtaler. Man denke, welche ungeheure Summe also in diesen Tagen ins Land kommt.« Geht es gut...

»Mist für ein Rittergut, verstreut und verderbt«

In Schwaben hat Goethe angewidert da und dort Mist auf den Dorfstraßen gesehen, und verwunderlich ist, daß er ihn den Gotthard hinan nur einmal, um Andermatt, vermerkt. In einem Brief an den Herzog ist es gar »Mist für ein Herzogtum«, wohl in Gedanken an das damals spärlich gedüngte Herzogtum von Weimar und Eisenach.

Der Mist, Exkremente der viertausend Kühe, der neuntausend Saumtiere, der Schafherden aus dem Süden, der einheimischen Ziegen, oft fußhoch auf dem Pfad, in den Dörfern, erst recht an den Umladestellen; wenn Regen hinzukam, eine grausliche Brühe. In Flüelen, das Gäßchen am Anfang des alten Gotthardweges heißt Schokoladengäßchen; der Name gehe auf eben die Brühe zurück, sagt man.

Dieser Mist war die Sorge der Behörden, Anlaß zu Klagen der Reisenden und der Anwohner, die schier nicht zu bewältigende Aufgabe der Wegknechte.

Da Goethe im Urserental die »übermäßige Düngung der Matten« tadelt, waren es gewiß eben die Wegknechte, die mehrere Fuder von der Straße hinausschaufelten und nicht daran dachten, schon gar nicht die Zeit hatten, den Mist fachgerecht zu verzetten.

Der Urserner Käse

»Schon war alle Mühe vergessen, der Appetit stellte sich ein«, in den *Drei Königen*, an der Einmündung des Oberalp-Passes, *an der Matte*, haben sie sicher Urserner Käse gegessen.

Dieser wird zwar auf der dritten Reise nicht erwähnt, nur ein Schlitten mit Käse fährt durch den Schmutz, ein Hornschlitten vermutlich, Käse von der bereits verschneiten Alp-Sennerei abfahrend.

Von dem Urserner Käse aber schreibt Goethe 1775 »an der Matte trefflicher Käse«, in D. u. W. ausführend: »An der Matte fand sich der berühmte Ursener Käse«, und im November 1779: »Unser Weg ging nunmehr durchs Urserntal... es werden hier Käse gemacht, denen ich besonderen Vorzug gebe«, und auf dieses Urteil ist Verlaß. Er hat auf jener zweiten Reise kreuz und quer durch die Schweiz in vielen Käse-Gegenden einkehrend von Käse- und Wein-Imbissen geschrieben, nie aber eine Sorte besonders gerühmt.

Diesen Ruhm bestätigt Gabriel Walser (1765) auf seiner Landkarte, mit der Legende beim Urserental:

»In diesem Thal, das auf beiden Seiten mit hohen steilen Felsen und Eisbergen eingeschlossen ist, wächset ohne einige menschliche Cultur ein sehr fettes Gras und wird allhier der fette und delicate Urseler Käs der wegen seiner Fettigkeit wie der Butter auf dem Brod kan verstrichen werden, gemacht.«

Die Nußbäume

»Wir kamen in die Region der Nußbäume«, das muß, vom Gotthard herabsteigend, in Ried ob Amsteg gewesen sein, ziemlich genau auf 800 m Höhe, Grenze von ihrem Wachstum. Es gibt dort auch Kirsch-, Birn- und Apfelbäume, kleiner mögen die Früchte sein als anderswo, aber nirgends schmackhafter; verwunderlich genug, daß sie an den rauhen Hängen gedeihen. Das macht der Föhn.

Überall auf dieser Reise, in allen den Landschaften, auch auf seinen früheren Reisen, sieht Goethe Nußbäume, natürlich auch übriges Obst, aber Nußbäume am meisten. Um Schwyz sah er sie »besonders mächtig«.

Fielen sie ihm besonders ins Auge ihrer schönen Form, ihres hellen Blattwerkes wegen und weil sie fast immer allein, als Wahrzeichen einer Gegend stehen? Oder weil der Nußbaum dem Zeus heilig war? Oder wußte er von ihrer Bedeutung, in Berggegenden besonders, in diesem Tal hauptsächlich?

Man kennt die Heilkräfte in den Nußbaumblättern, den grünen Schalen, Zaubermächte kommen hinzu und Aberglaube umgibt ihn. Die Nüsse selbst waren wichtiges Nahrungsmittel. Ersatz für das viel zu teure Brot, man preßte Öl aus zum *Lichten*, für die Lampen, machte aus den Rückständen einen Ölresterkuchen als Brotersatz, er wurde in den Handel gebracht. Ein Pfund Nußbrot kostete zu jener Zeit etwa 6 Groschen (zweimal den Weg der holztragenden Weiber); eh und je war Nußbaumholz zum Zimmern der Möbel gesucht, für gutes Geld zu verkaufen.

Einst war es üblich, daß der Pate als Taufgeschenk für den Täufling einen Nußbaum pflanzte, sei's auf dem Eigen, sei's auf der Allmend.

Gestein

Allenthalben sieht er auf dem Weg *Granit* als sein Gestein. Er hat ihm eine Abhandlung gewidmet, »Grundfeste unserer Erde«, und auf dem Gotthard könnte er erlebt haben: »Auf einem hohen nackten Gipfel sitzend, kann ich mir sagen: Hier ruhst du unmittelbar auf einem Grund, der bis zu den tiefsten Orten der Erde hinabreicht.«

Immer wieder beschreibt er Gestein, Glimmer, Talk, Kalk,

Quarz, Gneis und andere mehr. Ihm sei auf dem Weg zum Gotthard hinan keine Gesteinsart entgangen, so meint man. Und doch, den *Gotthard-Serpentin* hat er nicht gesehen. Nur auf dem Weg von Einsiedeln nach Schwyz, Freitag, 29. September 1797, sieht er im Bachbett der Alp: »Sie bringt meist Kalk, wenig Sandstein, einige Stücke sehr festen und serpentinartigen Gesteines.« In seinen Abhandlungen über »Mineralogie und Geologie« steht unter *Serpentin und Pechstein*: »Daß in der Gegend von Einsiedeln Serpentin vorkommt, daß derselbe auch einigermaßen benutzt wurde, war bekannt, wie denn die Umfassung des Kreuzbrunnens daraus gearbeitet worden; daß er also mit dem Urgebirg in einem unmittelbaren Zusammenhang stehen müsse, ließ sich schließen.«

Es verwundert, kränkt sogar, er erwähnt unsern schönen Gotthard-Serpentin nicht! Da war doch ob Hospental ein alter Serpentin-Steinbruch, aus dem – landläufig Giltstein – unter anderem die Öfen im Urserental gefertigt wurden, und einer steht noch im Hotel *Stern und Post* in Amsteg, datiert 1789, Goethe müßte ihn gesehen haben, als er dort mit Meyer speiste. Ziemlich sicher hat er ihn gesehen, aber anders bezeichnet, und siehe, im Mineralien-Verzeichnis, unter dem Stichwort »Gebirgsarten« findet sich ein »Talkartig Gestein, woraus sie im Urseren Thal die Öfen machen«.

Im mineralogischen Lexikon steht, Serpentin sei »wie Talk ein wasserhaltiges Magnesiumsilikat«.

Merkwürdig, daß Goethe ihn nicht genauer identifiziert hat.

Erheiternder Zufall: die Tafel am Hotel *Drei Könige* in Andermatt, auf Goethes Besuch hinweisend, ist aus schönstem grünlichem Gotthard-Serpentin!

Im Urserental dann will er sogar Jade in einer Mauer entdekken; laut den Kristallografen gibt es Jade nicht im Gotthardmassiv.

Von »mineralischen Moden« erzählt die Köchin im Gotthard-Hospiz 1797. »Zuerst fragte man nach Quarzkristallen, dann nach Feldspäten, darauf nach Adularien [die zwar kristallografisch auch als Feldspat gelten] und jetzt nach roten Schörlen (Titanit)«.

Zuerst Kristallquarze. Die Glasklaren wurden seit dem Mittelalter gebrochen und nach Mailand verkauft zu gewerblichen Zwecken, dort geschliffen, verarbeitet zu Leuchtern, Monstranzen, in Kreuze gefaßt und anderen Zierat.

Den Wegen entlang blieben Klüfte mit Feldspäten und Titanit und den später geschätzten anderen mineralischen Kostbarkeiten.

Ende 17. Jhdt. schreibt ein pilgernder Franziskaner-Bruder, »unterwegs haben wir viel bergcristall angetroffen sonderlich gegen Wasen«, da schlägt das Herz des Kristall-Liebhabers höher. Heute finden sie sich nur noch hoch oben in den Felsen, den unzugänglichen Höhlen. Auswärtige kamen einst in Scharen und beuteten aus, sie müssen sich nun Schutzvorschriften fügen, die auch für die Einheimischen gelten; ohnehin halten diese sich seit dem 16. Jahrhundert an einen ungeschriebenen Ehrenkodex mit Symbolhandlungen, auf Magisches zurückgehend; wer sich nicht daran hielt, beging Frevel, wurde mit Bann belegt; so auch in anderen Berggegenden. Noch in jüngster Zeit kam ein Frevel, begangen im bernischen Haslital, bis vors Bundesgericht.

Die eigentliche *Cristall*-Mode begann wohl zu Beginn des 18. Jhdts. J. J. Scheuchzer schreibt 1705 von Kristallen in der Naturalien-Kammer der Königlich Englischen Gesellschaft. Nach seiner, des frommen Mannes Meinung »sowol der gemeiniglich sechseckichte als dieser verschrenkt-würfflichte Cristallen weist dahin: daß der allmächtige Gott dero kleinsten uns Menschen unsichtbaren Anfängen oder ursprünglichen Theilchen... gegeben habe: nachdem aber gleich Anfangs der Erschaffung oder bey Erneuerung der Erden-Welt in der Sündfluth die hin und wieder gelegene, und nach den Gesätzen der Bewegung in Fluß gebrachte, gleichförmige Bewegung der Materi solche von Gott gestaltete Theilchen angetroffen, hat sie sich ihnen angehenckt, gleiche Figur behalten und an sich genommen.«

Im Zuge der damaligen Kristallmode gehörten Steine in jedes Naturalien-Kabinett, und wieder ist sie aufgekommen in unserer Zeit. An den herbstlichen Mineralien-Börsen, bald in jeder Stadt, kommen die Strahler und Händler von weither, und die Käufer auch.

Goethe sammelte Steine auf seinen Schweizerreisen erst 1797; in Wassen zeigte 1775 der Wirt »schöne Kristalle vor, ich war aber damals so entfernt von solchen Naturstudien, daß ich mich nicht einmal für den geringen Preis mit diesen Bergerzeugnissen beschweren mochte«.

Auf der dritten Reise hat er sich damit beschwert, am Gotthard sowieso, aber auch von der Sternhalde in Stäfa stehen im Verzeichnis »Rothe schiefrige Breccie vom Zürcher See, wird zu Stufen in den Weinbergen gebraucht«, vom Weg nach Hütten »Graue Breccie vom Zürcher See giebt sehr schöne Platten« und vom Rückweg vom Gotthard »gestreifter Sandstein über Horgen am Zürcher See«. So unscheinbares Gestein! Jedoch sich vorzustellen, wie Goethe am Frauenplan die Stücke aus der Sammlung nimmt, sie seinen Gästen zeigt und erklärt, wie sie in seinen Händen zu Besonderem werden und interessant.

Hinzu kamen »andere Mineralien«, exakt bestimmt, unschwer scheinen dabei die »Theils gefundenen, theils angeschafften« zu unterscheiden. Die seltenen und vorzüglichen Sachen im Brief an Geheimrat Voigt mochten jene bei der Köchin im Hospiz gekauften und bei dem Spezereihändler Carl Andreas Christen sein: ... »Wollte man ihm schreiben, so müßte man nicht versäumen, Urseren an der Matte auf die Adresse zu setzen.« Er selbst schreibt dann Dr. Halter um Preisangaben für Mineralien, bei Ansetzen der Preise seien die Transportkosten zu berücksichtigen.

EINZELNES

»Den 22. [Juni 1775]
Halb vier verließen wir unsere Herberge, um aus dem glatten Urseren Tal ins steinichte Livinental einzutreten.« (D. u. W.)

Für uns befindet sich das Livinental, die Leventina, im Tessintal, von Airolo bis Biasca, mit Faido als Hauptort, nirgends sonst, also lag der Gedanke nahe: Hier irrt Goethe. »Livinental, irrtümlich statt Reußtal« steht denn auch im Register des D. u. W.-Bandes der großen Artemis-Ausgabe.

Er irrte nicht und nichts war irrtümlich. Uri mit seiner zielstrebigen Paßpolitik schloß im Bund mit Schwyz und Unterwalden ein ewiges Landrecht mit Livinen, dem nicht ohne Kämpfe von Mailand abgefallenen Tal, eroberte später unter Zuzug der anderen Eidgenossen den übrigen Teil des heutigen Kanton Tessin; Livinen reichte über die Paßhöhe hinunter bis zum Brüggwaldboden, unweit Hospental! Seit das Tessin selbständiger Kanton ist, lappt seine Grenze über die Gotthard-Paßhöhe bis nördlich vom Campo dei Morti. Als Name zog Livinen sich zurück auf das Teilstück im Tessintal.

Tagebuch 1775 und D. u. W., »Drachen Thal« – »Drachennester«
Den Gotthard hinan, unterhalb des Campo dei Morti, »kostete es der Einbildungskraft nicht viel, sich Drachennester in den Klüften zu denken«, nordische Einbildungskraft. Die Urner kennen in ihren Sagen keine Drachen, allenfalls ein drachenähnliches Ungeheuer, den *Griess*, Seuchen bringend, ohne Wohnsitz im Tal. Sie kennen auch keine Feen, Trolle, Heinzelmännchen, ihre Spukgestalten, Geister und Gespenster sind aus dem Zwischenreich des Alltags und dem Magischen gebo-

ren, Unzahl, eine kaum zu überblickende Nomenklatur, alle dem ES untergeordnet.

Sonnabend, den 30. September [1797]

Nach der Tells-Kapelle fährt man »Abermals an einer Felsenecke vorbei und blickt nun ins Urner Tal«. Der Name schien Goethe gegeben, jedoch, ein Urnertal gibt es nicht in der Landessprache, nur das Reußtal, das untere bis Amsteg, das obere bis Göschenen. Und es gab die Talschaft Uri, historisch den Stand Uri, und das Land Uri, das Urnerland – immer im Gegensatz zu den mitverbündeten Städten und ihrer befürchteten Übermacht.

Montag, den 2. Oktober

»Brücke. Inschrift in Granit dabei: Schricker. Wahrscheinlich der Vorgesetzte beim Brückenbau«, hat Goethe in der Schöllenen gesehen. Weder Brücke noch Stein mit Inschrift sind noch vorhanden, der Mann hingegen hieß ziemlich sicher *Stricker*. Auf dem granitenen Wegstein, am alten Saumweg nach Wassen aufsteigend, ist die Inschrift gut leserlich eingemeißelt; *Jacobus Stricker*, er war Hauptmann in französischen Diensten, 1617 Landessäckelmeister.

Da auch auf dem Brückenstein in Hospental ein »derzit Sekkelmeister« sich verewigt hat, Verwalter vom Kantons- oder Allmend-Geldsack, ist anzunehmen, daß diese Männer zugleich die Oberaufsicht über den Straßen- und Brückenbau hatten.

In monarchischen Ländern wurde aus Säckel- oder Seckelmeister bald Schatzmeister oder Schatzkanzler, das klingt nach Gold und Kronjuwelen; in der Schweiz sind die Seckelmeister in manchen Zünften bis heute geblieben.

Dienstag, den 3. Oktober

»Nach der Observation eines gewissen Johnston, die in des Capuziners Buch eingeschrieben ist, soll das Kloster 46°33'45" nördlicher Breite liegen«. Die *Eidgenössische Landestopographie* in Bern bestätigt: wenn auch die Längs-Grade fehlten, genaue

Ermittlungen also schwierig wären, seien diese Angaben nur um einige hundert Meter neben dem Hospiz; man kennt die Bezeichnung nicht mehr, seit das Koordinatensystem eingeführt wurde. – »Des Capuziners Buch« ist nicht mehr auffindbar.

Donnerstag, den 5. Oktober

»Beschneite höhere Gebirge in der Nähe. Frage, ob das Schneeniveau dieser Berge mit dem Urserner dasselbe sei?« auf dem Weg von Erstfeld nach Altdorf.

Der frühere Kantonsförster von Uri, Dr. h. c. Max Oechslin: »Es hängt von der Föhnlage ab; im allgemeinen fällt dort oben, auf 1450 m, wo Berge mit Gletschern und ewigem Schnee das Tal einschließen, die Temperatur rascher ab und das Schneeniveau kann tiefer sinken als im Reußtal.«

Freitag, den 6. Oktober

»Die größten Stürme erregt der Föhnwind, der im Frühjahr, besonders aber im Herbst über die Berge von Mittag kommt; es entstehen große Wellen und Wirbel.«
Im Wilhelm Tell übernimmt Schiller davon:

»Der Föhn ist los, Ihr seht, wie hoch der See geht,
Ich kann nicht steuern gegen Sturm und Wellen.«

Andere Bedeutung hat Goethe dem Föhn als meteorologischem Phänomen nicht beigemessen, nicht als Macht der Natur, die Gedeih und Verderb dieses Tales und seiner Leute bestimmt.

Scheuchzer schrieb 1705: »Unter die wütenden Winde ist insbesondere auch der Fön- oder Südwind zu zehlen, als welcher er nicht nur mit seiner in engen Thäler gefangenen Gewalt alles drnieder wirfft... über das zur Frühlings-Zeit die Bäume und andere Gewächse gar zu geschwind in Saft bringet, so daß sie eine darauf folgende Kälte nicht wol aushalten mögen.«

Zschokke aber weiß: »Zur Zeit seines größten Ungestüms wird in Uri die Sorgfalt gegen Feuersgefahr verdoppelt; man bewacht die Flamme des Herdes oder löscht sie, und rüstet das Geräth zur Tilgung allfälliger Feuersbrünste.«

Und – 1830! »Nervenschwache oder reizbare Personen empfinden beim Gehen des Fön's unbehagliche Schwere in den Gliedern, bald Kopfweh, bald eine gewisse Betäubung...« Der auszehrenden Wirkung des Föhns und nicht nur der Armut wird auch zugeschrieben, daß die Menschen im Reußtal eher hager, unansehnlich seien. »Der plötzliche Übergang... besonders, wenn es kühl ist, in den heißen Fön erschreckt fast. Man hat eine Empfindung, als atme man Wärmestrahlen eines nahen, unsichtbaren Gluthaufens.«

Dieser Gluthaufen läßt Lawinen niedergehen, gewaltige Schneemassen von einer Stunde zur andern schmelzen, die Reuß und Wildbäche über die Ufer treten, Dörfer und Land überschwemmen; läßt aber auch die Forsythien in Amsteg vor jenen am Zürichsee blühen. Hier wuchsen Kastanienbäume, den Nußbäumen gleich als Volksnahrung. Am Südhang vom Zwing-Uri-Hügel gab es noch um 1930 einen Rebstock, verkrüppelt, die Beeren waren golden im Herbst; viel früher soll hier ein Rebberg gewesen sein, vom Föhn begünstigt.

Die Römer nannten ihn *Favonius*, milder Südwind.

XVI

DER WEG ZURÜCK

Dienstag, den 3. Oktober bis Donnerstag den 5. Oktober
Also waren sie abgestiegen vom Gotthard, leicht und schnell, in Hospental wieder über Nacht geblieben, dann weitergezogen bis Urseren, Andermatt. Bei Landammann Nager und Dr. Halter haben sie in Naturalien-Kabinetten gestöbert und eingekauft, wohl auch beim Händler Christen.

In den vertrauten *Drei Königen* aßen sie zu Mittag, stiegen nachher durch die neblige Schöllenen ab und bis Wassen; wieder wurde *Am Zoll* übernachtet und am andern Tag wieder in Amsteg im *Stern* gegessen. An der Jagdmatt-Kapelle vorbei waren sie abends in Altdorf und verzehrten das »Gut und wohl bereitete Berghuhn«, ob im *Schwarzen Löwen* nach dem »Schein der wechselseitigen Zufriedenheit« vom vergangenen Sonntag, wird nicht deutlich.

VON FLÜELEN BIS STANS

Freitag, den 6. Oktober
setzten sie sich zeitig in Marsch, nun sich Stäfa, dem Ort gemeinsamer Arbeit nähernd »unter verschiedenen theoretischen Gesprächen«, die Landschaft bot nichts Neues.

Von nun an wird es die »Fuß- und Schiffsreise«; um neun fuhren sie ab von Flüelen, in einem Marktschiff, auf alten Bildern zu sehen, zuweilen mit braunem Segel, öfters nur von Rudern bewegt; im Heck, wenig überhöht, die zwei Steuerruderer, mittschiffs je vier Ruderer; die Passagiere saßen nahe beisammen im hinteren und mittleren Teil auf Längs-, zum Bug hin auf Querbänken.

So saßen Goethe, Meyer und Geist zwischen den Einheimischen. Dreieinhalb Stunden dauerte die Fahrt bis Beckenried. Heute, bei 28 km/Std. mit Dieselschiffen oder altehrwürdigen Schraubendampfern, je nach Fahrplan dauert sie etwas mehr als eine Stunde, wobei der See mehrmals gekreuzt und öfters angehalten wird.

Und so zwischen Menschen konnten sie ihre theoretischen Gespräche nicht fortsetzen. Das Auge ruhte auf der Landschaft, sie kommt nach den kargen Bildern des Gebirges zur Geltung, Namen von Bergen und Dörfern, vermutlich den fremden Herren von Mitreisenden erklärt. Der Bericht von der Fahrt gleicht einer Film-Reportage. Die Blick-Kamera gleitet über das »Leichte Gebäude des Schiffes, es hält eines nur drei Jahre«, verweilt auf der »Bagage der Reisenden«, aber nicht auf Gesichtern. Das Ohr nimmt Gesprächsfetzen auf von Föhnstürmen im Frühjahr und Herbst, Schiller wird davon hören; von Lauinen, wenn nicht schon niedergegangen in höheren Lagen, je nach Wintereinbruch zu erwarten; von Gemsen, Oktober, die Jagd in vollem Gang, großes Ereignis im Leben der Jäger, der Bergler, einst wie heute. Dann, gleich Großaufnahmen, der Blick zum Axenberg, seine ungeheure Felswand. Sie fuhren ziemlich dicht am Ufer, die Tellskapelle lag im Schatten, »die Kronalp im Lichten... sie wird wegen der Krone von Flözen auf ihrer Höhe so genannt«. Die Interpretation scheint plausibel, hat man sie ihm so erzählt. Für uns heißt der Berg Fronalpstock, und der Name führe zurück auf die Fron-Alpweiden unterhalb der Felskrone, sie gehörten vor Zeiten der Gemeinde Arth.

»Wir fuhren nun quer über den See« und am Rütli vorbei, die »Schwyzer Mythenberge erscheinen wieder«, sie werden wieder gesehen Brunnen gegenüber »in völliger Breite«, auch die schöne Fläche von Schwyz.

»Kurz vor der Ecke sind Flöze wie Mauerwerk...«, es braucht Goethe, um im Abhang der Laubwälder in den Felsbändern Mauerwerk wie in frührömischen Bauten zu erkennen, wie Backsteine in unversetzten Reihen und Mörtel dazwischen – »... und Türme«. Der Volksmund kennt sie, reliefartig im Fels als *Münster*, auch als *Hundskopf*. Tatsächlich, im Vorbeifahren, bald nach dem Rütli, erscheint in den Felsrippen ein Hund mit Hängeohren und platter Schnauze.

Nicht genug, vom andern Ufer südlich Brunnen, an der Axenstraße beim Wolfssprung erblickt, seien in den gleichen Felsformationen im Frühlicht die drei Rütlimänner zu erkennen; mehr noch, knapp über dem Seespiegel zeige sich eine Teufelsfratze, weshalb das Ganze auch *Teufelsmünster* heißt.

Es möchte aber doch behauptet werden, daß Goethe mit den Türmen nicht nur dieses Münster meinte, daß er auch den Turm meinte im Wasser an der Landspitze, den Naturobelisk, der Mythenstein damals, seit Schillers 100. Geburtstag der *Schillerstein* mit der Inschrift, bei Sonne golden leuchtend:

»Dem Sänger Tells – F. Schiller – Die Urkantone – 1859«

Wäre Goethe hier nicht vorbeigefahren, den Stoff zum Tell-Epos in *einem feinen Herzen,* hätte er nicht Schiller erzählt, er wäre nichts als der Mythenstein geblieben, um den das Schiff glitt und immer am waldigen Ufer hin bis, überraschend taucht es auf:

»Ein Wirtshaus steht in Fels und Waldgebüsch am See«. Da steht es noch, ein sehr alt wirkendes Blockhaus, urnerisch mit gelb und schwarz geflammtem Holzwerk, 1482 erstmals erwähnt, seither im 17. Jahrhundert neu erbaut, inzwischen öfters restauriert, immer der ursprünglichen Form nachgebaut. Das Wirtshaus *zur Treib* war Haus der Tagsatzungen, der drei- und mehrörtigen Eidgenossenschaft, wo haben die regierenden Herren nicht überall getagt, sie hatten dazu ja auch durch fünfhundert Jahre Gelegenheit. Auch Haus der Freistätte war die *Treib.* Wer in der Gaststube an einem bestimmten Tisch saß,

Wirtshaus zur Treib

war sicher vor Privatgewalt und obrigkeitlicher Verhaftung, es sei, ihm konnte ein gemeines Verbrechen nachgewiesen werden; eine der vielen Freistätten, ein ganzer Codex und immer neue Varianten hat sie umgeben, hier wie andernorts.

Sie hielten an und »wir nahmen... ein« – nicht etwa das Mittagessen, es war doch mittlerweile Zeit geworden dazu, sondern – »Piemonteser Soldaten«. Sie kamen, kann sein, von Brunnen hergefahren, mit einem kleinen Schiff, um jenes nach Luzern zu erreichen, Schweizer in piemontesischen Diensten, und »... Luzerner Frauen«; auch sie, kann sein, von Brunnen her, oder, das gilt auch für die Piemonteser, sie waren herabgestiegen von der Wallfahrtskapelle Maria Sonnenberg. Der Weg schlängelt sich von der Treib empor – eine Zahnradbahn fährt jetzt hinauf – und durch die Bergmulde zur Kapelle, alsdann noch höher nach Seelisberg, von dort hinunter am gähen Waldhang zum Rütli. Ungefähr den Weg gingen einst Arnold von Melchtal und seine Mannen zum eidgenössischen Schwur.

Er sieht weiterfahrend dies und das und jenes, den »Pilatusberg in Wolken«; seines Satzes in D. u. W. gedenkend »An dem poetischen Faden [die Tell- und Rütligeschichte] schlingt man sich billig durch das Labyrinth der Felsen«, schlingen wir uns an dem prosaischen Faden durch die poetische Landschaft, die er endlich »mannigfaltig, groß und interessant« sieht. Das ist es, das Gersauerbecken, und noch mehr, es ist schön! Nach dem dramatisch großartigen Urnersee zwischen seinen Felsen ist es ein luftiger Festsaal; verglichen mit dem steilen Einfall des Lichtes dort, fällt es hier in Fluten, an einem Herbsttag wie im Oktober 1797, blau stiebend über die Bergweiden am Himmel, den Waldstreifen an Hängen und rechts die Felsbänder des Rigi, struppig bewachsen, auf die Fläche des Wassers.

»Alsdann sieht man den Bergrücken, der teils fruchtbar, teils mit Holz bewachsen, Unterwalden nordwärts gegen den Luzerner See begrenzt.«

So von Süden als Bergrücken gesehen, der *Bürgen,* nordwärts felsig abfallend in den See der *Bürgenstock,* bezeichnet er den Berg der fashionablen Welt im 19./20. Jhdt. Ein Prachtsberg überm See mit überwältigender Sicht und in den Palasthotels fabelhafte Interieurs mit kostbaren Möbeln, Gemälden.

»... und bald sieht man die Enge, durch die der See seine Wendung nordwestwärts nimmt«, die Vorberge des Bürgen- und des Vitznauerstocks, Ausläufer des Rigi; sie liegen sich gegenüber und einander zu, Schafs- oder Krokodilsköpfe im Wasser, Nase an Nase – und heißen tatsächlich *untere* und *obere* Nase – Buchten die Sicht schließend. Sie öffnet sich, näher heranfahrend zu neuen Buchten.

»Rechts liegt Gersau«

1775 hat er hier zu Mittag gegessen und gezeichnet, nicht im Dorf selbst zwischen den prächtigen alten Häusern; das Schiff, von Vitznau herangefahren, hielt offenbar außerhalb vorne beim Wirtshaus, das nicht mehr steht, unten am Felsen der Kindlimord-Kapelle (ein jähzorniger Vater soll da im 16. Jahrhundert sein Kind am Felsen zerschmettert haben).

Landschaftlich ein wundersames Dorf in seiner Bergmulde, nach der steinig rauhen Gotthardwelt. Hier gedeihen Feigen, Edelkastanien, die herrlichsten Früchte, denn hier beginnt die Innerschweizer Riviera, sie dehnt sich aus über Vitznau bis Weggis.

Und hier, erster Ort vom Gotthard herabsteigend und im großen Umkreis einziger, konnte sich Textil-Industrie einrichten, und bis zum heutigen Tag hielt sich eine Schappe- und Cordonnet-Spinnerei.

Politisch noch wundersameres Dorf: Goethe hat bei Fäsi gelesen, über mehr als eine Seite hin, hier gekürzt: »Gersau ist die kleinste Republik unseres Erdtheils, indem sie aus einem einzigen Flecken, einigen zerstreuten Häusern und etwa 1200 Einwohner hat [Die Gersauer hatten sich irgendeinmal mit 690 PF losgekauft und anerkennen lassen als Freystaat; sie ließen sich auch von den Eidgenossen nicht inkorporieren, nannten sie gnädig Bundesgenossen. Der Freystaat hatte eigene Regierung, Landsgemeinde, Gerichte, 300 wehrhafte Mannen]. ... Der Wohlstand der Einwohner steigt, theils wegen ihrer vortrefflichen an dem Abhang der Rigi[55] liegenden Weiden, theils wegen dem außerordentlich wichtigen Obstbau, vornehmlich aber wegen der sehr starken Seidenmanufaktur alle Jahre; wodurch sie in den Stand gesetzt worden, sehr ansehnliche Vorräthe von Getreide, Salz auf öffentliche Kosten zu sammeln... Überhaupt giebt es wohl kein glücklicheres Völkgen als die Gersauer.«

In der neuen Eidgenossenschaft im Kanton Schwyz aufgegangen, hat sich Gersau bis zum heutigen Tag Vorrechte und Eigenständiges bewahrt.

Vitznau blieb, von der Rigi-Nase verborgen – 1775 Izenach geschrieben –, ein Dörfchen, nur auf dem Seeweg zu erreichen, am Ende des Rigiabstieges. Es blieb dem 19. Jhdt., Mark Twain und den Zahnradbahnen vorbehalten, den Rigi zum populärsten Ausflugs- und Aussichtsberg zu erheben und Vitznau zum Kurort.

Weggis aber wurde gesehen, als der richtige Blickwinkel erreicht war, und man hat im Boot die Geschichte erzählt von dem Ort, »der durch einen langsam vorschiebenden Kiesboden nicht etwa durch einen Felsensturz, vor kurzer Zeit von der Stelle geschoben wurde... Das Schieben des Erdreiches dauerte vierzehn Tage«, das stimmt nicht ganz. Der Erdschlipf oder Erdbruch geschah am 16., 17. und 18. Juli 1795. Es sollen »28 Häuser, 15 Ställe, Spycher [Kornspeicher] und andere Gebäude nebst 1 Kapelle« in den See hinausgeschoben worden sein. Geologisch erklärt sich das Ereignis mit dem an einer Felswand im Laufe der Jahrtausende angesammelten Mergel. Von unterirdischen Quelläufen durchnäßt, löste er sich, zu Schlamm geworden, von den Felswänden und wälzte sich über die Matten und schob das Weggiser Oberdorf vor sich her und langsam ins Wasser. Möglich sei, daß ein Haus sich, wie Goethe es hörte, um die eigene Achse drehte, es blieben noch einige am Ufer stehen.

Über den Erdschlipf gibt es Literatur, der Korporationsrat von Weggis wußte Bescheid und natürlich auch über Goethes Bericht, das Bedauern ist groß genug, daß er nie nach Weggis kam; immerhin liegt Rigi-Kaltbad in den Gemarken der Gemeinde, und hier hat er 1775 ins Reiseheft geschrieben: »Rings die Herrlichkeit der Welt«, das vorangehende »in Wolcken und Nebel« lassen wir weg, es war vorübergehend, die Herrlichkeit bleibt.

»Wir langten um halb ein Uhr an« in

Beckenried.

Der Name hat mit einem Becken nichts zu tun, es war eines alemannischen Becco's Ried gegenüber des Gero's Au. Das Fischerdörfchen hatten sie von weitem gesehen, Gasthäuser aus jener Zeit sind nicht bekannt, heute sind es gleich beim Schiffssteg die *Sonne,* weiter hinten der *Mond,* und ein *Stern* ist auch in dem langgestreckten, freundlichen Dorf. Die Autofähre kommt von Gersau alle halbe Stunden.

Die Schiffe landeten früher unterhalb der Kirche, der Weg ging ein gutes Stück den See entlang, wie nun die Straße zwischen Häusern und Gärten. Er steigt dann (beim Wegweiser Oberdorf) auf zur Kapelle Maria im Ridli, Richtzeichen der Schiffer und ihr Wallfahrtsort mit Ex-Voto-Tafeln. Von da beginnt dem See mäßig überhöht »der angenehmste Weg, den man sich denken kann«, das Lob zitiert in Nidwalden, wer auch nur den Namen Goethe kennt, mit Recht. Dieser Weg ist zwar heute geteertes Sträßchen, nur von Anrainern zu befahren, und hangwärts, auch das sei zugegeben, steigt die Stützmauer der Autobahn auf, bereits wohltuend grün überwachsen und noch nicht so dicht befahren wie dann, wenn der Tunnel unterm Seelisberg durchbohrt sein wird für die großen Trecks in beiden Richtungen.

Weil aber dieses »angenehmste« auf den Ausblick bezogen ist: es gibt ihn noch über die zum See abwellenden Wiesen, das Wasser an Herbsttagen blau in blauen Klecksen den Himmel spiegelnd und drüben immer die Rigihänge, wahrhaftig, man mag sich kaum einen schöneren Weg denken.

Bald war die »breite Steinrutsche, die durch einen Gießbach heruntergeschoben worden«, zu queren, der Bettlerbach, nun solid überbrückt und eingedämmt. Er rinnt harmlos davon, niemand dächte, daß er »schon soviel gutes Terrain weggenommen«. Zu trauen ist ihm aber auch eingebettet nicht, ein entsprechendes Unwetter und das Geschiebe und das Geröll aus dem Tälchen zwischen Klewenalp und Buochserhorn richtet größtes Unheil an.

»Der See macht nun hier einen Busen«, der Weg senkt ab nach Buochs. Die Ebene durchziehen unsere Straßen und Erbautes, aber auch noch Matten dazwischen; auf ihnen sah Goethe im Herbstglanz »Kühe schwelgen«, das Braunvieh der Innerschweiz. Er vermerkt, daß die Wiesen, die im Frühjahr »abgeätzt«, abgeweidet, im Heuet gemäht werden, das Emd nicht zu vergessen. Im Herbst »wachsen sie abermals stark genug, daß die Kühe bis auf den Winter hinreichend Nahrung finden«; das schien ihm bemerkenswert, hier herum ist es selbstverständlich.

Von Buochs nach Stans schlüpft ein Sträßchen zwischen Buochserhorn und dem Ennerberg durch ein Tälchen, das sich mit seiner Anmut an den angenehmsten Weg anschließt, noch unberührt und fast ganz wie vor Zeiten. Da sind die »reinlichen« Blockhäuser der Bauern am Hang, silbergrau vom Alter, ihre kleinen Scheiben können die Wanderer von 1797 widergespiegelt haben. Um sie herum, in den umzäunten Matten die Nuß- und Birnbäume, diese haushoch mit knorrigem Geäst, schön in ihrem natürlichen, nie gestutzten Wuchs, die Früchte freilich nur gut genug zum Mosten.

Sie querten die Engelbergeraa, kamen am Nidwaldner

Landsgemeindeplatz vorbei und »endlich auf die schöne völlig ebene Fläche, worauf Stans, nicht zu nahe von hohen Bergen umgeben liegt«, von Buochser- und Stanserhorn, dem Ausläufer des Bürgen und entfernter aufragend dem mächtigen Pilatus.

STANS

früher Haupt- und Marktort Nidwaldens, Hauptort noch immer, damals schon recht ansehnlich, hat sich seither ausgebreitet. An der Hauptstraße bis zum Dorfplatz lugt wenig Altes zwischen Neuerm hervor, weiter oben an Gassen und zwischen Gärten sind die alten vornehmen Häuser in Stein, auch die Bauernhäuser mit ihren Lauben.

»Wir traten im Gasthof zur Krone ein«

mit imponierendem Wirtshausschild um eine kaiserliche Krone. Zu ebener Erde, einst wohl Stallungen, ist nun ein Konsumladen, im ersten Stock Restaurant und Hotelbureau, nichts von Vergangenheit, aber das Haus steht

»auf einem hübschen Platz«,

der seit Jahrhunderten nach Bränden beim Wiederaufbau in seiner Form nicht angetastet werden durfte; in unserer Zeit hat sich eine Bank mit neuer Fassade ins Bild gesetzt.

»... der Kirche gegenüber«, es klingt, als wäre es irgendeine Kirche und nicht mit ihrem mächtigen Glockenturm, dieser einst freistehend (was Palladio später zu Goethes Entzücken nachmachte), das bedeutendste romanische Bauwerk der Urschweiz.

»In der Mitte steht ein Brunnen, auf dem der alte Winkelried mit den Speeren im Arm gestellt ist.«

Da fehlt nur noch »der gute alte«, ist es nicht, als habe Goethe ihm zugenickt, deine Geschichte kenne ich, mein Lieber. Denn alt war er nicht, Winkelried, als er 1386 aufs Schlachtfeld von Sempach zog, dort vorstürmte, feindliche Speere bündelte an

Stans

seiner Brust mit seinem »sorget für mein Weib und meine Kinder; ich will Euch eine Gasse bahnen.« – »Und über die Leiche tritt das Heldenvolk im Sturmesschritt«, heißt es im Lied. Das Selbstopfer in feindlichen Speeren soll auch andernorts in der Kampftrance vorgekommen sein. Hier aber gibt es nur einen Winkelried, und da steht er als Denkmal seit 1775, nun Kopie, mitten auf dem Platz auf dem Brunnensockel und über dem farbigen Mosaik von Autodächern, im Arm hölzerne Speere mit Eisenspitzen, mit Barett und Halskrause, in Wams und gefältelter Pluderhose, das Gesicht mit Rundbart zu den Bergen gehoben, von Abgasen leicht angefressen.

Nicht genug, es steht erhöht am obern Ende des aufsteigenden Platzes ein zweites Denkmal von 1865: in einem blau gewölbten Nischenbau in weißem Marmor die Schlachtszene symbolisch gestaltet in drei Figuren, Winkelried, von Speeren durchbohrt schon am Boden, auf- und zurückschauend, über ihm, im Liegen aufgebäumt, ein auch verwundeter Wehrmann und dann noch einer, ein kraftvoller Jüngling, die Hellebarde sieghaft schwingend gegen den (imaginär) anstürmenden Feind. Bei soviel Denkmälern muß nicht betont werden, daß die Eidgenossen siegten in Sempach gegen die Übermacht Österreichs, dank ihrem Winkelried.

»Niklaus von der Flüe hing in der Stube«

Es klingt auch vertraut mit der Geschichte vom Friedensstifter der Eidgenossen, dem Landespatron; seit 1949 dem Heiligen der katholischen Schweiz.

In den Schaufenstern landauf, landab in Unterwalden, auch in den Stuben hängt und steht er, als Bild nach alten Stichen geschnitzt, brandmager im härenen Gewand, mit schütterem Bart und Haupthaar.

Er war Bauer, Krieger und Ratsherr, verließ Frau und elf Kinder, durchzog als frommer Mann die Lande, kehrte auf höhere Weisung zurück, um oben im Flüeli-Ranft sich Hütte und

Kapelle zu bauen, sich von Waldfrüchten nährend ein Leben im Gebet zu verbringen.

Er wurde weitherum berühmt als luzider Ratgeber, die Leute kamen von überall, auch aus fernen Ländern.

Als nach den Burgunder-Kriegen im 15. Jhdt. die Eidgenossen uneins wurden, die Urkantone zum ersten Mal so recht die Übermacht der Stadtkantone fürchteten, gab es »bösen Zank und großen Streit«. Man fand sich doch noch zum Gespräch auf einer Tagsatzung in Stans, und noch eine wurde anberaumt, Krieg schien das Ende. Da eilte einer bei Nacht zu Bruder Klaus und kam anderntags zurück, da wollten die Ratsherren schon im Zwist auseinandergehen. Er brachte eine Botschaft und das Wunder geschah, man einigte sich auf das Stanser Verkommnis von 1481 und »läutete man allenthalben in Freude« die Glocken. Bedingung des Bruder Klaus war gewesen, daß die Botschaft »ward nicht jedermann geoffenbart« außer den Ratsherren. Sie wurde geheimgehalten und nie bekannt.

Hartnäckig aber wurde in Geschichts- und Schullesebüchern bis in die jüngste Zeit daran festgehalten, daß Bruder Klaus herabgestiegen sei. Zahllose Bilder zeigen ihn in der offenen Türe der Ratsstube, von Licht umstrahlt, und seine Ansprache begann mit »Euch Gott zum Gruß« und endete mit »seid einig«, wie Attinghausen in Schillers Wilhelm Tell. Gesagt haben soll er zudem »Mischt Euch nicht in fremde Händel« und »Ihr sollt den Zaun nicht über die Grenzen hinausstecken«, ob solche Sätze ihm zugeschrieben wurden oder eben doch von seiner Botschaft durchsickerten, wer weiß es.

Den wahren Verlauf jener Tagsatzung hat Diebold Schilling[56] aufgezeichnet, er wußte ihn von seinem Vater, Unterschreiber des Standes Luzern bei der Tagsatzung in Stans.

»Wir lasen in einem Buche: Kleiner Versuch einer besonderen Geschichte des Freistaats Unterwalden. Luzern 1789«, zum Titel gehörte noch »ob und nid dem Kernwald«.

Dieses Lesen in einem Buch ist ein hübscher Ausschnitt vom Leben in seinerzeitigen Gasthäusern, gleich wie 1779 im Haus St. Georg in Ernen, bevor die Wirtin kam und mit der Geschichte vom Heiligen Alexis aufwartete: statt der heutigen Zeitschriften nahm man ein Buch vom Spind; vor oder nach dem Essen, und las darin als Gebildeter oder als Bildungsreisender.

Das Buch in Goethes Händen *Heilige, Helden, Staatsleute und Frauen aus der Geschichte,* Historien und Historchen, einige nicht ohne Pikanterie, alle aber mit religiösem Fazit und perfekter Moral, dedizierten die Verfasser Abbé Josef Buessinger und Lieutenant Franz Nicolaus Zelger der »Helvetisch großmächtige«, was Goethe als sonderbar empfand. Wenn er ähnliche Floskeln als deutscher Minister gewohnt war, schienen sie ihm, so ist es doch wohl auszulegen, unangebracht in der kleinen demokratischen Republik. Er übersah, daß in vorrevolutionären Zeiten eben diese kleinen Republikaner viel Formen und Bildung von fremden Höfen übernahmen und den Bombast gern anwandten, ihn womöglich steigerten.

Im Alltag war die Anrede an die Regierungen üblich »Hochwürdige / Hochgeachtete / Hochgeehrteste Großgünstige Herren« usw. usw., die Regierungen wandten sich an »Liebe getrüwe Eydgenossen«.

*

Am nächsten Tag verließ Goethe Nidwalden. In Obwalden, dem andern Halbkanton von Unterwalden, war er nie, eine der wenigen Gegenden der damaligen Schweiz, die er nicht kannte. Bäbe Schulthess hatte ihm das Kloster Engelberg sehr empfohlen und einen Gruß an den Abt mitgegeben. Jedoch »da wir nach Stans kamen, war unsere Uhr eben im

Begriff abzulaufen, auch hatten wir des Pfaffenanblicks zu Einsiedeln... für diesmal genug«, schrieb er ihr in jenem rüden Brief.

Kaum ein Jahr danach war Unterwalden eines der Zentren des Widerstandes gegen die Franzosen, erbittert und bedingungslos wurde gekämpft und gestorben, Männer und Frauen. Pestalozzi kam und sammelte die Waisen um sich und betreute sie im von den Nonnen verlassenen Frauenkloster zu Stans. Er schrieb von dort seinen Brief, noch heute ein Brevier für Pädagogen.

Die Nidwaldner nahmen Pestalozzi nicht zur Kenntnis, boykottierten ihn, er mochte gut und gütig sein, er ließ sich protegieren von den neuen, den franzosenfreundlichen Herren und war ein Protestant. Mochten die Neuen reden von einer neuen Freiheit, was Freiheit war, bestimmten die rund um den Ländersee und bis hinauf zum Gotthard.

WAS GOETHE IN NIDWALDEN AUFGEFALLEN IST

Freitag, den 6. Oktober

auf der Fahrt nach Beckenried: »Eine beliebte Apfelsorte wird in dieser Gegend Breitacher genannt; die Italiener nennen sie Melaruzzi.«

Wurden von den Luzerner Frauen diese Äpfel angeboten, Goethe wollte den Namen wissen, die Piemonteser Soldaten wußten, wie er in Italien hieß.

In pomologischen Schriften des letzten Jahrhunderts findet sich: »Der Breitacherbaum ist in der Schweiz überall verbreitet... die Krone hat bei älteren Bäumen eine flachgedrückte, breite Form«, die Frucht ist denn auch »plattrund«, lagerreif ist die Schale gelb »mit starken großen Rostpunkten zerstreut besetzt«. *Ruzzi* könnte mithin bei der *melaruzzi* von *ruggine* – Rost – abgeleitet sein.

Er wird auch *Pomeranzen Apfel* genannt, unter den marktgängigen Sorten aber nicht mehr geführt; er kommt jedoch da und dort noch in Baumgärten vor.

»Die Landleute haben ein fremdes Ansehen«
zum ersten Mal tauchen Menschen auf am Wegrand, das *fremde Aussehen* aber läßt sich kaum mehr deuten. Überall in der Innerschweiz sind fremde Völker durchgezogen.

Am See waren es die Fischer, bis hinauf an die Berghänge und in den Tälern die Bauern auf kleinen Gütchen, reich war man nicht.

An dem Tag wurden »Nüsse abgeschlagen« und Landleute waren »mit Hanf beschäftigt... Sie sind wohlgebildet«, sicher stämmiger als die einstigen Durchschnitts-Urner, »... aber blaß, der feuchte Boden setzte sie Skrofel und Hautkrankheiten aus«. Tatsächlich war die Ebene um Buochs einst sumpfig.

Skrofel? *Skrofulose,* in alten medizinischen Lexika über Seiten hin expliziert, ein Wirrwarr von Tuberkulose der Lymphdrüsen, toxischer Haut- und Hornhautveränderungen. Goethe meinte ziemlich sicher die eitrigen Hautausschläge, auch um die Augen, die hierzulande unter dem volkstümlichen Namen »Skrofel« umgingen.

Die Beobachtung scheint recht zufällig, sie konnte auch in anderen Gegenden gemacht werden in Zeiten, da Hygiene bei den Menschen und in der Viehhaltung noch nicht üblich war.

Daß *Skrofel* in Nidwalden zur Volkskrankheit oder epidemisch geworden wäre, dagegen wehrt man sich dort, dafür gibt es nirgends Anhaltspunkte; sie wären überliefert in Wallfahrten oder Bittgängen, als Ex-voto Tafeln in Kapellen, aber dergleichen ist nicht zu finden.

Sonnabend, den 7. Oktober

»Die Mädchen haben auf den kleinen Strohhüten vier Schleifen, wechselweise rot und grün.«
Welch hübsches Bild am Ufer bei Stansstad, in der Morgensonne vor See und Bergen Mädchen in ihren farbigen Trach-

ten, flachen, gelben Hüten, unterm Kinn mit einem geschlungenen Band befestigt.

Die *Schwefelhüte* der Gegend werden aus feinstem Stroh geflochten und mit einer Schwefelmasse bestrichen, bis sie so steif sind, daß sie zerbrechen, auf harten Boden fallend.

Nidwaldnerinnen waren es nicht, dort bei Stansstad, ihr Hut ist groß, gut und gern 50 cm Durchmesser, mit blauen und roten Schleifen übers Kreuz auf die Hutfläche geheftet.

Die Hüte der Luzernerinnen waren kleiner, meist mit roten und grünen Maschen.

»In Stans, sowie in Uri, ziehen sie Birn an den Häusern«, und er beschreibt deren Saftigkeit und Größe auf der Seefahrt von Stansstad nach Küßnacht, mitten in der Landschaftsschilderung. »Wir hatten einige vom ersten Ort mitgenommen«, es läßt sich denken, daß sie im Boot zu essen begannen, nicht alle, denn es werden welche dem Freihauptmann Escher als ausgezeichnetem Obstkenner in die Schipf geschickt mit dem ersten Brief aus Stäfa, »ob diese Obstsorte auch am Zürcher See so fleischicht und aufgetrieben wächst? Ob diese Eigenschaft sich von dem feuchten Boden und Clima von Stanz herschreibt?«

Ein Alois Buessinger schreibt 1836: »Der Canton Unterwalden zeichnet unter den Birnsorten der Christianbirn, eine Art Butterbirn, an Gewicht bis zu einem Pfund und besondere Süßigkeit und Milde besonders aus. Sie wird spalirt.«

Man sieht sie, durch jene Gegenden wandernd, an den warmen Holzwänden der traulichen Blockhäuser hinaufwachsen.

Sie ist zudem – wußte das der Freihauptmann? – eine bekannte Sorte, aufgegangen im Namen der Williams-Christ-Birne; sie wird in milden Gegenden gezogen als Tafelobst, als beste aller Konserven-Birnen, und zu einem wohlbekannten Schnaps gebrannt.

Insel Altstad bei Meggen (Luzern)

Sonnabend, den 7. Oktober

»Stans... Gegen acht Uhr ab.«
Der zehnte, der zweitletzte Tag der »Fuß- und Schiffsreise«.

Zuerst war eine gemütliche Stunde zu wandern nach Stansstad durch die Ebene, damals noch sumpfig; die Autostraße pfeilt hindurch. »Vom ehemals höheren See zubereitet« – dem Sarnersee – wurde die Ebene aber nicht, sondern vom Gletscher. Die Karte betrachtend, scheint das einleuchtend, sein Bett ging vom Brünig herab, hier unten flankiert von Pilatus und Bürgenstock, ins Gersauerbecken.

Beim Landeplatz selbst ist »rings herum die Ansicht gar angenehm«, wie schön muß es gewesen sein, »leicht neblig« der stille See in die Berge gebettet, über dem Nebel im Blauen wie im Weihrauch der schiefergraue, verrunste und gezackte Pilatus, am Ufer die Mädchen mit ihren Schwefelhüten.

Der Landeplatz war unfern des mittelalterlichen *Schnitzturms* mit Zinnenkranz an der Landenge – da ist heute eine Brücke –; einst verbarrikadierte ein Palisadenwerk den Zugang, noch aus der Zeit, da Luzern österreichisch und ihm, bis es 1332 auch eidgenössisch wurde, nicht zu trauen war.

1798 verteidigten die Nidwaldner erfolgreich den Turm gegen die Franzosen, später wurde er von plündernden Soldaten ausgeraubt und ausgebrannt, aber noch steht er.

Als der »berühmte Wartturm« sieht Goethe ihn von Schiff und See aus, von der »Mitte des Kreuzes«, auch »Kreuztriechter« oder kurz »Triechter« bei den Einheimischen, dort, wo in alle vier Richtungen die Buchten auslaufen und zu überblicken sind; jede hat ihren Charakter, und er sieht das Besondere einer jeden.

Dann aber kommt er! Unser Abbé Raynal vom Rütli!

»Wir sahen uns überall nach dem Raynalschen Monument

um, aber…«, und der Bootsmann muß die Geschichte erzählt haben, wir wissen nicht, wie weit er sie kannte:

Nach der Absage durch die Urner Regierung hat der Abbé mit Luzerner Herren einen gebührenden Platz für sein »schweizerisches Nationaldenkmal« gesucht, wie schwer hat man es seinen edlen Absichten gemacht. Das Ufer bei der Treib kam in Frage, und das Denkmal hätte in bester Nachbarschaft mit dem späteren Schillerstein gestanden, doch die bekannt sture Haltung der Urner Regierung ließ dergleichen nicht zu. Luzern aber erlaubte Monsieur l'Abbé »auf eigene Kösten« in unbeschreiblich schöner Landschaft auf der Insel Altstad vor Meggen ein Monument zu erstellen: ein Obelisk, auf der Spitze der vergoldete Apfel, der Apfel Tells, versteht sich; verziert war der gestufte Sockel mit weiteren Symbolen aus der eidgenössischen Vergangenheit.

Die Insel ist, vom Schiff gesehen, nicht groß, langgezogen, und Hügelchen an jedem Ende; in der flacheren Mitte erhob sich der Obelisk, der Place Vendôme in Paris wohl anstehend. Den Blitzeschleuderern über dem See der Urkantone gefiel indessen die Sache nicht, sie schlugen ein- und dann noch einmal, trafen den vergoldeten Apfel, das Monument stürzte. Es war 1796, der Abbé mußte das traurige Geschehen nicht erleben, er war schon tot. Die Marmorblöcke wurden nach Luzern geschafft und für andere Denkmäler verwendet.

»Wir fuhren an dem artigen Vorgebirge vorbei«, am Meggenhorn, das Horn horizontal im See. Noch lassen diese Gestade an seinen Satz denken: »Wenn man einen rechten Park sehen will, so muß man nur vier Wochen in der Schweiz herumziehen.« Am anderen Ufer zieht sich das ebenso artige Vorgebirge von Hertenstein hin und dann der Küßnachter-Seearm, eine freundliche Bucht mit ruhigen Konturen. Im Hügelwald wachsen Kastanienbäume, auf Wiesen in Hanglage viel Obst-, besonders Kirschbäume, im Frühjahr eine weiße Blütenwolke.

Als Goethe vorbeifuhr, hatte der Herbst wohl schon rot gefärbt.

»Küßnacht. Gasthof zum Engel«
nun wieder im Kanton Schwyz, am Dorfplatz das stattliche Haus mit großer Riegelfassade, 1934 zum letzten Mal gründlich renoviert und seither gut instand gehalten, auch die Schrift »Tagsatzung 1423« und »Goethe-Stube«. Auf dem Prospekt des Hauses ist diese abgebildet, auch der Nußbaumtisch, an dem er gegessen habe; genannt wird sie auf der dem Gast präsentierten Rechnung im Restaurant, vom Eingang her einige Stufen tiefer. In den Wirtsräumen wird sie, die Goethestube, umsonst gesucht, man erwartet, wenn nicht auf ihn Gestimmtes, doch Schwyzerisches und findet an den Wänden Thailändisches, Fotos in Großformat und Masken.

Fragt man beharrlich nach der Goethestube, wird beschieden, sie sei im ersten Stockwerk – natürlich konnte sie nur dort sein, hier unten waren Stallungen oder Keller –, aber nicht zu besichtigen, neuerdings unterteilt und vermietet, doch, doch Goethe habe hier übernachtet, einmal, auf einer seiner Reisen.

1775 ist er mit Passavant vielleicht kurz eingekehrt, 1779 ist er mit Karl August in bissiger Kälte im offenen Nauen Luzern zugestrebt, schwerlich nach Küßnacht gefahren, um ihm die Stätte von Geßlers Tod zu zeigen.

An der Außentreppe seitlich am Haus, Zugang zu den früheren Gasträumen, blieb der Tasso-Vers:

Die Stätte, die ein guter Mensch betrat ist eingeweiht
Nach hundert Jahren klingt sein Wort, seine Tat dem Enkel wieder.

IN DER HOHLEN GASSE

»Nach Tisch gingen wir ab«
und der Weg war angenehm. Das ist er nicht mehr, dazu ist die Dorf- und Landstraße zu stark befahren, sie verzweigt sich au-

ßerhalb des Dorfes nach vielen Richtungen. Gotthardwärts ist rechts bald das Gasthaus *Hohle Gasse* mit Tellenstube, entsprechend dramatischer Fassadenmalerei und Schiller-Zitaten: »Du kennst den Schützen...«, dicht darunter ein Schild »Zimmer frei«. Weiter oben weist von der Straße weg ein Wanderwegschild in den drei Landessprachen: »Hohle Gasse – Chemin creux – Via cava«, das klingt so schön nach Alt-Römischem. Beim Aufgang in den Hohlweg, hier noch in lockerem Gehölz, liegen, wie Goethe sie sah, Granitblöcke, und an einem gleich einer Henry-Moore-Plastik geformten, aber vom Gletscher polierten Findling brachte man eine kleine Bronzetafel an: »Der vaterländische Opfersinn der Schweizerischen Schuljugend hat 1935–1937 den Bau der Umfahrungsstraße ermöglicht, die Hohle Gasse für alle Zeiten sicher gestellt.«

*

Die Hohle Gasse kommt zum ersten Mal vor im *Weißen Buch von Sarnen*.

»...und nahm sein Schießzeug und sprang aus dem Nauen auf die Platte und stieß den Nauen von sich ... und lief durch die Berge hinauf, so fest er mochte und lief durch Schwiz hin schattenhalb, durch die Berge hinaus bis gen Küßnacht in die hohle Gasse. Da war er vor dem Herren und wartete da... da stund er hinter eine Staude und spannte seine Armbrust und schoß einen Pfeil in den Herren und lief wieder zurück hinein gen Uri durch die Berge hinein.«

Was hat doch Wilhelm Tell an diesem einzigen Tag, seinen Ruhm begründend, alles geleistet: Renitenz gegen Obrigkeit, Apfelschuß, Steuer-Rudern im Sturm, Sprung auf die Platte, bergauf bergab nach Küßnacht, Schuß auf Geßler, bergein bergaus zurück gen Uri.

In Goethes Bericht bleibt also der Weg angenehm, nichts von einer hohlen Gasse, es gab doch keinen andern Weg von oder nach Küßnacht.

Alte Stiche beweisen es, und Zschokke schreibt in seinen

Tells-Kapelle in der Hohlen Gasse

Klassischen Stellen der Schweiz von der Gasse, »wo der Brutus von Uri den Vogt Geßler erschoß... Aber heute sucht der Wanderer vergebens den Hohlweg und seine romantische Dunkelheit unter überhangenden Gebüschen. Er hat sich in eine helle, breite, gemächliche Kunststraße verwandelt«.

Demnach ist, wie die Bronzetafel weiter unten kündet, seither der Fahrweg zurückverwandelt worden in den aufsteigenden Hohlweg, sehr stimmungsvoll und geschichtsgerecht eingekerbt zwischen Laubwald, an dessen Fuß Natursteinblöcke als Randgemäuer, das Pflaster aus verschiedenstem Gestein zusammengesetzt, auch Brekzie ist dabei. Auf den unregelmäßig flachen und runden Steinen klappern in dem Hohlweg die Absätze, zu stiller Zeit allein hinaufgehend; wie erst wäre Pferdegetrappel zu hören.

Oben ist die »Kapelle zum Andenken an Geßlers Tod«, und als Bau geblieben wie sie war, mit hölzernem Vorzeichen, die Malerei freilich ist von 1905 und verblaßt: an der Außenseite stirbt Geßler, vom Pferd sinkend, Frau Armgard mit ihren Kindern im Vordergrund. Drinnen, über dem Spätrenaissance-Altärchen, stirbt Tell, vom wilden Schächen fortgerissen, am Ufer das gerettete Kind und entsetzte Gesichter.

Hier herauf also kam Geßler geritten von Brunnen nach der widrigen Seefahrt. Er war schon auf der Höhe des Überganges, und um die Geschichte noch deutlicher zu machen, zeigt ein Wegweiser nach der »Geßlerburg«, in deren Verliese Tell geworfen werden sollte. Einst eine der mächtigsten Burganlagen der Urschweiz, ist sie instand gehaltene Ruine auf einer Hügelkuppe über Küßnacht, am Rigihang.

Unser Zschokke fährt im Bericht über die Hohle Gasse fort: »Nichts deutet die Nachbarschaft der klassischen Stelle an, als die einfache, malerische Kapelle daneben mit der Inschrift:

Hier ist Geßlers Hochmut von Tell erschossen
Und der Schwyzer edle Freiheit entsprossen.«

Der Spruch ist nicht mehr da.

Goethe aber schreibt von 1775: »... wo wir die am Wege stehende Tellenkapelle zu begrüßen und jenen der ganzen Welt als heroisch-patriotisch-rühmlich geltenden Meuchelmord zu gedenken hatten.«

Zu bedenken ist, daß ihm Tell nicht ein ehrenwerter Brutus war, denn auch Brutus war ihm nicht ehrenwert. Von Bodmer wissen wir es, er, der selbst ein Drama »Geßlers Tod oder Das erlegte Raubtier« verfaßt hatte; er schrieb 1775 nach dem Goethe-Besuch mit seiner bekannt spitzen Feder: »Er hat Brutus und Cassius für niederträchtig erklärt, weil sie Cäsar ex insidiis, von hinten um das Leben gebracht haben.«

Also erklärte er auch Tells Tat für niederträchtig, um so mehr als er in Geßler nicht ein »Raubtier« oder »Mördergesicht« sah, sondern den »Tyrannen von der behaglichen Sorte«. Er hat nicht nur 1797 in den Aufzeichnungen die Kapelle »zum Andenken von Geßlers Tod« genannt, auch im »Schema zu einer kurzen Relation von unserer elftägigen Bergreise«[57] »Geßlers Capelle«; würde sie so heißen, welch erhabenes Zeichen für das allerchristlichste »Liebet Eure Feinde« der Urkantone.

Den Tell aber dachte er sich als »urkräftigen in sich selbst zufriedenen, kindisch-unbewußten Heldenmenschen, der als Lastenträger die Kantone durchwandert«.

Zu gestehen ist nebst dem, auf die Hohle Gasse bezogen, daß die historische Wahrheit dort auf dünnem Boden steht. Zschokke, der gebildete Mann, spielt zweifellos den gewollt Naiven, wenn er klagt, daß: »... neuere Entdeckungen der Geschichtsforscher aus den ältesten Urkunden schweizerischer Archive dargethan [haben], daß die Burg von Küßnacht nie dem grimmen Geßler angehört habe. Sie war, vor und nach Kaiser Rudolphs von Habsburg Zeiten, Gut und Eigen der Edeln von Küßnacht gewesen [und später der Edlen von Silenen, deren Wohnturm vor Amsteg noch steht, die überdies zu den Eidgenossen hielten], wie man uns izt mit Brief und Siegel beweist. Es thut einem gläubigen Christen in der That leid, die alten, schönen Chroniken, selbst den treuherzigen Tschudi und den ihm nacherzählenden Johannes Müller sogar, nach so langer Zeit endlich des Irrthums geziehen zu sehn. Wer weiß nun, was an all den lieblichen Heldensagen zuletzt ist? – Zum Glück bleibt doch wenigstens Schillers Wilhelm Tell wahr: denn das Gute und Schöne ist ewig wahr.«

Vor der Kapelle ist ein wohlproportionierter, geräumiger Platz planiert, niedrig ummauert für die Besucher, es sind ungezählte den Sommer über. Von hier aus läßt sich hinabsehen in »eine anmutig gebaute, aufsteigende Bucht vom Luzerner See [Küßnachterarm] herauf«, ein Streifen von ihm ist zu erblicken, und auf die »sehr schön bestandenen Matten und Baumstücke, deren hohes Gras und Kraut von den Kühen mehr zertreten als gefressen ward«; genauso war es am Herbsttag fast zweihundert Jahre danach, Matten und Baumstücke, Kühe im hohen Gras...

»Wir erblickten den Zugersee«
das konnten sie damals noch im Unverbauten weiterwandernd und auf der anderen Seite der Landwelle hinab – wir fahren, bald von der Gotthardstraße zum Dorf hinab links abbiegend, zur Lände von Immensee. Ein paar alte Bauernhäuser stehen da, am See war der Stapelplatz, das Restaurant »Sust« läßt darauf schließen, die Waren gingen südwärts nach Arth und hinüber nach Zug.

»...eigener Charakter desselben«
wird mit scharfem Blick gesehen, der Charakter bedingt durch die Lage. Bei Arth noch im Voralpinen, breitet er sich aus im auswellenden Hügelland und nimmt einen »sehr heiteren Charakter an«. Dieser Zugersee hat seinen besonderen Reiz in den Stimmungen der verschiedenen Jahreszeiten, abends, morgens, den ganzen Tag über, an manchen Stellen wirkt er auch groß, das Licht filtert an den Rigihängen herab; er hat, man weiß nicht warum, etwas still Sich-selbst Überlassenes, ob-

schon an beiden Ufern und auf den Fernstraßen der Verkehr wimmelt.

Sie bestiegen in Immensee ein Boot, und so im Fahren am waldigen Ufer hin, am Steinbruch vorbei, noch sichtbar, aber nicht mehr in Betrieb, studiert er die Bauart des Schiffes, aus zwei Holzelementen gefügt wie zu einem Einbaum, »sie sind klein und der Takt viel geschwinder«, Schiffe, von den Fischern auf dem Zuger- und um Weggis am Vierwaldstättersee noch benützt.

Er läßt sich Dörfer um den See erklären und aufschreiben. *Cham* am einen Ausfluß der Lorze, der andere ist bei Zug, vorher fließt sie vom Lauerzer- in den Zugersee und später in die Reuß und die Reuß in die Aare und die Aare in den Rhein.

Oberwil wird gesehen am Ufer gegenüber, »ein weitläufiges Dorf« schon damals und jetzt erst recht, bald vermählt mit der Stadt Zug. Von Weinbau wird gesprochen; seit dem 19. Jhdt. ist er nur noch im milden Kilma um Walchwil geblieben.

»Man kommt nach Zug. Der Ort ist reinlich und alt, aber gut gebauet«, ja, eine solide, frühmittelalterliche Stadt[58], zuerst kyburgisch, durch Erbschaft an Habsburg gekommen bis 1352. Als der Gotthardverkehr die Stadt zur Blüte und zu einer interessanten Schlüsselstellung brachte, belagerten die Eidgenossen zwei Wochen lang und Zug kam zum Bund. Die Stadt blieb stark befestigt, einst besaß sie drei Gassenzüge, eine davon versank im 15. Jhdt. im See, und im See versank 1887 auch die später gebaute Vorstadt. Zug selbst wuchs und wuchs im Stil der Zeiten, Industrie siedelte sich an, der Ort ist groß und unpersönlich geworden. Zum Historischen gehören vier Wehrtürme, Gassen und Gäßchen längs der Stadtmauer und ein Rathaus mit vornehmstem Ratsaal, Treppengiebeldach, ihm gegenüber als Pendant, auch mit Treppengiebeldach.

»Eingekehrt im Ochsen«
heute City-Hotel Ochsen am Kolin-Platz. Die Kolin-Familie

war das große Zuger-Geschlecht, für Bannerherr Kolin wurde 1544 der *Ochsen* gebaut.

WAS GOETHE UM ZUG AUFGEFALLEN IST

Sonnabend, den 7. Oktober

»Der Ort ist reinlich und alt«

Hier, zum Ende der Reise hin, dürfte nachgezählt werden, wie oft er das Wort *reinlich* brauchte, noch brauchen wird.

Zum ersten Mal war es in Schaffhausen von der Grubenmann-Brücke als Hauptwort »größte Reinlichkeit«, nachher als Eigenschaft von Wegen, Orten, Häusern, Stuben, auch der Jagdmatt-Kapelle, und es ist nicht ein Goethe-, ist ein Wort des 18. Jhdts.

Das reinliche Mädchen im reinlichen Stübchen. Ärmlich, aber reinlich gehörte mit zum Idealbild des einfachen Lebens, und die Schweiz galt als reinlich; immer noch gilt sie es, das wird so oft betont, als wäre es oberste Eigenschaft und ist bald schon peinlich, dem spießbürgerlichen Kleinlichen und Phantasielosen zugeordnet.

Interessant ist, daß Achim von Arnim in »Isabella von Ägypten« einen schlimmen Gesellen nach Graubünden als der dreckigsten Gegend der Welt verbannt. Man möchte wissen, wo das war in alt Fry Rätien.

»Er [der Ort Zug] liefert den kleinen Kantonen Töpferware«

und die Bemerkung schafft einige Verwirrung. Weder in der Geschichte der Gegend, noch in jener der Keramik bzw. der Töpferei der Schweiz ist etwas davon zu finden. Eine ansehnliche Ziegelei gab es; meinte Goethe mit Töpferwaren Ziegel, oder hat damals doch in der Ziegelei einer Töpfereien hergestellt, berühmt ist er nicht geworden.

»Es sind auch verschiedene Feuerhandwerke daselbst in guter Nahrung.«

Hat er in den Gassen in die Werkstätten der Huf- und Wagenschmiede geschaut? Sie konnten in Zug ihr Auskommen finden, Saumtiere für den Übergang nach Horgen oder von dort kommend waren zu beschlagen, Wagenräder und Deichseln zu richten. Groß war der Verkehr »von den Gütern, die nach Zürich gehen und daher kommen«, nicht. Man spricht von etwa zwanzig Säumern, die herüberkamen. – In Horgen wird die Bemerkung über den Gütertransport wiederholt für die umgekehrte Richtung.

Sonntag, den 8. Oktober

»Auf den besten Wiesen wächst viel Leontodon«
in der *Metamorphose der Pflanzen* als Frühjahrsblume beobachtet, nun herbstlich ins Kraut geschossen, der vulgäre Löwenzahn.

Es ist wirklich zum Lachen, brauchte er elf Tage, ihn zu entdecken, wuchs er denn nicht in jeder besseren und schlechteren Wiese dem langen Weg entlang, oder wollte er den oft gesehenen zum Schluß hin noch zu Papier bringen?

»Ilex aquifolium, das wir auf den Mittelbergen gefunden«
die Stechpalme gibt Rätsel auf, nicht die Pflanze, der Fundort; bei Eckermann kommt er nicht vor, war er ihm verdächtig.

Vor Schindellegi und dort »am Berg rechts« war von Stechpalmen die Rede. Es gibt in jener Gegend einen Ort, Mittelberg geheißen, hinter Richterswil überm Berg, im Tal unterhalb Hütten, aber viel nördlicher und ab vom Weg nach Schindellegi, nie sind sie dort vorbeigekommen. Hat Ludwig Geist im nachhinein auf einer damaligen (verzeichneten) Landkarte den Punkt suchend, den Namen gefunden. Die Frage bleibt offen, die Stechpalme jedoch sei noch zu finden im Buschwerk hinter Baar, auch drüben im Sihlwald –; herwärts im Zugerischen vielleicht nicht mehr so üppig und zahlreich wie einst, weil sie da begehrt ist für die Passionswoche der Katholiken.

Mehr vom Botaniker Goethe scheint nicht unterwegs gewesen zu sein. Später hat er bereut: »Warum bin ich nicht mehr so leicht auf den Füßen als zur Zeit, wo ich die unnützen Reisen in die Schweiz that, da man glaubte, es sei was Großes gethan, wenn man Berge erklettert und angestaunt hatte«[59], das schrieb er und dachte nicht an die Beute des Mineralogen, und nicht an den »labyrinthischer Spaziergang durch eine verwickelte Reihe von interessanten Gegenständen, welche das sonderbare Land enthält«.

*

Sonntag, den 8. Oktober

»Um acht Uhr aus Zug… halbbedeckter Tag«
der letzte Tag.

Was alsdann vom Weg beschrieben wird von Fruchtbau, Wiesen, Weiden, Erlen muß vergessen werden in der Allerwelts-Häuserei, Zug fugenlos mit *Baar* verbindend.

»Der Ort ist artig gebauet… eine geräumige Gasse«
sie beginnt für uns noch bei der Kirche mit auffallend großer Barockhaube, dem romanischen Bau aufgesetzt.

1775 bogen Goethe und Passavant hier ab gegen Kappel, Ort von zwei Reformationsschlachten. Bei der ersten fiel der streitbare Zwingli, nach der zweiten scharten sich die Krieger zuletzt einträchtig um eine mächtige Tanne, die einen hatten nur noch Brot und die anderen Milch, und sie aßen ein Geköch, das als Kappeler Milchsuppe in die Geschichte einging. Davon mußte Passavant wissen als Hospitant in der Zwingli-Stadt und an dessen Kirche; bleibenden Eindruck nahm Goethe nicht mit. Sie querten den Albis, und durchs Sihltal gelangten sie nach Zürich.

1797, um nach Stäfa zu gelangen, folgten sie von Baar dem Saumweg im Wiesengrund und an so hübschen Weiler-Namen vorbei wie *Schutzengel* und *Schlüsseli*. Sie erklommen durch

»artiges Buschholz« – in dem sie den Ilex acquifolium entdeckten – über einen Knüppelstieg knapp mehr als hundert Meter Höhe, eine Abkürzung, nicht der Fahrweg, sie kamen irgendwo bei Walterswil in die heutige Straßenführung. Diese kriecht hinter Baar seitlich am Hang empor und durch den Wald, aber unten im Wiesengrund, wie alter Fährte folgend, macht sich der Bau einer Autobahn breit.

»Man kommt über die Sihlbrücke«; nachdem die Landschaft nur Uninteressantes, gar Unerfreuliches geboten hatte, war hier Waldidylle und gedeckte Holzbrücke, einst; nun überall Straßenbänder, Tankstellen, Garagen und Gasthäuser neuester Sorte.

Jenseits der Brücke atmet der Spurenreisende auf. Da ist noch Licht und Landschaft des Voralpinen, unten umspült die Sihl Gesteinsblöcke im natürlichen Bett. Jedoch, verfehlt ist der Gedanke, in Kurven zum Hirzel aufsteigend, hier am Platz zu sein, *das* hat er *so* gesehen, denn sein Weg ging gleich nach der Sihlbrugg steil auf, das Sträßchen zur Tobelmühle bis zur Hirzelhöhe. Dort öffnet sich weit der Blick, voraus über den Zürich- und rückwärts auf das Nordende des Zugersees, und dort hinauf führt uns von der Straße auf der Hirzel-Paßhöhe, unweit des Parkplatzes, ein Weg zu der »Aussicht, angeschlossen an die von Hütten nach Schindellegi«. Eine große Aussicht, nun wieder mit großem Himmel.

Alsdann schließt sich an die Landschaft von Schindellegi bis Hütten der sachte Abstieg zum Horgenberg, an mehreren Weilern und Gehöften vorbei, von denen Goethe nur »Klausen, ein kleiner Ort« nennt. So klein ist er immer noch, er hat nicht einmal eine Postleitzahl, und im Telefonbuch steht er auch nicht.

»Der letzte Teil des Weges ist ein abscheulich unterhaltenes Pflaster«, aber, aber, welche Schande für die hochmütigen Züricher von anno dazumal!

An diesem Tag war zwar schon gegen Sihlbrugg, noch im

Kanton Zug, der Fahrweg abscheulich. Abscheulich vor Tagen auch der Weg über die Haggenegg, dort aber Pilger-, nicht Saumpfad; sonst hat in den armen Urkantonen nur ein kurzes Wegstück – nach einer Regennacht! – das stereotyp disqualifizierende »abscheulich« hinnehmen müssen.

Einzuräumen ist, daß über Klausen anscheinend ein Seitenweg begangen wurde, der bessere führte über die Hanegg; beide sind heute zu fahren als Straßen, schmaler über Klausen.

Um zwölf Kilometer ist die Distanz Zug – Horgen, die Steigungen sind einzubeziehen, sie waren mittags in

»Horgen. Wir aßen im Löwen«

und es gibt zwischen Gassen und Gäßchen noch ein Restaurant dieses Namens, drinnen Spielautomaten. Der Löwen von 1797 – »schöne Aussicht des Gasthauses« – war an der See- und heutigen Durchgangsstraße, ungefähr über dem Bahnhof; im *Sust,* dem Horgemer Ortsmuseum ist er auf einem Stich zu erkennen, frei und weit ausblickend.

Es läßt sich denken, wie behaglich sie aßen in der Genugtuung, nicht nur über touristische Leistungen, auch »über das ganze wohl gelungene Unternehmen, es hatte sich bewährt, daß kleine gemeinschaftliche Abenteuer… günstig sind, wenn sie [die Bekanntschaften] nach einigem Zwischenraum wieder erneut werden sollen«.[60]

XVII

WIEDER IN STÄFA

Sonntag, 8. Oktober

»Wir fuhren bei einem warmen Abend in zwei Stunden nach Stäfa«, und es muß gewesen sein wie Heimkommen, durch die Wiesen hinauf ins Balkonzimmer der *Krone* und hier, als zum endlichen Ziel, zu den von Meyer aus Italien mitgebrachten Werken der Klassik.

Hier blieben sie bis zum 21. Oktober und dachten sogar daran, zu bleiben in der ländlichen Stille – und die Sehnsuchtsbriefe an Christiane? –, davon hielt nicht nur die dräuende Politik, auch die auf winterliche Verhältnisse nicht eingerichtete Stube ab.

Sie taten gut daran, nicht zu bleiben, zwei Monate später begannen – nicht nur, »daß die Franzosen Händel suchten« – auch die Unruhen zwischen Stadt und Land, Stäfa wurde besetzt von Zürcher Truppen.

Am nächsten Tag fängt die Arbeit an am Reisetagebuch, fast täglich wird sie fortgesetzt, und Briefe werden geschrieben, Lesen, Vorlesen und Unterhaltung mit Meyer lösen sich ab, von einer Welt in die andere wird gewechselt, von der »Zeichnung Tells mit dem Knaben« zu »Niobe« und zu italienischer Malerei. Ein Fest war die langersehnte Ankunft der antiken Aldobrandinischen Hochzeit, von Meyer in Florenz längst versandt, auf Umwegen eingetroffen, »dem weit und breit gewaltigen Buonaparte glücklich entronnen«. Alles hatte seinen Platz und seine Zeit in diesen Tagen »von den unfruchtbaren Gipfeln bis zu den herrlichsten Kunstwerken«.

Das Verzeichnis der Mineralien wird erstellt, über zwei Tage hin dauert das Einpacken der Steine, hat es Goethe nur überwacht oder selbst auch Stein um Stein für die lange Reise sorgsam eingewickelt?

Die Chronik des Ägidius Tschudi wird gelesen. Ob das seltene Buch in der Bibliothek der *Krone* für die gute *clientèle* lag, ob sie von anderswo geliehen wurde, mitnehmen konnte er sie nicht. In Weimar ließ er sie sich von der Bibliothek kommen, alle Achtung, daß sie die Chronik besaß. Bei der Lektüre, sei es schon in Stäfa oder dann in Weimar, fand er beiläufig »Ich weiß ein blawes Blümelein« vom Grafen Johann von Habsburg-Rapperswil, im 14. Jhdt. in Zürich gefangengehalten, wenn nicht gar im grausigen Wellenberg-Turm. Goethe übertrug das Gedicht als »Das Blümelein Wunderschön – Lied des gefangenen Grafen«.

Eigentlicher Zweck der Chronik war doch das Studium der »Tellischen Geschichte«, er besprach und überdachte »die Behandlung derselben... auch bei Gelegenheit der Schillerschen Briefe«. Da war sie noch stark, »die Verlockung, diese unvergleichliche Landschaft in einem Gedicht darzustellen, und um diese Darstellung zu beleben, den höchst bedeutenden Grund und Boden mit ebenso bedeutenden Figuren zu staffieren, wo denn die Sage von Wilhelm Tell mir als sehr erwünscht zustatten kam... Ich summte gelegentlich schon meine Hexameter vor mich hin...«[61]

Tell aus Uri in homerischen Versen.

Er arbeitet an Gedichten und schreibt Schiller von Dichter zu Dichter davon »Herrliche Stoffe zu Idyllen und Elegien und wie die verwandten Dichtarten alle heißen mögen, habe ich schon wieder aufgefunden«, das »schon wieder« bezieht sich auf einen Brief aus Stuttgart, worin er »auf ein neues Genre gefallen« sei: Gespräche in Liedern nach altdeutscher Art, und es wurden dann drei in dieser Art. Nachgewiesen ist das Entstehen in Stäfa von

DER JUNGGESELL UND DER MÜHLBACH

Gesell

Wo willst du, klares Bächlein, hin
So munter?
Du eilst mit frohem, leichtem Sinn
Hinunter.
Was suchst du eilig in dem Tal?
So höre doch und sprich einmal!

Bach

Ich war ein Bächlein, Junggesell;
Sie haben
Mich gefaßt, damit ich schnell
Im Graben
Zur Mühle dort hinunter soll,
Und immer bin ich rasch und voll.

Gesell

Du eilest mit gelaßnem Mut
Zur Mühle,
Und weißt nicht, was ich junges Blut
Hier fühle.
Es blickt die schöne Müllerin
Wohl freundlich manchmal nach dir hin?

Bach

Sie öffnet früh beim Morgenlicht
Den Laden

Und kommt, ihr liebes Angesicht
Zu baden.
Ihr Busen ist so voll und weiß;
Es wird mir gleich zum Dampfen heiß.

Gesell

Kann sie im Wasser Liebesglut
Entzünden,
Wie soll man Ruh mit Fleisch und Blut
Wohl finden?
Wenn man sie einmal nur gesehn,
Ach! immer muß man nach ihr gehn.

Bach

Dann stürz ich auf die Räder mich
Mit Brausen,
Und alle Schaufeln drehen sich
Im Sausen.
Seitdem das schöne Mädchen schafft,
Hat auch das Wasser beßre Kraft.

Gesell

Du Armer, fühlst du nicht den Schmerz,
Wie andre?
Sie lacht dich an und sagt im Scherz:
Nun wandre!
Sie hielte dich wohl selbst zurück
Mit einem süßen Liebesblick?

Bach

Mir wird so schwer, so schwer, vom Ort
Zu fließen:
Ich krümme mich nur sachte fort
Durch Wiesen;
Und käm es erst auf mich nur an,
Der Weg wär bald zurückgetan.

Gesell

Geselle meiner Liebesqual,
Ich scheide;
Du murmelst mir vielleicht einmal
Zur Freude.
Geh, sag gleich und sag ihr oft,
Was still der Knabe wünscht und hofft.

Eine Abschrift geht an Schiller mit der »Schweizer Alpe« in Altdorf gedichtet. »Amyntas«, kurz nach Schaffhausen auf der Chaisenfahrt begonnen, wird erst später wieder hervorgeholt und beendet.

AMYNTAS

Nikias, trefflicher Mann, du Arzt des Leibs und der Seele!
  Krank, ich bin es fürwahr; aber dein Mittel ist hart.
Ach! mir schwanden die Kräfte dahin, dem Rate zu folgen;
  Ja, und es scheinet der Freund schon mir ein Gegner zu sein.
Widerlegen kann ich dich nicht; ich sage mir alles,
  Sage das härtere Wort, das du verschweigest, mir auch.
Aber, ach! das Wasser entstürzt der Steile des Felsens
  Rasch, und die Welle des Bachs halten Gesänge nicht auf.
Rast nicht unaufhaltsam der Sturm? und wälzet die Sonne

Sich, von dem Gipfel des Tags, nicht in die Wellen hinab?
Und so spricht mir rings die Natur: Auch du bist, Amyntas,
Unter das strenge Gesetz ehrner Gewalten gebeugt.
Runzle die Stirne nicht tiefer, mein Freund, und höre gefällig,
Was mich gestern ein Baum, dort an dem Bache, gelehrt.
Wenig Äpfel trägt er mir nur, der sonst so beladne;
Sieh, der Efeu ist schuld, der ihn gewaltig umgibt.
Und ich faßte das Messer, das krummgebogene, scharfe,
Trennte schneidend und riß Ranke nach Ranke herab;
Aber ich schauderte gleich, als, tief erseufzend und kläglich,
Aus den Wipfeln zu mir lispelnde Klage sich goß:
O verletze mich nicht! den treuen Gartengenossen,
Dem du als Knabe, so früh, manche Genüsse verdankt.
O verletze mich nicht! du reißest mit diesem Geflechte,
Das du gewaltig zerstörst, grausam das Leben mir aus.
Hab ich nicht selbst sie genährt und sanft sie herauf mir erzogen?
Ist wie mein eigenes Laub nicht mir das ihre verwandt?
Soll ich nicht lieben die Pflanze, die, meiner einzig bedürftig,
Still mit begieriger Kraft mir um die Seite sich schlingt?
Tausend Ranken wurzelten an, mit tausend und tausend
Fasern senket sie fest mir in das Leben sich ein.
Nahrung nimmt sie von mir; was ich bedürfte, genießt sie,
Und so saugt sie das Mark, sauget die Seele mir aus.
Nur vergebens nähr ich mich noch; die gewaltige Wurzel
Sendet lebendigen Safts, ach! nur die Hälfte hinauf.
Denn der gefährliche Gast, der geliebteste, maßet behende
Unterweges die Kraft herbstlicher Früchte sich an.
Nichts gelangt zur Krone hinauf; die äußersten Wipfel
Dorren, es dorret der Ast über dem Bache schon hin.
Ja, die Verräterin ists! sie schmeichelt mir Leben und Güter,
Schmeichelt die strebende Kraft, schmeichelt die Hoffnung mir ab.
Sie nur fühl ich, nur sie, die umschlingende, freue der Fesseln,

Freue des tötenden Schmucks fremder Umlaubung mich nur.
Halte das Messer zurück! o Nikias, schone den Armen,
Der sich in liebender Lust, willig gezwungen, verzehrt!
Süß ist jede Verschwendung; o laß mich der schönsten genießen!
Wer sich der Liebe vertraut, hält er sein Leben zu Rat?

Schon weit gediehen war die Elegie »Euphrosyne« zum Tode der ihm lieb gewesenen Schauspielerin Christiane Bekker-Neumann. »Liebende haben Tränen, Dichter Rhythmen zu Ehren der Toten«, schrieb er dann am 25. Oktober an Böttiger von Zürich aus und: »Die Nachricht überraschte mich in den formlosen Gebirgen.«

Da ist dann doch zu fragen, aber wie? Ist von Stäfa aus ein Bote nachgelaufen über alle Berge mit der Nachricht (und der bittende Brief von Barbara Schulthess blieb liegen?), empfing ihn die alte Wirtin in Wassen, der Wirt in Andermatt oder Pater Lorenzo auf dem Gotthard mit wer weiß wie übermittelten Meldungen aus Weimar?

Wahrlich, bei allem Respekt vor Goethes Gefühlen, es ist doch schön, einen großen Herrn bei der Erfindung trefflicher Bilder in der Alltagssprache zu beobachten. Viel wirkungsvoller ist der Wanderer im formlosen Gebirge von der Todesnachricht ereilt als im heiteren Gelände um Stäfa.

Jedoch, derlei vergnügte Mäkelei verschlägt nicht, hier nicht. Mit Goethe in seinem Tagebuch auf dieser ganzen Reise von Thayngen bis hierher, mit seiner Sprache vertraut geworden und bald zu vertraulicher Anrede geneigt, rückt er als Dichter der »Euphrosyne«-Elegie in unerreichbare Ferne. Sein bescheidenes »... ich wünschte, daß mir etwas zu ihrem Andenken gelungen sein möchte«, im Brief an Böttiger, macht mithin bewußt, er arbeitete daran, das Formlose zu formen, das noch Gestaltlose der Trauer über den Tod des anmutigen, zart geliebten Geschöpfes zu gestalten; sein Eigenbild als einsamer Bergwanderer war ihm real.

EUPHROSYNE

Auch von des höchsten Gebirgs beeisten zackigen Gipfeln
Schwindet Purpur und Glanz scheidender Sonne hinweg.
Lange verhüllt schon Nacht das Tal und die Pfade des Wanderers,
Der, am tosenden Strom, auf zu der Hütte sich sehnt,
Zu dem Ziele des Tags, der stillen hirtlichen Wohnung;
Und der göttliche Schlaf eilet gefällig voraus,
Dieser holde Geselle des Reisenden. Daß er auch heute
Segnend kränze das Haupt mir mit dem heiligen Mohn!
Aber was leuchtet mir dort vom Felsen glänzend herüber
Und erhellet den Duft schäumender Ströme so hold?
Strahlt die Sonne vielleicht durch heimliche Spalten und Klüfte?
Denn kein irdischer Glanz ist es, der wandelnde, dort.
Näher wälzt sich die Wolke, sie glüht. Ich staune dem Wunder!
Wird der rosige Strahl nicht ein bewegtes Gebild?
Welche Göttin nahet sich mir? und welche der Musen
Suchet den treuen Freund, selbst in dem grausen Geklüft?
Schöne Göttin! enthülle dich mir, und täusche, verschwindend,
Nicht den begeisterten Sinn, nicht das gerührte Gemüt.
Nenne, wenn du es darfst vor einem Sterblichen, deinen
Göttlichen Namen; wo nicht: rege bedeutend mich auf,
Daß ich fühle, welche du seist von den ewigen Töchtern
Zeus', und der Dichter sogleich preise dich würdig im Lied.
»Kennst du mich, Guter, nicht mehr? Und käme diese Gestalt dir,
Die du doch sonst geliebt, schon als ein fremdes Gebild?
Zwar der Erde gehör ich nicht mehr, und trauernd entschwang sich
Schon der schaudernde Geist jugendlich frohem Genuß;

Aber ich hoffte mein Bild noch fest in des Freundes Erinnrung
Eingeschrieben und noch schön durch die Liebe verklärt.
Ja, schon sagt mir gerührt dein Blick, mir sagt es die Träne:
Euphrosyne, sie ist noch von dem Freunde gekannt.
Sieh, die Scheidende zieht durch den Wald und grauses Gebirge,
Sucht den wandernden Mann, ach! in der Ferne noch auf;
Sucht den Lehrer, den Freund, den Vater, blicket noch einmal
Nach dem leichten Gerüst irdischer Freuden zurück.
Laß mich der Tage gedenken, da mich, das Kind, du dem Spiele,
Jener täuschenden Kunst reizender Musen geweiht.
Laß mich der Stunde gedenken und jedes kleineren Umstands;
Ach, wer ruft nicht so gern Unwiederbringliches an!
Jenes süße Gedränge der leichtesten irdischen Tage,
Ach, wer schätzt ihn genug, diesen vereilenden Wert!
Klein erscheinet es nun, doch ach! nicht kleinlich dem Herzen;
Macht die Liebe, die Kunst jegliches Kleine doch groß.
Denkst du der Stunde noch wohl, wie auf dem Brettergerüste
Du mich der höheren Kunst erstere Stufen geführt?
Knabe schien ich, ein rührendes Kind, du nanntest mich Arthur,
Und belebtest in mir britisches Dichter-Gebild,
Drohtest mit grimmiger Glut den armen Augen und wandtest
Selbst den tränenden Blick, innig getäuscht, hinweg.
Ach! da warst du so hold und schütztest ein trauriges Leben,
Das die verwegene Flucht endlich dem Knaben entriß.
Freundlich faßtest du mich, den Zerschmetterten, trugst mich von dannen,
Und ich heuchelte lang, dir an dem Busen, den Tod.
Endlich schlug die Augen ich auf, und sah dich, in ernste
Stille Betrachtung versenkt, über den Liebling geneigt.
Kindlich strebt ich empor und küßte die Hände dir dankbar,
Reichte zum reinen Kuß dir den gefälligen Mund,

Fragte: Warum, mein Vater, so ernst? und hab ich gefehlet,
O! so zeige mir an, wie mir das Beßre gelingt.
Keine Mühe verdrießt mich bei dir, und alles und jedes
Wiederhol ich so gern, wenn du mich leitest und lehrst.
Aber du faßtest mich stark und drücktest mich fester im Arme,
Und es schauderte mir tief in dem Busen das Herz.
Nein! mein liebliches Kind, so riefst du, alles und jedes,
Wie du es heute gezeigt, zeig es auch morgen der Stadt.
Rühre sie alle, wie mich du gerührt, und es fließen zum Beifall
Dir von dem trockensten Aug herrliche Tränen herab.
Aber am tiefsten trafst du doch mich, den Freund, der im Arm dich
Hält, den selber der Schein früherer Leiche geschreckt.
Ach, Natur, wie sicher und groß in allem erscheinst du!
Himmel und Erde befolgt ewiges, festes Gesetz:
Jahre folgen auf Jahre, dem Frühling reichet der Sommer,
Und dem reichlichen Herbst traulich der Winter die Hand.
Felsen stehen gegründet, es stürzt sich das ewige Wasser
Aus der bewölkten Kluft schäumend und brausend hinab.
Fichten grünen so fort, und selbst die entlaubten Gebüsche
Hegen, im Winter schon, heimliche Knospen am Zweig.
Alles entsteht und vergeht nach Gesetz; doch über des Menschen
Leben, dem köstlichen Schatz, herrschet ein schwankendes Los.
Nicht dem blühenden nickt der willig scheidende Vater,
Seinem trefflichen Sohn, freundlich vom Rande der Gruft;
Nicht der Jüngere schließt dem Älteren immer das Auge,
Das sich willig gesenkt, kräftig dem Schwächeren zu.
Öfter, ach! verkehrt das Geschick die Ordnung der Tage:
Hilflos klaget ein Greis Kinder und Enkel umsonst,
Steht, ein beschädigter Stamm, dem rings zerschmetterte Zweige
Um die Seiten umher strömende Schloßen gestreckt.

Und so, liebliches Kind, durchdrang mich die tiefe
Betrachtung,
Als du, zur Leiche verstellt, über die Arme mir hingst;
Aber freudig seh ich dich mir in dem Glanze der Jugend,
Vielgeliebtes Geschöpf, wieder am Herzen belebt.

Springe fröhlich dahin, verstellter Knabe! Das Mädchen
Wächst zur Freude der Welt, mir zum Entzücken heran.
Immer strebe so fort, und deine natürlichen Gaben
Bilde, bei jeglichem Schritt steigenden Lebens, die Kunst.
Sei mir lange zur Lust, und eh mein Auge sich schließet,
Wünsch ich dein schönes Talent glücklich vollendet zu sehn. –
Also sprachst du, und nie vergaß ich der wichtigen Stunde!
Deutend entwickelt ich mich an dem erhabenen Wort.
O wie sprach ich so gerne zum Volk die rührenden Reden,
Die du, voller Gehalt, kindlichen Lippen vertraut!
O wie bildet ich mich an deinen Augen und suchte
Dich im tiefen Gedräng staunender Hörer heraus!
Doch dort wirst du nun sein, und stehn, und nimmer bewegt
Euphrosyne hervor, dir zu erheitern den Blick. [sich
Du vernimmst sie nicht mehr, die Töne des wachsenden
Zöglings,
Die du zu liebendem Schmerz frühe, so frühe! gestimmt.
Andere kommen und gehn; es werden dir andre gefallen;
Selbst dem großen Talent drängt sich ein größeres nach.
Aber du, vergesse mich nicht! Wenn eine dir jemals
Sich im verworrnen Geschäft heiter entgegen bewegt,
Deinem Winke sich fügt, an deinem Lächeln sich freuet
Und am Platze sich nur, den du bestimmtest, gefällt,
Wenn sie Mühe nicht spart noch Fleiß, wenn tätig der Kräfte,
Selbst bis zur Pforte des Grabs, freudiges Opfer sie bringt –
Guter! dann gedenkest du mein und rufest auch spät noch:
Euphrosyne, sie ist wieder erstanden vor mir!
Vieles sagt ich noch gern; doch ach! die Scheidende weilt nicht,

Wie sie wollte; mich führt streng ein gebietender Gott.
Lebe wohl! schon zieht michs dahin in schwankendem Eilen.
Einen Wunsch nur vernimm, freundlich gewähre mir ihn:
Laß nicht ungerühmt mich zu den Schatten hinabgehn!
Nur die Muse gewährt einiges Leben dem Tod.
Denn gestaltlos schweben umher in Persephoneias
Reiche, massenweis, Schatten vom Namen getrennt;
Wen der Dichter aber gerühmt, der wandelt, gestaltet,
Einzeln, gesellet dem Chor aller Heroen sich zu.
Freudig tret ich einher, von deinem Liede verkündet,
Und der Göttin Blick weilet gefällig auf mir.
Mild empfängt sie mich dann und nennt mich; es winken die hohen
Göttlichen Frauen mich an, immer die nächsten am Thron.
Penelopeia redet zu mir, die treuste der Weiber,
Auch Euadne, gelehnt auf den geliebten Gemahl.
Jüngere nahen sich dann, zu früh herunter gesandte,
Und beklagen mit mir unser gemeines Geschick.
Wenn Antigone kommt, die schwesterlichste der Seelen,
Und Polyxena, trüb noch von dem bräutlichen Tod,
Seh ich als Schwestern sie an und trete würdig zu ihnen;
Denn der tragischen Kunst holde Geschöpfe sind sie.
Bildete doch ein Dichter auch mich; und seine Gesänge,
Ja, sie vollendeten an mir, was mir das Leben versagt.« –
Also sprach sie, und noch bewegte der liebliche Mund sich,
Weiter zu reden; allein schwirrend versagte der Ton.
Denn aus dem Purpurgewölk, dem schwebenden, immer bewegten,
Trat der herrliche Gott Hermes gelassen hervor;
Mild erhob er den Stab und deutete: wallend verschlangen
Wachsende Wolken, im Zug, beide Gestalten vor mir.
Tiefer liegt die Nacht um mich her; die stürzenden Wasser
Brausen gewaltiger nun neben dem schlüpfrigen Pfad.
Unbezwingliche Trauer befällt mich, entkräftender Jammer,

Und ein moosiger Fels stützet den Sinkenden nur.
Wehmut reißt durch die Saiten der Brust, die nächtlichen Tränen
Fließen; und über dem Wald kündet der Morgen sich an.

*

»Wir kamen dieser Tage wegen des Regenwetters nicht aus dem Hause.«

Nun durfte er kommen, der Regen, man war unter Dach. Indes gab es auch anderes Wetter, sie spazierten dorfaus und dorfauf, alles und jedes wurde gesehen, beschrieben, nicht nur im Reisetagebuch, auch in zahllosen anschaulich ergänzenden Stichworten im »Nachtrag zu einer Beschreibung von Stäfa«[62], auch im Brief an den Herzog. Im »Stäfa«-Text des Reiseheftes wird sogar zum ersten und einzigen Mal die Sparsamkeit mit Eigenschaftswörtern aufgehoben und ein poetisches Bild geschaffen vom herbstlichen Land, wo »... kaum einige Bäume durch rot' und braune Tinten das Alter des Jahres verkündigen«.

Hingegen sucht einer umsonst nach Notizen über die Heimarbeit der Zürcher Baumwoll- und Seidenindustrie, über die dann in *Wilhelm Meister's Lehrjahren* abgehandelt wird mit Akribie über Seiten hin, und das Leben der Heimarbeit als Idylle gesehen. Dazu lieferte später Meyer die nötigen und ausführlichen Unterlagen und Aufsätze. Da aber Frau Susanne von der Heimkehr des Marktschiffes erzählt, wie alle Angehörigen hinab zum See eilen und zum Empfang und: »Die Gewinnsüchtigen harren und möchten erfahren, wie der Verkauf der Waren ausgefallen, und berechnen schon im Voraus die Summe des reinen Erwerbs«, revoltiert dagegen das Gefühl für die Weber! Gewiß, in Stäfa wurde nebenher noch Landwirtschaft oder Rebbau betrieben, hier lebten nicht unbedingt die armseligen Familien der Heimarbeiter wie im Zürcher Oberland, immerhin, brauchen konnten auch sie den »reinen Erwerb«, von den Fabrikanten in der Stadt je nach Marktlage angesetzt.

Der sächsische Ludwig Geist beobachtete da schärfer und volksnaher in seinem Tagebuch; er erkannte die Probleme, wußte von der Unzufriedenheit über die Abhängigkeit von den Fabrikanten, der städtischen Zunftordnung, der Unfreiheit, selbst Handel zu treiben.

Daß Goethe dennoch für Christiane und die Weiblichkeit am Frauenplan einkaufen konnte, dankte er vermutlich der Protektion bei den Faktoreien durch den Untervogt Rebmann oder den *Krone*-Besitzer Billeter.

Er hat eingekauft: Halstücher und *Muslin*-Stücke (offenbar am Meter), über ein Dutzend, er stellt Christiane die Herrlichkeiten in Aussicht. Nicht genug, er hat ein sehr schönes blau besticktes Mousseline-Kleid aus St. Gallen in Auftrag gegeben. Meyer und er waren lange unschlüssig über das richtige Muster – der gute Meyer als Experte in modischen Dingen! – Billig war das alles nicht, in heutiger Währung mehrere hundert Franken oder Mark.[63] Von den Halstüchern, für sich selbst gekauft, sieht er zärtlich neckend voraus, daß sie Christiane ihm »wegkrapseln« werde als Kopftücher.

DICHTUNG UND WAHRHEIT IN STÄFA

Keine Chronik, kein Aufsatz über Stäfa ohne Goethes Aufenthalt in der *Krone,* seine Freundschaft mit dem Stäfner Mitbürger Johann Heinrich Meyer, ohne Erwähnung, was er gesehen, davon geschrieben und gelobt hat vom nützlich Bebauten und von der Schönheit in und um Stäfa; auf dem Umschlag eines »Jahrbuches vom Zürichsee« ist das Goethe-Bänkli über der Sternhalde gezeichnet.

Auch Ludwig Geist kommt vor, als »Goethes Geist« wohlgelitten und überallhin eingeladen, interessiert an Frauenpersonen, an jungen natürlich. Er machte emsig mit bei der Weinlese, die Trauben schmeckten trefflich, und er war mit beim »Krähhahn«, dem durch alle Zeiten üblichen Schlußfest der Lese mit Tanz und Spiel, das dauerte bis nachts zwei Uhr.

In einem Aufsatz wird davon berichtet. Im nächsten, aus anderer Feder, ist es Goethe, der sich für junge Frauenzimmer interessiert, und als »jugendlicher Fünfziger« kehrte er von den Festivitäten erst um zwei Uhr früh zurück.

Öfter kehrt auch ein jungfrisches Mädchen wieder, das ihm Gesellschaft geleistet haben soll auf dem Bänkchen über der Sternhalde, man erzählt davon, daß er, entzückt von ihrem munteren Geplauder, ihr übers Haar strich. Das Bild ist reizend, das Mädchen im hellblauen Trägerröcklein, weißem Blüschen und geblümter Leinenschürze und, durchaus denkbar, eine der Kindfrauen in seinem Leben und seiner Schweizer Geschichte, Ausgleich zur schwesterlichen Äbtissinnen-Gestalt von Bäbe Schulthess. Jedoch es fehlen stichhaltige Angaben.

Öfters zwar, und auch bei ernsthaften Literaturhistorikern, taucht der Name Magdalena Pfenninger auf. Er steht im Stäfner Kirchenbuch jener Zeit (aufbewahrt im Staatsarchiv des Kantons in Zürich), Kind von Lieutenant Rudolf Pfenninger, geboren 1782 (-1861); also wäre sie genau fünfzehn gewesen, als sie bei Goethe über der Sternhalde auf dem Bänkli saß... Dann aber beginnt ein Geflunker, das nur von der späteren Magdalena oder ihrer Umgebung ausgegangen sein kann, von Korrespondenz zwischen Weimar und Stäfa – Goethes zweiter Briefwechsel mit einem Kinde: diesmal vom Lande... – Briefe, die sie ihrerseits vernichtete, als sie Frau Schulthess wurde (Im Kirchenbuch cop. Stäfa 20. Februar 1804 mit Hans Jacob Schulthess, zur Mühle, Stäfa) – eine Doppelgängerin von Bäbe Schulthess? wo bleiben die Spuren von ihr in den Archiven von Weimar? – Lassen wir das Kind ein Viertelstündchen Goethe Gesellschaft leisten, neben ihm durchs Dorf zur Krone und dann aus der Geschichte gehen.

Hartnäckig zieht eine Geschichte ihre Spur durch die Blätter, in der Goethe selbst zwar nur eine Nebenrolle spielt, von der eine Version in der Neuen Zürcher Zeitung vom 26. Oktober 1887 erschien:

»Aus Stäfa wird uns geschrieben: Beim Lesen Ihrer jüngsten Miszellen über Martin Usteri's ›Freut Euch des Lebens‹, erinnerte sich ein hiesiger 84-jähriger Bürger, wie ihm von seinem Vater erzählt worden sei, daß Ende des letzten Jahrhunderts Goethe mit seinem Freund Hofrath H. Meyer nach Stäfa zu Besuch gekommen sei und in der Brandschenke [anderer Name für die Krone] logirt habe. Mit dem Untervogt Rebmann von Ülikon (nachheriger Ratsherr und von Goethe ›Philosoph vom Berge‹ geheißen) [Goethe schrieb allerdings vom ›sogenannten Philosophen‹] seien Beide damals oft zusammen gekommen. Die schöne Tochter des damaligen Landrichters Kunz im Löwen habe dem Hofrat Meyer sehr gut gefallen, so daß Rebmann sich beeilte, seine älteren Anrechte durch Verlobung mit jenem Mädchen kund zu geben. [In anderen Versionen hätten sich die beiden richtig gezankt.] Hierauf soll Goethe durch einen höchst gelungenen Vortrag des Liedes ›Freut Euch des Lebens‹ seinen Freund getröstet haben. Damals sei jenes Lied noch nicht allgemein bekannt gewesen und habe man geglaubt, Goethe sei selbst der Dichter jenes Liedes.«

Die Geschichte trieb ihre Blüten, bis Friedrich Zollinger bei der Arbeit an *Goethe in Zürich* um 1930 in Bürgerbüchern von Stäfa entdeckte, daß Rebmann 1797 schon ganze zwölf Jahre mit der Tochter des Löwenwirtes verheiratet war. »Vielleicht spielten sich diese Liebhaberrivalitäten ab, bevor Meyer nach Rom ging, und dann mag die Erinnerung daran in Goethes Anwesenheit bei einem guten Glas Stäfner wieder aufgefrischt worden sein, und Goethe könnte das Lied angestimmt haben.«

Endlich hielt ein Verfasser von »Goethe in Stäfa« es für möglich, daß eine Müllerin, eine schöne natürlich, den Dichter inspirierte zum Zyklus der Müllerinnen-Lieder (der, es ist bekannt, vor Stäfa entstanden ist), und wenn es nicht die Müllerin war, mochte »die behäbige Mühle zu Stäfa seinen lebhaften Geist zu diesen etwas üppigen Phantasien angeregt haben«, man merkt, hier äußerte sich ein vernünftiger Mann, seine Phantasie bewegte sich in zürcherischen Kategorien, üppig durften sie nicht werden, zu keiner Zeit.

Zum Ruhme Stäfas wurde mit Recht in Anspruch genommen, daß auf diesem Boden die Idee zum »Wilhelm Tell« erwogen, bedacht und davon an Schiller geschrieben worden sei. Mithin läßt sich hier der Tasso-Vers am Wirtshaus in Küßnacht am Rigi abwandeln: »Die Stätte, wo ein großes Werk entstand/ist eingeweiht«, und etwas davon ist denn auch an diesem Stäfa. Man darf sich hier als Ort auf den Stellenwert in Goethes Leben berufen, man nenne ein anderes Dorf, in dem er so mittendrin lebte mit einem Ortsbürger und für mehrere Wochen, die kleinen Gegebenheiten beobachtete, alles, aber auch alles sah und aufzeichnete[63], von »Erdäpfel vortrefflich – Gemeine Waschküche – Reinlichkeit des Gottesackers«, und sich ausdachte »Zangen in den See hinein gegen den Wind, sollten öfters angebracht werden – Versenkung alter Schiffe zu versuchen«; ein Dorf, in dem er herumging als einer unter anderen, wie sollten sich da nicht Geschichten bilden und erhalten von Begegnungen, ihn ins eigentliche dörfliche Leben einbeziehend.

Schipfwein und ein undatierer Brief an Herrn Escher in Herrliberg

In der Gutsrechnung von Johannes Escher findet sich unter dem 10. Oktober 1797: »Herrn Rath Goethe verehrt 1753 4 Maß à fl. 2 = 1 fl. 14«, vermutlich nach Stäfa gesandt, nachdem Goethe »halten wir es für Pflicht, unsere Rückkunft Ew. Wohlgeb. ergebenst anzuzeigen«, die Rückkunft von der Gotthardreise also.

Dieser Brief war undatiert, er wird in den Briefausgaben mit einem Fragezeichen auf den 13. Oktober angesetzt. Er dürfte vor oder am 10. Oktober geschrieben worden sein, denn Goethes Schreiben ist von so ausgesuchter Höflichkeit, undenkbar, daß er den Wein erhalten, dafür nicht gedankt hätte. »Wir nehmen uns zugleich die Freyheit, einen Waldvogel zu übersenden, der uns auf unserm Streifzug in die Hände fiel«, unbekannt, was dieser Waldvogel war, als Ornithologe wird Johannes Escher nirgends erwähnt. Ausgeschlossen ist freilich nicht, daß er, mit Wald und Feld verbunden, Interesse an Vögeln gezeigt hatte. Goethe schließt mit »Sie erlauben, daß wir bald selbst aufwarten...«

Den *Schipfwein*, hat Johannes Escher besonders gepflegt und beschrieben: »Was ich mit Zuversicht sagen darf, ist, daß die stete Veredelung des Gewächses das beste ist, was man tun kann. Es ist außer allem Zweifel, daß meine Weine... ein Getränk geben, das als neu, während und gerade nach der Gährung genossen, beinahe das angenehmste ist, was sich in unserem Lande findet... Die zufällige Mischung von Welschen, Clevner, Zürcher und Markgräfler Trauben scheint diese gewiß ganz eigene Annehmlichkeit zu produzieren, und die stete Verminderung der ersten und Ersetzung mit Letzteren drei Sorten wird den Wein sicher noch mehr veredeln.«

Der dem Rath Goethe verehrte »1753er«-Wein war über vierzig Jahre im Faß, ob er überhaupt noch mundete, da doch Escher selbst betont, er sei »während und gerade nach der Gährung genossen am angenehmsten«? Sicher scheint, es war in den Kellereien der Schipf ein Faß mit der Jahreszahl 1753, und dieser 1753er war der Stolz der Schipf-Herren, mithin von ihnen, Vater und Sohn, eine besondere Courtoisie, dem Herrn Rath Goethe vier Maß davon zu verehren.

Im Jahr danach hat Caspar Escher Meyer von den Untaten der Franzosen geschrieben, sie hatten den 1753er Wein allein ausgetrunken, und Meyer hat die Nachricht Goethe nach Jena weitergegeben.

*

Mit (undatiertem) Brief und Waldvogel gingen die Nidwaldner Birnen nach Herrliberg. Am 16. Oktober kam es bei schönem Wetter zur Aufwartung und entsprechenden Gesprächen. Nach zwei Tagen kam der junge Escher, wir nehmen an, mit der Einladung zum Mittagessen in der Schipf auf der Fahrt nach Zürich. Am 20. wollte man fahren, der Tag brachte Gegenwind, Bise den See herauf, man blieb in Stäfa und war tags danach zum letzten Besuch in der Schipf.

Über diesen Tag und Besuch schrieb Ludwig Geist in seinem Tagebuch:

»Sonnabend den 21. Oktober regnete es sehr heftig, dagegen waren die umliegenden Bergspitzen überall wieder mit frischem Schnee bedeckt…

Der Regen ließ gegen 9 Uhr nach und wir bestiegen das Schiff, kamen, indessen sich das Wetter immer mehr wieder aufheiterte, um 11 Uhr in Herrliberg an, aßen zu Mittag bei Herrn Escher auf seinem Landgut in der Schipf genannt. Nach Tisch durchstöberte ich ein wenig das ganze Haus und kam unter anderm in einen schönen großen Saal, in welchem eine kleine Orgel, die man nämlich ordentlich spielen konnte, stand. Mehrere junge Leute beiderlei Geschlechts, die sich auf diesem Gute befanden, suchten mich bald daselbst auf und da sie meist alle musikalisch waren, so stellten wir in aller Geschwindigkeit den lustigsten Ball aus dem Stegreif an; ich spielte ihnen meine Tänze und sie mir dann die ihrigen. Dieses unverhoffte Vergnügen dauerte eine ganze Stunde fort, bis wir endlich gegen Abend um 5 Uhr von hier abgingen und uns sehr ungern voneinander trennten. Sie bestiegen dann einen Altan, der sich auf dem oberen Teil des Gebäudes befindet, und sie wedelten uns mit weißen Tüchern, so lange und so weit sie uns auf dem See sehen konnten, ein Lebewohl zu, welches wir denn immer wieder aus dem Schiff heraus erwiderten.«

Der bravoureuse Abschied galt für einmal nicht dem Dichterfürsten, sondern seinem lustigen Schreiber.

In seinem Buch »Die Schipf in Herrliberg« schreibt Hanns von Meyenburg, Nachfahre des Freihauptmanns Escher von einem »Tanzfestchen des Personals«. Das spräche für die demokratischen Gepflogenheiten des Hauses, daß die Angestellten, waren es Winzer und Winzerinnen, in dem Saal herumhüpfen durften.

Freilich, es melden sich Zweifel, ob diese Leutchen, die Orgel spielend, nicht doch junge Freunde des Hauses waren; so oder so, wenn Goethe wirklich sagte »Hier müßte man tanzen«, und seine *pas* machte, sein Schreiber hat da getanzt!

XVIII

ZUM LETZTEN MAL IN ZÜRICH

Auf den Tag genau nach einem Monat kehrten sie ins *Schwert* zurück, da lagen endlich Christianes Briefe.

Von Ludwig Geist wissen wir, es war am Sonnabend, auch Eckermann setzte dieses Datum ein, aber das Suphan-Komitee glaubte ihnen nicht. Sie setzten unter *Zürich* »Montag, den 23. Oktober« und hatten sich irreführen lassen durch den Eintrag vom Sonntag »Früh Herrn Eschers Kabinett...«, somit eine Nacht in der Schipf zugegeben. Als hätte man bei früheren Besuchen nicht Zeit genug gehabt für derlei Besichtigungen.

»Herrn Eschers Kabinett« wurde in Zürich besucht. Da Goethe auf dieser Reise die »Geognostische Übersicht der Alpen in Helvetien eines Herrn Escher sehr zustatten gekommen« sind[64], lag der Gedanke nahe, und einige Interpreten der 1797-Reise sprachen ihn aus, man habe Hans Conrad Escher besucht, den Stiefbruder von Johannes Escher. Welche Gelegenheit wäre es gewesen, von diesem später großen Staatsmann zu reden, einem der berühmten Zürcher des 19. Jhdts.; von dem Mann, der die Melioration der versumpften und verseuchten Linthebene unternahm. Man denkt an Fausts große und letzte Vision: »Eröffn' ich Räume vielen Millionen/Nicht sicher zwar, doch thätig frei zu wohnen«, wären es nicht die pontinischen Sümpfe, die Goethe im Sinn lagen (und jene norddeutschen Deiche, zu denen Eckermanns Schwager die Angaben lieferte). Wer aber kann behaupten, Eschers Werk – 1822 – habe nicht auch angeregt?

»... das sehr schöne Suiten des Schweizer Gebirges enthält« – und noch näher rückte der Gedanke, es könne nur bei Hans

Conrad Escher gewesen sein, da seine *Suiten des Schweizer Gebirges* in den vergangenen Jahren als Sensation ins Gespräch und als Prachtband an die Öffentlichkeit kamen, zufällig gefunden 1972 in einem Schrank der Eidgenössischen Technischen Hochschule, unversehrt und gesammelt das enorme Œuvre von Zeichnungen, mehrheitlich aquarelliert, Landschaften, Dörfer, Täler, Berge und Alpenansichten von vier Metern Länge!

Möglich freilich wäre, daß Hans Conrad seinem Halbbruder einige seiner Ansichten geschenkt und Goethe sie im Kabinett des »Felsenhofs«, in der Stadtwohnung von Johannes Escher gesehen hätte.[65] Hans Conrad Escher war in jenen Tagen nicht in Zürich.

*

An dem Sonntag geschieht im Reisetagebuch nichts mehr. Aus einem anderen Tagebuch wissen wir, er war abends

bei Barbara Schulthess.

Aufgeschrieben hat dies Georg Gessner, Diakon am Fraumünster; einst verheiratet mit der früh verstorbenen jungen Bäbe Schulthess, nun Schwiegersohn Lavaters, Barbara Schulthess aber immer noch treu ergeben, gab er ihr täglich Nachricht auf einem Zettel mit einem Bibelwort; seine zweite Frau und seine Kinder waren auch ihre Kinder.

Goethe hatte bei seiner Rückkehr in Stäfa Bäbes flehenden Brief gefunden, ihre Bitte um ein ungestörtes Treffen in Wädenswil, sein »Wadiswil will ich nicht raten« ist bekannt, immerhin versprach er ein Wiedersehen, worauf sie in neuer Hoffnung antwortete: »Du wirst nun kommen, um zu gehen. O möge dazwischen sich eine Stunde finden, von der wir beide sagen ›sie kam die rechte‹, eine Stunde ruhiger vertrauensvoller Mitteilung... um aus jedem gegenwärtigen Moment den schönsten vertraulichsten zu schaffen...«

Und er kam. An dem Sonntag schrieb Diakon Georg Gessner in sein Tagebuch: »Ich ging in den Schönenhof, in der sonderbaren Erwartung, da vielleicht Goethe zu sehen«, zweifellos hatte ihm *Mama* vor einem Monat von Goethes ungut verlaufenem Besuch erzählt und von ihrem Kummer seither.

Goethe erschien, »Stirne und Augen Mose, lauter Geist und Feuer – im Munde etwas Verzogenes, woran er selbst muß schuld sein«. Nachdem Gessner dies festgestellt, hätte er sich mit einiger Delikatesse entfernen dürfen, damit die beiden sich aussprechen konnten, nein, er blieb. Es gab eine Debatte über »Fichtianismus – seiner Unheilbarkeit« usw. usw., man hat das Gefühl, er blieb, um zu brillieren – oder hat Goethe ihn zurückgehalten? Bäbe, die Gute, die Immergleiche und Selbstlose saß dabei. Sie freute sich womöglich, ihrem geliebten Schwiegersohn diesen Abend mit Goethe zu vermitteln. Vielleicht auch dachte sie, es bleibe Zeit genug zum klärenden Gespräch, glücklich allein, weil er wieder da war.

Montag, den 23. Oktober

»... Abends bei Frau Schulthess.«

hier nun steht es bei Goethe und bei Gessner: »Abends um sieben Uhr wieder im Schönenhof. Goethe war da zum Nachtessen; er schien nicht sehr im Strumpf zu sein.« Gessner fragte dies und das und jenes »Über seinen Hermann – über diese Art der Dichtung«, und Goethe ging, auch wenn er nicht sehr bei Laune war, »erst nach zehn Uhr weg«, Gessner wich nicht von seiner Seite bis zum Eingang vom *Schwert*.

An dem Abend hat Barbara Schulthess ihren Freund zum letzten Mal gesehen. Zwei Tage verbrachte er noch in der Stadt, er kam nicht wieder. Sie selbst blieb stumm, soviel wir wissen, viel muß es sie gekostet haben, dieses Schweigen, dieses Warten. Am 28., da fuhr er schon durch Südschwaben bis Balingen, schickte sie ihm einen Brief nach: »Ich weiß nicht, was Deiner sonst ›stummen Freundin‹ so oft noch mehr die Lippen zudrückte... verzeih, daß ich Dir klage, über mich klage, und sage mir bald ein Wort, das mich wieder mit mir selbst zufrieden macht... Mit dem rückkehrenden Wagen hoff' ich ein Wort von Dir, von Deiner lieben Hand.« Die liebe Hand schrieb nicht, und noch einen Brief schickte sie ihm nach am 1. November, sie, die kluge Frau, wußte sie nicht, daß keiner, dessen Gefühle erloschen sind, sich mit Bitten zurückholen läßt, »Sei freundlich und sage mir bald ein Wort«.

Er war nicht freundlich, er schrieb kein Wort, sein Schweigen war Granit und endgültig. Abgefallen das Erlebnis des Gotthard, abgefallen die Freundschaft mit Barbara Schulthess.

Zwei Jahre vor ihrem Tod hat sie ihre Korrespondenz verbrannt, auch Goethes Briefe, alle.

*

Vier Tage blieb Goethe mit Meyer in Zürich, verglichen mit dem merkwürdig einsam verwanderten Tag vor einem Monat, betriebsame Tage, zum Teil merkwürdig auch sie. Sie spielten sich wie zweischichtig ab, als wäre der Mann mit zwei Seelen in der Brust unterwegs.

Da sind vorerst unverfänglich die Besuche und Gänge, seinen Interessen entsprechend, gleich

Montag, den 23. Oktober

»Bei Professor Fäsi[66] und Hauptmann Bürkli[67]«

unweit vom *Schwert* an der Schipfe in der Redaktionsstube der *Freitagszeitung* –

David Bürkli, ihm bekannt vom Mittagessen im *Schwert* einen Monat vorher, und Professor Fäsi, ihm vertraut als Verfasser der »lehrreichen Schriften Ihres Freundes«, des 1796 herausgekommenen und hier schon oft zitierten »Versuches einer schweiz. Staatskunde«; er war auch Herausgeber einer »Bibliothek der Schweiz. Staatskunde«.

»...dann zu Chorherr[68] Rahn, dessen Kabinett kostbare Stücke von Schweizer Mineralien enthält«,
auf dem Limmatufer gegenüber, die Marktgasse hinauf an die Münstergasse ins Haus zum »Löwenstein«.

Hat er nur die Mineralien beschaut, hier waren doch auch Sammlungen von Insekten, Porzellan und Instrumenten, ein Haus voll Raritäten, dazu noch eine berühmte Bibliothek, Bücher, Bücher, hat er nicht selbst Bibliophiles gesammelt?

Von den Mineralien besonders auffallend waren ihm – nach den Notanda – »Merkwürdige Titanstufen, hier auch noch für Eisenspath gehalten«, und ein »beweglicher Stein von Disentis«...

Dienstag, den 24. Oktober

»...Dann das Bild von Füssli[69] im Rathause«
das Bild von dem Füssli, der 1779 den Entwurf für das Gotthard-Wanderungs-Denkmal nicht lieferte, von dem Goethe Blatt um Blatt sammelte, dessen »Beschwörung des Schweizerbundes durch die drei Eidgenossen« er nun beschaute. Das große Gemälde, 1778 begonnen und 1781 in London: »Fertig, Gott sei gedanket«, schrieb er dem ›liebsten Freund‹ Lavater, »das große Gemälde der drei Schweizer, 600 [Guinee], wofür ich aber vielleicht mehr verdiene, doch es ist für mein Vaterland«. Daß Füssli, als Henry Fuseli in London schon etabliert, das Bild der Vaterstadt schenkte, ist Legende, Er, ständig in Geldnöten, wartete sehr auf das Geld und schrieb wütend, immer an Lavater, »sein Meisterwerk« wollte er bezahlt haben. Ob es sein Meisterwerk war, sei dahingestellt – es hängt im Rathaus, im Aufgang zum zweiten Stockwerk, ein vehementes Bild, drei Muskelmänner, alle gleichen Alters, antik gewandet und von südlichem Aussehen mit emporgeschleuderter Schwurhand, flammender Blick zum Himmel.

Goethes Vorstellungen von den drei Rütlimännern konnten diese Figuren kaum befriedigen, denn »das höhere und Bessere der menschlichen Natur hatte ich den bekannten edlen Männern Walther Fürst, Stauffacher, Winkelried [Verwechslung mit Melchtal], welche die Entwicklung förderten... vorbehalten«.[70]

»... darauf in die Kunsthandlung«
vom Rathaus die Marktgasse hinauf an den Elsasserplatz, wenn nicht nahebei an die Münstergasse, genau zu lokalisieren ist die damalige Lage des Geschäftes nicht.

Vom Füssli-Geschlecht gab es zwei Linien, die eine Geschütz- und Glockengießer, die andere Maler und Kunstbeflissene. Unter ihnen waren allein im 18. Jhdt. vier Heinriche. Heinrich IV. der jüngste, Vetter von Heinrich-Henry Fuseli, gründete mit dem Buchhändler Heinrich Füssli, dem Obmann Füssli, eine Kunsthandlung, die erste große dieser Art in Zürich. Von 1797 an erschienen hier des Obmanns Füssli historische Schilderungen, begleitet von »Merckwürdigen Gegenden der Schweiz«, welche Heinrich IV. Füssli bebilderte, indem er von Ort zu Ort reiste und nach der Natur zeichnete und aquarellierte. Man sieht, derlei Bücher waren in Mode.

Was Goethe erwarb, wissen wir nicht, diesen und jenen Stich, Ansichten, Ersatz für die heutigen Postkarten. Vielleicht auch fand er Blätter von Heinrich Füssli.

»Nach Tische zu Mako«,

der junge Maler, auf dem Nachtzettel im *Schwert* eingetragen nach Goethes Abreise im September, ließ sich danach in Zürich nieder; den Besuch hatte er Hans Caspar Escher zu danken, die beiden hatten sich in Florenz kennengelernt.

Zürich, den 25. Oktober 1797

»... die beßten Grüße an Freund Wieland, dessen freundliche wohlbehaltene Tochter ich gestern mit Freuden gesehen habe.«[71]

Am Dienstag also war er, vielleicht abends, in der Enge, im Gartenhaus des »Freigutes« bei Lotte Wilhelmine Wieland, verheiratet mit dem Buchhändler Heinrich Gessner. Von ihr schrieb Frau von Stein im Mai 1776: »Goethe und ich haben bei ihm [Wieland] zu Gevatter gestanden, unser Patchen ist ein liebes hübsches Mädchen.« Und dieses hatte nun auch ein Kind – »das Enkelchen schlief, sonst könnte ich von dem auch einige

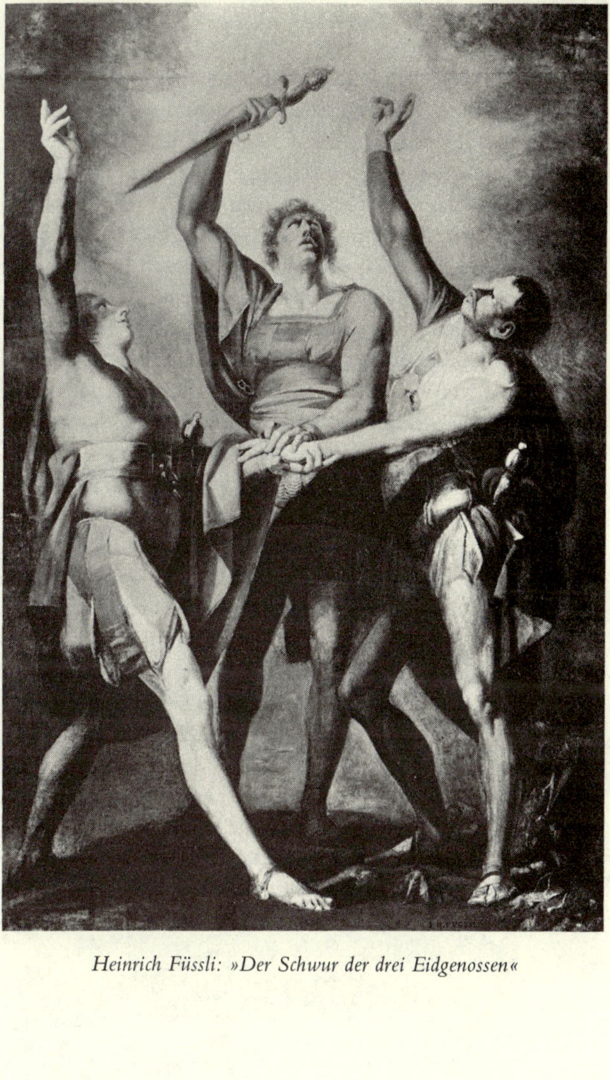

Heinrich Füssli: »Der Schwur der drei Eidgenossen«

Nachricht geben«, hat Goethe als Kindernarr an dem Bettchen gestanden?

Indem wir von dem einen Großvater, von Wieland, schon wissen, soll auch vom anderen Nachricht gegeben werden. Längst wurde danach getrachtet, am Ufer des Zürichsees bei Kilchberg, im Zunfthaus zur Meisen, ihn ins Gespräch zu bringen, Salomon Gessner, 1786 gestorben. Er war ein sehr rühriger Herr, nicht nur berühmter Verfasser der geschriebenen und gemalten *Idyllen,* auch Mitbegründer der Porzellanmanufaktur im Schooren bei Kilchberg, in der er selbst seine Sujets auf Teller und Platten malte. Die Manufaktur konnte sich nicht halten, es fehlten die königlichen Auftraggeber, Gessner verlor viel Geld. Heute werden die Erzeugnisse als Preziosen gehandelt, die wenigen, die nicht in Privatbesitz sind oder gezeigt werden in Vitrinen im noblen Zunftsaal zur Meise. Zudem war Salomon Gessner seit 1761 Teilhaber beim Verlag Orell, Gessner & Co. Seine Werke kamen hier heraus – sie wurden in einundzwanzig Kultursprachen und Dialekte übersetzt –, überhaupt brachte der Verlag die Werke der Großen von Limmat-Athen und ganz Deutschland heraus. Goethe meinte diese Offizin, als er sagte, eine Handelsgesellschaft habe durch ihre »guten und vortrefflichen Verlagsartikel bisher der wahren Literatur mehr Dienste getan als der halbe Buchhandel Deutschlands«.

Später kam der Sohn Heinrich in die Verlagsbuchhandlung, dann Gessner, Füsslin & Co; mit dem Beistand seiner Frau, Goethes Patenkind, führte und baute er sie weiter aus mit den Schriftstellern und Dichtern seiner Zeit. Noch später und bis heute gingen Verlag, Buch- und Kunsthandlung ineinander über als Orell Füssli & Co., »Ohrenfüssli« bei den alten Zürchern.

Montag, den 23. Oktober

»Nach Tische zu Chorherr Hottinger...«[72]

Hottinger? War dieser Herr von den Gegnern Lavaters nicht der bekannteste, lebhafteste? Er hatte seine Pike gegen ihn, unermüdlich hat er den vielverlachten Mann mit Hohn und Spott, auch Goethe mit einigen Tiraden bedacht. Dieser schrieb im Dezember 1775 an Lavater, ihn beglückwünschend für seinen »guten Muth und frischen Weeg über die Schurcken von Landsleuten«, und im Juli 1780: »Was deine dikhirnschaaligen Wissenschaftsgenossen in Zürich betrifft und was sie von Menschen, die unter einem andern Himmel gebohren sind, reden, bitte ich dich, ja nicht zu achten.«

Hottingers Bosheit gegenüber Lavater überstieg dann tatsächlich auch für die Gegner das Maß des Zulässigen, ein »Sturm der Entrüstung« erhob sich bei den Freunden, sie antworteten scharf, unter ihnen der angesehene J.J. Hess, der spätere Chorherr, von Goethe auf dieser Reise am nächsten Tag besucht.

»...und Dr. Lavater«[73]

Doktor Diethelm Lavater, bekannter Arzt und Apotheker, jüngerer Bruder von Johann Caspar, der Bruder Komm-mir-zu-Hilfe in finanzieller und anderer Bedrängnis.

In Leipzig waren Goethe und er einst Tischgenossen am Mittagstisch von Professor Ludwig. In Zürich hatten sie sich 1775 und 1779 im Waldries und an der Peterhofstatt gesehen. Am 3. November 1780 schrieb Goethe an Lavater: »Ich sammle neuerdings zur Mineralogie, will mir Dein Bruder Doctor etwas von seinem Überfluß zukommen lassen, so macht mir's viel Vergnügen.« Als indes der Bruder Doktor 1796 in Jena und Weimar eintraf, hat Goethe ihn ignoriert und so den Bruch mit der Lavater-Familie demonstriert.

Nun, ein Jahr danach wartete er ihm auf.

Dienstag, den 24. Oktober

»... sodann zu Herrn Antistes Hess«[74]

1775 war er dabei auf der Zürichseefahrt, und ihm wird der Vierzeiler auf die Reimworte »mahlen-Cabalen-Hand-Pfand« zugeschrieben, von ihm vielleicht als Anspielung auf Goethes »Der Ewige Jude« gedacht

Herr Göthe soll uns Juden mahlen
und theologische Cabalen
mit der geübten Mahlers Hand
dies sei uns seines Geistes Pfand.

Damals und auch später ein Mann mit interessantem Gesicht, schmal, weltmännisch, klug, einem Offizier in fremden Diensten fast ähnlicher als einem bald schon weit herum angesehenen Geisteswissenschaftler; er war Gegner Hottingers und Freund Lavaters durch alle Zeiten; ein im Glauben unangreifbarer Mann.

*

Wie aber wirkte Goethes Besuch auf die drei Zürcher. Für Hottinger bedeutete er Ehre und Gewinn, die einstige Attacke mit der Farce »Menschen, Thiere und Goethe« war nichts anders gewesen als eine Parodie auf Goethes »Götter, Helden und Wieland«, gab es seither bessere Freunde als Goethe und Wieland?

Antistes Hess, wie hat er ihn empfangen, der geistige Grandseigneur Zürichs. Hat er ihm angedeutet, was er von den gehässigen Unternehmen gegen den einstigen Freund hielt? War er, und so scheint es gewesen zu sein, von dem hohen Besuch zu geschmeichelt, um auf undelikate Weise an unangenehme Dinge zu rühren? Das Gespräch verlief offensichtlich freundlich, Goethe merkte sich in seinen Notizen: »Antistes Hess. Empfehlung eines jungen Schinz, der zu Jena Medicin studirt.« – Vielleicht der Sohn jenes Schwagers Schinz auf der Seefahrt von 1775, und der Onkel Antistes freute sich, seinem Neffen in Deutschland höchste Protektion zu vermitteln.

War dann auch Dr. Diethelm Lavater geschmeichelt, nachdem er im Jahr zuvor in Weimar abgewiesen worden war? Sein Charakter wird beschrieben als »streng rechtlich und sittlich, selbst nicht durch Freundschaft bestechlich«. War bei ihm der Empfang kühl, sogar abweisend? Am gleichen Abend bei Barbara Schulthess hat Diakon Gessner »um den Mund etwas Verzogenes« bemerkt und »Goethe war nicht im Strumpf«.

*

Die drei Besuche sind zu betrachten von allen Seiten und gerechterweise zu fragen, warum sollte er nicht auf den Spuren von 1775 und 1779 zu Männern gehen, auch wenn er sie um Lavater kennengelernt hatte.

Dennoch, der Eindruck bleibt: die Besuche haben Methode, sie kreisen um Lavater und zielen gegen ihn. Sie lassen sich als Goethes gesammelte Bosheiten gegen seinen einstigen Freund einreihen, Seiten ließen sich füllen mit ihnen, Auszüge aus Gesprächen, Briefen, Epigrammen, immer wieder kommt er auf ihn zurück, kaum einer in seinem Leben wurde unermüdlicher verfolgt, angegriffen, in seinem Bekenntnis verhöhnt, denunziert.

Du bist! du bist! sagt Lavater. Du bist!!
Du bist!!! Du bist!!!! du bist Herr Jesus Christ!!!!!
Er wiederholte nicht so heftig Wort und Lehre,
Wenn es ganz just mit dieser Sache wäre.[75]

Die Ausrufzeichen, rhythmisch gesetzt gleich Trommeln beim Zapfenstreich, Appell zum Bekennen, Goethe denkt nicht daran. Ihm ist Christus »Offenbarung des Höchsten«, als kirchliche Gestalt jedoch problematisch, Lavaters Ekstase setzt er Hohn und Spott entgegen, warum konnte er nicht ablassen von ihm?

Sah er in ihm eine Bezugsperson für seinen Widerwillen gegen alles Pfäffische und kirchlich Dogmatische, war es eine nicht verwundene Enttäuschung, einer tiefinneren Verletzung ähnlich?

Es dauerte lange, bis er mit seiner Größe Lavater die ihm zustehende Größe zukommen ließ in »Dichtung und Wahrheit«; die Seiten, ihn betreffend, aneinanderfügend, erscheint diese Geschichte einer Freundschaft mit dem Bild eines Charakters als Kunstwerk im Kunstwerk.

Aber noch fliegen die Pfeile, sie flogen in den »Epigrammen« im Musenalmanach 1796

Kreuzigen sollte man jeglichen Schwärmer im dreißigsten Jahre,
Kennt er nun einmal die Welt; wird der Betrogne der Schelm.

*

»Sage, thun wir nicht recht? Wir müssen den Pöbel betrügen,
Sieh wie ungeschickt wild, sieh nur, wie dumm er sich zeigt«.
Ungeschickt scheint er und dumm, weil ihr ihn eben betrüget,
Seyd nur redlich, und er, glaubt mir, ist menschlich und klug.

*

Fürsten prägen so oft, auf kaum versilbertes Kupfer,
Ihr bedeutendes Bild, lange betrügt sich das Volk.
Schwärmer prägen den Stempel des Geistes auf Unsinn und Lügen,
Wer den Probierstein nicht hat, hält sie für redliches Gold.

*

Vieles kann ich ertragen! die meisten beschwerlichen Dinge
Duld ich mit ruhigem Muth, wie es ein Gott mir gebeut;
Wenige sind mir jedoch wie Gift und Schlange zuwider,
Viere, Rauch des Tobaks, Wanzen und Knoblauch und †.

und in den *Xenien*

Das Verbindungsmittel.

Wie verfährt die Natur, um hohes und niedres im Menschen
Zu verbinden? Sie stellt Eitelkeit zwischen hinein.

Der Prophet.

Schade daß die Natur nur Einen Menschen aus dir schuf,
Denn zum würdigen Mann war und zum Schelmen der Stoff.

Das Amalgama.

Alles mischt die Natur so einzig und innig, doch hat sie
Edel- und Schalksinn hier, ach! nur zu innig vermischt.

Im Intermezzo vor der Walpurgisnacht mußte Lavater noch einmal herhalten;

Der neugierige Reisende

(Nicolai, auch er verhaßt bei Goethe)

Sagt, wie heißt der steife Mann?
Er geht mit stolzen Schritten
Er schnoppert, was er schnopern kann…

Der Kranich

In dem Klaren mag ich gern
Und auch im Trüben fischen;
Drum seht ihr den frommen Herrn
Sich auch mit Teufeln mischen.

*

Am letzten Tag in Zürich schrieb Goethe an Böttiger: »Den neuen Musenalmanach habe ich noch nicht gesehen; da ihm das Gewürz der Bosheit und Verwegenheit mangelt, so fürchte ich, daß er sich mit seinem vorjährigen Bruder nicht werde messen können«, hilf Himmel, fehlte noch mehr Bosheit gegen Lavater? Oder sollen wir uns hüten, alles auf den einen Menschen hin zu lesen, fehlte Goethe in seiner derzeitigen Stimmung und als Mitherausgeber des Almanachs ganz allgemein das Angriffige?

Auf seiner Besuchstour vom Dienstag tauchte er auch auf im Fraumünsteramt, in Diakon Gessners Wohnung, er fand ihn aber nicht zu Hause – so nah umging er erneut die beiden schmerzlich auf ihn Wartenden, Bäbe Schulthess und Lavater. Gessner bedankte sich mit einem Billett und eilte ins *Schwert* am Mittwoch, Tag vor der Abreise. Das Gespräch drehte sich um das »Buch Ruth«, an dem Gessner arbeitete, mit dem Goethe sich bei seinem Bibelstudium auch beschäftigt hatte.

Goethe erwähnt Gessner mit keinem Wort, war er ihm noch nicht bedeutend genug, später wurde er Antistes. Gessner aber, bei aller Anhänglichkeit an seinen Schwiegervater, schrieb bedachtsam in sein Tagebuch: »Es könnte vielleicht viel zur Entschuldigung Goethes gesagt werden.«

Und Lavater? Er sei ins *Schwert* gegangen, habe Goethe nicht gefunden und seinen Namen an die Zimmertür geschrieben. Das glich einer Aufforderung, einer Bitte. Er habe sich abgewandt von Goethe, ihn dann nicht mehr sehen wollen, es geht aus Briefen hervor. Im September beim ersten Aufenthalt schrieb er:[76] »So gern ich ihm etwas gesagt hätte, ich bin froh, außer der Verlegenheit zu sein, ob ich ihm das ›Viere, Rauch des Tobaks, Wanzen und Knoblauch und †‹ vorhalten solle oder ihn als dezidierten Antichrist wegstoßen sollte.«

Er sei in den Oktobertagen einverstanden gewesen, daß sein Schwiegersohn Goethe begegnete bei Bäbe. Hat er ihn nachher ausgefragt, Wort für Wort alles erfahren wollen? Seine Tochter aber, Gessners Frau, überschüttete ihren Mann mit Vorwürfen, Frauen haben oft ein anderes Rechtsempfinden als Männer, ein unbedingteres, nicht selten richtiges.

An Dr. Hotze schrieb er am 27. November nach Frankfurt: »Goethes Hermann ist vortrefflich und Versühneopfer für die

Xenien«, einen Monat nachdem ihn Goethe hart gekränkt hat in Zürich.

Versöhnt hat er sich dennoch nicht. Vor seinem Tode schrieb er auf, wem seine Abschiedsgrüße gelten sollten, eine ansehnliche Liste, mehrere seiner Widersacher waren dabei, Goethe nicht.

*

Mittwoch am 25. Oktober

»Meist mit Vorbereitungen zur Abreise von Zürich beschäftigt.«

An dem Tag gingen Briefe ab:

»In Zürich selbst kann ich mir keine Existenz denken«, hatte er Schiller aus Stäfa geschrieben nach dem allein verwanderten Septembertag, und an dem letzten Tag im Oktober: »Ehe ich von Zürich abgehe, nur einige Worte, denn ich bin sehr zerstreut und werde es wohl noch eine Weile bleiben.«

Donnerstag, den 26. Oktober

»Früh um acht Uhr aus Zürich«

aus der Stadt, in der er sich einst heimisch und glücklich bewegte. Sie fuhren über Bülach, Eglisau, vor Schaffhausen verließ er mit Meyer, dem treuen Freund, die Kutsche, und sie gingen zu Fuß zum Rheinfall.

»... guter Wein« hat er in Thayngen im ersten Satz einfahrend in die Schweiz gelobt. Nach dem Besuch des Rheinfalls lautet der letzte Satz in der Schweiz: »Dämmerung; böser Fußweg nach Schaffhausen.«

Tristes Sinnbild, Goethe auf bösem – diesmal war er nicht abscheulich, war er böse – Weg durch die Dämmerung und aus dem Land gehen zu sehen, von dem er einst geschrieben, »Mir ist's wohl, daß ich ein Land kenne, wie die Schweiz ist, nun geh mir's wie's wolle, hab ich doch immer da einen Zufluchtsort«.[77]

In Tübingen befand er sich in trüber Stimmung, sie waren bei »verdrießlichem Wetter« – er machte Regenwetter und

Sonnenschein damals in Weimar, und wie das Wetter *ihn* machte! – auf »schlechten Wegen« gereist. Er schrieb Christiane, dem Sinn nach nicht zum letzten Mal, den Satz des einsamen umgetriebenen Mannes, ergreifend und wehleidig in einem: »Ich kann aber auch wohl sagen, daß ich nur um deinet und des Kleinen willen zurück gehe, Ihr allein bedürft meiner, die übrige Welt kann mich entbehren.«

Daß Barbara Schulthess in der eben verlassenen Welt ihn nicht, noch nicht entbehren konnte, auch Lavater nicht, zählte nicht, er nahm Leere mit.

Es müßte ein trauriger Abschied von Goethes letzter Schweizerreise sein, wüßten wir nicht, daß bei ihm alles wieder ins Gleiche komme, auch dieses während fünf Wochen durchwanderte Land und die dabei durchlebten Dimensionen: von den »Erregten Ideen« um den Rheinfall zur Klassik mit Meyer, vom Weg über die vernebelte Haggenegg zur »Schöne Sonne« am Gotthard und zurück in die Naturseligkeit auf dem Vierwaldstättersee, und von den harmonischen Tagen in Stäfa hin zu, ja, auch sie gehören dazu, zu den Tagen in Zürich, zu allen den äußeren Stationen und Wegen.

Von den inneren, im feinen Herzen aufbewahrt, spricht Faust:

Ein Paradies wird um mich her die Runde.
Hinaufgeschaut! – Der Berge Gipfelriesen
Verkünden schon die feierlichste Stunde;
Sie dürfen früh des ewigen Lichts genießen
Das später sich zu uns hernieder wendet.

(Faust II – 1. Akt)

. . .

Der Einsamkeiten tiefste schauend unter meinem Fuß,
Betret' ich wohlbedächtig dieser Gipfel Saum
Gebirgsmasse bleibt mir edel-stumm,
Ich frage nicht woher und nicht warum –

Als die Natur sich in sich selbst gegründet,
Da hat sie rein den Erdball abgeründet,
Der Gipfel sich, der Schluchten sich erfreut
Und Fels an Fels und Berg an Berg gereiht.

(Faust II – 4. Akt)

XIX

GOETHES BEGEGNUNG MIT…

Schaffhausen, den 17. September, abends
»An der Table d'hôte… Oberst Landolt«

Salomon Landolt (1741–1818)

war bei der Begegnung in Schaffhausen Landvogt in Eglisau und, kann sein, er kam herübergeritten, um mit den *Condéischen Offizieren* zu debattieren; als einer von Zürichs regierender Partei mußte er sich mit ihnen verbündet fühlen gegen Revolution und den Bürgergeneral auf seinem Feldzug in Italien.

Goethe hatte ihn 1779 als Jägerhauptmann in Zürich gese-

hen, ungewiß ob im Hause Lavaters oder, viel wahrscheinlicher, bei Salomon Gessner; schon damals staunte er über seine »tüchtige Wunderlichkeit«, und ergötzte sich an den »Märchen, mit denen man sich von Landolt trug«.

Landolt war da Mitglied des Großen Rates der Stadt Zürich, vorher als widerwilliger Student der Architektur in Metz, als Malereleve in Paris und als Bewunderer der niederländischen Malerei in Holland; als Bewunderer der Armee des Großen Friedrich war er nach Preußen geritten und dort dem König vorgestellt worden; als besonderen Schatz hütete er danach zeitlebens ein Schreiben von der königlichen Hand.

Er mag bei der ersten Begegnung noch ausgesehen haben wie auf dem Portrait Heinrich Freudweilers, elegante Rokoko-Erscheinung, nicht groß gewachsen; 1797, als Oberst und Landvogt, glich er wohl schon bald einem späteren Stich, straff in der Haltung, aber etwas füllig mit dem Gesicht des Bonvivants.

»Seine tüchtige Wunderlichkeit« – ein phantasievoller, in der Jugend ruheloser Geist und weltläufig; ein Patriot, leidenschaftlicher Jäger und Militär, Landrichter, Landvogt – und Maler. Im Anhang zu Joh. Kaspar Füesslis *Geschichte der beßten Künstler in der Schweiz* wird er genannt, das *Schweizer Künstler-Lexikon* von 1907 verweist ihn unter die *Maler-Dilettanten.* Von seinen Bildern haben nunmehr einige ihren Ehrenplatz im Zürcher Kunsthaus neben Salomon Gessners mythologischen Idyllen, andere besitzen die graphische Sammlung der ETH und Private.

»Die Märchen, mit denen man sich von Landolt trug«– seine Abenteuer auf seinen Reisen, die handfesten Ausdrücke, seine unbestechlichen und salomonischen Urteile; wie er mit Scharfblick bei Querelen Recht und Unrecht erkannte; die Art der Verwaltung seiner Ämter, seine Beliebtheit, aber nicht bei Verleumdern und notorischen Streithähnen, die er kurzerhand verprügeln ließ; Damen gegenüber ein chevaleresker Junggeselle, eine legendäre, eine der liebenswertesten Figuren des alten Zürich.

1792 war er Oberst geworden während der Grenzbesetzung bei Genf – während Goethe die Campagne in Frankreich erlebte –, 1796 deckte er in Eglisau den Rückzug Moreaus aus Schwaben. Die Gefechte um Zürich, zwischen Franzosen und Russen, hielt er in dramatischen Szenen mit seinem Pinsel fest. Unter der neuen Regierung rettete er sich ins Ausland und kehrte 1801 zurück.

David Hess[78] begann ein Jahr nach Landolts Tod seine Lebensgeschichte zu schreiben und schickte sie 1821 an Goethe. Er erhielt einen ausführlichen Brief des Dankes und voll der Atmosphäre eines Winterabends am Frauenplan: wie Meyer und er sich die Zeit vertrieben, das Buch überraschend eintraf, sie beide ergötzte und dann die Runde bei

Salomon Landolt: Kosakenüberfall

Freunden und Freundinnen machte, auch bei »Ihro königlicher Hoheit«.

»Das wundersamste Menschenkind, das vielleicht nur in der Schweiz geboren und groß werden konnte«, schrieb Goethe.

Was wüßten wir noch von ihm, hätte Gottfried Keller den *Landvogt von Greifensee* nicht geschrieben, durch ihn ist Landolt unsterblich geworden. Im ersten Teil spielt Goethes Bekanntenkreis aus dem Zürich von 1779 mit und wird so zur heiteren Ergänzung seiner Reiseberichte.

Goethe schloß jenen Dankesbrief an David Hess mit: »Nun aber möchte ich noch eine Bitte hinzufügen, die aus dem mir unwiderstehlich innewohnenden Schauensdrang hervorgeht, nämlich irgendein Bildchen oder Zeichnung, deren Landolt doch so manches zurückgelassen, zu besitzen, und in meiner Sammlung aufzubewahren«, und David Hess blieb nicht untätig. In *Goethes Kunstsammlungen*, beschrieben von Chr. Schuchardt[79], sind als Nr. 422/23 verzeichnet:

»Salomon Landolt: *Reitergefecht zwischen Kosaken und Husaren in einer Winterlandschaft*; hinter Bäumen ein großer Brand. Copie nach einem Bilde, das der Maler für die Zürcherische Künstlergesellschaft gemalt hat. Aquarellz.«

Das Bild hängt im Kunsthaus Zürich, im Cabinett Landolts und Gessners Werke enthaltend, es heißt hier allerdings: *Kosakenüberfall*.

Auch Nr. 423 *Fliehende Reiter von andern verfolgt – Flüchtige Skizze in Deckenfarben*, mit kleinen Abweichungen, befindet sich in den Mappen der Sammlung des Kunsthauses.

18. September früh

»Ich sah Trippels Bild an der Wand...«

Alexander Trippel (1744–1793)

Das Bild sah er im Schlößchen Wörth, und es muß die nebenstehende Zeichnung von Trippels Freund Clemens gewesen sein, in Kupfer gestochen von Schulze (1775).

Geltzer, Hausherr im Schlößchen, war mit ihm »durch Mütter Geschwisterkind«.

1787 bestellte der Fürst von Waldeck bei Trippel Goethes Büste, »...jedermann ist damit zufrieden«, schrieb er am 28. August, seinem Geburtstag »...es macht ein gutes Ganzes... Sie ist in einem sehr soliden Stil gearbeitet«: antikisiertes Haupt, von Locken umringelt, bloßer Hals, Toga um die Schultern drapiert. Die Büste wurde berühmt, in Marmor befindet sich eine in Weimar und eine in Arolsen. Gipsabgüsse wurden hergestellt, große und kleine.

Trippel schuf auch Büsten von Friedrich dem Großen, Herder, ein Standbild des Königs beider Sizilien für Catania und eines von Kaiser Joseph II.; für Moskau eines Generals Grabmal, für Papst Pius II. eine tragische Muse, ein Relief für das Salomon-Gessner-Denkmal in Zürich (das sich nun im Muraltengut befindet); einen lebensgroßen Christuskopf für Lavater und so fort und so fort. Wer, abgesehen von einigen Kunsthistorikern, weiß heute seinen Namen? Reproduktionen ließen eher erschauern über Pathos und Überladenes, ganz und gar dem Klassizismus verschrieben. Jedoch, im Kunsthaus Zürich die beiden Werke in Ton entdeckend »Mars und Venus« und »Die Witwe des Germanicus« (Agrippina mit ihren Kindern), jede Gewandfalte, jede Locke und jede Fläche, die vibrierende Spannung zwischen den Gesichtern von Mars und Venus – da bleibt kein Zweifel, er *war* ein *Bild*hauer.

Andere seiner Werke befinden sich in Basel, wo Trippel große Förderer im berühmten Christian von Mechel und Gedeon Burckhardt besaß – beide Goethe wohl bekannt –, in Bern und Frankfurt.

Schaffhausen war stolz auf diesen großen Sohn. Zschokke schreibt zwar boshaft vom Glanz des Klassischen, den die Stadt von einigen ihrer weltberühmten Bürger erhielt, »durch den herrlichen Bildhauer Trippel und den großen Geschichtsschreiber Johannes Müller. Aber mehr Verdienst hat Schaffhausen nicht um diese Männer, als daß sie dort geboren wurden«.

Ja, Trippel war nur da geboren. Sein Vater war ein armer Schreiner und wanderte mit seiner Familie aus zu Verwandten nach London, hoffend, dort sein Glück zu machen, er wurde nur noch ärmer. Alexander suchte von seinem zehnten Jahr an durch Hunger, Not und Elend seinen Weg als Bildhauer in London, in Kopenhagen, Potsdam, Berlin und wieder Kopenhagen. Mit einundzwanzig gewann er die ersten Medaillen und Preise, Landsleute und ein Onkel in Schaffhausen verhalfen ihm zu Reise und Aufenthalt in Rom. Dort gehörte er zum

Kreis um Tischbein, er führte eine eigene, sehr angesehene Akademie.

Er war indes verrufen als verschlossen und ruppig, mehrere bedeutende Aufträge und ehrenvolle Austellungen hat er sich hochfahrend verscherzt. Goethe aber scheint, während er für die Büste saß, den Zugang zu ihm gefunden zu haben. Er selbst beschäftigte sich doch, neben der Arbeit am *Egmont*, intensiv mit künstlerischen Gestaltungs-Problemen und knüpfte mit ihm »eine höchst angenehme belehrende Unterhaltung (an), mit meinen Wünschen und Zwecken unmittelbar zusammentreffend... Gerade zum Studium der menschlichen Gestalt, und um über ihre Proportionen als Kanon und als abweichender Charakter aufgeklärt zu werden, war nicht wohl unter andern Bedingungen zu kommen«, schrieb er im *Bericht* aus Rom im August 1787.

Vier Jahre bevor Goethe sein Bild im Schlößchen Wörth sah, war Trippel an einem Fieber in Rom gestorben.

(Zürich) 19. September

»Abends bei der Table d'hôte mit Herrn Landvogt Imthurn von Schaffhausen...«

Georg Friedrich Im Thurn (1747–1799)

Junker war er, aber nicht Landvogt; Goethe hat gern seine Bekanntschaften sozial höher eingestuft.

Im Brief vom Juni 1780 an Karl Knebel mit Reiseratschlägen für die Schweiz empfiehlt er, in Schaffhausen aufzusuchen den Herrn Im Thurn, »einen stillen, aber verständigen und gefälligen Mann und Freund von Lavater. Du grüßest ihn und seine Frau. ... Sein Weibchen ist ein gar feines gutes hypochondrisches Wesen. Er wird dir alles sehr gern zeigen«.

Goethe hatte Johann Georg Im Thurn 1779 mit Karl August auf der Rückreise in Schaffhausen kennengelernt, von Lavater empfohlen; sie waren zum Mittagessen in dem noch stehenden vornehmen Patrizierhaus in der Vorstadt, überraschend tauchte Lavater dort auf. Er hatte sich's nicht nehmen lassen, zum Abschied die immerhin 50 km von Zürich herüberzureiten.

Er gehörte zum Freundeskreis um Lavater, war mit ihm Mitglied der Helvetischen Gesellschaft, einer vaterländischen Gründung zur Verjüngung und Erhaltung der Eidgenossenschaft in ihrer reinen Form, und war ein Jahr ihr Präsident. Im übrigen scheint Goethe ihn als »stillen, aber verständigen und gefälligen Mann« sehr gut charakterisiert zu haben, er versah in seiner Stadt keine großen Ämter, als Beruf wird, nach acht Jahren Studium in Göttingen, »Grundbesitzer« angegeben und »Herr von Girsperg«, einem Schloß im Zürcher Unterland. Freilich war er dann auch Mitglied des Großen Rates und als solches Gesandter Schaffhausens, »der vom Syndikate aus Lugano zurückkehrte«.

In der »Amtlichen Sammlung der ältesten eidgenössischen Abschiede« ist er aufgeführt bei den Syndikaten von 1795–1797.[80]

Die Syndikate fanden jährlich statt in den ennetbirgischen Vogteien – alle die Herren wanderten also jährlich einmal über den Gotthard ins Tessintal hinunter. – Es wurden Jahresrechnung und Berichte der Vögte ab-, Appellationen gegen deren Entscheide entgegen genommen, Gerichtsbarkeit geübt.

Nicht nur hier, auch bei späteren Begegnungen und Beobachtungen, möchte, auf die Schweiz bezogen, das Wort gesetzt werden, das Goethe während der Campagne in Frankreich gesprochen haben will – neuerdings wird angenommen, er habe es, die Ereignisse überblickend, bei der späteren Bearbeitung der Tagebücher eingesetzt –: »Von hier und heute geht eine neue Epoche der Weltgeschichte aus, und ihr könnt sagen, ihr seid dabei gewesen.«

Denn: Jenes Syndikat, von dem Im Thurn 1797 zurückkehrte, war das letzte, in dieser oder ähnlicher Form abgehalten seit dem 16. Jhdt. Danach überstürzten sich die Ereignisse. Am 10. Oktober riß Bonaparte das Veltlin von der Schweiz los, Ende Dezember erging die verhüllte Kriegserklärung des französischen Direktoriums an die Eidgenossenschaft, 1798 begannen Revolution, Besetzung, Kriegselend, begann aber auch die Helvetik, die Freisprechung der Vogteien und Untertanen, die Abkehr von den alten Ordnungen, die ersten Versuche der Einführung von Menschenrechten – die neue Zeit dämmerte herauf.

Den 20. September
(Zürich, im *Schwert*)

»Abends bei Tische fand ich Herrn Hofrat Müller von Wien«

Johannes Müller (1752–1809)

den zweiten, zwar nur für Historiker heute noch berühmten Sohn Schaffhausens begegnete Goethe auf dieser Reise erst in Zürich.

Zschokkes Bemerkung trifft auf Müller bloß bedingt zu, er wurde in Schaffhausen nicht nur geboren als Pfarrerssohn, er ist da auch aufgewachsen und für drei Jahre Professor für Griechisch am Collegium Humanitatis gewesen. In seiner in Deutschland geschriebenen kurzen Selbstbiographie bezeichnet er die Bundeszugehörigkeit seiner Vaterstadt als »ihr größtes Kleinod«.

Ein Leben der Geschichtsforschung und -schreibung, der Politik und als Staatsmann an deutschen Fürstenhöfen, am Kaiserhof in Wien. An seinen *Geschichten schweizerischer Eidgenossenschaft* in fünf Bänden arbeitete er fast vierzig Jahre mit Unterbrechungen; sie wurden von den Zeitgenossen als unerreichtes Meisterwerk bewundert, später warf man ihm Mangel an Kritik vor (Leopold von Ranke), und Fritz Ernst räumt ein, er überging »gern die Schatten und er hob oft Ungewisses zu Gewißheit«, auch in den Schweizer Sagen, von Aegidius Tschudi übernommen.

Goethe empfand seine Sprache als »Hämmerung und Verrenkung«; einen gewissen Manierismus gaben selbst seine Verehrer zu. Er fand ihn in seiner Lebenshaltung »zu isoliert« – Müller war Junggeselle, homophil, schwierig im Umgang –, doch hat er sich schützend vor ihn gestellt, als er nach der Schlacht von Jena, als Hofhistoriograph in Berlin, wegen seiner Haltung den Siegermächten gegenüber, angefochten wurde.

Müller war, wie Goethe, von Napoleon zu einer Unterredung berufen worden und durch »sein Genie und seine unbefangene Güte völlig gefangen«.

Er reiste 1787 durch die Schweiz, um zu sondieren, ob die Orte geneigt wären zum Anschluß an den deutschen Fürstenbund; die Fürsten waren höflicher als die Machthaber im Dritten Reich, die den Anschluß auf ihren Landkarten kurzerhand vollzogen.

1797 reiste er wieder im Land herum und mühte sich, vom

Vaterland drohendes Unheil abzuwenden, ein undankbares Bemühen, er zog sich heftige Angriffe von beiden Seiten zu.

Ein bewegtes Leben. Von Kaiser Leopold II. als »Johannes, Edler von Sylvelden« geadelt und zum Reichsritter erhoben, als größter Geschichtsschreiber seiner Zeit gefeiert, geehrt, auch angefochten, beschimpft: er ließ sich 1807 von Napoleon in Westfalen, zuerst als Minister-Staatssekretär, dann als Unterrichtsminister einsetzen, verlangte jedoch zwei Jahre später seine Entlassung. Ein zerquältes Leben.

Er starb, wenig nach seinem Rücktritt in Kassel, gebrochenen Gemütes. 1852 ließ König Ludwig von Bayern über seinem Grab ein Monument errichten mit der Inschrift: »Was Thukydides Hellas, Tacitus Rom, das war Müller seinem Vaterland.«

Auch Schaffhausen weihte ihm 1851 ein Denkmal. Es steht an der Fäsenstaubpromenade, vom Bahnhof die Steig hinauffahrend, der Casino-Anlage gegenüber, von großen Bäumen umstanden, umkreist von Bänken: auf hohem Sockel seine Büste, leicht zu erkennen am Schnitt seiner Augen. Ursprünglich lautete die Inschrift: »Nie war ich von einer Partei, sondern für Wahrheit und Recht, wo ichs erkannte«, Bekenntnis, eingemeißelt zur Rechtfertigung für die der Nachwelt unverständliche Zusammenarbeit mit Napoleon? 1863 wurde diese Tafel entfernt und räumlich nicht ganz ersetzt durch »Zum Andenken...« darunter Name, Geburts- und Todesdatum. Darüber blieb ein Bronzerelief mit Clio in der Mitte, Schriftrolle und Griffel in der Hand, den Fuß auf der Erdkugel.

Auf andere Weise geehrt wird er auf dem Etikett vom Beerliwein aus Trasadingen, dem Weindorf im schaffhausischen Klettgau: sein Bild, noch jung, doch schon vergrämt am Schreibtisch, Federkiel in der Hand und die Legende daneben: »Johannes von Müller – Größter Schweizer Historiker und großer Weinliebhaber.«

(Schaffhausen) den 18. September
»Im Zurückgehen legitimierte sich bei mir Denfeld, ein Schwede, durch einen Brief von Kosegarten.«[81]

Carl von Dannfelt (1773–1841)

Im damals noch schwedischen Stralsund geboren, Offizier der königlichen schwedischen Armee; er hatte in Erlangen, Heidelberg und Jena studiert.

In seinen Lebenserinnerungen schildert er die Begegnung mit Goethe (frei übersetzt):

»In Schaffhausen in der *Krone* sagte man mir, ein Landsmann [die Leute in der Krone machten offenbar zwischen Deutschen und Schweden keinen Unterschied] sei auch hier abgestiegen und zum Rheinfall gegangen. Ich ging ihm entgegen, traf zuerst den Diener und fragte, wer sein Herr sei. Dann kam Goethe, ich überreichte ihm den Brief von Kosegarten. Er war freundlich, er fragte nach meinen Reisezielen und ich begleitete ihn den Weg zurück. Er war dann eher schweigsam, von stolzem Ernst, und wenn er sprach lag in seinem ganzen Wesen etwas besonders Entschiedenes.«

Es läßt sich vorstellen, daß Goethe, noch in seine Gedanken um den Rheinfall versunken, vor der Krone den jungen Mann verabschiedete, der anderntags auf die Bodensee-Insel Reichenau zum Benediktinerkloster wanderte und nach Zürich; dort wohnte er bei Gessners Sohn, und er begegnete Lavater, zog weiter über den Gotthard nach Italien und über den Simplon zurück.

Als letzter schwedischer Oberst verteidigte er 1807 Stralsund gegen Napoleons Übermacht, er wurde gefangengenommen und in Nancy interniert. Josephine de Beauharnais und Königin Hortense luden den aristokratisch schönen Mann und homme à femme zwei Sommer lang täglich in den Bädern von Plombières zur Tafel; wahrscheinlich erhielt er durch die beiden Frauen das Kreuz der Ehrenlegion, durch sie auch Unterstützung seiner Bittschrift an Napoleon um Entlassung in seine Heimat. Er konnte zurückkehren nach Schweden. Zwanzig Jahre danach besuchte er Königin Hortense in Arenenberg.

Auch das Kreuz der Ehrenlegion, das er auf dem Bild trägt, habe ich gesehen bei meinen Freunden in Küsnacht, ein Kreuz wie Goethe eines von Napoleon erhielt und noch gern trug, als dieser längst abgesetzt war.

Johann Caspar Lavater (1741–1801)

Der Vater war Arzt, die Mutter eine geborene Escher, und beide vornehm stattliche Erscheinungen, Johann Caspar beschreibt sie – wie es zu jener Zeit gar nicht anders sein konnte – mit viel Liebe in seiner Autobiographie, die aber nur bis zum fünfzehnten Jahr gedieh. Es zeige sich, schrieb einer über diesen Anfang seiner Lebensgeschichte, »wie sehr dieser Mann dem Bilde seiner Kindheit zeitlebens ähnlich geblieben sei«.

Vom Hochadeligen zum Kleinbürger, Fürstinnen und einfache Frauen, zahllos sind sie nach Zürich gewallfahrtet, ihn zu sehen und zu hören, den in allen Ländern berühmten Mann, den Streiter Gottes von gewaltiger Eloquenz, den Verfasser von Erbauungsschriften und religiösen Abhandlungen, von poetisch-religiösen Dramen; endlich auch den Schöpfer der »physiognomischen Fragmente«.

Auf seinen Reisen bis nach Skandinavien wurde er umdrängt von Gläubigen wie ein Messias; die Gelehrten empfingen ihn als Kollegen, er korrespondierte mit ihnen, mit aller Welt korrespondierte er.

Ein Straßburger Professor der Philosophie, Blessig, schrieb in sein Reisejournal: »Ich weiß nicht, ob ein Händedruck und Kuß Lavaters oder einer Braut süßer ist.«

Wieland sagte von ihm (1775): »Herder und Lavater sind wohl die Einzigen, die ihm [Goethe] allenfalls die Königswürde der Geister zu dieser Zeit streitig machen können.«

St. Peter war überfüllt, wenn er predigte; die Kirchenpfleger mußten ernstlich ermahnen, in die Kirchen der eigenen Gemeinde zu gehen und nicht den Leuten um St. Peter die ihnen »eigenthümlichen« Plätze wegzunehmen. Die Zuhörer spürten seinen echten Glauben, er sprach von Mensch zu Mensch, von Christ zu Christ über Göttliches und Weltliches, sprach so, daß ein jeder ihn verstand. Selbst nach 1799, von ärgsten Schmerzen geplagt von seiner Verletzung, stieg er bis zum Tode 1801 auf die Kanzel und predigte feurig wie je für Recht und Freiheit und gegen Sittenzerfall in den Revolutionsjahren. Man hörte ihn, man glaubte ihm.

Er hatte seine Gegner, vorab in Zürich. Die Gelehrten warfen ihm geringe theologische Gelehrsamkeit vor, er selbst hat das nie bestritten; seine Physiognomik sei auf unsicherer Grundlage mit zweifelhaften Ergebnissen, sie wurde dennoch von der übrigen Welt wie eine neue Lehre vom Menschen begrüßt. Man mißbilligte seinen Umgang mit den »Sturm- und Drang«-Leuten, er selbst ein Schwarmgeist, in Opposition gegen manches in seiner konservativen Stadt, beseelt vom Gedanken der Freiheit und der Würde des Menschen.

Johann Jakob Hottinger spottete in seinem Sendschreiben: »Siehst Du vorüberwandeln mit Hastigkeit und Schnelle den langen schmächtigen Mann, blassen Gesichts, großer Nase, rollenden Augen, spitzen Kinn's und dünnen Waden? Der

Mund in süßes Lächeln gezwungen, den Blick zum Himmel...«

Die *rollenden* Augen. Sie seien vom Schönsten gewesen an ihm, strahlend, ausdrucksvoll; in entwaffnender Selbstironie hat er für den ihn porträtierenden Felix Maria Diogg geschrieben:

Du wirst in meinem Aug' ein amoroses Schmachten,
Licht, Nacht, Eturderie und List, mit Lust betrachten.

Hottinger, auf die Erfolge im Ausland anspielend, fährt fort: »Die Ausländer bekommen sein Metall geläutert, uns hingegen bleiben die Schlacken.«

Goethe, noch zärtlicher Freund, focht derlei nicht an, er tröstete Lavater, damals. Später stimmte er überein mit Hottinger und schrieb sein »... Zum würdigen Mann und zum Schelmen der Stoff«.

Metall – würdiger Mann:

Von überströmender Menschenliebe und unversieglicher Hilfsbereitschaft, voll Freude, Talente zu fördern, Machtlosen beizustehen, in der Familie rührender Gatte und Vater; seine Frau Anna war ihm gleichgesinnt, hilfsbereit, unbeirrt an seiner Seite, klaglos, wenn er wieder sein Geld verschenkt hatte und wenig für Kost und Kleidung blieb – oft half dann der Bruder Diethelm Lavater.

Ein mutiger Mann. Goethe hörte zum ersten Mal von ihm 1761, als die Kunde von seiner zwanzigjährigen Unerschrokkenheit bis nach Frankfurt drang, da er mit zwei Freunden – dem später berühmten Maler Heinrich Füssli und einem sonst unbekannt gebliebenen Felix Hess – gegen den aus großem Zürcher Geschlecht stammenden Landvogt Felix Grebel auftrat. Goethe schreibt davon: »Für Deutschland fast noch auffallender und wichtiger war das Unternehmen Lavater's gegen den Landvogt gewesen... Gerecht zu sein, wird dem Jüngling nicht schwer, und ein reines Gemüth verabscheut die Ungerechtigkeit. Die Bedrückungen eines Landvogtes lagen offenbar vor den Augen der Bürger, schwerer waren sie vor Gericht zu bringen. Lavater gesellt sich einen Freund zu, und beide bedrohen, ohne sich zu nennen, jenen strafwürdigen Mann. Die Sache wird ruchbar, man sieht sich genötigt, sie zu untersuchen. Der Schuldige wird bestraft, aber die Veranlasser dieser Gerechtigkeit werden getadelt, wo nicht gescholten«, sie waren gesetzwidrig vorgegangen, Lavater, Füssli und Hess gingen, von Freunden beraten, für einige Zeit ins Ausland.

Hier sei die Gelegenheit wahrgenommen, noch einmal von Goethes spätem Urteil über Lavater einzuflechten: »Als ein edler guter Mensch, fühlt er in sich einen herrlichen Begriff von der Menschheit, und was diesem allenfalls in der Erfahrung widerspricht... soll[en] ausgeglichen werden durch den Begriff der Gottheit, die sich, in der Mitte der Zeiten, in die menschliche Natur herabgesenkt, um ihr früheres Ebenbild vollkommen wiederherzustellen.«

Mutig war Lavater auch zur Zeit der Zwiste zwischen Stadt und Land, beim Stäfner Handel; nicht zuletzt dank ihm wurde das Todesurteil aufgehoben gegen die Anführer und Verfasser einer Bittschrift, den Hohen Herren von Zürich als unbotmäßig erscheinend; später wagte er sich in die aufgebrachten Landgemeinden und versuchte immer wieder zu vermitteln.

Er schrieb von 1789–1799 aus naiv überzeugtem Herzen beschwörende Briefe nach Paris, zuerst an die Revolutions-Despoten, später an das Direktorium, was ihm dann vom schweizerischen Direktorium einige Wochen Deportation nach Basel eintrug. Dennoch schrieb er zurückgekehrt unerschrocken »Zürich im ersten Jahr der schweizerischen Sklaverey« an Reubel, einflußreiches Mitglied des französischen Direktoriums, »Ein Wort eines freyen Schweizers an die große Nation« und schildert bewegend das Elend, von den Franzosen mit ihrem Unterjochungszug ins Land gebracht unter dem Vorwand von »Freyheit, Gleichheit, Menschenrecht und Menschlichkeit«.

Ein dichtender Mann. Er verfaßte »Schweizer Lieder« in flüssigen Reimen, eingängig und bilderreich als Versuch, am Vorabend des Unterganges die Eidgenossen zu Patriotismus und Einigkeit aufzurufen; er verherrlichte historische Geschehen und Taten, natürlich auch Tell:

»Nein! Vor dem aufgesteckten Hut, Du Mörderangesicht, bückt sich kein Mann von Heldenmuth, wer frey ist, bleibet frey! Und wenn er nichts mehr haben kann, hat er noch Mut und Treu«, bis zum »Das Mörderblut, das rauchend floß, sah Tell mit Schmerz und Lust«.

Ja, so klang das, und es zündete. *Wen* Geßler gemordet hatte, wußte Lavater, wir nicht. Vielleicht personifizierte er in dem einstigen Tyrannen einen derzeitigen Revolutions-Despoten. Interessant ist, daß Mitglieder der Zürcher Zensur es nicht für »ratsam« hielten, zu der Zeit diese und andere Rebellengeschichten unters Volk zu bringen. Verboten wurden die Lieder nicht, Lavater konnte sie in Bern drucken lassen, sie wurden verbreitet und gesungen.

Dem allem entgegengesetzt: »Der Schelm – die Schlakken.«

Sein Hang zum Mystischen, sein Glaube an leibhafte Gotteserlebnisse und -erscheinungen ließen ihn Scharlatanen auf den Leim gehen, Dämonen-Beschwörern, magnetischem Somnambulismus, auch dem eleganten Cagliostro (und Goethe suchte in Neapels Elendsvierteln dessen Angehörige, die sehr ärmliche Familie Balsamo, um in Deutschland den Schwindler zu entlarven, mithin Lavater lächerlich zu machen).

Schlimmer war sein, niemand weiß wie naiver Glaube an die Wundertätigkeit des echten Christen, und er selbst war der echteste; dieser Glaube ließ *ihn* zum Scharlatan und Wundertäter werden, nicht selten zum schlau Berechnenden. Für seine Freunde unerträglich muß seine Eitelkeit gewesen sein, mit der er die Rolle des Propheten spielte inmitten seiner Brüder und der vielen, vielen Schwestern.

So schwankte sein Leben zwischen überfüllten Kirchen, den auf Reisen herandrängenden Gläubigen und Hohn und Spott und Gelächter. Er soll diese *Prüfungen* mit christlicher Demut getragen haben.

Goethes schwärmerische Jugendfreundschaft kühlte allmählich ab. Noch in der Antwort auf »Pontius Pilatus« mühte er sich, ihm in einem langen Brief sein Unbehagen über diese Christentümelei klar zu machen. Mehr und mehr ertrug er die nach Weimar dringenden Ungereimtheiten nicht mehr, das Sektiererische, die Bekehrer-Wut schon gar nicht. 1786, als Lavater nach Deutschland kam, wurde der Spottvers berühmt

Ei wer kommt da von Zürich her?
Der Wundertäter Lavatär!

*

In keinem Bildband der Vergangenheit fehlt sein Profil. Seine Werke, sein Wirken, das Metall und die Schlacken sind vergessen. Die Nachwelt Zürichs flicht ihm Kränze, nennt Straßen nach ihm, schlägt Tafeln an die von ihm bewohnten Häuser. Seine Unsterblichkeit verdankt er – einer der wenigen Schweizer, die dieses Prädikat wirklich verdienen – Goethe, er ging ein in die Geschichte als: Goethes Freund.

*

Aus dieser Freundeszeit sei der Kuriosität halber aus den *Physiognomischen Fragmenten* von Lavaters sechsseitigen Lobpreisungen Goethes ein Absatz zitiert:

»Man bemerke das mit Einem fortgehenden Schnellblicke durchdringende verliebte – sanft geschweifte, nicht sehr tiefliegende, helle leicht bewegliche Auge – die so sanft sich darüber hinschleichende Augenbraune – diese an sich allein so dichterische Nase – diesen so eigentlich poetischen Übergang zum lippichten – von schneller Empfindung gleichsam sanft zitternden und das sehr schwebende Zittern zurückhaltenden Munde – diess männliche Kinn – diess offne markige Ohr – wer ist – der absprechen könnte diesem Gesichte – *Genie*. – Und Genie, *ganzes*, wahres Genie, *ohne Herz* – ist, wie anderswo erwiesen werden soll – *Unding* –. Denn nicht *hoher Verstand allein*; nicht *Imagination allein*; nicht *beyde zusammen* machen *Genie* – *Liebe! Liebe! Liebe!* ist die *Seele des Genies*.«

»Zu Frau Schulthess.« Den 19. September

Barbara Schulthess-Wolf (1745–1818)

Durch Lavater hatte Goethe sie kennengelernt, war sie zur Gestalt in seinem Leben geworden und dann auch der Literaturgeschichte.

Von der Zeit vor der Begegnung mit Lavater wissen wir von ihr nur das Geburtsdatum, und daß sie mit sechs Jahren den Vater verlor, sein Beruf bleibt unbekannt, und daß ein Onkel, Arzt in Zürich, der Mutter beistand. Der Name Wolf hatte in Zürich von alters her einen guten Klang, mütterlicherseits stammte sie aus der Gelehrtenfamilie Hottinger.

Goethe hörte zum ersten Mal von ihr 1774 auf der Emser Reise; um 1772 begann Lavater Herder und Dr. Zimmermann von der *Seelen*freundin zu schreiben:

»Sie ist nicht schön und nicht feingebildet« (körperlich nämlich) – Mit achtzehn heiratete sie den 34-jährigen Seidenfabrikanten David Schulthess, »ein äußerst ruhig wirkender, guter, bescheidener Mann, liebt ruhig, unenthusiastisch«, schrieb Lavater von ihm in den *Physiognomischen Fragmenten*.[82] Er begegnete dem Paar bei seinem Freund Pfenninger, dem Mieter im Schönenhof. Immer öfter besuchten sie im »Waldries« abendliche Zusammenkünfte zu religiösen Gesprächen. Barbara war vermutlich treibende Kraft bei der Geselligkeit, ihr Mann stiller

Zuhörer. Nach seinem Tode gehörte sie zum engsten Kreis um Lavater.

»Ihr Schweigen ist belehrende Kritik«

Von dem Schweigen schreibt er oft, der Redselige. Die belehrende Kritik war nicht immer schweigend, bei aller Treue und

Verehrung war sie nicht vorbehaltlos; aber sie trat ein für ihn, unbeirrbar, mutig, überall bis zu seinem Tod.

»Sieben Taten statt eines Wortes«
nicht nur als Idealbild der tüchtigen Hausfrau in Küche, Keller und Garten, auch bei Kranken und Unglücklichen als Zuhörerin, Trösterin und Helferin; nie müßig, nahm sie in freien Stunden eine Arbeit zur Hand, eine Klöppelspitze für eine Haube, ein zu klöppelndes Fichu zum Kleid, das, wie bei Frau von Stein, weiß war, denn auch als

»Eine Männin mit durchschmetterndem Verstand
ohne Eitelkeit in modischen Dingen«, schrieb sie in der Vorfreude auf die Begegnung mit Goethe in Konstanz mit koketter Selbstironie: »Ich mag nichts als hoffen und sollte das Weibchen umsonst so lang sich zersinnet haben, wie sie gefällig genug vor Dir erscheinen wolle!«

»Nichts von der verd... Zürcher Pedanterie«, womit Lavater ihr selbständiges Denken und ihr klares Urteil meinte, und wie sie allein reiste zu Freunden hier- und dorthin, sich interessierte für lokales und europäisches Geistesleben und für Politik.

»Ihr Durst nach Geist und Leben«
begann des Morgens am Familientisch mit Bibelwort und Gebet, abends mit Lektüre von Herder, Rousseau, Klopstock, Wieland, Lessing und wer noch schrieb zu jener Zeit, auch – durch Bodmer zugänglich gemacht – Homer und Shakespeare, natürlich Lavaters Schriften und Predigten. Und: Goethe, immer wieder.

»Wie wohl war mir diesen Nachmittag bei Deiner Mama auf'm Ruhebette neben Tobler, der in Wilhelm [Meisters] drittem Buch las, vor mir Deine und meine geliebteste, im weißen Rock da sitzende Mama. Die Büste [Goethe schenkte 1785 die Büste, also noch nicht Trippels Werk] enthält dessen Geist, den wir fühlten in seinem Buch«, schrieb die Freundin Frau Landvogt Orell von Wädenswil an eine der Schulthess-Töchter.

»Eine Freundin ohne Vergleichung, ein unüberglaubliches

Herz«, der Schönenhof wurde gleich einer Filiale des Lavater-Hauses, seine Besuche gingen auch bei ihr ein und aus, es fehlt kaum ein bedeutender Gast Zürichs in jenen Jahren.

»Immer schweigend«, um Lavater zu wiederholen.

In ihren Briefen aber war sie lebhaft, spontan, anschaulich; sie korrespondierte mit Ungezählten. Ihre Tochter Bäbe, der Mutter am ähnlichsten, schrieb auch Briefe, und sie führte Tagebuch, durch das die Nachwelt das Leben im Schönenhof und seine Gäste kennt, die Lektüre, die kleinen und großen Geschehen, die junge Bäbe, die mit ihrer Mutter Goethes Manuskripte abschrieb, auch jenes von *Wilhelm Meisters theatralischer Sendung*, viel später dann gefunden, sie heiratete Diakon Georg Gessner und starb ein Jahr nach der Hochzeit an der Geburt eines dritten Bäbeli.

»Eine herrliche Mutter – eine Mutter wie eine Gespielin.«

Die vier Mädchen wurden zu häuslichem Tun erzogen, sie erhielten Unterricht von der Mutter und zärtliche Briefe, wenn sie getrennt waren; nicht nur die Mutter verreiste, die Töchter gingen sommers aufs Land zu Verwandten, ritten, vergnügten sich. In Gesellschaft jedoch bewegten sie sich schüchtern, was wissen wir, ob sie es wurden im Schatten der überall geliebten und verehrten Mutter, der starken Persönlichkeit. Sie selbst hat immer wieder versucht, die Töchterlein selbstsicherer, selbstbewußter werden zu lassen – und dann starben sie von ihr weg, zwei von ihnen lebten noch 1797, nur das zarte Nanli hat sie überlebt.

Den Brief an Goethe aus Hütten nach dem Tod ihrer zweiten Tochter – sehr wohl möglich ist, daß sie nach Hütten ging, um in der Nähe von Richterswil, vom Freunde Dr. Johannes Hotze zu sein –, den Brief also schließt sie »So geht es, Lieber, auf dieser Erde und so sehnt man sich auch hinaus«. Ein Bild aus jenen Jahren zeigt sie wie mit ausgeweinten Augen.

Goethe fand in ihr die Schwester-Natur, die Äbtissin, im Leben verwurzelt, das Geistige suchend und verehrend, weiblich im Empfinden, selbstlos als Freundin; und er fand ein Echo auf sein Wesen und seine im Entstehen begriffenen Werke. Er selbst wußte auch Gebender zu sein, zu schenken und teilzunehmen.

Gipfel der Freundschaft war 1788 das Treffen in Konstanz. »Dort wollen wir den 4. Juni eintreffen und im *Adler*... die gute Schulthess von Zürich antreffen, welche ich sprechen und begrüßen muß, *ohne den Kreis des Propheten zu berühren*«, schrieb er dem Herzog nach Weimar: weder Barbara noch Lavater wußten von dem Nachsatz.

Sie kam mit ihrer Tochter Döde und einem Neffen in der Kutsche gefahren – die Reise wurde verbunden mit einem Besuch bei den Baroninnen von Palm in Esslingen – es waren selige Tage. Er, erfüllt von Italien, erzählte, während die Jugend – Kayser, der Musicus, war auch dabei – ausflog und sie stundenlang allein blieben.

»Ich kann nicht schreiben, nur hören. Der gestrige Tag ging herum, ich wußte nicht wie, es wurde immer erzählt, meistens über Kunstsachen, wo einem immer Lichter aufgesteckt werden, viel Neues und viel Altes gesagt... Der Rat gibt sich so viel Mühe und läßt keinen Augenblick verloren gehen.«

Sechs Tage, »wo nichts fehlte, nichts zu wünschen übrig blieb, als sich näher zu sein«, und die Freundschaft setzte sich fort in den folgenden Jahren, Briefe gingen hin und her, Geschenke, Manuskripte für die »Immergleiche«.

In ihren Briefen ist die unverstellte Sprache des 18. Jhdts., für uns die Sprache zwischen erotisch Liebenden. Erst recht zärtlich-sehnsüchtig schrieb sie 1797, als sie sein Schweigen, sein Benehmen nicht verstehen konnte, sein wortloses Davonfahren. Sie klammerte sich wie an ihr höchstes Gut an die Freundschaft, an seine Briefe, die sie aus dem Alltag erhoben und als eine Priesterin seiner Kunst in Zürich erscheinen ließen.

Wieviel hat diese Frau in ihrem Leben hergeben müssen!

Ob sie später noch von ihm gesprochen hat, wissen wir

nicht. Diakon – später Antistes – Georg Gessner hat nach ihrem Tode im *Denkmahl einer Edlen Seele* in der schwärmerischen Frömmigkeit seiner Zeit ihren Gottesglauben gepriesen, ihre Liebe zu den Enkelkindern, zu Freunden arm und reich, und ihre Größe im Erdulden und Sterben. Von Goethe, und das ist zu verstehen, keine Silbe.

19. September 1797

»Bei Herrn Ott im Schwert eingekehrt«

Anton Ott (1748–1801)

Da steht nicht wie sonst »Wirt zum...« oder »Der Wirt heißt...«, steht der Name als Begriff, als Gastgeber. Herr Ott.

Antonius, genannt Anton oder Antoni Ott, war von der Familie seit dem 16. Jhdt. als letzter Wirt zum *Schwert*; Rittmeister der VIII. Zürcher Escadron, Obmann der Gesellschaft der Herren Wirthe in der Zunft zur Meise, der Zunft der Weinleute, deren Haus war und blieb das Nobelste der Stadt.

In dem etwas skurrilen *Gespräch im Schattenreiche* zwischen Lavater und Ott spricht jener diesen an: »Ich erinnere mich noch mit Entzücken ihrer Besuche mit Fremden. Immer erschien der gleiche Galant Homme mit Kronprinzen, Fürsten, Grafen, Ministern, Helden, Gelehrten und Künstlern.« In einem anonymen Ausschnitt aus der *Jenaer Zeitung* steht: »An dem Hauptmann Ott... fand der Reisende ein Original unter Gastwürthen. Sowie er das Tranchir-Messer niedergelegt, und die Serviette nicht mehr unterm Arm hat, verschwindet an ihm alles, was Gastwürth heißt, und seine Unterredungen am Nachtische unterhalten den Geist so angenehm, als seine Tafel den Gaumen. Der Künstler findet in ihm einen Kunstkenner, der Öconom einen Mann, der in seinem Fache gelesen, geprüft, auf seinem eigenen Landguthe versucht und immer das Zweckmäßige auszusuchen gewußt hat[83]; der Gelehrte einen

Literator, der Pädagoge einen Erzieher. Alle einen Mann, welcher Talent besitzt, Allen Allerley zu werden.«

Von Madame Ott wird bewundernd und verehrend berichtet als hervorragender Schönheit, eleganter Gastgeberin an der table d'hôte, als Dame von Welt; ihr lebhafter Geist wurde gerühmt, ihr Interesse für Kunst und Poesie, ihr sicherer Geschmack. Feldmarschall Hotze, Bruder von Dr. Johannes Hotze, nicht ein Militär-Haudegen, kultivierter, an europäischen Höfen geschätzter Kavalier, sagte von ihr, sie sei das gebildetste Frauenzimmer im weiten Umkreis...

*

Goethe hat sie in ihrem Glanz gesehen, aber nicht erwähnt. Hatte

Johann Gottlieb Fichte

für ihren schlechten Ruf in Deutschland gesorgt. Er, Goethe, mochte den schroffen, stolzen Mann allerdings auch nicht besonders. Vielleicht wußte er überhaupt nicht, daß Fichte von 1791–1973 im *Schwert* war als Erzieher der beiden Ottschen Kinder. Lavater hatte die Anstellung vermittelt und Fichte aus einer schweren Lebenskrise und vor dem Selbstmord gerettet.

Ott überließ ihm bedingungslos die Erziehung der Kinder, er unterhielt sich auch gern mit dem »interessanten jungen Mann«, er schätzte seinen scharfen Geist, vermutlich wohl sehend, daß er kein umgänglicher Hausgenosse war.

Mit seinem scharfen Geist schrieb Fichte Madame Ott die Erziehung ihrer Kinder vor, erteilte er ihr Rügen, kurz, er ließ sie mit kaltem Hochmut seine geistige Überlegenheit bei jeder sich bietenden Gelegenheit fühlen; er nannte sie unverblümt eine ungebildete Person. Über zwei Jahre dauerte das für sie unerquickliche Verhältnis.

Fichte selbst war nicht glücklich in dem eleganten Gasthaus. Durch Lavater fand er Zugang zum weltoffenen Haus des

Wagmeisters Rahn, und er fand dort Verständnis, Liebe bei der Tochter, seiner späteren Frau Johanna; ihre Mutter war eine Schwester Klopstocks.

Den 20. September

»Mittags bei Tisch lernte ich Herrn Hauptmann Bürkli kennen.«

Johann Heinrich Bürkli (1760–1821)

Von Stäfa aus dankte er ihm für das »angenehme Geschenk der lehrreichen Schriften Ihres Freundes« und erbittet sich die Erlaubnis, bei seiner Rückkunft nach Zürich »Ihnen beiden aufzuwarten«. Der Besuch in der Redaktion der *Zürcherischen Freitagszeitung* an der Schipfe, unweit vom *Schwert* flußabwärts, fand am 23. Oktober statt.

Zum Hauptmann hat Goethe Johann Heinrich, genannt David Bürkli befördert. Seine beiden jüngeren Brüder waren Offiziere in holländischen Diensten, er selbst studierte Theologie, mußte dann aber als seines Vaters Nachfolger die Zeitung übernehmen, auch die Druckerei. Das Unternehmen vererbte sich in der Bürkli-Familie von 1724 bis 1890. Die Zeitung selbst erschien seit 1676 unter wechselndem Namen bis 1914.

Mit eben dem wechselnden Namen, einmal auch »Zürcher Zeitung«, kam sie in Konflikt mit dem anderen in der Stadt erscheinenden Blatt gleichen Namens, doch auch dieses Blatt wechselte den Namen und hieß Ende des 18. Jhdts *Elsasser-Zeitung* (weil es am Elsasser-Platz, oben an der Marktgasse gedruckt wurde); der andere Name kam wieder, als *Neue Zürcher Zeitung*, kurz *NZZ*, überdauerte die Zeitung, »mehr für das gebildetere und gelehrtere Publicum berechnet«.[84]

In der Bürklischen Officin ließen Bodmer, Lavater, Henri Meister u. a. ihre Schriften drucken. In der Bürkli-Zeitung erschien erstmals das Gedicht »Goldne Abendsonne, wie bist du

so schön«, von der in Kilchberg wohnenden Anna Barbara Urner-Welti. Es gab später und bis Ende des letzten Jahrhunderts den Bürkli-Kalender und gibt heute noch den Bürkli-Fahrplan, ein Taschen-Kursbuch.

*

David Bürkli wird beschrieben als großherzig, hilfsbereit und mildtätig, beliebt in der Stadt; seine Zunft wählte ihn nach kaum erreichtem gesetzlichem Alter zum Mitglied des Großen Rates.

Als Politiker und Redaktor tafelte er mehrmals die Woche im *Schwert* mit Kriegsobristen und Diplomaten der franzosenfeindlichen Regierungen debattierend, von ihnen Neues erfahrend.

Seine Biographie ist die eines Zeitungsmannes von einst, eines enfant terrible für die Zensurbehörde: 1791 verwarnt und unter dem Direktorium mit Schreibverbot belegt; nach der zweiten Schlacht um Zürich aus der Stadt verschwunden für ein Jahr, danach wieder schreibend, gemaßregelt mit Erscheinungsverbot; dessen Aufhebung erreichte er mit Versprechen, vernünftig und mäßig zu sein, und führte danach die Zensur nach Strich und Faden an der Nase herum, hiesige Zustände in ein imaginäres Land witzig verblümt verpflanzend.

Immer wieder ist es schwer zu sagen, ob einer Reaktionär war oder als Patriot die fremde Macht im Lande haßte, deren Diktat und die Plünderungen – die Russen als Befreier plünderten und wüteten freilich dann noch viel ärger. Sicher ist, Bürklis Zeitung gehörte jahrelang zu den meistgelesenen im ganzen Land.[85]

Montag, den 23. Oktober

»Bei Professor Fäsi und Hauptmann Bürkli«

Johann Kaspar Fäsi (1769–1840)

Professor der Geschichte, Geographie und Ethik an der Kunstschule Zürich, später Oberschreiber am Obergericht, Verfasser der Goethe nützlichen *Schweiz. Staatskunde*-Schrift. Möglicherweise erhielt Goethe auch die berühmt gewordene *Staats- und Erdbeschreibung der Eidgenossenschaft* seines Vaters, Johann Konrad Fäsi (auch Faesi), Geograph und Historiker.

Kam das Gespräch in der Redaktionsstube auch auf die Chronik des Ägidius Tschudi, die Goethe derzeit sehr im Sinn war? Wer wußte besser Bescheid über dieses Buch als Fäsi. Sein Vater hatte im Auftrag der Helvetischen Gesellschaft an der Herausgabe und Fortsetzung des *Chronicon Helveticum* gearbeitet, sie aber nicht zu Ende geführt. Erstmals wurde das Werk in Basel noch unvollständig 1736 herausgegeben, zweihundert

Jahre nach der Niederschrift. Die Erben des vermögenden Tschudi, die Tschudi von Gräplang, wohl wissend, welchen Schatz sie in der Handschrift besaßen, verkauften je nach ihrem Bedarf Blatt um Blatt für teures Geld u. a. den Äbten von St. Gallen und Einsiedeln, so daß ein Druck jenes ersten Teiles erst so spät möglich, 1836 dann noch einmal aufgelegt wurde. – Erst in unseren Tagen soll die Chronik vollständig und in kritischer Ausgabe erscheinen.

Goethe, obschon er die Tell-Sagen, wie Ägidius Tschudi sie erzählte, mit einiger Distanz behandelte, hielt doch die Chronik für ein wertvolles Buch; er schreibt in der *Farbenlehre:* »Wer das menschliche Herz und den Bildungsgang des Einzelnen kennt, wird nicht in Abrede stellen, daß man einen trefflichen Menschen heranbilden könnte, ohne dabei ein anderes Buch zu gebrauchen als Tschudis Schweizerische oder Aventins Baierische Chronik.«

Noch waren Fäsi und Bürkli Freunde beim Goethe-Besuch. Jener übernahm, als dieser von der Zensur Schreibverbot erhielt, die Redaktion der »Freitags-Zeitung«, »der temperamentlose, maßvolle Professor und Kantonsgerichtsschreiber«, schreibt Wilhelm Bürkli in »Vergißmein nicht«, der biedermeierischen Gedenkbroschüre für David Bürkli. Die geleistete Redaktionsarbeit Fäsis paßte Bürkli nicht. Er desavouierte ihn danach im eigenen Blatt, worauf Fäsi in der »Elsasser-Zeitung« antwortete. Nach der Flucht Bürklis übernahm Fäsi erneut die »Freitags-Zeitung« und setzte in die Ecken des Titelblattes, wie das Direktorium es befahl, »Freiheit-Gleichheit«, was Bürkli zur Weißglut und beiden den Bruch der Freundschaft brachte.

Für das Rechts- und Staatsempfinden Fäsis spricht, daß er in letzter vorrevolutionärer Stunde in der Auseinandersetzung zwischen Stadt und Land Zürich bei der Zunftregierung, und dazu brauchte es Mut, für die »altehrwürdige Sitte der Volksbefragung« plädierte; mit zögerndem lächerlich kleinem und ohnehin verspätetem Erfolg.

Den 21. September

»Wir kehrten bei Herrn Escher auf seinem Gute bei Herrliberg... ein«

Johannes Escher (1754–1818)[86]

Er ging als »Freihauptmann« in die Familien-, auch in die Stadtchronik ein, obschon niemand weiß, wann genau seine militärische Tätigkeit als Kommandant eines zürcherischen Freibataillons stattgefunden hat. Interessant ist, daß Goethe bei ihm keinen Titel einsetzt, wo er es sonst so gerne tat.

Er führte das ererbte Escher-Seiden-Unternehmen, die Krepp-Fabrikation[87] war die Spezialität des Hauses. Ein Zürcher Fabrikant und Patrizier mit dem ihm zustehenden Standesbewußtsein. Sein Sohn Caspar schrieb ihm recht aggressiv aus Rom: »Warum sollte ich zu adelich oder zu vornehm sein, um Architektur zu machen?... Sollte ich mich eher schämen einen Plan als eine Elle Krepp zu verkaufen?« – Die »Seidenen« gehörten in Zürich zu den Nobelsten.

Von seinem Leben wissen wir erst vom achtzehnten Jahre an, da er mit zwei anderen Zürcher Herrensöhnen zwei Jahre durch Italien, Frankreich und einen Teil Deutschlands reiste. Er schrieb Reiseberichte aus Lyon, der Seidenstadt, wo er seine Fachkenntnisse erweiterte und nützliche Beziehungen anknüpfte; von Sizilien, Agrigent und Palermo; in Rom traf er Heinrich Füessli, von Genf aus suchte er Voltaire in Ferney auf; in Paris sah er den »Bourgeois Gentil'homme«, der »m'a ennuyé furieusement«. Er schrieb meist französisch, auch die späteren Briefe zwischen Eltern und Sohn sind französisch.

Nach Hause zurückgekehrt und verheiratet, versah er die üblichen Ämter seines Standes – er war auch Mitglied des Großen Rates –, doch erlaubten sie und der Gang des Geschäftes »das beschauliche Leben eines geachteten, aber bescheidenen Seigneurs des Dixhuitième im republikanischen Kleinstaat«.[88].

Er reiste noch öfters, nun hauptsächlich in der Schweiz, weshalb er dann Goethe über die verschiedenen Gegenden zu unterhalten wußte. Genau führte er Buch über die Wirtschaft und jeden Tag über die Witterung; kaum einer hat wohl mit mehr Akribie über den Betrieb geschrieben, in allem als Fachmann, über Düngung und Anlagen und bis ins Detail der Unkosten für die sommers herbeiströmenden Gäste; einen Gulden je Tag und Gast wurde zu Lasten des Betriebes eingesetzt. Ob die Unkosten der drei Goethe-Besuche aufgezeichnet wurden, kann nicht ermittelt werden, die Gästelisten und Bücher aus jenen Jahren fehlen im sonst lückenlosen Archiv des Johannes Escher.

Daß er nicht nur Kaufmann war, läßt eine Notiz über seinen Tochtermann erkennen, von seinem »ächten Kaufmannsgeist« hofft er, ihn allgemach dahin leiten zu können, »daß er noch an irgendetwas anderem in der Welt Freude finde«.

Goethe fand also in ihm einen – fünf Jahre jüngeren – weitgereisten und am Weltgeschehen interessierten Gastgeber, einen Fachmann in Reb-, Obst- und Gemüse- sowie Gartenbau, er, der leidenschaftliche Gärtner. So wie er ihm schrieb, schätzt er ihn als Gesprächspartner, verläßt er sich auf seine Kenntnisse. Escher aber blieb ihm, dem Künstler und Intellektuellen gegenüber im Innersten reserviert, da blieb die Ranküne des Vaters, dessen Sohn aus seiner soliden in eine fremde Welt entwich, er wird ihm in der politischen und wirtschaftlichen Not der kommenden Jahre schreiben, daß »la société des chers et aimables Meyer et de Göthe ne pourront vous sauvez«. Natürlich verletzte er mit der spitzen Bemerkung den ohnehin bedrückten Caspar, der sich nach der schöngeistigen Welt Weimars sehnte. Es bleibt zu bedenken, hier spricht der besorgte Vater, und ihm haben wir Gerechtigkeit widerfahren zu lassen. In einer Zeit, zu der väterliche Autorität noch unbeschränkt sein konnte, scheint Johannes Escher ausnehmend großmütig; sein Widerstand gegen die Künstler-Pläne seines Sohnes war

zwar vorhanden, seine Kritik ihm gegenüber auch, seine Besorgnis um die Zukunft des Sohnes und jene des Familien-Unternehmens. Sein Verzicht auf den Nachfolger kann nicht hoch genug eingesetzt werden. Daß das Verhältnis zwischen Vater und Sohn nie ernstlich gestört wurde – und wenn es das zu werden drohte, vermittelte die Mutter –, freundschaftlich blieb in aller Freiheit der Auseinandersetzung, ist gewiß auch ihm gutzuschreiben, zumal er ihm immer wieder geholfen hat, ihm später auch eine Kammer zur Verfügung stellte, in der er seine erste Spinnmaschine basteln konnte. Daß sich der Erfolg dann einstellte, ahnte noch niemand, Johannes Escher hat ihn nicht mehr erlebt.

1817 vermachte er Hans Caspar, vorläufig als Erblehen, das

Schipfgut, er setzte den Kapitalwert mit 24 000 Gulden an. Seinem Testament fügte er den »vätterlichen wohlmeinenden Wunsch« bei, sein lieber Sohn möge sich »nicht durch seine Neigung zu architektonischen Arbeiten hinreißen lassen, zuviele Änderungen am Gut vorzunehmen... auf Pracht und Eleganz einzurichten, die das alte, unregelmäßige solide... Gebäude nicht verträgt«.

Sonntag, den 24. September

»Zu Mittag kamen... und Escher der Sohn...«

Johann Caspar Escher (1775–1859)

Zum ersten Mal wird er erwähnt, da er nach Stäfa kommt, Goethe hat ihn aber schon am 21. September beim Mittagessen in der Schipf kennengelernt, auf ihn war die Einladung zurückgegangen, auf seine Freundschaft mit Meyer.

Auf dem Jugendbild wirkt er nicht sehr energisch, doch wußte er, was er wollte, und verstand es, sich durchzusetzen. Zur Schulzeit kein blendender Schüler an der Gelehrtenschule, durfte er an die Kunst- (eine Real- und Gewerbe-)schule wechseln, tatsächlich besaß er mehr das Zeug dazu; von der Comptoir-Lehre in Livorno weg wurde ihm eine Reise nach Rom erlaubt vom Vater und, auf viele Bitten hin, immer wieder verlängerter Aufenthalt als Eleve der Baukunst, eine längere Reise nach Neapel; über drei Jahre blieb er und wäre länger geblieben, wenn die politischen Verhältnisse im Sommer 1797 nicht zur Heimkehr mit Meyer gezwungen hätten. Hier gelang es ihm noch einmal, sich durchzusetzen, die Fama berichtet, Goethe habe dabei mitgewirkt. Von da an durfte er uneingeschränkt der Kunst leben.

Daß aber aus ihm ein Borromini[89] würde, erwartete er selbst nicht. In Livorno schrieb er in sein Tagebuch: »Seitdem ich auf

der Welt bin, liebte ich stets Maschinen, Gebäude, Schiffe und werde mich, nach meiner Rückkunft in die Heimat hauptsächlich auf mechanische Künste, Baukunst und Geometrie legen.«

Unter den künstlerischen Entwürfen ist der erste erhalten, er wurde vom Vater nach einem halben Jahr in Rom energisch verlangt »zur Erprobung der Fortschritte«, und ist Entwurf für ein »schönes Landhaus« auf dem Gelände der Schipf. Der Vater besaß Geschmack genug, ihn nicht auszuführen, ein römischer Tempelbau, von Pappeln statt von Zypressen umgeben, ein Horror über dem Zürichsee... Hat er dann, um den Sohn auf den Boden der Realität zurückzuführen, den Entwurf für ein Bauernhaus in der Schweiz verlangt; dem Sohn klang das wie Blasphemie im antiken Rom.

Spätere Entwürfe gelangen besser und wurden zum Teil ausgeführt. Geblieben ist in Zürich das einstige elegante Casino am Hirschengraben, umgebaut zum massiven Obergericht; die Hauptwache dem Rathaus gegenüber; Mitte unseres Jahrhunderts abgerissen wurde der hochklassizistische Bodmersche Landsitz Freudenberg in der Enge.

Nach 1797 gehörte er der »Künstlergesellschaft« an, er schrieb für die Sammelbände Beiträge und betätigte sich im Kunstleben Zürichs. Allerhand wurde geplant, eine Bestandsaufnahme und Sammlung der nach Aufhebung der Klöster zerstreuten »Kunstreste aller Art«, der Bau eines Kunstmuseums, alles in der Absicht, Heinrich Meyer von Weimar nach Zürich zurückzurufen.

Aber das Jahr 1798 kam mit Umsturz, Besetzung. Nach kurzem Dienst in der Artillerie – als Liberaler! – ging er nach Deutschland, um dort Arbeit zu suchen. Sein Lehrer in Rom, der berühmte süddeutsche Meister der Baukunst Weinbrenner, konnte ihn schließlich beschäftigen beim Bau der jüdischen Schule und Synagoge in Karlsruhe. Deprimiert schrieb er in sein Tagebuch: »Mein Loos fiel auf eine schlechte Zeit, da man allenthalben noch größeren Mangel und ärgeres Elend sieht, als man selbst erleidet ... Nicht genug, daß mir alle Pläne und Aussichten vereitelt werden, wird man noch des letzten elenden Trostes, neue schmieden zu können, beraubt, denn um einen ruhigen Fleck Erde zu entdecken, wäre ein zweiter Columbus kaum hinreichend; auf unserm alten vaterländischen Boden sieht es vollends erbärmlich aus.«

Von der Depression schrieb Meyer am 12. Juni 1798 aus Weimar an Goethe in Jena und: »Sein Vater scheint den Plan zu haben, sein noch übriges Vermögen in Sicherheit zu bringen ... Er frägt deswegen an, ob man wohl Gelegenheit hätte, ein beträchtliches Kapital im nördlichen Deutschland sicher zu stellen ...« Von der Kapitalflucht war dann nicht mehr die Rede, Vater Escher ging zwar nach Konstanz, kehrte aber glücklos zurück, sein Sohn ebenfalls.

Er entwarf Idealpläne, einige davon, wenige, wurden im Lauf der nächsten dreißig Jahre ausgeführt. Er sah ein, er würde auf diesem Gebiete nicht zum Durchbruch gelangen, »Seit ich auf der Welt bin, liebte ich stets Maschinen, Gebäude«, hat er einst in sein Tagebuch geschrieben, und von »mechanischen Künsten«. Die Zeit für Maschinen und Fabrikbauten war gekommen, Zeit der modernen Baumwollindustrie anstelle der Heimarbeit, der Maschinen, von Wasserkraft betrieben, anstelle der Handspinnerei, der hygienischen Hallen statt der Webkeller. Zürich war in den Wirren der verflossenen Jahre industriell ins Hintertreffen geraten. Er erkundete deshalb in St. Gallen, Frankreich und England die neuesten Möglichkeiten, befaßte sich intensiv damit, entwarf eigene Pläne für eine mechanische Spinnerei an der Limmat, machte Kostenberechnungen. Sie überzeugten, der Vater, Verwandte und Freunde finanzierten das Unternehmen. Zürichs modernste Spinnerei »Johann Caspar Escher und Salomon von Wyss« entstand. Sie entwickelte und entfaltete sich im Lauf der Zeit zur Maschinenfabrik, zum weltweiten Unternehmen Escher, Wyss & Co.

vor bald hundertachtzig Jahren gegründet durch »Escher der Sohn«.

(Stäfa) Den 23. September
»Bekanntschaft mit Maler Diogg...«

Felix Maria Diogg (1764–1834)

Die Geschichte vom armen Bub aus dem Urserental, aus der Gegend »von allen, die ich kenne, die liebste« für Goethe.

Die Vorfahren Diogg – mit Betonung auf dem ›o‹ – waren aus dem Livinental zugewandert und nur Beisässen, folglich nicht in der Korporation. Der Vater brachte sich kümmerlich durch als Schreiner, Maler, Vergolder (einige sprechen von Schnitzer), und verlor beim großen Brand von Andermatt 1766 Hab und Gut. Wegen des Holzmangels im Tal sei er dann mit seiner Familie ins Tavetsch hinübergezogen, wo die Familie der Mutter begütert war.

Wie Dr. Halter in Urseren die Begabung des Hütebuben Felix Maria entdeckt hat, bleibt ungesagt, er war öfter bei seinem Großvater in Andermatt. Dr. Halter, bei dem Goethe 1797 Mineralien aussuchte, empfahl ihn nicht nur einflußreichen Persönlichkeiten, er förderte seine Begabung in Besançon und andernorts. Zurückgekehrt saß ihm Franz Josef Nager, Talammann von Urseren, verwandt mit dem Goethe-Landammann Nager, für ein Bildnis: groß angelegtes Gemälde eines kraftvoll signorilen Patriarchen.

Der Talschreiber und Wirt der *Drei Könige,* Josef Maria Meyer – bei Goethe: »Der Wirt heißt Meyer« – schickte ihn mit einem Empfehlungsschreiben nach Zürich zu Pfarrer Schinz – Schwager von Lavater –, er wurde aufgenommen vom Kreis der Gelehrten und portraitierte die angesehenen Zürcher.

Er malte, wie konnte es anders sein, Lavater allein und im Kreis seiner Familie, J. J. Bodmer, den Graveur Johann Heinrich Lips, in späteren Jahren Ulysses von Salis, auch Pestalozzi.

Von der Galerie, die sich zusammenstellen ließe mit Gesichtern um Goethe, wurde zu den Biographien dieses Buches gefunden: Johannes Müller, der Stahlstich nach dem Diogg-Gemälde; das Portrait von Dr. Johannes Hotze, im Besitz der Stadtbibliothek Zürich.

In Stäfa war Diogg 1797 ziemlich sicher, um in Meilen die Bodmer-Familie zu malen, in Glarus malte er die wohlhabenden Textilfabrikanten, in der Innerschweiz die Ratsherren, in Einsiedeln den Abt, die Aristokratie in Bern und im Welschland, im Elsaß die grandes familles. Wer auf sich hielt, ließ sich von Diogg malen. In Karlsruhe und Frankfurt saßen ihm für ihr Portrait auch Zarin Elisabeth Alexejewna und die Königin Louise von Preußen.

Sein Œuvre, vom Stil des ancien régime übergehend zum Biedermeier, wird auf sechshundert Werke geschätzt; es sind nur noch um die 300 vorhanden, in Museen – im Kunsthaus Zürich ein Männerbildnis – und Privatbesitz.

Sonntag, den 24. September

»Zu Mittag kamen Herr Horner und…«

Johann Jakob Horner (1772–1838)

Als Geisteswissenschaftler von einigem Format war er, Sohn eines Bäckermeisters, von 1792 an nach- und nebeneinander Professor der Kirchengeschichte, der praktischen Philosophie, der Ästhetik und Ethik, Bibliothekar der Stadtbibliothek, Präsident der Künstlergesellschaft, bedeutender Archäologe, Kunst- und Literaturhistoriker, Kritiker, fruchtbarer Schriftsteller, Übersetzer, Herausgeber von Kunst- und Literaturzeitschriften usw.

Am 5. Oktober 1794, mit zweiundzwanzig, machte er, durch Meyer eingeführt, vormittags Goethe seine Aufwartung. Da war nicht ein ungelenk schüchternes Professorchen unterwegs, sein Brief beweist, wie gewandt und selbstbewußt er sich zu bewegen und zu äußern wußte. Goethe schien ihm »gerade in seinen besten Jahren, ziemlich groß, und hat er bei einer gemeinen [alltäglichen] Physiognomie doch sehr feine Züge«. Er schaute sich um, da Goethe kurz angebunden war, »was ihm auch gar nicht verdenken kann«, im Frauenplan, mit »feinsten epikuräischen Geschmack eingerichtet…« und sein »fürstliches Kabinett von Handzeichnungen berühmter Meister«.

Nachmittags war er mit Meyer bei Herder zu Tee und Nachtessen, es stellten sich noch andere Herren ein, auch Goethe.

Man war »äußerst ungeniert, ohne unhöflich zu sein« – ei, ei, wurde man in Zürich unhöflich, wenn man nicht mehr geniert war? – Herder sprach mit ihm die berühmten Zürcher durch, auch J. J. Hottinger kam zur Sprache. Bei Tische »hatten Kopf und Magen den köstlichsten Schmaus«, es wurde ein richtiger Herrenabend, Geschichten wurden erzählt, »so infam und wit-

zig, daß wir uns alle vor Lachen den Bauch halten mußten... Dies weckte Goethen so nach und nach aus seiner Kälte auf... [er] schlug mit seinem Witz, der viel feiner war, den Professor und bisweilen auch Herdern zu Boden... Er saß neben mir« – da hatte Goethe aber viel Ehre –, »und wir schenkten uns wechselseitig um die Wette ein«.

Also war es für Professor Horner an dem Sonntag ein Wiedersehen; er konnte sich bei Goethe in Erinnerung rufen.

Kaum zehn Tage danach, 2. Oktober, schrieb Schiller nach Stäfa, zu früh, um einen Zusammenhang mit dem Sonntag herbeizuführen? – von Elegien, »von einem Herrn Horner aus Zürich zugesendet... Vielleicht haben Sie letztern indes schon selbst kennengelernt, er hat auch schon etwas zu den Horen gegeben«.

Kombinieren ließe sich, Meyer habe Horner schon vorher angeregt, die Elegien an Schiller zu schicken. Die Frage bleibt offen, wieso hat Meyer sie nicht selbst geschickt, denn die Elegien waren nicht von Horner. Aus Goethes diesbezüglicher Antwort an Schiller geht hervor: »Der Verfasser der Elegien im Almanach kennt Meyer recht gut... er ist eigentlich Bildhauer«, und er hatte mit Meyer eine Zeitlang in Rom gewohnt. Er hieß Heinrich Keller (1771–1832), gebürtig in Küsnacht, ein Jahr älter als Horner. Er machte sich später einen guten Namen als Bildhauer, malte, dichtete, verfaßte Dramen, übersetzte, unter anderem auch Stolbergs »Geschichte der Religion Jesu« ins Italienische – was diese Schweizer zu jener Zeit nicht alles übersetzt haben!

Horner war befreundet mit Johann Caspar Escher, aber noch enger befreundet mit diesem war der um ein Jahr jüngere Bruder, Johann Kaspar hieß auch er. Dank seiner Fürsprache und seinem Rat bei Vater Escher konnte der junge Escher einst von der Gelehrten- zur Realschule hinüberwechseln. Viel später heiratete er die Schwester Eschers, Regula, die an Goethes Tag in der Schipf die Orgel gespielt haben könnte.

Johann Kaspar Horner, ein Gelehrter ganz anderer Art als sein Bruder: Mathematiker, Physiker und Astronom, ein Abenteurergeist, Weltumsegler, Hofrat in Petersburg. Nach ihm heißt auf der japanischen Insel Kiusiu ein Uferberg Pic Horner und auf Sachalin gibt es ein Kap Horner. Über seine Meriten und Entdeckungen steht in Büchern noch mehreres zu lesen.

wurde 1775 und 1779 besucht, 1797 war er nicht mehr in Richterswil. »... er besaß als Arzt, als höchst verständiger wohlwollender Mann ein ehrwürdiges Ansehen an seinem Ort und in der ganzen Gegend« (D. u. W.), und im Brief mit Reiseratschlägen an Knebel ist er »ein sehr braver und liebevoller Mann«, es klingt als wie von einem biederen Landmedicus, klingt etwas besser in Lavaters Physiognomischen Studien, an denen Goethe mitgearbeitet hat: »Viel feiner, aber nicht weniger heiter, treu, redlich, ergeben«, denn er war mehr.

Das Portrait von Diogg zeigt ihn mit geistvoll edlem Gesicht. Er war groß gewachsen, sein Bruder, der spätere Feldmarschall Hotze war es auch. Als die beiden Brüder in Deutschland Medizin studierten, fügten sie ihrem schweizerischen Namen *Hotz* zum besseren Klang ein ›e‹ hinzu.

Vom Doktorhaus in Richterswil und seinem Hausherrn schrieben berühmte Besucher, und von seiner Bibliothek schrieb Matthisson[90], sie zeuge von sicherem Geschmack und Kultur, sei nicht auf Glanz und Prunk ausgerichtet; er, als Bibliothekar, mußte es wissen.

»Aufs Beste bewirthet, aufs Anmuthigste und Nützlichste auch über die nächsten Stationen unserer Wanderung unterhalten...« wurde Goethe im Juni 1775; 1779 fuhr Lavater mit, in der Kutsche diesmal, um Karl August bei Doktor Hotze einzuführen. Sie übernachteten im heutigen »Goethe-Säli«, es war am 22. November, nur vier Tage nach der Rückkehr vom Gotthard. Man sieht, welche Bedeutung dem Besuch beigemessen wurde. Karl August schloß Dr. Hotze ins Herz und berief ihn nach Weimar, doch er wollte in seinem Richterswil bleiben. Im Juni 1781 schrieb der Herzog an Lavater: »D. Hotzen grüßt vielemalen. Bald soll sein Sattel kommen und meine Büste für ihn«, Geschenke, die dann mit einem Handschreiben in Richterswil zu den kostbarsten Schätzen des Hauses gehörten.

*

Seine Praxis dehnte sich aus bis hinüber nach Schwyz und ins Glarnerland, er war Vertrauensarzt des Fürstabtes von Einsiedeln, der Patrizier, aber auch: »Ohnmächtig erlieg ich fast unter dem Frühlingsansturm meiner Älpler.«

Von seinem Beruf schrieb er: »Wichtig und ehrwürdig bleibe mir die niedere Klasse leidender Menschen aus Mensch-

lichkeit und Dank. Sie [die Menschlichkeit] war meines Hauses Segen vom Großvater an bis heute; sie gebiert Freuden, die die Welt nicht kennt... Willst du Arzt sein, so sei Mensch... Jeder edle Mensch hat nur einen gesellschaftlichen Zweck: zu wirken und zu nützen... ich will wirken, raten, helfen, heilen.«

Seine Mutter war Schwester von der Mutter Heinrich Pestalozzis.

Sein Haus war den Armen offen und seine Stube für Durchreisende, die den geistigen Kontakt mit ihm suchten, viele von Lavater empfohlen. Ulrich Bräker[91] schildert, wie er sich mit seinem Empfehlungsbillettchen fast nicht über die Schwelle wagte von dem Haus, das ihm als Palast erschien, und wie er dann überaus herzlich empfangen wurde.

Nach dem Besuch von 1779 schrieb er Lavater: »Übrigens raisonniert Herr Göthe doch als Mann, der dem Glück im Schoße sitzt.«

*

1795 gab Dr. Hotze seine Praxis auf und zog zu seiner Tochter nach Frankfurt, erbittert über den Hochmut der Zürcher Ratsherren. Als berühmten Arzt sahen sie ihn gern in ihrer Stadt, auch den berühmten Bruder Feldmarschall, aber das Bürgerrecht – ihre Mutter war doch Zürcherin –, das wollten sie nicht verleihen.

Schwyz 1779

Johann Karl Hedlinger (1691–1771)

»Das, wozu Otto Hamerani [Italienischer Medailleur] die Bahn gebrochen, führte Hedlinger aus«, schreibt Goethe und nennt ihn noch einmal im Bericht über die Ermordung von Caspar Joseph Schwendimann 1782 in Rom: »Heute ward ein braver Künstler, Schwendimann, ein Schweizer Medailleur überfallen, völlig wie Winckelmann.« Der Mörder war hier allerdings ein eifersüchtiger, neidischer oder geldgieriger Kollege. Die Schweizer Zeitungen von damals schrieben ausführlich über den gräßlichen Mord, denn Schwendimann war ein vielgesuchter und auch bekannter Medailleur, Kupferstecher und Bossierer. Goethe aber gibt ihm als höchste Qualifikation: »der letzte Schüler von Hedlinger«.

Wer weiß noch von ihm, dem einstigen König der *Medail-*

leure, dem *Vortrefflichen,* dem *Weltberühmten und Unvergleichlichen,* von ihm und seiner Kunst?

Er wurde im Untertanenland Tessin geboren, als Sohn eines Schwyzer Bergwerkdirektors, der in seiner Jugend Maler-Eleve in Rom gewesen war. Demnach läßt sich auf künstlerischen Einfluß schließen.

Er besuchte das Gymnasium in Bellinzona und galt später als gelehrter Medailleur, denn er vermochte die lateinischen Legenden selbst zu formulieren. Sein Lehrweg führte über Sitten, Luzern, durch Frankreich, überall zu Stempelschneide-, Münzpräge- und Medaillenmeistern.

Er wurde der Meister aller Meister, Hofmedailleur und

Hofmarschall des schwedischen Königs in Stockholm; berufen für besondere Aufträge an die Höfe von Rußland, Dänemark; Mitglied der Akademie der Wissenschaften in Berlin und anderes mehr. Höher gestiegen in der Kunst der Medaillen ist keiner vor oder nach ihm.

Grund genug für Goethe, mit Karl August die Heimreise 1779 zu unterbrechen, von Brunnen herüberzuwandern, zu warten, bis sie vorgelassen wurden zur Besichtigung der Sammlung.

Es lohnt denn, in Schwyz hinter dem Rathaus im auch sonst sehens- und liebenswerten Turmmuseum, sich zu vertiefen in seine Miniaturwerke, einige davon zwar nur Kopien. Der eigentliche künstlerische Nachlaß, im Besitz der Gottfried Keller-Stiftung, ist im Landesmuseum in Zürich. Mikro-Relief-Plastiken von selten gesehener Vollendung, mit oder ohne Lupe betrachtet von kraftvoll lebendiger Ausarbeitung der Gesichtszüge, ihres Charakters, ja, ihrer Ausstrahlung.

Dienstag, den 24. Oktober

»Dann das Bild von Füssli im Rathause«

Johann Heinrich Füssli – Henry Fuseli (1741–1825)

In seinen *Schriften zur Kunst und zur Literatur* spricht Goethe immer wieder von ihm; 1779 schreibt er aus Zürich: »Ich habe per fas et nefas einige Füsslische Gemählde und Skizzen erwischt, über die ihr erschröcken werdet.« Während eines Mittagessens in Weimar schildert er der Tischgesellschaft das Bild »aus dem Sommernachtstraum, wo die Elfenkönigin Zetteln mit dem Eselskopf liebkoset«.

Und, man erinnert sich: 1779 wünschte er von Füssli den Entwurf zum Monument für die glückliche Reise über die Furka zum Gotthard in einem ausführlichen Brief an Lavater;

man erinnert sich an Lavaters »daß Füssli so ganz impertinent teufelt... er ist ein Satan«.

In den Zeilen ist er, der hitzige, eigensinnige, selbstbewußte Füssli.

Er stammte aus der Füssli-Künstlerfamilie. Sein Vater war Hans Kaspar Füssli, schon genannt als Maler und Lehrer Johann Heinrich Meyers.

Seine Kinder waren alle begabt, Söhne und Töchter, Heinrich am meisten, dennoch sollte er Theologe werden, und das hat er dem Vater nachgetragen, solange er lebte. Zu Unrecht, denn es läßt sich fragen, wie er als Maler geworden, hätte er von Anfang nichts als das Handwerk erlernt, wie er geworden, ohne Bodmer, den Lehrer während seines Theologiestudiums.

Es soll denn endlich ein Wort zum Ruhme Johann Jakob

Bodmers gesagt werden, bisher aus Goethes Sicht (und der Literaturgeschichte) der Patriarch, zwar einst verdienstvoll, doch kauziger Gelehrter, weitschweifiger Dichter; »Doch scheinet mir dein Leben heller als dein Gesang«, erkennt der junge Füssli in seiner »Ode an Bodmer«. Für die junge Generation – Lavater, Pestalozzi und die vielen anderen in diesem Buch gehörten ihr an – war er geistiger Vater, mitreißender und glänzender Lehrer; mit dem »Heiligen Gefühl für das Vaterland« und die Freiheit bildete er sie zu Patrioten, mit den von ihm der Vergessenheit entrissenen *Urdichtern* machte er sie vertraut, mit Homer, Sappho, Horaz, Dante, Petrarca, mit den Nibelungen und: mit Shakespeare, Milton.

Aus diesen Werken kehrt bei Füssli die Vielzahl der Visionen, Allegorien, Reihen von szenischen Zeichnungen, kehrt das Geistesgut wieder, das ihm in den Jahren, da sein Weltbild sich formte, Bodmer (und Breitinger) vermittelten.

Er hat mit kaum zwanzig Jahren die Werke in der Ursprache gelesen und auswendig zitiert, griechisch, lateinisch – die alten Schriften hebräisch – italienisch, französisch und englisch. Er übertrug Macbeth – und malte später das schauerliche Portrait der Lady Macbeth – ins Deutsche, entwarf ein Trauerspiel im shakespeareschen Stil, lange bevor Goethe und Herder vom Shakespeare-Kult (durch Bodmer!) ergriffen wurden. Lange vor ihnen begeisterte er sich für Sterne, den Tristram Shandy. Er war ja acht Jahre älter und konnte deshalb vorwegnehmen, auch was er dann in London und in Rom bewunderte – oder verachtete. Mit Winckelmann vom Vater her vertraut, übersetzte er ins Englische die »Gedanken über die Nachahmung der griechischen Werke in der Malerei und Bildhauerkunst«. Er imitierte Klopstock in seiner »Ode an Meta« so treffend, daß sie dem Meister zugeschrieben wurde. Vom göttlichen Klopstock schrieb er 1775 aus Rom, nun an anderen Werken geschult: »den größten Teil seiner Andachtsoden – hole Gott, und beinahe alles von seiner teutonischen Mythologie der Teufel.«

Goethe erhielt den Brief, von Lavater kam er über Herder zu ihm und schrieb: »Was für eine Glut und Ingrimm in dem Menschen ist.«

Seine Briefe bersten von Einfällen, Bildern, Bezügen auf die Antike, Shakespeare ohnehin, und sind nicht ohne Bildungsdünkel. Sein Stil ist schnell, heftig, er schreibt kindlich traurig, sarkastisch, übermütig, zärtlich, bewundernd, im ganzen wie einer, den inneres Feuer verzehrt. Walter Muschg schreibt von ihm: »Es waren schon jetzt zwei Seelen in ihm, die Leidenschaft für alles Große und der schneidende Hohn gegen das Geringe.«

Mit einundzwanzig wurde er als Theologe ordiniert. Er hat wenige Predigten gehalten, eigenwillig, geistsprühend, voll Spottlust, wie Lavater nicht mehr in der alten Kirchen-, in einer neuen Gefühlssprache, »Kaviar für das Volk«.

In dem gleichen Jahr – 1762 – unternahm er mit Lavater und einem dritten Freund, Felix Hess, die Attacke gegen den ruchlosen Landvogt Grebel. Da sie nach dem zwar guten Ausgang ihrer Sache vorsichtshalber ins Ausland zu Probst Spalding nach Pommern gingen, wurde es für Füssli endgültiger Abschied von der Heimat und über kurz auch von der Theologie. Von Berlin aus sandten ihn Zürcher Freunde nach London, um zwischen den freiheitlichen Lagern in der englischen und der deutschen Welt Beziehungen anzuknüpfen. Mit Empfehlungen versehen gelangte er in höchste Kreise und wurde da Liebling der Frauen. Er übersetzte, dichtete, noch fühlte er sich dazu geboren, zeichnete beiläufig, und immer mangelte Geld. Wer ihm half, soviel ihm möglich, war wieder einmal Lavater.

Der große Reynolds sah eines Tages seine Entwürfe und der Maler Henry Fuseli war entdeckt. Acht Jahre in Rom machten ihn zum berühmten Künstler und zum Mittelpunkt des Künstlerkreises – er wurde später von Goethe abgelöst –, er kannte Rat Reifenstein, Angelika Kauffmann und: »Herr

Jemerli, also ist Tischbeinius bei Euch«, schrieb er nach Zürich.[92]

Sein Verhältnis zur Heimat blieb zwiespältig, aus Briefen und Gedichten spricht Hohn, Bitterkeit, Verachtung: »Die Schweiz ist ein kaum sehbarer Erdeflecken; wenn man ihn sehen soll, so muß er diamantengleich schimmern, und er ist schmutzig, Gott weiß es.«

Aber das Heimweh blieb. Von Rom kommend, blieb er 1778 ein halbes Jahr in Zürich und begann für das Rathaus den *Rütlischwur*, auch das große Gemälde, vorweggenommen in der »Ode an Bodmer« fünfzehn Jahre früher.

»Heil mir! Da sitzet vor mir der Denker, ja/Im dunkeln, mensceneinsamen Zimmer, nur/Vom offnen seelevollen Auge,/Das durch die Dämmerung blitzet, helle!«

Im Vordergrund des dämmerigen Zimmers im Schönenberg sitzt Bodmer im fahlgrünen, pelzverbrämten Hausrock, das vergilbte Gesicht mit weißbuschigen Brauen über den Seher-Augen, die Greisenhand auf Füsslis Arm gelegt; er, eleganter Weltmann und Beau im roten Frack. Aus dem Hintergrund ragt geisterhaft ein übergroßer Marmorkopf, Homer-gleich.

Er malte den Herzensfreund Lavater, skizzierte Porträts auf Bestellung, um sie in London zu vollenden. Er war nicht in Zürich, als 1779 Goethe mit Karl August kam, eine Begegnung hat sich nie ergeben, nur Bilder und Blätter konnten besichtigt, gekauft werden. Karl August bestellte von der schönen Anna Magdalena Schweizer-Hess ein Porträt, es lag eine Skizze vor, auch von Magdalenas Schwester, vor der Abreise nach London gezeichnet.

Magdalena hatte im Juni 1775 Goethe »durch eine Türe gesehen« und war betroffen von seiner Persönlichkeit, da sie aber vor der Heirat stand, habe sie sich zurückgehalten. 1779 waren Karl August und Goethe im großzügig gastlichen Schweizer-Hess-Haus ihrerseits betroffen von der Schönheit, dem Geist und dem Charme dieser Frau. Ihr Bild wurde bei Füssli bestellt[93] und zeigt sie mit eigenartig verschleiertem Blick, nicht eben geistvoll. Füssli hat sich, aus einem Brief geht es hervor, den Spaß gemacht, sie »mit verliebten Augen« zu malen; in einer Zeit, in der er selbst verliebt schmachtete.

In dem halben Jahr in Zürich verliebte er sich nämlich in Nanne Landolt, Lavaters reizende *nièce*, es scheint, daß er ihr nicht gleichgültig war. Er aber liebte wie nie vorher und nie nachher mit der Vehemenz seines Wesens, in seinen Briefen rast und wütet und verzehrt er sich, seine Freunde fleht er um Nachrichten über sie – Nanne wurde von ihrem schwerreichen Kaufmann-Vater einem im Geld ebenbürtigen Mann zur Frau gegeben.

Damit besaß die Bitterkeit gegen seine Vaterstadt ein neues Gesicht. Seine Biographen schreiben, er sei durch diese Enttäuschung gereift, durch den Verzicht zum wahrhaft großen Maler geworden. Zehn Jahre danach heiratete er eine englische Dame, die Ehe blieb kinderlos. Nach Zürich ist er nie mehr zurückgekehrt.

London hat ihn gefeiert, keine Ehrung, die Henry Fuseli nicht zuteil geworden ist. Er wurde in der Krypta der St. Paul's Cathedral beigesetzt neben den Großen und Größten Englands. Seinem Sarg folgten die englische Aristokratie und die geistige Elite Londons, aber kein Zürcher.

In der »Ode an Bodmer« schrieb der junge Füssli von sich als »... den/Mit heißbetränter Wehmut dein Zürich einst/Den Fremdling nennen wird.« Davon ist keine Rede. Man hat es wieder einmal hinzunehmen, daß dieses Land ein »Holzboden« (Gottfried Keller) ist; daß mit ihm zu seiner Zeit auch andere, Trippel, Johannes Müller, im Ausland groß werden mußten.

Der berühmte englische Maler Henry Fuseli, wieder gutzürcherisch Heinrich Füssli, kommt im Zug des Zeitgeschmacks mehr und mehr zu Ansehen mit großen Ausstellungen in vielen Städten und Orten. In Zürichs Kunsthaus ist ihm im Trakt der Schweizer Maler aller Zeiten der Hauptsaal eingeräumt. Da hängen von seinen gegen sechshundert Bildern in der hiesigen Sammlung die bedeutendsten Werke, unter ihnen auch das von Goethe geschilderte »Aus dem Sommernachtstraum...«. Die Bilder seiner phantastischen Vorstellungswelt, vom kraftvoll Schönen zum Dämonischen und grotesk Abstrusen. Anmutiges findet sich in Mappen, doch auch immer wieder die Visionen aus der Geisteswelt seiner Jugendjahre zu Füßen Bodmers lernend. Bodmer selbst, als sei ihm das Patronat zugedacht über den Saal, beherrscht den Raum im Gemälde mit Füssli in seiner Studierstube.

(Zürich) Den 24. Oktober

»Dann zu Chorherr Rahn...«

Johann Heinrich Rahn (1749–1812)

Es wundert, ob Goethe nur das Kabinett besichtigte, dem Hausherrn nicht begegnete. Er wäre, anders ist es nicht zu denken, beeindruckt gewesen von der imponierenden Persönlichkeit des Professors Dr. med. Rahn, der nach dem Studium in Göttingen und Wien zum Mediziner von international anerkannter Autorität wurde, Mitglied zahlreicher auswärtiger Akademien und, das ließ sich wohl hören: vom Kurfürsten Karl Theodor von Bayern mit der Würde eines *Hofpfalzgrafen* versehen, der die Berechtigung besaß »Doctores zu kreieren, Dichter zu krönen, Wappen zu verleihen«. Rahn, humorvoll, praktisch und immer bereit zu helfen, freute am meisten die Gelegenheit, »einem wackern Jüngling der seine zwanzig Louisd'or nicht missen oder besser anwenden kann, ein Doktordiplom gratis zu geben«.

Die Rahn-Familie gehörte zu den angesehenen der Stadt, Gelehrte und Fabrikanten entstammten ihr. Sein Vetter war der Waagmeister *zur Farb*, in dessen gastlichem Haus die gelehrten Gäste der Stadt verkehrten und Johann Gottlieb Fichte seine

Frau fand. Der Chorherr und Pfalzgraf hat seine Kompetenz genutzt und Fichte im Winter 1793/94 das Doktordiplom überreicht mit einer schwungvollen Laudatio auf seinen Versuch einer *Kritik aller Offenbarung* und die Vorträge über die Kantsche Doktrin.

Was hat er nicht alles gegründet. 1782 mit zwei Freunden das medicinisch-chirurgische Institut, das berühmt blieb, bis es in der 1833 gegründeten Universität aufging; er erzielte Verbesserung der medizinischen Ausbildung auf dem Lande, auch der Hebammen. Als Idealist gehörte er zu den Initianten der *Allgemeinen Schweizerischen Gesellschaft zur Beförderung des Guten* und der *Zürcherischen Lokalgesellschaft zur Aufnahme sittlicher und häuslicher Glückseligkeit*, nun ja, mit anderen Vokabeln finden sich heute wieder Gruppen zusammen, um gleiches zu erreichen.

Er gehörte zu den fortschrittlichen Söhnen der Stadt, nichts unterlassend, um Schritt für Schritt die Lage des Volkes zu verbessern, sein Leben gesünder zu gestalten, mit einem Wort, die sozialen Ungerechtigkeiten auszugleichen. Es zeigt sich denn hier wieder, daß die Aufklärung in Zürich den Boden für die nachrevolutionäre Zeit vorbereitet hatte; auf einem anderen Blatt steht, wieviel es noch brauchte, bis die Ideen alle zum großen Durchbruch kamen.

(Zürich) Den 23. Oktober

»Nach Tische zu Chorherr Hottinger...«

Johann Jakob Hottinger (1750–1819)

Als junger Mann machte er weit über die Landesgrenzen von sich reden mit den *Sendschreiben gegen Lavater*, scharfzüngig, boshaft. Auch gegen Goethe verfaßte er einige Tiraden, eleganter, milder, 1775 in der Farce *Menschen, Thiere und Goethe* (*Götter, Helden und Wieland* parodierend) – *Voran ein Prologus an die Zuschauer und hinten ein Epilogus an den Herrn Doctor.* Einen Anti-Werther-Roman schrieb er zumal, *Briefe von Selkof an Welmar*, den man sich von einem Hottinger gezielter und gesalzener denken könnte: *Erwin und Elmire* wird kurz persifliert, eine Transfiguration auf das Tierreich von Lavaters Physiognomik fehlt nicht, nebenher gehen Glossen über Zürichs Sitten und Gebräuche in der umständlichen Liebesgeschichte, die natürlich, als moralische Pointe, ohne Selbstmord endet. Und er focht gegen die Lobhudelei des Werther und Goethes »Übermut« gegen seine Rezensenten.

Sein Urgroßvater Johann Heinrich Hottinger (1620–1667) war berühmter Gelehrter; sein Großvater Johann Jakob (1698–1729) schrieb als Standardwerk seiner Zeit *Helvetische Kirchengeschichte*. Sein Vater blieb bigotter Pfarrer in Hausen am Albis, glücklich war die Kindheit in diesem Hause nicht.

An Zürichs höheren Schulen fiel er als ungewöhnlich begabter Student auf, er studierte auch in Göttingen und Holland, war mit vierundzwanzig Professor für Eloquenz am Zürcher Carolinum und verbissener Gegner von Bigotterie, Aberglauben und allem Halbgebildeten.

Seine Kindheit bedenkend wird klar, daß Lavater zur willkommenen Zielscheibe seines Hohnes, seines Spottes wurde.

Sonst aber wird dieser scharfsinnige Gelehrte von Zeitgenossen als hypochondrisch, zeitweilig schwermütig beschrieben; als rührend besorgter Familienvater und rastlos tätiger Geistesarbeiter. Er übersetzte Cicero, schrieb über die Kunst des Übersetzens, schrieb zudem Dramen, lateinische Biographien und Abhandlungen. Seine Schriften wurden preisgekrönt und berühmt seine späteren Rektoratsreden. Er genoß europäischen Ruf und insofern bleibenden Ruhm, als er in *Meyers Großem Konversations-Lexikon* (1905) gewürdigt wird in einem ansehnlichen Abschnitt, seine Arbeiten aufzählend, ohne Erwähnung der *Sendschreiben*.

Von 1791 an figuriert er als »Prof. ling. Graec.« unter den »Professores und Praeceptores am Collegium Publicum«, am Carolinum, als Chorherr mithin.

Vom 2. April 1791 ist in der Zentralbibliothek Zürich ein Brief Hottingers an Lavater erhalten, ihm dankend für die »Bezeugung der Teilnahme an meiner Beförderung«, ein langer, höchst ehrerbietiger Brief »mit dieser Gesinnung und

Hoffnung... worin ich hinfort das Vergnügen haben werde mit Ihnen zu stehen«; in ihm spricht er auch von »gütiger Nachsicht« und empfiehlt sich freundschaftlich. Die Versöhnung habe an einem *Caroli-Mahl* stattgefunden, ob sie nur formell war oder zu einer wirklichen Freundschaft wurde, sei dahingestellt.

Von der Versöhnung aber hat Goethe schwerlich gewußt.

Gesetzt den Fall, auch wir wüßten nichts davon, wir, nicht nur Lavaters Partei ergreifend und empfindlich über den Affront gegen den einstigen Freund, wir haben zu verstehen, daß Goethe den Chorherrn aufsuchte. Sein Name, seine Schriften waren bekannt in Weimar, 1792 sprach Herder mit Horner über ihn. Überdies gab es in Zürich nicht mehr viele der Größen von 1775 und 1779, vom Glanz des über Europa ausstrahlenden Limmatathens blieb immer weniger, längst war er übergegangen an Weimar.

*

1786 hatte ihn die Universität Heidelberg als Professor für alte Sprachen berufen, er aber lehnte ab, vermutlich seiner Familie, seinen Kindern zuliebe.

Die Absage hat er dann wohl bereut. 1798/99 kam für ihn zur psychischen Belastung der Besatzung durch fremde Truppen das Ausbleiben seiner Besoldung. In seiner Not und Zukunftsangst, der Sorge um die Familie, schrieb er nach Weimar und bat Goethe um ein Schreiben zuhanden des neuen Erziehungsrates. Goethes Antwort vom 15. März 1799 bleibt Zeugnis seiner menschlichen Wärme, seiner echten Verehrung und Hilfsbereitschaft. Auf taktvollste Weise, als wäre er auf den Gedanken gekommen, wirbt er um den »würdigsten Mann«, seine Kenntnisse und Talente und wirbt für eine Professur an der Akademie in einer Großstadt, er schließt »in der Überzeugung, daß Sie meine Gesinnungen nicht verkennen werden«, ein diplomatisches Kabinettstück, es wurde gefunden in den Akten des Direktoriums. Auf einem Beiblatt für Hottinger allein schreibt er: »Die Stelle... ist in Coppenhagen wirklich offen und in einem Briefe, der vor Kurzem dahin abgegangen, ist Ihrer gegenwärtigen Lage, verehrtester Mann, vorläufig gedacht worden.«

Ob es dieser Brief war, der dazu führte? Hottinger blieb Zürich als Professor erhalten. Von 1802 an gab er mit Wieland und Jacobs das *Neue attische Museum* heraus.

Den 24. Oktober

»...und Dr. Lavater«

Diethelm Lavater (1743–1826)

Zwei ungleiche Brüder, vom älteren, dem phantasievollen, schwärmerischen, weit herum berühmten Johann Caspar wissen wir viel, weniger von Diethelm, dem jüngeren, nüchternen, sachlichen, unbestechlichen; also auch nicht, wie er es empfand, Bruder des Mannes zu sein, der in aller Leute Mund war. Eine ungeheure Arbeitsenergie besaßen beide, zudem Herz und Verantwortung für Notleidende.

Die Lavater-Familie taucht in Zürichs Chroniken 1446 zum ersten Mal auf, die Nachfahren stiegen empor zu Bürgermei-

stern, Magistraten und Chorherren, wenige Geistliche, dafür vom 16. Jhdt. an neunzehn Ärzte und Professoren der Medizin.

Der Onkel der beiden Brüder gründete eine später weithin berühmte Apotheke an der Unteren Zäune unfern dem Waldries an der Spiegelgasse. Er nahm, selbst kinderlos, den Neffen Diethelm in die Lehre als späteren Nachfolger, eine harte Lehre soll es gewesen sein, während sein Bruder sich in der schöngeistigen Welt um Bodmer tummelte; er durfte dann doch Medizin studieren in Leipzig, dort als Goethes Tischgenosse, und in Halle promovieren. Danach hatte er als Arzt dem Vater und als Apotheker dem Onkel an die Hand zu gehen. Entfalten konnte er sich in beiden Berufen erst nach ihrem Tod (1774 und 1775). Neben den beiden Berufen widmete er sich dem Studium der Naturwissenschaften, Chemie und Mineralogie, seine Sammlung war bedeutend und »machte einheimischen und auswärtigen Kennern manchen Genuß«, Goethe wandte sich an die richtige Adresse, als er »vom Bruder Doctor« Mineralien geschenkt haben wollte.

Im politischen Leben der Stadt gehörte er dem großen und später dem kleinen Rat an bis zu den Wirren von 1798 und von 1803 an wieder, sein Ansehen galt seinem gerechten, unbeirrbaren Wesen. Im Jahresbericht der »Naturforschenden Gesellschaft« von 1826 wird seine Tätigkeit gerühmt »an allem praktisch Nutzbaren, an Versuchen und dergleichen mit Blitzableitern, Löschanstalten [man denke, wie damals dergleichen noch zum Lebensnotwendigen gehörte] u. s. f.... die Anordnung der ersten Rettungsapparate für plötzlich verunglückte, und bey einem solchen Anlasse war es, wo er der eigenen Person und der drohenden Gefahr vergessend, sich in eine Cloake hinab wagte, um bey Rettung und Belebung mehrerer durch die mephitischen Gase asphyktischer Arbeiter selbst Hand anzulegen.« Als er starb, »... hat [der Tod] den Armen eine still, aber reichlich spendende, milde Hand, den Hülfsbedürftigen einen weise rathenden Mund und den Unglücklichen einen sanften Tröster geraubt«. – Auch das Haus, die Familie des berühmten Bruders hat die still, aber reichlich spendende milde Hand gekannt.

Den 24. Oktober

»...sodann zu Herrn Antistes Hess«

Johann Jakob Hess (1741–1828)

Der durchgeistigt vornehmen Erscheinung ist Goethe 1797 wieder begegnet, auch wenn er ihn an dem Tag gewiß nicht so reich gekleidet empfing wie auf unserm Bild.

Er gehörte zur im Geiste Bodmers geschulten Generation und wurde mit neunzehn schon ins *Ministerium* aufgenommen, verbrachte dann einige Zeit als Vikar bei seinem Onkel auf dem Lande, worauf er sich ins Privatleben zurückzog, um seine »Geschichte der drei letzten Lebensjahre Jesu« zu schreiben. Das Werk machte ihn berühmt, er erhielt von drei Universitäten den Dr. theol. h. c. Andere Schriften folgten, die »Gedanken über die beste Art, das Christenthum zu verteidigen« und »Von dem Reich Gottes«, sie wurden viel gelesen, verständlich, ja volkstümlich geschrieben, als Lektüre zur Bibel, »welche er nicht nach der herkömmlichen Anschauung durch übernatürliche Einzelheiten beglaubigt findet, sondern in der durchgängigen inneren Correlation ihrer Theile. Er ist auf den Plan Gottes mit dem Menschengeschlechte aufmerksam geworden, der sich mittelst Veranstaltungen und Lehrmittheilungen successiv verwirklicht, von Verheißung zu Erfüllung, von kleinen Anfängen zu großen Entwicklungen fortschreitend«, schreibt G. von Schulthess-Rechberg um 1901, eine Anschauung, die durchaus heutig anmutet.

Hess und Lavater waren in der zweiten Hälfte des 18. Jhdts. die beiden berühmtesten Theologen ihrer Stadt und im weiten Umkreis. Mit gebührendem Abstand möchte das Verhältnis zwischen ihnen mit jenem zwischen Schiller und Goethe verglichen werden: der philosophisch-empirisch gegenüber dem intuitiv forschenden Wissenschaftler. Mit sehr gebührendem Abstand, die Disziplin bedenkend, mit der Goethe seine naturwissenschaftlichen Studien betrieb, Lavater aber Gefühlsüberschwang, Phantasterei und Pietismus nicht zu zügeln wußte. Hess hat ihn deswegen in Gesprächen und Disputationen nicht geschont und ihm dennoch immer wieder als überlegener Geist die Freundschaft bewahrt.

Von 1795 an als Pfarrer am Großmünster und als Antistes geistliches Oberhaupt von Stadt und Land Zürich gehörte er im Kirchenwesen zu den Vertretern der freieren Richtung. Es gelang ihm im Laufe der Zeit, die verknöcherte Ordnung mit neuem Geist zu füllen. Daß er darüber hinaus auch Bürger war, bewies er 1795 nach Aufständen der Landgemeinden mit einer Ansprache in der Zunft der Schmiede, hoffend, »daß man dem Lande nun doch einige Freiheiten erteile«.

Viel später, 1812, konnte er durchsetzen, »daß nicht mehr alle und jede Proklamationen und Polizeiverordnungen der

Obrigkeit und der Gemeindebehörden – in denen auch etwa vom lieben Vieh die Rede war – von der Kanzel verlesen... sondern nur noch die Sittenmandate und die ins kirchliche und religiöse Gebiet einschlagenden Gesetze und Beschlüsse...«[94]

Von seinem Einfluß auf Kirche und Staat wird von Historikern geschrieben, er sei derart tiefgreifend gewesen, daß er füglich an die Seite eines Zwingli, Bullinger und Breitinger gestellt werden dürfe.

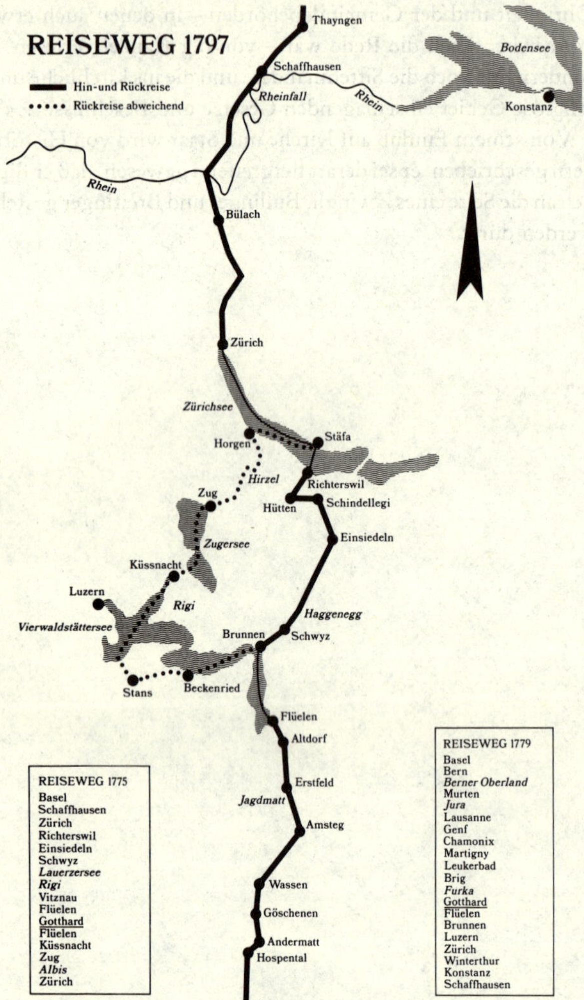
REISEWEG 1797
Hin-und Rückreise
Rückreise abweichend
Thayngen
Schaffhausen
Rheinfall
Rhein
Bodensee
Konstanz
Rhein
Bülach
Zürich
Zürichsee
Horgen
Stäfa
Hirzel
Richterswil
Zug
Hütten
Schindellegi
Zugersee
Einsiedeln
Küssnacht
Luzern
Rigi
Vierwaldstättersee
Haggenegg
Brunnen
Schwyz
Stans
Beckenried
Flüelen
Altdorf
Erstfeld
Jagdmatt
Amsteg
Wassen
Göschenen
Andermatt
Hospental
Gotthard
REISEWEG 1775
Basel
Schaffhausen
Zürich
Richterswil
Einsiedeln
Schwyz
Lauerzersee
Rigi
Vitznau
Flüelen
Gotthard
Flüelen
Küssnacht
Zug
Albis
Zürich
REISEWEG 1779
Basel
Bern
Berner Oberland
Murten
Jura
Lausanne
Genf
Chamonix
Martigny
Leukerbad
Brig
Furka
Gotthard
Flüelen
Brunnen
Luzern
Zürich
Winterthur
Konstanz
Schaffhausen

ANMERKUNGEN

1 Dieses Untertanen-Verhältnis wurde aufgehoben durch Napoleon Bonaparte. Wenn oft genug das Feindbild seiner Truppen durch diese Seiten ziehen wird, und er als der Dämon über allem – seine Rolle als Vermittler und Friedensstifter in diesen Händeln zwischen den Eidgenossen von 1803 ist nicht zu streichen. In der Mediationsakte vom 19. Februar 1803, sicherlich inspiriert von einsichtigen Eidgenossen, dekretierte er die neue Schweizerische Verfassung, darin eben diese Untertanen-Gebiete als souveräne Kantone dem Staatenbund angehören sollten.

1a Albrecht von Haller, 1708–1777: *Die Alpen*. – Ohne genaue Kenntnis der gesamten Literatur über die Schweizer, möchte doch angenommen werden, Haller und seine Anhänger seien die Ersten und Einzigen gewesen, die dieses Volk als »vergnügt« besungen haben. Da war indes viel Pädagogisches: Wer einfach lebt, ist vergnügt.

2 Otto Joachim Moritz von Wedel, 1752–1815

3 Annalen

4 Annalen

5 Sophien-Ausgabe, Band 34, 1. und 2. Abteilung. 1904

6 In alten Ausgaben »Thängen« geschrieben, in der heute noch landesüblichen Aussprache; als deutscher Grenzort ist Hilzingen im Paß eingetragen.

7 Schaffhausen kaufte 1732 Thayngen von den Nellenburgern, um die Grenze vom Stadtgebiet vorzuschieben. – Der *Adler* wurde vorher, 1711–12, gebaut.

8 vgl. Biographie S. 345ff

9 vgl. Biographie S. 356f

10 1799 beendet, erschienen 1800 im *Musenalmanach*

11 Carl Julius Lange: *Über die Schweiz und die Schweizer*, Berlin 1795

12 Carl Spazier: *Wanderungen durch die Schweiz*, Gotha 1770, S. 471ff

13 In späteren Ausgaben: *wässrige* Nebelsäule. Die Ossian-Dichtungen, vom Schotten Macpherson 1760 herausgegeben, als Übersetzung von Liedern keltischer Barden des 11./13. Jhdts. Der Streit über die Echtheit der Dichtungen kam nie zur Ruhe, und Richard Friedenthal entscheidet ihn in seinem *Goethe, sein Leben und seine Zeit* (S. 91), die Ossian-Begeisterung jener Zeit unverhohlen ver-

spottend: »... die Nebelstimmung, die man für Vorwelt hielt, war das, was die Ossian-Schwärmer begeisterte, und selten sind echte Dichtungen so von den Besten ihrer Zeit (Herder, Wieland, Goethe) geehrt worden, wie diese Fälschungen Macphersons, denen nicht aufzuhelfen ist, daß doch einige alte Balladenreste in ihnen stecken.« Goethe selbst hat in Straßburg Teile davon übersetzt und »Selmas Lied« wörtlich in *Werthers Leiden* aufgenommen. Bibliophiles Detail: Die Erstausgabe von Ossians *Fingal* (1752), »Songs of Selma«, wie jene von *Die Leiden des jungen Werthers* (1774), befinden sich in der Bibliotheca Bodmeriana, Cologny-Genf, auch eine von Goethe und Merk edierte *Works of Ossian* – Erst-Ausgabe, deren zwei Bände 1773 im Selbstverlag der Herausgeber erschienen, mit vier radierten Titelblättern von Goethe.

14 11. Juni – Tagebuch. »Der Taucher« wurde im Sommer 1797 beendet.

15 Aus *Die Metamorphose der Pflanzen*

16 Wilhelm Winkler, cand. theol., Hauslehrer im Gasthaus *Schwert* in Zürich an seine beiden Zöglinge.

17 Berty Bruckner-Herbstreit: »Die Fenster- und Wappenschenkungen des Standes Schaffhausen«, in: *Schweizer Archiv für Heraldik* 1956, LXIX, S. 71

18 Man erzählt von Bülach viele Schildbürger- und Kleinstädter-Geschichten, doch nennt der *Atlas der Schweizerischen Volkskunde* als eigentlichen Spottort im Kanton Zürich das etwas entfernte Hegnau.

19 An Charlotte von Stein, Payerne, 20. Oktober 1779

20 Hans Kaspar Hirzel, 1725–1803. Von ihm liegt in der Zentralbibliothek Zürich die lateinische Dissertation, ein höchst munteres Werk, eingereicht 1746 in Leiden, *Vom Einfluß der guten* (laeti et erecti) *Laune auf den gesunden und kranken Körper* (corpore sano et aegro) *unter besonderer Berücksichtigung der umgehenden epidemischen Krankheiten*, der nunmehr wieder gepredigten »Kraft positiven Denkens« entsprechend. Hirzel erzählt zum Beispiel von einem dicken Bierbrauer, der, von einer tödlichen Seuche befallen, seine Freunde um sich versammelte zu frohem Tun, worauf er »wohl getrunken habend, sich zu Bett gelegt und am andern Morgen gesund war«. – Als Stadtarzt »rückte er Exaltierten mit Purganzen zuleibe«.

21 Christoph Meiners: *Briefe über die Schweiz*

22 *Merian* 1958, Heft »Zürich«

23 Schönberggasse 15. In Bodmers einstigen Räumen ist nun das Thomas-Mann-Archiv untergebracht.

24 Johannes Tobler, 1752–1808 Pfarrer in Ermatingen, 1777 Chorherr am Großmünster in Zürich, Dichter und Übersetzer

25 Vgl. Biographie Trippel, S. 348ff

26 König Louis Philipp schickte Madame Ott, die nach dem Tode ihres Mannes noch sechsunddreißig Jahre eher prekär lebte, ein Geschenk von Fr. 500 »Désirant vous témoigner son bienveillant souvenir«, wie übrigens auch Karl X. ihr für die Dauer seiner Regierungszeit eine Jahresprämie von Fr. 400 aussetzte: »Connaissant le dévouement et les malheurs de Mme Ott.«

27 vgl. Biographie S. 371ff

28 Goethe wird am 29. September überm Alptal schreiben »Schluchten nennen sie hier Tobel«, wobei für hiesigen Sprachgebrauch eine Schlucht den Berg durchschneidet, ein Tobel sich in den Berg eingräbt.

29 Kursschiffe fahren von Zürich aus im Sommer dem linken Ufer entlang bis Rapperswil und zurück; um auf Goethes Spuren zu bleiben, kann auf der Ufenau ausgestiegen, die Hutten-Insel eine Stunde lang besucht und dann im zurückkehrenden Schiff nach Zürich gefahren werden.

30 1791 kehrte Fritz von Stolberg mit Frau und Sohn in die Schweiz und nach Zürich zurück, sie fuhren hinaus zum »redlichen Jochen Berly« und dieser »sprang vor Freude, als er mich sah, drückte mir... mit schweizerischer Herzlichkeit die Hand« – was für Monarchisten immer wieder Zeichen des freien Schweizers war, auch vor höchsten Herrschaften wurden keine Bücklinge gemacht, nur bieder die Hand gedrückt – sie blieben eine Weile, und die »gute Hausmutter weinte herzlich, als sie ihrem alten Gastfreund beim Abschied die Hand drückte«. Also waren die Absonderlichkeiten der jungen Leute ohne bleibenden Eindruck vergessen oder schon 1775 toleriert worden.

31 Pestalozzi, als Neffe von Dr. Hotzens Mutter, war immer wieder für kurz oder länger in dem Haus.

32 Fichte blieb mehrere Tage im Gespräch mit Pestalozzi, ihm jede nur mögliche Hilfe zusagend; es war 1794, lange nach seiner Hauslehrer-Zeit im Schwert.

33 vgl. Biographie S. 375

34 vgl. Biographie S. 378ff

35 Es müßte sich um die damals dreizehnjährige Regula Escher handeln, in zweiter Ehe verheiratet mit dem Jugendfreund ihres Bru-

ders Hans Caspar, mit Johann Caspar Horner (1774–1834), vgl. S. 386

36 Sie wurde aufgenommen in Band 22 *Gespräche* der Goethe-Gedenk-Ausgabe im Artemis-Verlag, Zürich.

37 Hans Kaspar Füssli (1707–1782) sandte dem mittellos in Italien reisenden Winckelmann eine in Zürich spontan gesammelte Geldsumme, und dieser vergalt mit herzlicher Freundschaft und Briefen, welche kopiert und vom Winckelmannschen Kreis in Zürich gelesen, später veröffentlicht wurden als *Briefe an seine Freunde in der Schweiz*. Zürich. Bey Orell, Gessner, Füssli u. Compagnie 1778.

38 vgl. Biographie S. 382f

39 vgl. Biographie S. 384ff

40 Hier ruht der goldene Ritter, ein wortgewaltiger Redner Hutten, der Seher-Poet, mächtig mit Feder und Schwert.

Nach Huttens Tod setzten Zürcher Bewunderer auf Betreiben eines fränkischen Adeligen Hutten um 1545 ein Grabmal. Der Stein war, vermutlich von Eiferern, längst beseitigt worden, die Inschrift jedoch war bekannt.

Die Geschichte des Grabes vom von Goethe einst bewunderten Goldenen Ritter ist merkwürdig wie sein Leben:
Durch die Jahrhunderte war unbekannt, wo seine Gebeine ruhten. Bei Restaurationsarbeiten der Kirche St. Peter und Paul wurde ein Skelett freigelegt und dicht daneben in die Mauer geritzt HUTTENus. Man hielt es für Huttens Skelett, Pathologen und Anthropologen meldeten zwar Zweifel an, dem zuständigen Kunsthistoriker schien die Nähe der Inschrift beweiskräftig genug. Mit einer einfachen Feier, bei Ansprachen von Vertretern der Kirche Zwinglis und des Klosters Einsiedeln, im Beisein von Behördenvertretern und angereisten Mitgliedern der Huttenfamilie aus Deutschland, wurden in einem kleinen Sarg von Eichenholz aus den einstigen Huttenschen Waldungen im Spessart die Gebeine beigesetzt und die Steinplatte darübergelegt mit der alten Inschrift.

Zweifel jedoch ließen den Zürcher Anthropologen Dr. Erik Hug systematisch weitersuchen auf dem Friedhof der alten Pfarrkirche der Ufenau; er entdeckte 1968 in nur 75 cm Tiefe ein Skelett, das sich nach genauesten wissenschaftlichen Untersuchungen einwandfrei als jenes von Hutten erwies; nicht nur Körperbau und Schädelform entsprachen den Bildern, auch der pathologische Befund stimmte überein mit den Lues-Veränderungen, die den

Schmerzen entsprachen, über die er geschrieben hatte.
Darauf wurde in einer wesentlich kleineren Feier das Gebein in einem Kupfersarg zur Ruhe gebracht. Das irrtümlich zuvor beigesetzte Skelett durfte im gleichen Grab bleiben.
Hic equies...

41 In der Gedichtsammlung lautete die letzte Zeile »Fänd ich hier und fänd ich dort mein Glück?«, doch Goethe bekennt sich in D. u. W. zur ersten Fassung.

42 Zyanometer, Cyanometer: »Instrument zur Bestimmung der Intensität der blauen Farbe des unbewölkten Himmels. Das erste C. hat Saussure konstruiert, indem er 53 Streifen Papier vom reinsten Weiß bis zum gesättigten Berlinblau und durch Zusatz von Tusche zu letzterem bis zum tiefsten Schwarz färbte und verglich, mit welchem Streifen das Blau des Himmels übereinstimmte (nach der Biographie von Dr. Rudolf Wolf, 1859, sind es nur deren 51), und Goethe schreibt denn auch in seinen Nachträgen zur Farbenlehre: »Schon de Saussure mußte bei seinen Bergreisen und bei Einrichtung des Kyanometers, sich auf der rechten Abteilung nähern, wie sie unsere Vorfahren längst gekannt und ausgesprochen hatten« – Der berühmte Genfer Gelehrte Horace-Bénédict de Saussure war zu jener Zeit (1825) tot, doch Goethe hat ihn 1799, er selbst damals noch entfernt von Geologie und Farbenlehre, mit dem jungen Karl August besucht; er schreibt Frau von Stein davon, wie man sie von der intentionierten Reise in die Savoyischen Eisgebürge abhalten sollte mit den ernsthaftesten Protestationen, und man sich daher auf den Professor de Saussure kompromittierte, zu ihm hinausfuhr; es muß ein amüsantes Colloquium gewesen sein, daß sich zugunsten der savoyischen Reisepläne entschied.

43 siehe Gestein S. 262f

44 16. Oktober 1780 an Maria Antonia Marquise von Branconi

45 Bericht von Dr. Willy Keller, a. Staatsschreiber in Schwyz

46 Victor Weibel: *Namenskunde des Landes Schwyz*, Frauenfeld und Stuttgart 1973

47 6. Mai 1827; Goethe, *Gespräche mit Eckermann*, Bd. 22, S. 635

48 vgl. Biographie S. 389ff

49 Wilhelm Oechsli: *Quellenbuch zur Schweizergeschichte*, 1901

50 Der Schmuck ist nun im Landesmuseum in Zürich zu sehen.

51 Die andern Ortsnamen in den neuen Ausgaben sind überall wie sie auf den Straßentafeln zu lesen sind; bei Urseren wird ein Unkundiger das Dorf vergeblich auf der Landkarte, im Telefon- oder

Kursbuch suchen, er wird nur *Andermatt* als Hauptort vom Urserental finden, schon auf der ersten Dufourkarte von 1861. Zwar erwähnt Goethe mehrmals »an der Matte« es handelte sich wahrscheinlich um Häusergruppen unweit vom Hotel Drei Könige, wenig außerhalb dem einstigen Örtchen Urseren am Abhang, an der Matte.

In D. u. W., in der Artemis-Ausgabe, steht denn auch hinter Urseren (Andermatt), nicht aber in den Reisebriefen.

52 Walliser Freunde, die es gut wußten, erzählten vom Besuch im Haus St. Georg; inzwischen schrieb Walter Ruppen, der es noch besser weiß, in »Das Untergoms – Die ehemalige Großpfarrei Ernen«: Goethe war im *Tellehüs,* und es gibt kein Haus weit und breit, von dem ich lieber erzählen würde: ein schönes, ein bedeutendes Haus, es steht am Dorfplatz quer zum Haus St. Georg, im oberen Teil des Mauersockels geht über die Fassade ein Fresko von der Tellgeschichte. Nach Ruppen gemalt für den Empfang der Innerschweizer Gesandten auf der Heimreise von der Bundeserneuerung in Glis; nach meinen Walliser Freunden hätten die Urner zum Dank für freundlichen Empfang und Verpflegung einen Maler herübergeschickt, wie immer, es entstand das älteste Tell-Fresko, datiert von 1578. Goethe hat es gesehen, damals noch nicht so interessiert am Thema: Da sind mehrer Leute über die Fläche verteilt, der Vogt mit langem Bart, nobel rund-hohem höfischem Hut; Tell, imposant in Aktion und im Profil, er schießt, das Auge vorn in der Nasenwurzel, es könnte mit dem Pfeil davonschnellen; der Knabe Tell, um auf die Höhe des Pfeiles zu gelangen, steht auf dem Ast eines Baumes.

Immer nach Ruppen hätte Goethe in der Gaststube dieses Hauses – es war als Wohn- und Gasthaus sowie Sust gebaut – am 11. November 1779 bei Weibel Joh. Jos. Guntern Mittagsrast gehalten, während welcher ihm die Wirtin (Maria Katharina Guntern, geb. Znilacher?) so ergreifend die Alexius-Legende erzählte, daß er zu Tränen gerührt war – also auch hier! –

Was an der Version vom Tellehüs nicht recht gefällt, ist der Widerspruch zu Goethes Stubenbild »Betten mit Schnitzwerk gezieret, die Schränke, Tische und was sonst von kleinen Repositorien an den Wänden... artige Zieraten von Drechsler- und Schnitzwerk. An den Porträts, die in der Stube hingen, konnte man bald sehen, daß mehrere aus dieser Familie sich dem geistlichen Stand gewidmet hatten... eine Sammlung wohl eingebundener Bücher über der Tür, die wir für die Stiftung eines dieser Herren hielten...«, derlei in einem Gasthaus und Sust? Und nichts von Verwandten von Kardinal Schiner, der übrigens – nicht sein Onkel! – selbst einige Jahre Pfarrer in Ernen war. Item, es steht gedruckt in dem Buch, herausgegeben von der *Gesellschaft für Schweizer Kunstgeschichte* in der Reihe »Die Kunstdenkmäler der Schweiz.«

53 17. Oktober 1797 an Herzog Karl August

54 Wieder eine Sache der Ortsbenennung. Bellenz wurde nicht ins heutige Bellinzona umbenannt, das muß die Tessiner kränken, da wird eine Sprachminorität nicht respektiert. Vielleicht ist es hier den Herausgebern doch zu Un-Goethesch geworden, »Es war zur Zeit des Bellinzoneser Marktes« zu schreiben oder »des Marktes von Bellinzona«, gerechterweise hätten sie es tun müssen, denn der Herr Im Thurn von Schaffhausen kam vom Syndikat in Lugano – nicht wie in der Urfassung geschrieben: *Lauis* – zurück.

55 Fäsi spricht vom »Abhang *der* Rigi«, weiblich, wie es korrekt war und im Dialekt noch vorkommt, für manche in der Schriftsprache blieb; indem der Name den Riginen, den Felsbändern, -Rippen galt. Längst hat sich eingebürgert, vom männlichen Rigi (-Berg) zu reden, doch fand sich noch unlängst in einem Bericht »der oder die Rigi«, Zeichen, daß die Frage von den Geografen noch nicht entschieden oder vergessen ist.

56 Diebold Schilling, 1460–ca. 1516 – Neffe des gleichnamigen Berner Chronisten – *Luzerner Chronik*, S. 94f

57 Sophien-Ausgabe, Bd. 34, S. 120

58 Zug von zuge, hatte mit Fischerei zu tun

59 An Nees v. Essenbeck, 31. Oktober 1823

60 An Schiller, Stäfa, 14. Oktober 1797

61 Goethe, *Gespräche mit Eckermann*, Bd. 22, S. 634

62 Sophien-Ausgabe, Bd. 34, S. 120f

63 Nachtrag zu einer Beschreibung von Stäfa – Sophien Ausgabe, Bd. 34, S. 120ff

64 Hans Conrad Escher: *Geognostische Übersicht der Alpen in Helvetien*, in Andrés Kompendiöse Bibliothek – Der Mineralog – 19. Abt. Heft 3–5, Eisenach und Halle 1796

65 An der heutigen Pelikanstraße hat das neue Bankgebäude den Namen *Felsenhof* übernommen.

66 vgl. Biographe S. 373f

67 vgl. Biographie S. 371ff

68 Chorherr des Großmünsterstifts. Karl der Große gilt als Gründer der Stiftsschule (810) und Gönner des Stifts, »er hat sie reichlich beschenkt... sie besaßen Dörffer und Höff mit Hoch und Niede-

ren Gerichten... zur Zeit der Reformation haben sie aber ihre weltliche Herrschaft der Hoch- und Niederen Gerichten dem Rath übergeben, jedoch das Einkommen für sich behalten«. (H. H. Bluntschli, *Memorabilia Tigurina* Zürich, Heidegger & Co. 1742). Nach mittelalterlicher Auffassung behielt das Stift das Schulwesen in seinem Kompetenzbereich, und die von Goethe besuchten Chorherren waren Professoren am Carolinum, der höchsten Lehranstalt des Staates und eines der ältesten Kollegiastifte im süddeutschen Raum; sie wohnten in den Stiftshäusern um das Großmünster und bezogen ihre Chorherrenpfrund.

Nach 1813, nach der Regenerierung des Kantons Zürich, ging das Carolinum mit seinen Lehrstühlen auf in der 1832 gegründeten Hochschule (Universität) Zürich, das Stiftsvermögen hingegen an den Staat, allerdings als »abgesondertes Cantonalgut«.

Interessant für die Neuzeit ist: »Ein Chorherren-Vermögen besteht nicht mehr. Im Falle der Trennung von Kirche und Staat respektive einer weitergehenden ›Entflechtung‹, welche auch die theologische Fakultät an unserer Universität betreffen würde, müßte der seit 1869 verfassungsrechtlich garantierte Ablösungsanspruch als ein auf historischen Rechtstiteln beruhender Anspruch erfüllt werden.« Dr. jur. Martin Usteri (Professor an der Universität Zürich und direkter Nachkomme von Barbara Schulthess, d.h. aus der Ehe der jungen Barbara [die mit ihrer Mutter Goethe-Texte abschrieb] mit Diakon Georg Gessner).

Bei dem ›Chorherren-Vermögen‹ spricht man von 400 Millionen Franken.

69 Vgl. Biographie, S. 391ff

70 Goethe, *Gespräche mit Eckermann,* Bd. 22, S. 634

71 An Geheimrat Voigt

72 vgl. Biographie, S. 399 ff

73 vgl. Biographie, S. 402 ff

74 vgl. Biographie, S. 405 ff

75 Um 1786 – vor und während der italienischen Reise

76 An Meta Post, Tochter des Bürgermeisters von Bremen

77 11. Juni 1775 an Sophie von LaRoche

78 David Hess, 1770–1832, Offizier in holländischen Diensten, Ratsherr von Zürich, arbeitete als freier Schriftsteller und gehörte zu den bedeutenden Vertretern des Zürcher Biedermeiers; bekannt waren seine *Badenfahrt, Die Rose von Jericho*, ein Roman, den Goethe lobte, zudem die *Charakterbilder* von Salomon Landolt und Johann Caspar Schweizer.

David Hess betreffend schreibt Goethe 1821 in den »Annalen«: »Eine sehr schöne kolorierte Aquatintafolge brachte uns auf den Weg über den Simplon... In die Freie Welt wurden wir durch Landschaftszeichnungen des Herrn David Hess aus Zürich hinausgeführt.«

Da wäre zu berichtigen: David Hess hat ganz hübsch gemalt, bidermeierisches Genre, aber die großen Vedouten sind *Ludwig Hess* zuzuschreiben, einem reichen Metzgerssohn. Karl Meiners schreibt von ihm, wie seine Bilder von den Ausländern, den Engländern besonders, geschätzt und gekauft wurden (auch von seinen Bildern hängen im Kunsthaus Zürich). David Hess, Sohn aus dem aristokratischen Beckenhof in Zürich, nannte ihn den »schweizerischen Claude Lorrain«.

79 Jena, gedruckt bei Friedrich Frommann, 1848

80 Jeder der zwölf regierenden Orte entsandte einen Delegierten zu den Syndicaten (syndicare, examinare) – Was so zu erfahren ist, von Goethe über Im Thurn, Syndicate und Abschiede (Protokolle der Tagsatzungen) durchblätternd: »Aus Abschied und Tractanden fallen« soll Peter Zyro, Stadtschreiber in Bern von 1525–1561, zum erstenmal urkundlich gebraucht haben.

81 Kosegarten, Gotthard Ludwig, Verfasser lyrischer Gedichte, von 1808 an Professor der Theologie in Greifswald, damals noch schwedisch. Der Goethe überreichte Brief war ein unpersönliches Empfehlungsschreiben.

82 Band III, S. 36

83 Ott hatte auf einem von seiner Frau ererbten Stück Land »im Kräuel« nahe der heutigen Sihlpost eine Landwirtschaft eingerichtet; seine Frau stattete das Haus mit erlesenem Mobiliar und Kostbarkeiten aus zum Refugium der Familie, zugleich als Ort der glanzvollen Empfänge für erwählte Gäste, für Lavater war ein Zimmerchen reserviert für die Retraite, »wenn ihm der Besucher Schwarm lästig wurde«.

84 F. Vogel: *Memorabilia Tigurina* 1841, S. 74

85 *Zürcher Wochenchronik* 1915 – Nicht der Zeitungsfamilie wegen erhielt dann die Anlage am See den Bürkli-Namen. Ein Späterer aus der Familie hat die Aufschüttung des Sees von der Enge bis zum Bellevue-Platz geplant und geleitet, um 1870, Arnold Bürkli, Ingenieur.

86 Einige Interpreten der Goethe-Reisen, auch Wilhelm Bode, sehen Freihauptmann Johannes Escher identisch mit ›Colonel Escher‹, dessen Cabinett 1779 besucht wurde; Goethe fügte die sarkasti-

sche Bemerkung bei, dieser Herr habe Kostbarkeiten geerbt, von denen er nicht viel verstehe: es handelt sich ziemlich sicher um einen Escher vom Glas. Johannes Escher soll deshalb von der Assoziation mit der ominösen Bemerkung befreit werden.

Da Bodmer 1775 schreibt, man sei, bevor man zu ihm kam, »bei Escher« gewesen, war es kaum der unbedeutende 21-jährige Johannes Escher, auch nicht sein Vater, der Seidenfabrikant, wenn auch eine beiläufige Begegnung möglich war, 1775 oder 1779; Lavater war dem 1775 geborenen Söhnchen von Johannes, dem 1797 von Goethe begegneten Hans Caspar Escher Pate und namengebend.

87 Krepp = Ein Gewebe, nach besonderem Verfahren hergestellt; man spannte es naß auf, bürstete es mit einer Bürste aus Kalbfell, und es kräuselte sich für immer. Den größten Absatz fand dieser schwarze Krepp zur Zeit von Hoftrauer an Königs- und Fürstenhäusern.

88 Hanns von Meyenburg: Das Landgut zur Schipf

89 Borromini Francesco 1599–1667, Tessiner Baumeister in Rom, Hauptvertreter des römischen Hochbarock

90 Friedrich von Matthison, 1761–1831, Dichter, Bibliothekar und Theaterintendant, auch er ein Wanderer über die Haggenegg und durch die Urkantone.

91 Ulrich Bräker, 1735–1798, Volksdichter, genannt »der arme Mann im Toggenburg«.

92 1780/81 hielt Tischbein sich in Zürich auf und malte u. a. Barbara Schulthess. Danach kehrte er nach Rom zurück und wurde 1786 Goethes Wohn- und Kunstgenosse; das ›Jemerli‹ (von Jeremias) scheint sich auf Charakterliches zu beziehen. Goethe hat auch deshalb sein Urteil und die Freundschaft eingeschränkt.

93 Es befindet sich in der Staatlichen Kunstsammlung in Weimar. Aufgeführt im Œuvre-Verzeichnis von Gert Schiff unter den gegen fünfzig aufgeführten Füssli-Werken; elf weitere befinden sich in der Forschungsstätte und sechs, später erworbene, im Goethe-Museum in Frankfurt.

94 Karl Dändliker: *Geschichte der Stadt und des Kantons Zürich*, 3. Band, S. 196

ILLUSTRATIONEN

Schaffhausen

18. September 1797: »Schaffhausen lag mit seiner Dächermasse links im Tale.«

Der Rheinfall

18. September 1797: »... vom hölzernen Vorbau gesehen, Felsen, in der Mitte stehende, Gischt im Sturz, Gischt unten im Kessel, siedende Strudel im Kessel... Beschränkung durch Mühlen drüben... vom Unbändigsten rechts bis zum nützlich Verwendeten links...«

Bülach

19. September 1797: »Schöne fruchtbare Ebene zwischen waldbewachsenen Bergen... Eichenwald«

Bülach als Seldwyla bei Gottfried Keller: »Die Stadt... steckt noch in den gleichen alten Ringmauern und Türmen wie vor dreihundert Jahren und ist immer das gleiche Nest...«

Zürich – Aussicht vom Gasthof zum Schwert

D. u. W.: »Der Anblick des Zürichersees, von dem Thore des Schwerts genossen, ist mir auch noch gegenwärtig...«

19. September 1797: »Bei Herrn Ott im Schwert eingekehrt.«

20. September: »... sah ich die Geistlichen von und zu dem Verbrecher hinüber und herüber fahren...«, zum Wellenbergturm in der Flußmitte.

21. September: »Fuhren wir gegen acht Uhr ab«, von der kleinen Schifflände rechts.

Landgut zur Schipf in Herrliberg

22. September: »Wir kehrten bei Herrn Escher auf seinem Gute bei Herrliberg zu Mittage ein...« – Gegessen wurde im vordersten, ältesten Trakt, links im südlichen Eckzimmer des ersten Stockwerks; in der rückwärts gelegenen Loggia öffnete sich die Flügeltüre zum immer noch berühmten Saal, den Goethe mit dem Ausruf betreten haben soll: »Hier muß man tanzen!«

Richterswil

D. u. W.: »Wir landeten in Richterswil, wo wir an Doctor Hotze durch Lavater empfohlen waren« das Doktorhaus ragt mit schlankem Giebel links hinter dem ausladenden Dach auf.

28. September 1797: »Dieser Ort liegt sehr artig. Gleich hinter ihm steigen fruchtbare Höhen auf... [er] ist hübsch gebauet, sehr große Wirthäuser, ein neues mit Bädern. Eine freundliche Reede.«

Kloster Einsiedeln

D. u. W.: »Nun sahen wir in einem öden baumlosen Tal die prächtige Kirche hervorsteigen, das Kloster, von weitem ansehnlichem Umfang, in der Mitte von reinlicher Ansiedlung um so eine große und mannichfaltige Anzahl von Gästen einigermaßen schicklich aufzunehmen.«

28. September 1797: »Um fünf Uhr sahen wir Einsiedeln... und logierten Zum Pfauen gegen der Kirche über.«

Rütli

19. Juni 1775: »gegen zwey dem Grüdli über wo die 3 Tellen schwuren«

30. September 1797: »Freiheits-Grütli. Grüne des Sees.«

6. Oktober: »Wir kamen am Rütli vorbei. Kurz vor der Ecke sind Flöze wie Mauerwerk und Türme.« An der Ecke der Natur-Obelisk des einstigen Mythen-, später Schillersteins. – Das Rütli war noch Bauerngütchen bis 1855.

Tellskapelle

19. Juni 1775: »... drauf an der Tellen Platte wo Tell aussprang.«

30. September 1797: »Wir stiegen aus in Tellskapelle... Freitag nach Himmelfahrt wird da gepredigt, die Zuhörer sitzen in Schiffen.«

Die Bildlegende spricht von der alljährlichen »religiösen Feier zur Erinnerung an die Geschehen von 1307«; 1291 gilt als Jahr der Tell-Geschehen, des Rütlischwurs und des ersten datierten Bundesbriefes; von 1307 ist der Bundesbrief »gegeben ze Brunnen«.

Amsteg

20. Juni 1775: »½ 7 nach dem Steeg. Fische gebachen geschmackt gebadet im Schnee Wasser... berg auf. Schnee, Laue, Saumroß« die Maultiere im Vordergrund.

1. Oktober 1797: »...(man) kommt auf einem meist angenehmen bequemen Fußpfad bis Amsteg«, hinter dem Hügel mit der Zwing-Uri-Ruine, links im Hintergrund, herab durchs Dorf zum Gasthaus Stern, zur mittleren der drei großen Häuserfronten. »Gleich hinter dem Ort kommt das Wasser aus dem Maderantertal [rechts]. Wir traten unsern Weg nach dem Gotthard an... etwas höher schöner Rückblick

nach Amsteg.« Im Vordergrund rechts, die Lawinen-Schutzhöhle ist noch heute im Berghang.

Brücke beim Pfaffensprung
D. u. W.: »... Fichtenwälder im Abgrund, durch welche die schäumende Reuß über Felsenstürze sich von Zeit zu Zeit sehen ließ ...«

1. Oktober 1797: »Die Felsmassen werden immer ganzer und ungeheurer. Brücke... Zweite Brücke. Nacht. Von der Höhe Rückblick in die Tiefe... Wassen« – die Kirche auf der Anhöhe.

Teufelsbrücke
21. Juni 1775: »Noth und Mühe und Schweis. Teufelsbrücke u. der Teufel« [an die Felswand gemalt] »Schwizen u. Matten u. Sinken...«

2. Oktober 1797: »Die Fichten verschwinden ganz. Teufelsbrücke. Rechts ungeheure Wand, Sturz des Wassers... Nebel... Wandsteile der ungeheuren Felsen. Enge der Schlucht.«

Gotthard-Paßhöhe
D. u. W.: »Endlich gelangten wir an kleine... Seen... Nicht lange, so trat aus dem Dunst ein Gebäude entgegen; es war das Hospiz...«, daneben die Unterkünfte für Pilger und die Ställe für Saumtiere.

13. November 1779: »oben auf dem Gipfel des Gotthards... den Sie sich wie einen kahlen Scheitel mit einer Krone umgeben denken müssen. Man ist hier auf einer Fläche, ringsum von Gipfeln umgeben... Nicht weit vom Hause hier sind zwei kleine Seen, davon der eine den Tessin durch Schluchten und Täler nach Italien... ausgießt.«

3. Oktober 1797: »Wir nahten uns nach und nach dem Gipfel. Moor Glimmersand, Schnee... Seen.«

Wirtshaus zur Treib
6. Oktober 1797: »Man sah die Mythen in völliger Breite, Brunnen, einen Teil der Landbucht von Schwyz, die schönen, nicht allzu steilen Matten der Schwyzer rechts am See. Wir hielten uns an der linken Seite. Ein Wirtshaus steht in Fels und Waldgebüsch...«

Stans
6. Oktober 1797: »Wir traten im Gasthof zur Krone ein, welcher der Kirche gegenüber auf einem hübschen Platze liegt. In der Mitte steht ein Brunnen, auf den der alte Winkelried mit den Speeren im Arm gestellt ist.«

Insel Altstad bei Meggen (Luzern)
7. Oktober 1797, im Boot nach Küßnacht fahrend: »Wir sahen uns überall nach dem Raynalschen Monument um, aber vergebens; man wies uns den Felsen, wo es gestanden hatte. Durch die Zuleitung des goldnen Knopfs [als Apfel Tells gedacht!] auf der Spitze war es vom Gewitter getroffen, beschädigt und abgetragen.«

Tells-Kapelle in der Hohlen Gasse
D. u. W.: »... die am Weg stehende Tellen-Kapelle zu begrüßen und jenen der ganzen Welt als heroisch-patriotisch-rühmlich geltenden Meuchelmord zu gedenken hatten.«

7. Oktober 1797: »Man erreicht die Höhe der kleinen Erdzunge, welche den Vierwaldstätter und den Zuger See trennt. Kapelle zum Andenken an Geßlers Tod.«

Heinrich Füssli: »Der Schwur der drei Eidgenossen«
24. Oktober 1797: »Dann das Bild von Füssli im Rathaus«

Salomon Landolt: Kosakenüberfall
Goethe an David Hess, 1821: »Nun aber möchte ich noch eine Bitte hinzufügen, nämlich irgendein Bildchen oder Zeichnung, deren Landolt doch so manches zurückgelassen, zu besitzen, und in meiner Sammlung aufzubewahren.«

Zu den Illustrationen
Die Ansicht von der *Tellskapelle in der Hohlen Gasse* erschien in den »Merckwürdigen Gegenden der Schweiz«; Text von Obmann Heinrich Füssli, Bilder von Heinrich (IV.) Füssli. Beide führten die Kunsthandlung, die Goethe am 24. Oktober 1797 besuchte.

*

Nicht alle Illustrationen entstanden genau in der Zeit von Goethes Wanderungen. Jene von Lory fils, um 1820 – *Rütli, Tellskapelle, Amsteg, Wirtshaus zur Treib* –, wurden um so bedenkenloser aufgenommen, als Hans J. Weitz 1978 in seinem Vortrag, gehalten in Zürich und Bern (im Druck erschienen, Copyright 1978 by Kunsthaus Zürich und Kunstmuseum Bern) »Ein Schweizer Maler bei Goethe«, nachweist, daß Goethe die Werke der Berner Maler Lory père et fils schätzte, durch Meyer immer wieder insbesondere von Gabriel dem Sohn hörte, von seinem Talent soviel wie auch von seinem liebenswürdig lebhaften Wesen, seinen Reisen, daß er ihn – vermutet Weitz überzeugend – ohne ihn gesehen zu haben, aufnahm in »Wilhelm Meister's Wanderjahren«, als Wilhelms Begleiter und künstlerischen Mentor am Lago Maggiore.

Zudem befinden sich in Goethes Kunstsammlungen (beschrieben von Chr. Schuchardt – Jena 1848) von Gabriel Lory eine Aquarellzeichnung und eine -skizze, beide figürlich.

*

Von Pérignon (Nicolas, peintre du roi, 1727–1782) sind die Ansichten von *Einsiedeln* und der *Teufelsbrücke*; als Maler war er Goethe Begriff, indem er ihn erwähnt in der Biographie Philipp Hackerts, der ihn als Maler durch Sizilien begleitete.

*

Die nachstehenden Reproduktionen stammen aus der *Graphischen Sammlung der Zentralbibliothek Zürich* und werden mit ihrer Genehmigung veröffentlicht: 1,2,3,4,5,8,10,12,15,16 *Graphischen Sammlung der Schweiz. Landesbibliothek in Bern* 6.7.9.11.13.14

*

Die Portraits zu den Biographien sind aus der Zentralbibliothek Zürich mit Ausnahme von

Carl Hedlinger – Landesbibliothek Bern

Carl von Dannfelt – Privatbesitz Küsnacht (ZH) – Kopie. Original in der Militärakademie in Stockholm

Mit Genehmigung der Kantonalen Baudirektion Zürich wird wiedergegeben: Heinrich Füssli: *Der Schwur der drei Eidgenossen*
des Kunsthauses Zürich: Salomon Landolt: *Kosakenüberfall*

*

Für die unermüdliche Hilfe beim Suchen der Illustrationen habe ich den Mitarbeitern der Graphischen Sammlung der Zentralbibliothek in Zürich besonders zu danken, auch jenen der Landesbibliothek in Bern.

Danken möchte ich auch den Archivaren der Kantone, Städte und Gemeinden, durch die mein Weg auf Goethes Spuren führte, den Orts- und Geschichtskundigen, Geologen, Mineralogen und nicht zuletzt meinen Freunden, die mir immer wieder weiterhalfen.

B. S. – S.

Zollikon, im Frühjahr 1979

QUELLENNACHWEIS

GOETHE'S WERKE (Ausgaben)

Goethe's sämtliche Werke in vierzig Bänden – Vollständige, neugeordnete Ausgabe – 1853 – J. C. Cotta'scher Verlag Stuttgart und Augsburg (ohne Schweizerreise 1797)

Goethes Werke – herausgegeben im Auftrage der Großherzogin Sophie von Sachsen – 1901 – 34. Band/2. Abt.

Goethes Werke – 1867 – herausgegeben von Karl Prochaska (von Ekkermann bearbeitete Ausgabe der »Reise in die Schweiz 1797«

– *Gedenkausgabe der Werke, Briefe und Gespräche* – 28. August 1949 – herausgegeben von Ernst Beutler – Artemis-Verlag, Zürich

– dtv – Schweizer Reisen – Nachwort von Fritz Strich

Werke

Amyntas

Dichtung und Wahrheit

Faust II.

Euphrosyne

Hermann und Dorothea

Tasso

Wilhelm Meister's Wanderjahre

Benisch-Schwarzenbach Eugenie: Mit Goethe durch die Schweiz – 1913

Beilmann Jürg: Die Lebensverhältnisse im Urnerland während des 18.- und zu Beginn des 19. Jhdts. – Basel und Stuttgart 1972

Binder Gottlieb: Zur Kulturgeschichte des Zürichsees – 1930 – Erlenbach

Binder Gottlieb: Alt-Zürcherische Familiensitze am See als Erinnerungsstätten – Erlenbach

Bode Wilhelm: Goethes Schweizerreisen – Basel 1922

Bodmer-Gessner Verena: Die Zürcherinnen – Zürich 1961

Bohnenblust Gottfried: Goethe und die Schweiz – Frauenfeld 1932

Dändliker Karl: Geschichte der Stadt und des Kantons Zürich – 1908

Ernst Fritz: Goethes Schweizer Lektüre u. a. Aufsätze über Goethe und die Schweiz – Zürich 1934

Ernst Fritz: Kleinjogg der Musterbauer – Hans Kaspar Hirzel und Kleinjogg – Zürich 1935

Ernst Fritz: Von Zürich nach Weimar – Bibliotheca Bodmeriana – Zürich 1953
Ernst Fritz: Johannes von Müller – »Große Schweizer« – Zürich 1938

Fäsi Joh. Caspar: Versuch eines Handbuchs der Schweiz. Staatskunde – Zürich 1796
Fäsi Robert: Heimat und Genius – Zürich 1933
Zürcher Idylle Zürich 1953 (Achte Auflage)
Füssli Heinrich: Briefe, herausgegeben von Walter Muschg – Basel 1942

Gessner Georg: Denkmahl einer edlen Seele (Barbara Schulthess)
Gessner Salomon: Idyllen – Zürich 17

Härry A.: Die historische Entwicklung der schweiz. Verkehrswege – Frauenfeld 1901
Held Martin: Auf goldenen Spuren. Der Schauplatz von Gottfried Kellers Novellen – »Die Leute von Seldwyla« Zürich 1920
Hildebrandt: Bülach – Geschichte einer kleinen Stadt – Winterthur
Hess David: Das Leben Salomon Landolts – Zürich 1820 Neujahrsstücke der Künstlergesellschaft
Horner Joh. Heinrich: Alexander Trippel – Zürcherische Neujahrsstücke – Künstlergesellschaft 1808
Hugelshofer, Walter: Felix Maria Diogg – Zürich und Leipzig 1941

Jahresblätter der Stadtbibliothel Zürich 1886: Goethe und seine Begegnungen in Zürich

Kasthofer Karl: Bemerkungen auf einer Alpenreise – Aarau 1822
Kocher Alois: Der alte St. Gotthardweg – Histor. Neujahrsblatt Uri 1949/50

Lange Carl Julius: Über die Schweiz und die Schweizer – Berlin 1795
Lavater Joh. Caspar: Physiognomische Fragmente zur Beförderung der Menschenkenntnis und Menschenliebe – Leipzig 1763 und 1964

Mann Thomas: Goethe als Repräsentant des bürgerlichen Zeitalters – Adel des Geistes – Stockholm 1945
Meyenburg von Hanns: Die Schipf in Herrliberg – Chronik eines Landgutes am Zürichsee – Zürich 1957
Meyer Conrad Ferdinand: Huttens letzte Tage – hrg. von Robert Fäsi – Leipzig – o. j.

Meiners Karl: Briefe über die Schweiz – Berlin 1784–1790

Naturforschende Gesellschaft in Zürich – Festschrift 1746–1896 (Chorherr Rahn) – Zürich 1896

Oechsli Wilhelm: Quellenbuch zur Schweizergeschichte – Zürich 1901

Pfeiffer-Belli Wolfgang: Goethes Kunstmeyer und seine Zeit – Zürich 1959

Renner Eduard: Goldener Ring über Uri – Neuenburg 1939

Stiftung Schnyder von Wartensee: »Johann Caspar Lavater: Denkschrift zur hundertsten Wiederkehr seines Todestages« – Zürich 1901

Scheuchzer Joh. Jacob: Naturgeschichte des Schweitzerlandes, samt Reisen über die Schweitzerische Gebürge – Aufs Neue herausgegeben und mit einigen Anmerkungen versehen von Joh. Georg Sulzern – Zürich 1746

Schulthess-Rechberg von Gustav: Frau Barbara Schulthess, die Freundin Goethes und Lavaters – Zürich 1912

Schulthess Hans: Kulturbilder aus Zürichs Vergangenheit – Zürich 1930–1939
Freundin Goethes und Lavaters – Zürich 1912

Schürmann Melchior: »Das Rütli als Nationaleigentum der Schweiz. Eidgenossenschaft« – Zürich 1910

Spazier Karl: Wanderungen durch die Schweiz – Gotha 1770

Stalder Arnold: Geschichte der Gemeinde Meggen – Luzern 1966

Strich Fritz: Goethe in der Schweiz – Zürich 1949

Trümpy Rudolf: Goethes geognostisches Weltbild – Zürich 1968

Ulrich Conrad: Begegnungen mit Zürich im 18. Jhdt. – Zürich 1965

Vögelin Salomon: Rittmeister Anton Ott zum Schwert, und seine Gattin Dorothea Ott, geb. Rosenstock – Taschenbuch Zürich 1890

Wahl Hans: Ein Leben in Briefen (Karl August) – 1928
Goethes Schweizerreisen – Bern 1921

Weibel Victor: Namenkunde des Landes Schwyz – Frauenfeld und Stuttgart 1973

Weisz Leo: Johann Caspar Escher – NZZ – März 1955
Das Schweizer Tagebuch von Goethes Famulus (Ludwig Geist) NZZ – 18. September 1951
Winzeler Joh.: Geschichte von Thayngen – 1963

Zschokke Heinrich: Die klassischen Stellen der Schweiz – Karlsruhe und Leipzig 1836
Zollinger Friedrich: Goethe in Zürich – 1932

REGISTER

I. Personen – II. Orte – III. Goethes Werke
(Vermerkt werden nur Personen, Orte und Werke, die bei und um Goethe in der Schweiz von einiger Bedeutung sind)

I. Personen

Personen, die sehr häufig vorkommen (wie z. B. Joh. Caspar Lavater, Joh. Heinrich Meyer) werden nicht aufgeführt.

Alexis Heiliger 234, 286
Arnold Franz Maria 24, 202, 251

Bär Hans Kaspar 140, 258
Becker-Neumann Christiane 313
Berli (od. Beerli, Berly) Jacob 71, 105, 411
Beyel Vikar Hans Jakob 141–147
Bodmer, Johann Jakob 69–77, 109, 299, 366, 371, 382, 392ff, 405, 417
Breitinger Joh/Jak. 69, 74
Bürkli Johann Heinr. (David) 94, 330, 371–373

Christen Karl Andreas 228, 265, 271
Cotta Johann Friedr. 26, 29, 247

Dannfelt Carl von (Denfeld) 35, 356–357
Diogg Felix Maria 127, 360, 382–384, 387

Eckermann Johann Peter 22–25, 35, 98, 116, 172, 247, 327
Escher Hans Caspar 113, 116, 118, 128, 324ff, 377–382, 386
Escher Hans Conrad 327ff, 415, 417
Escher Johannes (Freihauptmann) 11, 113, 116–118, 124, 135, 289, 323, 328, 375–377, 381, 386, 417

Fäsi Joh. Caspar 12, 175–177, 277, 330, 373–374
Fürst Walter 331
Füssli Heinrich (IV.) 332
Füssli Joh. Caspar 122, 346, 392, 412
Füssli Joh. Heinrich (Henry Fuseli) 122, 235, 329ff, 360, 375, 391–397

Geist Joh. Jak. Ludwig 19–23, 76, 79, 99, 146, 169, 209, 272, 320, 325, 327
Geltzer (Schlößchen Wörth) 51, 349
Gessler Landvogt 189, 192, 294–299, 362
Gessner Charlotte W., geb. Wieland 332
Gessner Georg Diakon 240, 328–329, 335, 367, 369
Gessner Heinrich 332
Gessner Salomon 14, 69–78, 87, 334, 346, 350
Goethe August 17f
Goethe Cornelia 89
Goethe Elisabeth (Frau Aja) 17
Gujer s. Kleinjogg

Haller Albrecht von 14, 195, 409
Halter Felix 265, 271, 382

Haugwitz, C. A. H. Kurt, Graf 14, 33, 74, 104, 106, 150
Hedlinger Karl 170, 173–175, 389–391
Hermann der Jäger 75
Hess David 62, 65, 347, 416f
Hess Joh. Jak. Antistes 104, 106, 335, 405–407
Hiestand Hans Caspar (** Landrichter) 140, 258
Hirzel Joh. Caspar Dr. 65, 108, 126
Horner Joh. Caspar 386, 412
Horner Joh. Heinrich 128, 384–386, 401, 411
Hottinger Joh. Jak. 69, 335–336, 359–360, 385, 399–402
Hotze Dr. Joh. Heinr. 108–112, 127, 135–136, 174, 340–367, 383, 387–389
Hutten Ulrich 129–131, 412

Im Thurn Georg 43, 351–353, 417

Keller Gottfried 55, 61–63, 70, 96f, 104, 217, 255, 348, 396
Kleinjogg (Hansjakob Gujer) 65f, 126f
Klopstock Friedrich Gottl. 70, 73, 104, 107–109, 366, 393
Knebel Karl von 27, 127, 165, 173
Kolb (Kutscher) 26, 31, 76, 79

Landolt Salomon (Landvogt) 35, 56f, 62, 345–348
La Roche Sophie 66, 83
Lavater Dr. Diethelm 337, 402–404, 417
Lorenzo Pater 242f

Mako (Macco von Anspach) 86, 332
Melchtal Arnold von 192, 276
Meyer Caspar Antony 227
Meyer Conrad Ferdinand 104, 118, 130
Meyer Josef Maria 227, 382
Michael Peter (Dombach) 156f
Müller Johannes 10, 86, 124, 300, 350, 353–355, 383, 396

Nager Franz Dominik 271, 382
Napoleon Bonaparte 353–357, 409
Niklaus von der Flüe 172–173, 284f

Ott Anton und Madame 411, 417

Paracelsus Theophrastus Bombast 80, 151, 154
Passavant Joh. Ludwig 74, 104, 149f, 174, 214, 230, 244, 246, 294, 304
Pestalozzi Heinrich 97, 106, 111, 287, 383, 411
Philosoph auf dem Berge s. Rebmann

Rahn Joh. Heinr., Chorherr 330, 397–399
Raynal Guillaume Thomas François, Abbé 185, 292f
Rebmann Hans Rudolf 126, 133, 320, 322
Rousseau Jean-Jacques 10, 14, 195, 366

Seidel Philipp 14, 19f, 75, 232
Schiller Friedrich 20, 38, 44f, 76, 97, 116, 120, 124, 170, 178, 200, 209, 231, 268, 272f, 282, 295, 300, 308, 311, 323, 341, 386, 415

Schönemann Lili 14, 113, 146, 159, 244
Schongauer Martin 158f
Schulthess Barbara (Bäbe) 11, 63, 78, 87ff, 93, 98, 109, 111, 124f, 140, 205, 247, 284, 321, 328ff, 337, 340, 342, 364–369
Stauffacher Werner 175, 331
Stein Charlotte von 15, 43, 77, 245, 332, 366, 410
Stolberg Grafen zu Christian und Friedrich Leopold 13f, 33, 49, 71ff, 104–107, 150, 386, 411

Tell Wilhelm 92, 172, 183, 189, 192, 200–233, 268, 273, 283, 295, 298ff, 308, 323, 362, 374
Trippel Alexander 78, 348–351, 396
Tschudi Aegidius 10, 116, 173, 308, 353, 373f

Voigt Christian G. 13, 122, 126, 265
Vulpius Christiane 17–19, 23, 63, 89, 123–125, 307, 320, 327, 342

Wedel Otto J. Moritz von 14, 75, 232, 409
Wieland Christoph Martin 15, 48, 64, 70, 73, 332f, 359, 366, 402
Winckelmann Joh. Joachim 122, 393, 412
Winkelried Arnold von 172, 281f, 331

Zwicky Joh. Peter, Bannerherr 129
Zwingli Ulrich 70, 304, 407

II. Orte

Von Orten, deren Name in ganzen Kapiteln vorkommt (z. B. Zürich, Stäfa), werden nur die Seiten von Kapitelanfang und -ende aufgeführt; da der Gotthard Ziel der Reise, mithin Thema des ganzen Buches ist, kann er ohne Stichwort bleiben. (Kursiv die abweichende Schreibweise bei Goethe)

Alp, Alptal, *Thal der Alp* 161–165, 263, 411
Altdorf 24, 172, 183, 192, 197–209, 212f, 217, 251, 256, 259, 268, 271
Amsteg 198, 206, 208–215, 242, 251, 261, 263, 267, 269, 271
Andermatt s. *Urseren*
Arth 272, 300

Baar 303ff
Basel 231, 350
Beckenried 181, 272, 279, 287
Bellenz, Bellinzona 157, 197, 415
Bern 12, 231, 350
Biber, Biberbrugg 149
Brig 232f
Bristenstock 208ff, 213f
Brunnen 161ff, 170, 177ff, 181, 188, 259
Bülach 53, 55, 57–63, 341, 410, 419
Buochs 181, 280, 288

Campo dei Morti *Thal des Todes* 220, 229f, 266
Cham 301

Eglisau 55, 56, 341, 345
Einsiedeln 24, 29, 111, 131, 133, 135ff, 147, 149–163, 263, 287, 420
Ernen 233f, 286, 414f
Erstfeld 193, 206, 208, 268

Flüelen 181, 183, 189, 192, 198, 201, 239, 256, 259f, 271
Furka 169f, 195, 233f, 244, 255

Gemmiberg 232
Genf 16, 231
Gersau 178, 181, 277
Göschenen 198, 206, 220f, 223, 226, 252, 267
Gasthäuser
zum Adler Thayngen 30
Drei Könige Urseren *an der Matte* 227f, 251, 261, 263, 271, 382
zum Engel Küssnacht a. Rigi 294
Hirschen Eglisau 55f
goldener Kopf Bülach 57
Krone Schaffhausen 33–35, 50
Krone Stäfa 118ff, 128, 132, 307
Krone Stans 281
zum schwarzen Löwen Altdorf 202, 204, 251
goldener Löwen oder Post Hospental 228
Ochsen Zug 301
Pfauen Einsiedeln 150f
zur Post am Zoll Wassen 218, 252, 271
Post Münster (Wallis) 234
zum weißen Rössli Schwyz 169, 170, 174
Schwert Schaffhausen 33
Schwert Zürich 71, 79, 80, 83–87, 89, 94, 98, 107, 124, 327, 329, 340, 353, 369–372, 410
Stern und Post Amsteg 213, 242, 251, 263, 271

Haggenegg *Schwyzer Hacken* 20, 165ff, 168ff, 306
Herblingen 32
Herrliberg s. Schipf
Hohle Gasse 294–300
Horgen 108, 134, 268, 303, 306
Hospental 195, 226f, 246, 263, 266f, 271
Hospiz Gotthard 197, 237, 239ff, 264
Hütten 137–145, 258, 265, 303, 305

Jagdmatt Kapelle (Erstfeld) 207f, 250, 271, 302
Jestetten 54

Klausen (Zürich) 305f
Kloten 63f
Küssnacht a. Rigi 188, 289, 294, 298

Laufen Schloß 43f, 49
Leuk, Leukerbad 232
Livinen, Livinental auch Leventina 12, 193, 266
Lottstetten 54
Lugano 352
Luzern 12, 75, 147, 170, 179, 226, 232, 245, 292ff

Muotathel 177
Münster (Wallis) 234f
Murate (Florenz) 161
Mythen *Schwyzer Hocken o. Hakken* 162, 165ff, 272

Nidwalden s. Unterwalden

Oberwald 235
Oberwil (Zug) 301
Obwalden s. Unterwalden

Pilatus 276, 279, 292

Rafz 54f
Rapperswil 135, 142
Realp 236, 242
Reuß, Reußtal 194, 199f, 206, 208f, 212–216, 220, 223ff, 253, 266ff, 301
Rhein, Rheinfall 31–61, 195, 301, 419
Rhone (Rotten), Rhonegletscher 195, 233, 235
Richterswil 24, 101, 103, 108, 110f, 127, 134, 136, 142, 145, 303, 419
Rigi 165, 176, 276ff, 280, 415
Rütli 172, 183–188, 272, 276, 292, 420

Schaffhausen 12, 14, 18, 29–41, 49–54, 60, 64, 71, 86, 147, 302, 341, 345–357, 409, 419
Schindellegi 137f, 142ff
Schipf Landgut (Herrliberg) 11, 116, 118, 127, 142–147, 289, 303, 305, 323ff, 375–381, 386, 419
Schöllenen 20, 193, 196, 219–223, 225, 228, 259, 267, 271
Schwyz 12, 24, 101, 133, 143–149, 163, 165, 169–178, 183, 259, 262, 266, 272, 278, 294, 389–391
Schwyzer Hocken o. Hacken s. Haggenegg und Mythen
Sihl, Sihltal 144, 145, 305
Sihlbrugg *Sihlbrücke* 305
Sisikon 183
Sitten 232
Stäfa 18–22, 24, 27, 29, 76, 86, 98, 104, 113–135, 183, 205, 247, 265, 271, 289, 307–323, 383
Stans 271, 280–287, 289, 292
Stansstaad 288f, 292

Tellskapelle 189, 267, 272, 420
Tessin 194, 196, 229, 239, 244, 266, 352
Teufelsbrücke, Teufelsstein 219f, 223, 253, 421
Thayngen 25, 29–31, 341, 409
Thal des Todes s. Campo dei Morti

Ufenau 24, 128–131, 411f
Uhwiesen 44, 48f
Unterwalden, Nid- und Obwalden 12, 266, 276, 284, 286f, 288f
Uri 12, 173, 185, 200, 209, 218–229, 249, 258f, 266ff
Urnersee 165, 177, 178, 181f, 276
Urnerloch 222, 223, 226, 228
Urseren Andermatt, Urserental 199, 201, 224ff, 251–256, 260f, 266, 271, 382, 414
Uznach 142

Vierwaldstättersee 19, 149, 172f, 181ff, 223
Vitznau 181, 277f

Wädenswil 109f, 328
Wallis 209, 231, 233, 254
Wassen 198, 205, 215, 217f, 220, 252f, 264–267, 271
Weggis 183, 277ff
Wollerau 145f
Wörth Schlößchen 43, 48–52, 348, 351

Zug 12, 103, 144f, 292, 300ff, 306, 415
Zugersee 300f, 305
Zürich 12, 14, 18, 19, 22, 25–29, 41, 57, 60, 63f, 67–102, 107, 111, 116f, 121f, 126–131, 143ff, 150, 175f, 303, 327–341, 358–382, 391–407, 419
Zürich Häuser
  Reblaube 90
  Schönenhof 88ff, 124, 328, 364, 367
  Waldris auch Waldries 96, 364, 403
Zürichsee 80, 99, 101–120, 142, 145, 265, 269, 289, 305, 334
Zwing Uri 209, 269

III. Goethes Werke

Amyntas 53, 311ff
Dichtung und Wahrheit 14, 77, 80, 94, 119, 123, 149, 151, 154, 158, 165, 167, 189, 201, 222, 227, 230 244, 266
Euphrosyne 247, 313ff
Faust 44, 172, 220, 247, 327, 339, 342
Götz 13, 30
Hermann und Dorothea 135, 329, 340
Iphigenie 15, 88, 93
Der Junggesell und der Mühlbach 309ff
Schweizer Alpe 205, 311
Tasso 17, 294, 323
Werther 13, 111, 399, 410
Wilhelm Meisters theatralische Sendung 95, 367
Wilhelm Meisters Lehrjahre 319
Wilhelm Meisters Wanderjahre 102f, 132, 247, 257f, 319, 367, 423

INHALT

I

Die Schweiz zur Zeit von Goethes Reisen 9
Goethes Reisen in die Schweiz 13

II

Aufbruch zur dritten Reise 17
Der Schreiber 19
Die Aufzeichnungen von der dritten Reise 21
Wie Goethe bis Zürich reiste 25

III

Von Tübingen nach Schaffhausen 29
Schaffhausen 33

IV

Der Rheinfall 43
Schlößchen Wörth 51

V

Von Schaffhausen nach Bülach 53
Bülach 57
Goethe war in Seldwyla 61
Gottfried Keller und Goethe 62
Von Bülach nach Kloten 63
Von Kloten bis Zürich 64

VI

Der Stadtstaat Zürich zur Zeit von Goethes Reisen 69
Dreimal Goethe in Zürich 71
»Der Anblick des Züricher Sees, von dem Thore des Schwertes genossen, ist mir auch noch gegenwärtig« 80

Das Gasthaus zum Schwert 83
Auf Goethes Wegen in Zürich 87

VII

Der Zürichsee 101
Auf Goethes Spuren am linken Zürichsee-Ufer 104

VIII

Nach Stäfa 113
Goethe und Kunschtmeyer 120
In Stäfa 124
Ufenau 128
Auf Goethes Spuren in Stäfa 131

IX

Von Stäfa nach Einsiedeln 135
Was Goethe um Schindellegi aufgefallen ist 143
Einsiedeln 150

X

Von Einsiedeln nach Brunnen 161
Auf der Haggenegg 165
Die Mythen 167
Schwyz 169
Von Schwyz nach Brunnen 177

XI

Der Vierwaldstättersee 181
Das Rütli 183

XII

Der Gotthard 193
Der Beginn der Gotthardstraße 198
Altdorf 200

Von Altdorf bis Wassen 205
Wassen 218
In der Schöllenen-Schlucht 222
Das Urserental 224

XIII

Die Wanderung zum Gotthard 1779 231

XIV

Auf dem Gotthard 239

XV

Was Goethe um den Gotthard aufgefallen ist 249
Einzelnes 266

XVI

Der Weg zurück 271
Von Flüelen bis Stans 271
Stans 281
Was Goethe in Nidwalden aufgefallen ist 287
Von Stans nach Zug 292
In der Hohlen Gasse 294
Was Goethe um Zug aufgefallen ist 302

XVII

Wieder in Stäfa 307
Der Junggesell und der Mühlbach 309
Amyntas 311
Euphrosyne 314
Dichtung und Wahrheit in Stäfa 320

XVIII

Zum letzten Mal in Zürich 327

XIX

Goethes Begegnung mit... 345

Salomon Landolt 345
Alexander Trippel 348
Georg Friedrich Im Thurn 351
Johannes Müller 353
Carl von Dannfelt 356
Johann Caspar Lavater 358
Barbara Schulthess-Wolf 364
Anton Ott 369
Johann Heinrich Bürkli 371
Johann Kaspar Fäsi 373
Johannes Escher 375
Johann Caspar Escher 377
Felix Maria Diogg 382
Johann Jakob Horner 384
Johannes Hotze 387
Johann Karl Hedlinger 389
Johann Heinrich Füssli-Henry Fuseli 391
Johann Heinrich Rahn 397
Johann Jakob Hottinger 399
Diethelm Lavater 402
Johann Jakob Hess 405

Anmerkungen 409
Illustrationen 419
Quellennachweis 424

Deutsche Literatur

Johann Wolfgang Goethe. Liebesgedichte
Ausgewählt und herausgegeben von Hans Gerhard Gräf.
Mit einem Nachwort von Emil Staiger. it 275

Johann Wolfgang Goethe. Maximen und Reflexionen
Text der Ausgabe von 1907 mit den Erläuterungen und der Einleitung Max Heckers. Nachwort von Isabella Kuhn. it 200

Johann Wolfgang Goethe. Reineke Fuchs
Mit Stahlstichen von Wilhelm von Kaulbach. it 125

Johann Wolfgang Goethe. Über die Deutschen
Herausgegeben von Hans-J. Weitz. it 325

Johann Wolfgang Goethe. Die Wahlverwandtschaften
Mit einem Essay von Walter Benjamin. it 1

Johann Wolfgang Goethe. West-östlicher Divan.
Herausgegeben und erläutert von Hans-J. Weitz. Mit Essays zum »Divan« von Hugo von Hofmannsthal, Oskar Loerke und Karl Krolow. Mit Abbildungen. it 75

Grimmelshausen. Courasche
Trutz-Simplex oder Ausführliche und wunderseltzame Lebensbeschreibung der Erzbetrügerin und Landstörtzerin Courasche. Mit einem Nachwort von Wolfgang Koeppen. Mit Illustrationen. it 211

Johann Peter Hebel. Die drei Diebe
Eine Geschichte vom Zundelfrieder. Als Bildgeschichte gezeichnet von Wilhelm Hämmerle. it 271

Johann Peter Hebel. Kalendergeschichten
Ausgewählt und mit einem Nachwort von Ernst Bloch.
Mit neunzehn Holzschnitten von Ludwig Richter. it 17

Heinrich Heine. Aus den Memoiren des Herren von Schnabelewopski. Mit Illustrationen von Julius Pascin. it 189

Heinrich Heine. Buch der Lieder
Mit zeitgenössischen Illustrationen. Mit einem Nachwort von Eberhard Galley. it 33

Deutsche Literatur

Theodor Fontane. Unwiederbringlich. it 286

Johann Wolfgang Goethe. Dichtung und Wahrheit
Mit zeitgenössischen Illustrationen, ausgewählt von Jörn Göres. Drei Bände in Kassette. it 149/150/151

Johann Wolfgang Goethe. Gedichte in zeitlicher Folge
Eine Lebensgeschichte Goethes in seinen Gedichten. Herausgegeben von Heinz Nicolai. 2 Bände. it 350

Johann Wolfgang Goethe. Novellen
Herausgegeben von Katharina Mommsen. it 425

Johann Wolfgang Goethe. Faust
Erster Teil. Mit Illustrationen von Eugène Delacroix und einem Nachwort von Jörn Göres. it 50

Johann Wolfgang Goethe. Faust
Zweiter Teil. Mit Federzeichnungen von Max Beckmann.
Mit einem Nachwort zum Text von Jörn Göres. it 100

Johann Wolfgang Goethe. Hermann und Dorothea
Mit Aufsätzen von August Wilhelm Schlegel, Wilhelm von Humboldt, Georg Wilhelm Friedrich Hegel und Hermann Hettner. Illustrationen von Chodowiecki u. a. it 225

Johann Wolfgang Goethe. Italienische Reise
Mit vierzig Zeichnungen des Autors. Herausgegeben und mit einem Nachwort von Christoph Michel. Zwei Bände. it 175

Johann Wolfgang Goethe. Reise-, Zerstreuungs- und Trostbüchlein
Herausgegeben von Christoph Michel. it 400

Johann Wolfgang Goethe. Tagebuch der Italienischen Reise 1786
Notizen und Briefe aus Italien. Mit Skizzen und Zeichnungen des Autors. Herausgegeben und erläutert von Christoph Michel. it 176

Johann Wolfgang Goethe. Die Leiden des jungen Werther
Mit einem Essay von Georg Lukács »Die Leiden des jungen Werther«. Nachwort von Jörn Göres »Zweihundert Jahre Werther«. Mit Illustrationen von David Chodowiecki und anderen. it 25

Insel taschenbücher
Alphabetisches Verzeichnis

Die Abenteuer Onkel Lubins 254
Aladin und die Wunderlampe 199
Ali Baba und die vierzig Räuber 163
Allerleirauh 115
Alte und neue Lieder 59
Andersen: Märchen (3 Bände in Kassette) 133
Andersen: Märchen meines Lebens 356
Artmann: Christopher und Peregrin 488
Lou Andreas-Salomé: Lebensrückblick 54
Apulejus: Der goldene Esel 146
Arnim/Brentano: Des Knaben Wunderhorn 85
Arnold: Das Steuermännlein 105
Aus der Traumküche des Windsor McCay 193
Balzac: Beamte, Schulden, elegantes Leben 346
Balzac: Das Mädchen mit den Goldaugen 60
Baudelaire: Blumen des Bösen 120
Bayley: 77 Tiere und ein Ochse 451
Beaumarchais: Figaros Hochzeit 228
Beecher-Stowe: Onkel Toms Hütte 272
Beisner: Adreßbuch 294
Benjamin: Aussichten 256
Bédier: Der Roman von Tristan und Isolde 387
Berg: Leben und Werk im Bild 194
Bertuch: Bilder aus fremden Ländern 244
Bierbaum: Zäpfelkerns Abenteuer 243
Bierce: Mein Lieblingsmord 39
Bierce: Wörterbuch des Teufels 440
Bilibin: Märchen vom Herrlichen Falken 487
Bilibin: Wassilissa 451
Blake: Lieder der Unschuld 116
Die Blümchen des heiligen Franziskus 48
Boccaccio: Das Dekameron (2 Bände) 7/8
Böcklin: Leben und Werk 284
Borchers: Das Adventbuch 449
Brandys: Walewska, Napoleons große Liebe 24
Brecht: Leben und Werk 406
Brentano: Fanferlieschen 341
Brentano: Gockel Hinkel Gackeleia 47
Brillat-Savarin: Physiologie des guten Geschmacks 423
Brontë: Die Sturmhöhe 141
Das Buch der Liebe 82
Büchner: Der Hessische Landbote 51
Bürger: Münchhausen 207
Busch: Kritisch-Allzukritisches 52
Campe: Bilder Abeze 135
Carossa: Kindheit 295
Carossa: Leben und Werk 348
Carossa: Verwandlungen 296
Carroll: Alice hinter den Spiegeln 97
Carroll: Alice im Wunderland 42
Carroll: Briefe an kleine Mädchen 172
Caspari: Die Sommerreise 416
Cervantes: Don Quixote (3 Bände) 109
Chamisso: Peter Schlemihl 27
Chateaubriand: Das Leben des Abbé de Rancé 240
Chinesische Liebeslyrik 442
Claudius: Wandsbecker Bote 130
Cocteau: Colette 306
Cooper: Lederstrumpferzählungen (5 Bde.) 179-183
Cooper: Talleyrand 397
Cortez: Die Eroberung Mexikos 393
Dante: Die Göttliche Komödie (2 Bände) 94
Das kalte Herz 330
Daudet: Briefe aus meiner Mühle 446
Daudet: Tartarin von Tarascon 84
Daumier: Macaire 249
Defoe: Robinson Crusoe 41
Denkspiele 76
Deutsche Volksbücher 380
Dickens: Oliver Twist 242
Dickens: Weihnachtserzählungen 358
Die großen Detektive 101
Diderot: Die Nonne 31
Droste-Hülshoff: Die Judenbuche 399

Dumas: Der Graf von Monte Christo (2 Bände) 266
Dumas: König Nußknacker 291
Eichendorff: Aus dem Leben eines Taugenichts 202
Eichendorff: Gedichte 255
Eisherz und Edeljaspis 123
Die Erzählungen aus den Tausendundein Nächten (12 Bände in Kassette) 224
Eulenspiegel: Bote 336
Fabeln und Lieder der Aufklärung 208
Der Familienschatz 34
Ein Fisch mit Namen Fasch 222
Fabre: Das offenbare Geheimnis 269
Flaubert: Bouvard und Pécuchet 373
Flaubert: Lehrjahre des Gefühls 276
Flaubert: Madame Bovary 167
Flaubert: Salammbô 342
Flaubert: Die Versuchung des heiligen Antonius 432
Fontane: Der Stechlin 152
Fontane: Effi Briest 138
Fontane: Unwiederbringlich 286
le Fort. Leben und Werk im Bild 195
Caspar David Friedrich: Auge und Landschaft 62
Gackenbach: Betti sei lieb 491
Gassers Köchel-Verzeichnis 96
Gasser: Kräutergarten 377
Gasser: Spaziergang durch Italiens Küchen 391
Gasser: Tante Melanie 192
Gebete der Menschheit 238
Das Geburtstagsbuch 155
Gerstäcker: Die Flußpiraten des Mississippi 435
Geschichten der Liebe aus 1001 Nächten 38
Gesta Romanorum 315
Goethe: Dichtung und Wahrheit (3 Bde.) 149-151
Goethe: Faust (1. Teil) 50
Goethe: Faust (2. Teil) 100
Goethe: Gedichte in zeitlicher Folge (2 Bände) 350
Goethe: Hermann und Dorothea 225
Goethe: Italienische Reise 175
Goethe: Die Leiden des jungen Werther 25
Goethe: Liebesgedichte 275
Goethe: Maximen und Reflexionen 200
Goethe: Novellen 425
Goethe: Reineke Fuchs 125
Goethe – Schiller: Briefwechsel (2 Bände) 250
Goethes Schweizerreise 375
Goethe: Tagebuch der italienischen Reise 176
Goethe: Trostbüchlein 400
Goethe: Über die Deutschen 325
Goethe: Wahlverwandtschaften 1
Goethe: West-östlicher Divan 75
Gogh: Briefe 177
Gogol: Der Mantel 241
Grandville: Staats- und Familienleben der Tiere (2 Bde.) 214
Greenaway: Butterblumengarten 384
Grimmelshausen: Courasche 211
Die großen Detektive 2 368
Gundert: Marie Hesse 261
Hauff-Märchen (2 Bände) 216/217
Hebel: Bildergeschichte vom Zundelfrieder 271
Hebel: Kalendergeschichten 17
Heine: Memoiren des Herren von Schnabelewopski 189
Heine: Buch der Lieder 33
Heine: Shakespeares Mädchen 331
Helwig: Capri. Magische Insel 390
Heras: Am Anfang war das Huhn 185
Hesse: Dank an Goethe 129
Hesse: Geschichten aus dem Mittelalter 161
Hesse: Hermann Lauscher 206
Hesse: Kindheit des Zauberers 67
Hesse: Knulp 394
Hesse: Leben und Werk im Bild 36
Hesse: Meisterbuch 310
Hesse: Piktors Verwandlungen 122
Hesse: Schmetterlinge 385
Hesse/Schmögner: Die Stadt 236
Hesse/Weiss: Der verbannte Ehemann 260
Hesse, Ninon: Märchen vor und nach Grimm 427
Hexenzauber 402
Hildesheimer: Waschbären 415
Hillmann: ABC-Geschichten 99
Hoban: Der Mausevater und sein Sohn 453

Hofer. Leben und Werk in Daten und Bildern 363
E. T. A. Hoffmann: Elixiere des Teufels 304
E. T. A. Hoffmann: Das Fräulein von Scudéry 410
E. T. A. Hoffmann: Kater Murr 168
E. T. A. Hoffmann: Prinzessin Brambilla 418
E. T. A. Hoffmann: Der unheimliche Gast 245
Hölderlin-Chronik 83
Hölderlin: Diotima 447
Hölderlin: Dokumente seines Lebens 221
Hölderlin: Hyperion 365
Homer: Ilias 153
Horváth: Leben und Werk 237
Ricarda Huch: Der Dreißigjährige Krieg (2 Bde.) 22/23
Hugo: Notre-Dame von Paris 298
Ibsen: Nora 323
Indische Liebeslyrik 431
Jacobsen: Die Pest in Bergamo 265
Jacobsen: Niels Lyhne 44
Jerschow: Das Wunderpferdchen 490
Kant-Brevier 61
Kaschnitz: Courbet 327
Kaschnitz: Eisbären 4
Kasperletheater für Erwachsene 339
Kästner: Die Lerchenschule 57
Kästner: Die Stundentrommel vom heiligen Berg Athos 56
Kästner: Griechische Inseln 118
Kästner: Kreta 117
Kästner: Ölberge, Weinberge 55
Keller: Der grüne Heinrich (2 Bde.) 335
Keller: Züricher Novellen 201
Kerner: Bilderbuch aus meiner Knabenzeit 338
Kinderheimat 111
Kinder- und Hausmärchen gesammelt durch die Brüder Grimm (3 Bde.) 112-114
Kin Ping Meh 253
Kleist: Die Marquise von O. 299
Kleist: Erzählungen 247
Kleist: Geschichte meiner Seele 281
Kleist: Der zerbrochene Krug 171
Klingemann: Nachtwachen von Bonaventura 89
Klinger: Leben und Werk in Daten und Bildern 204
Knigge: Über den Umgang mit Menschen 273
Konfuzius: Materialien 87
Konfuzius und der Räuber Zhi 278
Kühn: Geisterhand 382
Laclos: Schlimme Liebschaften 12
Lamb: Shakespeare Novellen 268
Das große Lalula 91
Leopardi: Ausgewählte Werke 104
Lesage: Der hinkende Teufel 337
Leskow: Erzählungen 422
Lévi-Strauss: Weg der Masken 288
Liebe Mutter 230
Lieber Vater 231 (in Kassette)
Die Briefe der Lieselotte von der Pfalz 428
Lichtenberg: Aphorismen 165
Linné: Lappländische Reise 102
Lobel: Die Geschichte vom Jungen 312
Lobel: Maus im Suppentopf 383
Lobel: König Hahn 279
Löffler: Sneewittchen 489
London: Das Bild einer europäischen Metropole Herausgegeben von Norbert Kohl. 322
London, Jack: Ruf der Wildnis 352
London, Jack: Die Goldschlucht 407
Longus: Daphnis und Chloe 136
Lorca: Die dramatischen Dichtungen 3
Der Löwe und die Maus 187
Majakowski: Werke I 16
Majakowski: Werke II 53
Majakowski: Werke III 79
Malory: König Artus (3 Bände) 239
Mandry: Katz und Maus 492
Marc Aurel: Wege zu sich selbst 190
Märchen der Romantik (2 Bde.) 285
Märchen deutscher Dichter 13
Maupassant: Bel-Ami 280
Maupassant: Das Haus Tellier 248
Maupassant: Pariser Abenteuer 106
Maupassant: Unser einsames Herz 357
Mäusegeschichten 173
McKee: Zwei Admirale 417
Meinhold, Bernsteinhexe 329
Melville: Moby Dick 233

Mercier: Mein Bild von Paris 374
Mérimée: Carmen 361
Merkprosa 283
Michelangelo: Zeichnungen und Dichtungen 147
Michelangelo. Leben und Werk 148
Minnesinger 88
Mirabeau: Der gelüftete Vorhang 32
Molière: Der Menschenfeind 401
Montaigne: Essays 220
Mordillo: Das Giraffenbuch 37
Mordillo: Das Giraffenbuch 2 71
Mordillo: Träumereien 108
Morgenländische Erzählungen 409
Morgenstern: Alle Galgenlieder 6
Mörike: Alte unnennbare Tage 246
Mörike: Die Historie von der schönen Lau 72
Mörike: Maler Nolten 404
Mörike: Mozart auf der Reise nach Prag 376
Moritz: Anton Reiser 433
Moritz: Götterlehre 419
Motte-Fouqué: Undine 311
Mozart: Briefe 128
Musäus: Rübezahl 73
Mutter Gans 28
Nestroy: Stich- und Schlagworte 270
Die Nibelungen 14
Nietzsche: Zarathustra 145
Nietzsche: Ecce Homo 290
Novalis. Dokumente seines Lebens 178
Okakura: Das Buch vom Tee 412
Orbeliani: Die Weisheit der Lüge 81
Orbis Pictus 9
Oskis Erfindungen 227
Ovid: Ars Amatoria 164
Das Papageienbuch 424
Pascal: Größe und Elend des Menschen 441
Paul: Der ewige Frühling 262
Paul: Des Luftschiffers Gianozzo Seebuch 144
Petronius: Das Gastmahl des Trimalchio 169
Petzet: Das Bildnis des Dichters. Rilke, Becker-Modersohn 198
Phaïcon 1 69
Phaïcon 2 154
Platon: Phaidon 379
Platon: Theaitet 289
Pocci: Kindereien 215
Poe: Grube und Pendel 362
Polaris 3 134
Poesie-Album 414
Pöppig: In der Nähe des ewigen Schnees 166
Polnische Volkskunst 448
Potocki: Die Handschrift von Saragossa (2 Bde.) 139
Praetorius: Hexen-, Zauber- und Spukgeschichten aus dem Blocksberg 402
Quincey: Der Mord als eine schöne Kunst betrachtet 258
Raabe: Die Chronik der Sperlingsgasse 370
Raabe: Gänse von Bützow 388
Rabelais: Gargantua und Pantagruel (2 Bände) 77
Rache des jungen Meh 353
Die Räuber vom Liang Schan Moor (2 Bände) 191
Reden und Gleichnisse des Tschuang Tse 205
Rilke: Ausgesetzt auf den Bergen des Herzens 98
Rilke: Das Buch der Bilder 26
Rilke: Duinser Elegien/Sonette an Orpheus 80
Rilke: Die drei Liebenden 355
Rilke: Geschichten vom lieben Gott 43
Rilke: Späte Erzählungen 340
Rilke: Neue Gedichte 49
Rilke: Das Stunden-Buch 2
Rilke: Wladimir, der Wolkenmaler 68
Rilke: Leben und Werk im Bild 35
Rilke: Zwei Prager Geschichten 235
Robinson: Onkel Lubin 254
Rotterdam: Lob der Torheit 369
Rousseau: Königin Grille 332
Rousseau: Zehn Botanische Lehrbriefe für Frauenzimmer 366
Rumohr: Geist der Kochkunst 326
Runge: Leben und Werk im Bild 316
Der Sachsenspiegel 218
Sagen der Juden 420
Sand: Geschichte meines Lebens 313
Sappho: Liebeslieder 309
Schadewaldt: Sternsagen 234

Scheerbart: Rakkóx der Billionär 196
Schiller: Der Geisterseher 212
Schiller – Goethe: Briefwechsel (2 Bände) 250
Schiller: Leben und Werk 226
Schlote: Geschichte vom offenen Fenster 287
Schlote: Das Elefantenbuch 78
Schlote: Fenstergeschichten 103
Schmögner: Das Drachenbuch 10
Schmögner: Ein Gruß an Dich 232
Schmögner: Das unendliche Buch 40
Schneider: Leben und Werk 318
Schopenhauer: Aphorismen zur Lebensweisheit 223
Schumacher: Ein Gang durch den Grünen Heinrich 184
Schwab: Sagen des klassischen Altertums (3 Bde.) 127
Scott: Im Auftrag des Königs 188
Sealsfield: Kajütenbuch 392
Sevigné: Briefe 395
Shakespeare: Hamlet 364
Shakespeare: Sonette 132
Shaw-Brevier 159
Sindbad der Seefahrer 90
Sonne, Mond und Sterne 170
Sophokles: Antigone 70
Sophokles: König Ödipus 15
Spyri: Heidi 351
Stendal: Die Kartause von Parma 307
Stendal: Rot und Schwarz 213
Stendal: Über die Liebe 124
Sternberger: Über Jugendstil 274
Sterne: Yoricks Reise 277
Stevenson: Die Schatzinsel 65
Stevenson: Entführt 321
Stifter: Bergkristall 438
Storm: Am Kamin 143
Storm: Der Schimmelreiter 305
Strindberg: Ein Puppenheim 282
Swift: Ein bescheidener Vorschlag 131
Swift: Gullivers Reisen 58
Taschenspielerkunst 424
Thackery: Das Buch der Snobs 372
Tillier: Mein Onkel Benjamin 219
Toepffer: Komische Bilderromane (2 Bde.) 137
Tolstoj: Anna Karenina (2 Bde.) 308
Tolstoj: Der Überfall 367
Tolstoj: Die großen Erzählungen 18
Tolstoj: Kindheit, Knabenalter, Jünglingsjahre 203
Traum der roten Kammer 292
Traxler: Es war einmal ein Mann 454
Tschechow: Die Dame mit dem Hündchen 174
Tschechow: Der Fehltritt 396
Turgenjew: Erste Liebe 257
Turgenjew: Väter und Söhne 64
Der Turm der fegenden Wolken 162
Twain: Der gestohlene weiße Elefant 403
Twain: Huckleberry Finns Abenteuer 126
Twain: Leben auf dem Mississippi 252
Twain: Tom Sawyers Abenteuer 93
Varvasovszky: Schneebärenbuch 381
Voltaire: Candide 11
Voltaire: Karl XII. 317
Voltaire: Leben und Werk 324
Voltaire: Sämtliche Romane und Erzählungen (2 Bände) 209/210
Voltaire: Zadig 121
Vom Essen und Trinken 293
Vulpius: Rinaldo Rinaldini 426
Wagner: Ausgewählte Schriften 66
Wagner: Leben und Werk 334
Wagner: Tannhäuser 378
Walser, Robert: Fritz Kochers Aufsätze 63
Walser, Robert: Liebesgeschichten 263
Das Weihnachtsbuch 46
Das Weihnachtsbuch der Lieder 157
Das Weihnachtsbuch für Kinder 156
Wie man lebt und denkt 333
Wilde: Die Erzählungen und Märchen 5
Wilde/Oski: Das Gespenst von Canterville 344
Wilde: Salome 107
Wilde: Leben und Werk 158
Wührl: Magische Spiegel 347
Der Zauberbrunnen 197
Zimmer: Yoga und Buddhismus 45
Zola: Nana 398
Zschokke: Hans Dampf in allen Gassen 443